新时代中国特色系统化的经济学说：

建构与拓新

顾海良 著

『十四五』时期国家重点出版物出版专项规划项目

中国经济学创新成果文库

U0771987

中国教育出版传媒集团

高等教育出版社·北京

内容提要

　　本书以习近平经济思想研究为主题，从思想性、政治性和学理性、学术性相统一上，对习近平经济思想形成发展的理论逻辑、现实逻辑、历史逻辑和核心要义作出系统阐释，既梳理展现了习近平经济思想本身创新创造的逻辑过程，又发掘揭示了习近平经济思想对马克思主义政治经济学的原创性贡献。本书开拓和提升了习近平经济思想的研究视域和理论境界。本书既可作为全国高等院校经济学类专业研究生教材，也可作为相关学术研究和理论学习参考。

图书在版编目（CIP）数据

　　新时代中国特色系统化的经济学说：建构与拓新／
顾海良著. -- 北京：高等教育出版社，2025.8 .
ISBN 978-7-04-065310-6

　Ⅰ. F092. 7

　中国国家版本馆 CIP 数据核字第 2025QN7946 号

XINSHIDAI ZHONGGUO TESE XITONGHUA DE JINGJI XUESHUO：JIANGOU YU TUOXIN

策划编辑　殷夏飞　　　　责任编辑　殷夏飞　　　　封面设计　赵　阳　　　　版式设计　李彩丽
责任校对　刘娟娟　　　　责任印制　刘弘远

出版发行	高等教育出版社	网　　址	http：//www. hep. edu. cn
社　　址	北京市西城区德外大街 4 号		http：//www. hep. com. cn
邮政编码	100120	网上订购	http：//www. hepmall. com. cn
印　　刷	北京宏伟双华印刷有限公司		http：//www. hepmall. com
开　　本	787mm×1092mm　1/16		http：//www. hepmall. cn
印　　张	18.5		
字　　数	420 千字	版　　次	2025 年 8 月第 1 版
购书热线	010-58581118	印　　次	2025 年 8 月第 1 次印刷
咨询电话	400-810-0598	定　　价	48. 00 元

前　言

不断拓新中国特色"系统化的经济学说",是习近平 2015 年 11 月在中共中央政治局以"马克思主义政治经济学基本原理和方法论"为主题的集体学习会讲话中首次提出的重要观点。中国特色"系统化的经济学说"的要义在于：立足我国国情和我国经济改革发展的实际,以世界经济和我国经济面临的新情况新问题为对象,着力揭示和把握我国经济发展的新特点、提炼和总结其中的规律性特征,"把实践经验上升为系统化的经济学说,不断开拓当代中国马克思主义政治经济学新境界,为马克思主义政治经济学创新发展贡献中国智慧"[①]。

党的十八大以来,中国特色"系统化的经济学说"的学理和学术的演进,集中地体现于习近平经济思想的形成和发展过程；习近平经济思想就是新时代中国特色"系统化的经济学说"的典型代表。本著作以"新时代中国特色系统化的经济学说：建构与拓新"为主题,就是以习近平经济思想的学理、学术和学说探索为主要内容的。

一、 习近平经济思想研究起端的回顾

2013 年 11 月,党的十八届三中全会召开后不久,我就在当年 12 月出版的《人民论坛》第 34 期上发表了《习近平经济思想的视界——从十八届三中全会看总书记经济思想》的文章,对首次提出的"习近平经济思想"这一概念进行了最初研究。此后,我 2014 年接续发表的《中国特色社会主义经济学的新篇章——习近平系列重要讲话中阐发的经济思想》(载于《毛泽东邓小平理论研究》杂志 2014 年第 4 期)、《习近平经济思想的新高度》(载于《经济日报》2014 年 12 月 1 日)和《习近平经济思想的新境域》(载于《前线》杂志 2014 年第 9 期)等文章,形成对习近平经济思想的最初一批研究性成果。

《习近平经济思想的视界——从十八届三中全会看总书记经济思想》,是对习近平经济思想最初的研究,也成为我在此后十多年对习近平经济思想研究的开端。

该文章首先在对习近平经济思想产生的深刻背景和理论意义的阐释中提出："1984 年,党的十二届三中全会通过《中共中央关于经济体制改革的决定》,明确提出'社会主义经济是公有制基础上的有计划的商品经济',这是适合于当时中国经济体制改革实际的'新话',也是马克思主义经济学的'新话'。对此,邓小平作出高度评价,认为这些'新话',给人以'写出了一个政治经济学初稿'的印象,是'马克思主义基本原理和中国社

---

① 《十八大以来重要文献选编》下,中央文献出版社 2018 年版,第 7 页。

会主义实践相结合的政治经济学'，也就是中国特色社会主义经济学。""邓小平当年提出的写就'马克思主义基本原理和中国社会主义实践相结合的政治经济学'的课题，在党的十八届三中全会通过的《中共中央关于全面深化改革若干重大问题的决定》有了新的成就，特别是习近平总书记在对《决定》的说明中，对使市场在资源配置中起决定性作用和更好发挥政府作用、坚持和完善基本经济制度、深化财税体制改革、健全城乡发展一体化体制机制等问题的科学解答，是对邓小平课题的新的回答。习近平总书记这些科学解答，也是他自党的十八大以来对中国特色社会主义经济理论和实践问题思考的凝结，是习近平经济思想的集中体现，也写就了邓小平当年所评价的政治经济学'初稿'的新篇章。"

其次，在对习近平经济思想"问题意识和问题倒逼"方法论的阐释中提出："马克思在政治经济学研究开始时，就强调'从当前的国民经济的事实出发'的重要性。'从当前的国民经济的事实出发'，也就是从实际的和现实的经济问题出发，这正是习近平经济思想的特色。在对《决定》的说明中，习近平高度重视从实际的和现实的问题出发的重要性，他指出：'要有强烈的问题意识，以重大问题为导向，抓住关键问题进一步研究思考，着力推动解决我国发展面临的一系列突出矛盾和问题。'在对《决定》的说明中，他直面问题，凸显问题意识。"

"直面问题和问题意识，是解决问题的基础；以'问题倒逼'，能进一步增强经济改革外部压力和内在动力、切实推进经济改革进程。这就如习近平总书记所强调的：'我们中国共产党人干革命、搞建设、抓改革，从来都是为了解决中国的现实问题。可以说，改革是由问题倒逼而产生，又在不断解决问题中得以深化。'从'问题意识'到'问题倒逼'，既是解决中国现实经济问题的科学方法，也是中国经济改革的路径，同时也彰显了习近平经济思想的重要特色。"

再次，在对习近平经济思想"现实与历史、理论的结合"理论视界的阐释中提出："在习近平经济思想中，对现实问题的理解总是与历史与理论的探讨结合在一起的。'历史是最好的教科书。'在对《决定》的说明中，习近平总书记强调，'正是从历史经验和现实需要的高度，党的十八大以来，中央反复强调，改革开放是决定当代中国命运的关键一招，也是决定实现"两个一百年"奋斗目标、实现中华民族伟大复兴的关键一招'。'历史经验'不仅昭示当下经济现实的由来，而且预示经济现实的未来走势；不仅是现实的镜鉴，而且是理论的资源。"

"现实与历史和理论的结合，是马克思主义经济学的基本方法和立场。恩格斯在《反杜林论》中认为：'人们在生产和交换时所处的条件，各个国家各不相同，而在每一个国家里，各个世代又各不相同。因此，政治经济学不可能对一切国家和一切历史时代都是一样的。'经济学本质上是一门历史的科学，现实与历史和理论的结合是经济学方法的内在要求。现实与历史和理论结合，是马克思主义经济学中国化的根本方法，也是习近平经济思想给我们的重要的方法论上和理论立场、观点上的启迪。"

最后，在对习近平经济思想"经济制度、经济体制和经济运行的总体观"理论特征的阐释中提出：""制度总是需要不断完善，因而改革既不可能一蹴而就、也不可能一劳永逸。'习近平总书记的这一论断，是对社会主义经济制度的改革和发展关系的辩证把握。坚持和完善社会主义基本经济制度，是改革的制度性导向。坚持和完善公有制为主体、多种所有制经济共同发展的基本经济制度，关系巩固和发展中国特色社会主义制度的重要支柱。'如何更好体现和坚持公有制主体地位，进一步探索基本经济制度有效实现形式，是摆在我们面前的一个重大课题。'""社会主义经济制度的完善和发展，在根本上就是社会主义经济体制改革和创新的问题；而经济体制的改革和创新又要在经济运行中实现和矫正、完善。"

"中国特色社会主义经济学以对经济制度本质研究为前提，着力于经济体制和经济运行的研究和探索。对经济体制和经济运行的研究，是社会主义经济制度研究的重要内容和必然展开形式。中国特色社会主义经济学以社会主义经济制度和市场经济体制结合、发展和完善的研究为主线，以市场经济体制和经济运行研究为展开内容，形成对社会主义经济关系研究的总体观念。在习近平经济思想中，我们可以发现这些创新性的观念和理论见地。"

二、 在中国特色"系统化的经济学说"视域上研究的意义

党的十八大以来，在新时代决战决胜全面建成小康社会的历史进程中，以及在全面建设社会主义现代化国家的新的伟大进程中，习近平经济思想不断得到丰富和发展，写就了中国特色"系统化的经济学说"的辉煌篇章。

2020 年 8 月，在制定"十四五"规划时，习近平在经济社会领域专家座谈会上的讲话中，对开拓中国特色"系统化的经济学说"方法论问题作出新的阐释，特别是在对开拓什么样的中国特色"系统化的经济学说"和怎样开拓中国特色"系统化的经济学说"问题的探索中，习近平在讲话中对应遵循的学理和方法作出新的阐释。

首先要遵循的学理和方法是："从国情出发，从中国实践中来、到中国实践中去，把论文写在祖国大地上，使理论和政策创新符合中国实际、具有中国特色。"[①] 改革开放以来，中国经济的实践波澜壮阔，经济学说的演进风云起伏，无论从搞好国营大中小企业、发展个体私营经济到深化国资国企改革、发展混合所有制经济，从单一公有制到公有制为主体、多种所有制经济共同发展和坚持"两个毫不动摇"，从坚持社会主义市场经济体制发展方向到积极推进构建高水平社会主义市场经济体制；还是从实行家庭联产承包责任制到乡镇企业异军突起，从取消农业税、牧业税和特产税到农村承包地"三权"分置的改革，再到打赢脱贫攻坚战、实施乡村振兴战略和全面建成小康社会目标的实现，都是从社会主义初级阶段的国情出发的，都是从实践中来又经过实践检验而不断推向前进的过程，其中的理论创新也都符合中国实际、富有中国特色。

习近平经济思想立足于新时代我国国情和我国经济改革发展实践，是对这一实践中经验积累和理性认识的升华。这里的经验积累，最根本的就是坚持党对一切工作的领导，不断加强和改善党的领导；这里达成的理性认识的升华，最重要的就是中国共产党领导是中国特色社会主义最本质的特征，是中国特色社会主义制度的最大优势，也是中国特色"系

---

① 《习近平著作选读》第二卷，人民出版社 2023 年版，第 334 页。

统化的经济学说"不断取得新成就的根本所在。在改革开放的新的进程中，只有坚持党的集中统一领导，才能成功应对一系列重大风险挑战、克服无数艰难险阻，才能既不走封闭僵化的老路也不走改旗易帜的邪路、坚定不移地走中国特色社会主义道路，才能实现全面建成社会主义现代化强国宏伟目标、实现中华民族伟大复兴的新的辉煌。

其次要遵循的学理和方法是："深入调研，察实情、出实招，充分反映实际情况，使理论和政策创新有根有据、合情合理。"① 中国特色"系统化的经济学说"的演进，给我们的最深刻的启示就是：创新是改革开放的生命活力所在。这一生命活力源于坚持理论联系实际，在根本上就是要"深入调研，察实情、出实招，充分反映实际情况"，在此基础上，实现改革开放的理论和实践创新。

"正确认识和把握资本的特性和行为规律"，是在改革开放实践达到一定阶段后出现的新问题。这是一个重大经济问题，也是一个重大政治问题。在社会主义经济学说史上，马克思恩格斯没有设想过社会主义可以搞市场经济，当然就不可能提出社会主义国家如何对待资本的问题；苏联长期实行的是高度集中的计划经济体制，也没有遇到过资本大规模发展的问题。搞社会主义市场经济是我们党的一个伟大创造，如何从中国基本国情出发，在社会主义初级阶段市场经济条件下，规范和引导资本健康发展，就成为改革开放经济学说必须研究解决的重大理论和实践问题。解决这一问题，特别需要深入调研，察实情、出实招，使理论和政策创新有根有据、合情合理。不能回避的问题在于，近年来，由于认识不足、监管缺位，我国一些领域出现资本无序扩张，肆意操纵，牟取暴利现象。习近平指出："这就要求规范资本行为，趋利避害，既不让'资本大鳄'恣意妄为，又要发挥资本作为生产要素的功能。这是一个不容回避的重大政治和经济问题。"② 这一问题的核心在于："遏制资本无序扩张，不是不要资本，而是要资本有序发展"，特别是"要坚持和完善社会主义基本经济制度，毫不动摇巩固和发展公有制经济，毫不动摇鼓励、支持、引导非公有制经济发展，促进非公有制经济健康发展和非公有制经济人士健康成长。"③ 在新发展阶段，规范和引导资本发展"关系坚持社会主义基本经济制度，关系改革开放基本国策，关系高质量发展和共同富裕，关系国家安全和社会稳定"④。

再次要遵循的学理和方法是："把握规律，坚持马克思主义立场、观点、方法，透过现象看本质，从短期波动中探究长期趋势，使理论和政策创新充分体现先进性和科学性。"⑤ 改革开放新时期之初，党的十一届六中全会提出："我国所要解决的主要矛盾，是人民日益增长的物质文化需要同落后的社会生产之间的矛盾。"⑥ 这一社会主要矛盾，对新时期改革开放经济实践和理论发展产生着重要影响。党的十九大在对十八大以来新时代改革开放新变化的深刻把握和科学分析中，作出我国社会主要矛盾是"人民日益增长的美好生活需要和不平衡不充分的发展之间的矛盾"的新判断。习近平总书记指出："我国社

① 《习近平著作选读》第二卷，人民出版社 2023 年版，第 334 页。
② 《习近平著作选读》第二卷，人民出版社 2023 年版，第 576 页。
③ 《习近平著作选读》第二卷，人民出版社 2023 年版，第 577 页。
④ 《习近平谈治国理政》第四卷，外文出版社 2022 年版，第 217 页。
⑤ 《习近平著作选读》第二卷，人民出版社 2023 年版，第 334 页。
⑥ 《改革开放三十年重要文献选编》上，中央文献出版社 2008 年版，第 212 页。

会主要矛盾的变化是关系全局的历史性变化，对党和国家工作提出了许多新要求。我们要在继续推动发展的基础上，着力解决好发展不平衡不充分问题，大力提升发展质量和效益，更好满足人民在经济、政治、文化、社会、生态等方面日益增长的需要，更好推动人的全面发展、社会全面进步。"① 正确理解和处理好社会主要矛盾成为"从短期波动中探究长期趋势"的学理依循和内在根据。

最后要遵循的学理和方法是："树立国际视野，从中国和世界的联系互动中探讨人类面临的共同课题，为构建人类命运共同体贡献中国智慧、中国方案。"② 改革开放以来，中国经济的实践，从兴办深圳等经济特区、沿海沿边沿江沿线和内陆中心城市对外开放到加入世界贸易组织，从"引进来"到"走出去"，再到共建"一带一路"、设立自由贸易试验区、谋划中国特色自由贸易港，形成了具有鲜明中国特色的对外开放的历史进程。习近平总书记在对改革开放 40 年实践启示的论述中指出："开放带来进步，封闭必然落后。中国的发展离不开世界，世界的繁荣也需要中国。我们统筹国内国际两个大局，坚持对外开放的基本国策，实行积极主动的开放政策，形成全方位、多层次、宽领域的全面开放新格局，为我国创造了良好国际环境、开拓了广阔发展空间。"③

国际经济的交流和交往是世界经济发展的必然趋势，各国分工合作、互利共赢仍然是人类命运共同体的内在要求。我们要发挥负责任大国作用，支持广大发展中国家发展，积极参与全球治理体系改革和建设，共同为建设持久和平、普遍安全、共同繁荣、开放包容、清洁美丽的世界而奋斗。要支持开放、透明、包容、非歧视性的多边贸易体制，促进贸易投资自由化便利化，推动经济全球化朝着更加开放、包容、普惠、平衡、共赢的方向发展。要以共建"一带一路"为重点，同各方一道打造国际合作新平台，为世界共同发展增添新动力。在改革开放经济学说的新的发展中，要坚持从国内经济和世界经济两个相互联系的方面，拓新中国特色"系统化的经济学说"的研究视域。

三、 本著作的基本内容和结构说明

本著作是对习近平经济思想的研究，以其中关于当代马克思主义政治经济学学理和学说的创新性探索为主要内容。本著作以党的十八大以来习近平经济思想的历史进程为序，划分为三个时间段，对每一个时间段中习近平经济思想发展的主要内容及其理论创新和理论创造作出阐释。

第一个时间段从党的十八大至党的十九大召开之前，分设为六章（第一章至第六章）。各章主要内容为：第一章"马克思主义政治经济学中国化时代化的理论自觉和历史自觉"，阐明理论自觉和历史自觉是中国共产党百年经济思想的特征和禀赋，习近平经济思想是这一理论自觉和历史自觉的结晶，闪耀着 21 世纪马克思主义政治经济学的时代光辉；第二章"开拓当代中国马克思主义政治经济学的新境界"，对党的十八大以来，习近平总书记

① 《习近平著作选读》第二卷，人民出版社 2023 年版，第 10 页。
② 《习近平著作选读》第二卷，人民出版社 2023 年版，第 334 页。
③ 《习近平著作选读》第二卷，人民出版社 2023 年版，第 228 页。

提出的马克思主义政治经济学是坚持和发展马克思主义的"必修课"、要以中国特色"系统化的经济学说"贡献"中国智慧"的重要思想作出的探索，阐明习近平经济思想创立及其理论创新的时代意蕴和理论境界；第三章"中国特色'系统化的经济学说'的'导言'"，阐明习近平总书记在党的十八大后提出的"系统化的经济学说"观点，以马克思经济思想为主要理论资源，展示中国特色"系统化的经济学说"的理论成就与理论品质；第四章"新发展理念的马克思主义政治经济学探讨"，集中于对"十三五"规划制定期间新发展理念的提出及其对"十三五"规划制定的指导意义的探讨，凸显中国特色"系统化的经济学说"的新辉煌；第五章"决战决胜全面建成小康社会"，阐明党的十八届五中全会通过的《中共中央关于制定国民经济和社会发展第十三个五年规划的建议》是决战决胜全面建成小康社会的纲领性文件，激发起决战决胜的信心和信念，推进着全面建成小康社会的战略构思和战略部署的坚定实施；第六章"从治国理政高度对'系统化的经济学说'的探索"，阐明在决战决胜全面建成小康社会的历史进程中，治国理政新理念新思想新战略为"系统化的经济学说"的发展开拓了新的理论境界；第一个时间段是对"系统化的经济学说"主线、主题和主导问题的探索，为习近平经济思想的发展和创新提供了新的理论基石。

第二个时间段从党的十九大至党的二十大召开之前，分设为五章（第七章至第十一章）。各章主要内容为：第七章"社会主要矛盾变化与现代化经济体系建设"，深入理解中国历史性飞跃的阶段性特征和趋势性变化，对建设现代化经济体系成为跨越关口的迫切要求和我国发展的战略目标问题作出阐释；第八章"社会主义市场经济从体制到制度的过程和逻辑"，阐明对中国特色社会主义基本经济制度的新概括，既体现了社会主义制度优越性，又同我国社会主义初级阶段社会生产力发展水平相适应，是习近平经济思想的伟大创造；第九章"新发展阶段'系统化的经济学说'的升华"，对党的十九届五中全会通过的《中共中央关于制定国民经济和社会发展第十四个五年规划和二〇三五年远景目标的建议》呈现的习近平经济思想、写就新发展阶段中国特色"系统化的经济学说"发展的新篇章作出阐释；第十章"共同富裕的社会主义本质要求及其理论新境界"，着力于对习近平总书记提出的共同富裕是社会主义的本质要求作出新的阐释；第十一章"党的创新理论核心要义与习近平经济思想的拓新"，着重对习近平新时代中国特色社会主义思想的三大时代课题和十个"明确"核心要义进行阐释，拓新了习近平经济思想的研究视域和理论境界。

第三个时间段为党的二十大及以后，分设为七章（第十二章至第十八章）。各章主要内容为：第十二章"中国式现代化的战略擘画和理论体系升华"，集中对习近平总书记提出的"初步构建中国式现代化的理论体系"的理论内涵和思想特征进行全面论述，凸显以中国式现代化全面推进中华民族伟大复兴的理论境界；第十三章"马克思资本理论和新时代资本理论的开创性探索"，阐明资本理论作为马克思政治经济学最重要的内容、最基本的理论，对当代中国"要加强新的时代条件下资本理论研究"的重要意义；第十四章"新质生产力与中国经济学自主知识体系的拓新"，阐明习近平总书记关于新质生产力的实践和理论探索，既以党的十八大以来中国经济发展实际和中国经济学创新为基础，又为新发展阶段新的实践和经济学自主知识体系创新提供"可靠的根据"，是习近平经济思想理论境界和实践指向的升华；第十五章"人类命运共同体的政治经济学初探"，阐明习近平经济思想不仅是对中国特色社会主义政治经济学的研究，还是对人类命运共同体政治经济学的开创性研究；第十六章"习近平经济思想与 21 世纪马克思主义政治经济学"，阐明习近平经济思想的理论创新，是 21 世纪马克思主义狭义政治经济学的发展和创新，也是在当代资本主义和人类命运共同体的广义政治经济学上的创造性探索。第十七章"马克思'世界历史'命题与新时代的理论创新"，阐明新时代中国特色社会主义的成功实践，不仅对"跨越卡夫丁峡谷"问题作出新的回答，还赋予马克思"世界历史"命题以新时代内涵；第十八章"习近平经济思想的方法论创新"，阐明习近平经济思想对科学方法论的创新性运用，是理解和把握习近平经济思想的"总钥匙"。

目　录

第一章

马克思主义政治经济学中国化时代化的理论自觉和历史自觉

学习要点：

- 理论自觉和历史自觉是中国共产党百年经济思想的辉煌和禀赋；
- 中国共产党百年经济思想的主题及其马克思主义政治经济学中国化时代化的不断深化；
- 习近平经济思想是新时代马克思主义政治经济学中国化时代化理论自觉和历史自觉的结晶。

中国共产党百年经济思想的理论自觉和历史自觉，构成马克思主义政治经济学中国化时代化的特质和思想辉煌的内在禀赋。这一理论自觉和历史自觉，是理解中国马克思主义政治经济学发展基本内涵、时代特征和历史进程的基本方法，也是从"历史路标"意义上展现中国化时代化马克思主义政治经济学的历史阶段和理论标志的学术依循。这一理论自觉和历史自觉，使得中华民族伟大复兴必然成为马克思主义政治经济学中国化时代化的主题，不仅把马克思主义政治经济学基本原理运用于中国的实际，推进马克思主义政治经济学中国化时代化；而且还把这一过程形成新的思想，升华为中国化时代化马克思主义政治经济学的理论创新和理论创造。

习近平经济思想是马克思主义中国化时代化理论自觉和历史自觉的光辉结晶，镌刻着当代中国马克思主义的历史印记，闪耀着 21 世纪马克思主义政治经济学的时代光辉。

一、 马克思主义政治经济学中国化时代化理论自觉的生成

19 世纪末和 20 世纪初，马克思主义就如涓涓细流在中国知识界流传开了；在这一过程中，马克思主义政治经济学的流传走在最前列。1899 年，以英国学者本杰明·基德的《社会进化》为蓝本，由李提摩太和蔡尔康译述的《大同学》，由广学会在上海正式出版。《大同学》提到马克思为"百工领袖著名者"，提到"如德国之马客偲，主于资本者也"。[①]"主于资本者"译文的英文原文依据为："Whatever may be said of that class of literature represented in Germany by Karl Marx's *Kapital*"[②]，所说"资本者"（*Kapital*）特指为《资本论》著作。

1903 年，在上海几乎同时出版的《最新经济学》和《近世社会主义》这两部译著，对马克思主义经济学说和社会主义学说在中国的早期传播产生了较大影响。日本学者田岛锦治的《最新经济学》于 1901 年在日本出版，中文译本由作新社在上海出版。《最新经济学》"绪论"第三章在论及"经济学之历史"时，对"共产主义派"和"社会主义派"的经济学说作了粗陋介绍，认为"共产主义派"经济学说"主张废除私有制，以求各人平等"；"社会主义派"经济学说，"仅言土地及资本可为共有。其他享财产皆许其为私有者也"[③]。"社会主义派"经济学说的主要内容在于"观今日之制度。妄使土地所有者。及资

---

① 北京大学《马藏》编纂与研究中心：《马藏》第一部第一卷，科学出版社 2019 年版，第 376 页、第 386 页。

② Benjamin Kidd. *Social Evolution*. New York：Macmillan & Co.，1894，pp. 11–12.

③ 北京大学《马藏》编纂与研究中心：《马藏》第一部第五卷，科学出版社 2019 年版，第 530 页、第 533 页。

本家。横夺劳动之报酬。岂得不为之寒心哉。故凡保此制度之国家。当起而颠覆之。结勤劳者之团体以代之。即不能如是。亦不可不使国家定制限于私有财产及自由竞争之法律。以矫正其弊"①。《最新经济学》没有区分马克思经济思想同其他不同社会主义经济学流派的差别，对马克思经济思想和社会主义经济学说的介绍也较为浅陋、混杂，反映了当时中国知识界对马克思主义政治经济学的理解程度。

日本学者福井准造所著的《近世社会主义》出版于1899年，由赵必振迻译、广智书局出版。该译著分作四编，第二编对19世纪下半期德国社会主义作了专门阐释，其中有对马克思、拉萨尔、洛贝尔图斯著作和学说主张的评述，也有对共产主义者同盟和国际工人协会历史的概述。特别提到这一时期的德国社会主义学说中，马克思以"讲究经济上之原则"，并注重"以深远之学理"进行"精密"研究，形成了一种"新社会主义"。此前以欧文、圣西门和傅立叶为代表的英法两国社会主义，与马克思的这一"新社会主义"相比，只不过是一种"空想的学理"与"儿戏的企图"罢了。马克思在"确立其议论之根底"，在探讨"如何之思想。如何之运动。如何之方面"上，"熏陶最为广至"②。该译著还对马克思和恩格斯的主要著作，如《自哲理上所见之贫困》(《哲学的贫困》)、《资本论》、《自由贸易论》(《关于自由贸易问题的演说》)、《英国劳动社会之状态》(《英国工人阶级状况》) 作了评介。值得注意的是，这几本著作都是马克思和恩格斯的政治经济学著作。在对《资本论》的评价中，特别提到"《资本论》实为社会经济上之学者之良师""为一代之大著述"③。

这一时期，在西学东渐的潮流中，中国追崇当时西方国家中流行的各种思想和思潮，试图在西方资产阶级思想武库中寻找解决社会发展出路的想法。对马克思主义政治经济学的传播还比较粗浅、简陋，译著中的许多理论观点只是在对日本学者相关论述编纂迻译的基础上形成的，对马克思和恩格斯经济学说的介绍和评价还具有明显的自发性。经过20世纪初近20年的思想演进，对马克思主义政治经济学的理论自觉和历史自觉才逐渐生成。

19世纪末和20世纪初，马克思主义学说在中国传播的涓涓细流，在中国社会矛盾急剧变化中，在俄国十月革命的影响下，经过五四运动的洗礼，开始汇成中国社会革命的强劲的思想潮流，并成为早期共产主义者改变中国和改变世界的思想指南。李大钊等一批早期的共产主义者，已经从马克思主义体系整体上，探寻政治经济学的理论内涵和思想实质，特别是注重主动地把马克思恩格斯经济思想运用于中国经济社会发展实际问题的思考和探索中，马克思主义政治经济学中国化时代化的理论自觉探索开始萌生。

1919年，李大钊在《新青年》第六卷第五号和第六号上分"上篇"和"下篇"发表《我的马克思主义观》，"上篇"着重从马克思主义体系整体上，对唯物史观和阶级斗争学说("阶级竞争说")作出阐释；"下篇"集中对政治经济学("经济论")观点，特别对剩余价值学说("余工余值说")和资本学说作出阐释。李大钊对马克思主义体系整体和政治经济学组成部分的理解，显示了这一时期马克思主义政治经济学传播的影响和作用。值得一提的是，在"上篇"对唯物史观和阶级斗争学说阐释之前，李大钊提出"先把'马克思主义'在经济思想史上占若何的地位，略说一说。"他"略说一说"的结论就是：马克思

---

① 北京大学《马藏》编纂与研究中心：《马藏》第一部第五卷，科学出版社2019年版，第530页、第533页。
② 北京大学《马藏》编纂与研究中心：《马藏》第一部第二卷，科学出版社2019年版，第492页、第490页。
③ 北京大学《马藏》编纂与研究中心：《马藏》第一部第二卷，科学出版社2019年版，第498页、第499页。

"用科学的论式，把社会主义的经济组织的可能性与必然性，证明与从来的个人主义经济学截然分立，而别树一帜，社会主义经济学才成一个独立的系统，故社会主义经济学的鼻祖不能不推马克思。"① 李大钊提出的政治经济学思想实质和重要地位的这一结论，同恩格斯强调的马克思主义的"全部理论来自对政治经济学的研究"② 的观点是相耦合的。

中国共产党早期的组织成员，如陈独秀等，在马克思主义政治经济学理论自觉生成中都发挥过重要作用。1922 年 5 月，陈独秀在《马克思的两大精神》中指出：马克思的学说和行为具有"实际研究"和"实际活动"这两大精神，"以马克思实际研究的精神研究社会上各种情形，最重要的是现社会的政治及经济状况，不要单单研究马克思的学理，"研究马克思的学说，"须发挥马克思实际活动的精神，把马克思学说当做社会革命的原动力"。③ 1924 年 3 月，恽代英在对列宁俄国社会革命和建设思想的探索中，有意识地结合中国的实际，强调："解决中国的问题，自然要根据中国的情形，以决定中国的办法；但是至少可以说，伟大的列宁，已经亲身给了我们许多好的暗示了，我们可以不注意他么！"④ 把马克思主义政治经济学与中国的具体实际、与中国革命的"实际活动"相结合，使其作为"解决中国的办法"，成为中国"社会革命的原动力"，就是中国共产党在马克思主义政治经济学中国化中理论自觉的最根本的内涵。认识中国社会、改变中国社会，一开始就是中国共产党遵循马克思主义政治经济学理论自觉的标格。

中国共产党成立前后，马克思主义政治经济学在中国的传播和运用，具有以下两个方面的显著特点：一方面，以改造中国为基本立场，以马克思主义为寻求真理、攻坚克难的指导思想和"看家本领"，视政治经济学为改变世界的"原动的学说"。1920 年 1 月，李大钊针对胡适的误导，在《新青年》上发表的《由经济上解释中国近代思想变动的原因》一文指出："你们若是无奈何这新经济势力，那么只有听新思想自由流行，因为新思想是应经济的新状态、社会的新要求发生的，不是几个青年凭空造出来的。"⑤ 1920 年 12 月，陈独秀在《主义与努力》一文中提出："主义制度好比行船底方向，行船不定方向，若一味盲目的努力，向前碰在礁石上，向后退回原路去都是不可知的。"⑥

另一方面，以十月革命后俄国经济状况为镜鉴，把马克思主义政治经济学原理运用于中国实际，不断提升理论自觉的意识和能力。1920 年 10 月，瞿秋白作为《晨报》的记者赴苏俄考察，在此后的两年间，撰写了大量报道苏维埃政治经济发展现状的通讯。特别是其中的《共产主义之人间化》《苏维埃俄罗斯之经济问题》等通讯，具体介绍了苏俄从战时共产主义到新经济政策的转变及其基本精神和主要特征等。瞿秋白提出："'我们'要能解决直接实行社会主义的问题，必须先明白，由未到资本主义的经济关系时，过渡于社会主义的政策，当用何种间接的方法态度。这是问题中的要点。"⑦ 这实际上是瞿秋白联系俄

---

① 《李大钊全集》第三卷，人民出版社 2013 年版，第 2 页、第 4 页。
② 《马克思恩格斯文集》第二卷，人民出版社 2009 年版，第 596 页。
③ 《陈独秀文集》第二卷，人民出版社 2013 年版，第 250 页。
④ 《恽代英全集》第六卷，人民出版社 2014 年版，第 155—156 页。
⑤ 《李大钊全集》第三卷，人民出版社 2013 年版，第 192 页。
⑥ 《陈独秀文集》第二卷，人民出版社 2013 年版，第 93 页。
⑦ 《瞿秋白文集》政治理论编第一卷，人民出版社 2013 年版，第 254 页。

国革命理论和实践对中国革命现实问题的思考。在比较中国国情与俄国国情中，李大钊在 1922 年提出，"我们劳苦的民众，在二重乃至数重压迫之下，忽然听到十月革命喊出的'颠覆世界的资本主义'、'颠覆世界的帝国主义'的呼声，这种声音在我们的耳鼓里，格外沉痛，格外严重，格外有意义"；因此，"凡是像中国这样的被压迫的民族国家的全体人民，都应该很深刻的觉悟他们自己的责任，应该赶快的不踌躇的联结一个'民主的联合阵线'，建设一个人民的政府，抵抗国际的资本主义，这也算是世界革命的一部分工作"。①

马克思主义经典著作的迻译和传播，为马克思主义中国化时代化中的理论自觉提供了丰富的思想资源。在中国共产党成立之前，食力翻译的《劳动与资本》（《雇佣劳动与资本》）中文全译本在报刊上刊登，陈望道翻译的《共产党宣言》中文全译本在 1920 年出版。中国共产党成立后，更是把马克思、恩格斯和列宁著作的翻译和学习作为党的理论建设和思想建设的重要任务。1921 年 11 月，刚成立不久的中国共产党，在发布的《中国共产党中央局通告》中提出"中央局宣传部在明年七月以前，必须出书（关于纯粹的共产主义者）二十种以上"② 的要求。1922 年 6 月，陈独秀在给共产国际的报告中正式提出，中国共产党组织出版《马克思全书》《列宁全书》《康民尼斯特丛书》等马克思主义经典著作。③ 学习马克思主义经典著作中的科学理论和科学精神，一直是中国共产党理论自觉的"必修课"。

马克思主义政治经济学的理论自觉，在中国共产党成立后的社会革命实践中得到彰显。在 1920 年召开的共产国际第二次代表大会上，列宁系统地阐述了民族和殖民地革命理论。在党的一大之后，中国共产党把列宁主义关于民族和殖民地革命理论与中国实际相结合，深入探索适合中国国情的革命道路。在列宁逝世时，经历这一过程的张太雷，更为深切地体会到"伟大的列宁，已经亲身给了我们许多好的暗示了"的内涵。党的二大接受了列宁的基本理论，认识到中国社会的资本主义尚处在初步发展阶段，帝国主义、封建势力，特别是他们的代表军阀和官僚是阻碍中国经济社会发展、残酷压迫中国人民的主要的反动力量。1922 年 6 月，党中央在《中共中央对于时局的主张》中正式提出中国革命必须分两步走的思想，"在无产阶级未能获得政权以前，依中国政治经济的现状，依历史进化的过程，无产阶级在目前最切要的工作，还应该联络民主派共同对封建式的军阀革命，以达到军阀覆灭能够建设民主政治为止"④。马克思主义政治经济学在中国初步运用中"化"出的这一道理，成为适合于中国具体实际需要的科学理论，生成了马克思主义政治经济学中国化时代化的理论自觉。

二、 马克思主义政治经济学中国化时代化历史自觉的坚守

中国共产党在马克思主义政治经济学上的理论自觉同历史自觉一起，共同构成马克思主义政治经济学中国化时代化的思想特质，成就了中国共产党经济思想百年辉煌的内在

---

① 《李大钊全集》第四卷，人民出版社 2013 年版，第 124 页。
② 《建党以来重要文献选编（1921~1949）》第一册，中央文献出版社 2011 年版，第 47 页。
③ 《陈独秀文集》第二卷，人民出版社 2013 年版，第 258 页。
④ 《建党以来重要文献选编（1921~1949）》第一册，中央文献出版社 2011 年版，第 97 页。

禀赋。

这一历史自觉的显著特征，首先在于深邃的历史情怀。历史情怀包含着对民族、国家和人民的挚爱的深切情怀。中国共产党成立之前，毛泽东在 1919 年就提出："我们中华民族原有伟大的能力！压迫愈深，反抗愈大，蓄之既久，其发必速，我敢说一怪话，他日中华民族的改革，将较任何民族为彻底，中华民族的社会，将较任何民族为光明。"① 毛泽东的这一深厚的历史情怀，渗透于中国共产党经济思想发展的全过程，成为中国共产党历史自觉的核心要义。中华民族伟大复兴成为中国共产党百年经济思想的主题，也成为马克思主义政治经济学中国化时代化的根本命题。

其次，这一历史自觉的特征，在于深刻的历史观照。马克思主义政治经济学在中国的演进，始终同百年来中国经济的社会形态历史变迁同行，在历史变迁中发挥其理论上的先导作用，成为认识中国和改造中国的思想指南。近百年来，中国社会变迁可以分作四个历史阶段、发生四次伟大飞跃：一是从 1921 年至 1949 年的历史阶段，中国共产党紧紧依靠全国各族人民，打败了日本帝国主义，推翻了国民党的反动统治，完成了新民主主义革命，建立了中华人民共和国，实现从几千年封建专制政治向人民民主的伟大飞跃；二是从 1949 年至 1978 年的历史阶段，我们党团结带领全国各族人民完成社会主义革命，确立社会主义基本制度，推进社会主义的全面建设，实现了中华民族持续走向繁荣富强的伟大飞跃；三是 1978 年至 2012 年的历史阶段，改革开放新时期我们党团结带领全国各族人民进行改革开放的伟大革命，极大激发广大人民群众的创造性，极大解放和发展社会生产力，极大增强社会发展活力，人民生活显著改善，综合国力显著增强，国际地位显著提高，"实现了中国人民从站起来到富起来、强起来的伟大飞跃"②；四是党的十八大以来中国特色社会主义发展新时代，我们党在已有基础上继续前进，不断实现理论和实践上的创新突破，成功推进和拓展了中国式现代化，使中国式现代化更加清晰、更加科学、更加可感可行。这四个阶段发生的四次伟大飞跃，从根本上展示了中国化时代化马克思主义政治经济学的历史逻辑和理论逻辑。历史观照的这一特征，成为中国共产党百年经济思想的历史自觉的根本基础。

再次，这一历史自觉的特征在于强烈的历史担当。1922 年，《中国共产党第二次全国代表大会宣言》提出的中国革命的七项奋斗目标中，把"消除内乱，打倒军阀，建设国内和平"和"推翻国际帝国主义的压迫，达到中华民族完全独立"③ 列为首要的两项目标。这说明，中国共产党成立伊始，就形成了党为中华民族伟大复兴所要实现的两大历史任务的思想，即"一个是求得民族独立和人民解放；一个是实现国家繁荣富强和人民共同富裕。前一任务是为后一任务扫清障碍，创造必要的前提"④。实现两大历史任务的思想，启动了马克思主义政治经济学中国化时代化的理论和历史进程，确定了中国共产党经济思想的历史自觉的基本指向。

最后，这一历史自觉的特征在于深厚的历史感悟。"历史不过是追求着自己目的的人

---

① 毛泽东：《民众的大联合（三）》，《湘江评论》第四期，1919 年 8 月 4 日。
② 《十八大以来重要文献选编》下，中央文献出版社 2018 年版，第 343 页。
③ 《建党以来重要文献选编（1921~1949）》第一册，中央文献出版社 2011 年版，第 133 页。
④ 《十五大以来重要文献选编》上，人民出版社 2000 年版，第 2 页。

的活动而已。"① 中国共产党百年经济思想，始终把人民立场作为根本立场，把为人民幸福同民族复兴、国家富强作为根本任务和最高使命；尊重人民主体地位和首创精神，凝聚起众志成城的磅礴力量，团结带领人民共同创造历史伟业。习近平指出："这是尊重历史规律的必然选择，是共产党人不忘初心、牢记使命的自觉担当。"② 这种深厚的历史感悟，是马克思主义政治经济学在中国的历史自觉的价值蕴涵。

理论自觉和历史自觉，不仅是中国共产党百年经济思想过程的显著特质，也是理解马克思主义政治经济学中国化时代化内涵和历史进程的基本方法，还是从"历史路标"意义上展现中国化时代化马克思主义政治经济学的历史阶段和理论建树的学术依循。"历史路标"是马克思在《1861—1863年经济学手稿》中提出的，马克思认为，在对"历史的评论"即在对经济思想历史的研究中，要关注"政治经济学规律最先以怎样的历史路标的形式被揭示出来并得到进一步发展"③。从理论自觉和历史自觉的结合上来看，马克思主义政治经济学中国化时代化的"历史路标"，可以分为四个时期：

第一，中国共产党成立前马克思主义政治经济学在中国的传播和初步运用，是这一时期的"序幕"。中国共产党的成立是马克思主义政治经济学在中国百年历程的起端，在新民主主义革命时期，马克思主义政治经济学中国化实现了飞跃。这一时期，以毛泽东同志为主要代表的中国共产党人，对中国半殖民地半封建经济的社会形态性质作出科学判断，创造性地提出了新民主主义经济纲领理论，对新民主主义经济结构、经济制度及制度安排，对经济发展、经济政策及新民主主义经济发展前途等问题作出系统论述。

第二，新中国成立后，先是马克思主义政治经济学在社会主义过渡时期的运用和发展，形成了具有中国特点的过渡时期政治经济学，创造性地走出了基本经济制度转型、经济体制转型和生产力持续增长同步的发展道路；接着，从1956年到1976年，中国社会主义政治经济学经历了以奠定基础、艰辛探索和曲折发展为特点的发展阶段。砥砺奋进、不断探索，中国共产党无论在社会主义过渡时期政治经济学还是在社会主义政治经济学中，都取得了一系列独创性成果。社会主义社会基本矛盾理论，统筹兼顾、注意综合平衡理论，以农业为基础、工业为主导、农轻重协调发展理论，中国区域经济发展的战略思想等，呈现了中国共产党这一时期对马克思主义政治经济学中国化的创新性和创造性的发展。

第三，从1978年至2012年新时期中国特色社会主义政治经济学的形成和发展时期，构成马克思主义政治经济学中国化时代化的重要阶段。在这一阶段，中国共产党立足社会主义初级阶段经济事实和经济发展实际，着力于对社会主义初级阶段经济关系的本质特征和发展趋势进行探索，在系统把握这一阶段的经济制度、经济体制和经济运行的整体关系上，创造性地提出了经济制度论、经济改革论、市场经济论、科学发展论和对外开放论等主导性理论以及在主导性理论交互作用中生成的一系列衍生性理论，形成新时期中国特色社会主义政治经济学理论、结构和体系。

① 《马克思恩格斯文集》第一卷，人民出版社2009年版，第295页。
② 《十九大以来重要文献选编》上，中央文献出版社2019年版，第429页。
③ 《马克思恩格斯全集》第二十六卷第一册，人民出版社1972年版，第367页。

第四，党的十八大以来是新时代中国特色社会主义政治经济学的发展时期，也是习近平经济思想拓新和马克思主义政治经济学中国化发展的新阶段。党的十九大之后召开的第一次中央经济工作会议，把习近平经济思想概括为以坚定不移贯彻新发展理念为主要内容，以坚持加强党对经济工作的集中统一领导，坚持以人民为中心的发展思想，坚持适应把握引领经济发展新常态，坚持使市场在资源配置中起决定性作用、更好发挥政府作用，坚持把推进供给侧结构性改革作为经济工作的主线，坚持问题导向部署经济发展新战略，坚持正确工作策略和方法等七个方面"坚持"的理论要义。对习近平经济思想的这一新概括，拓展了马克思主义政治经济学中国化的理论境界。2020年，中国共产党在对"十四五"发展规划和社会主义现代化国家建设中长期规划制定中提出的一系列经济思想，更成为习近平经济思想的新的阐释，是马克思主义政治经济学在中国新时代跃升的新境界。

三、 中国共产党百年经济思想的主题及意境的深化

党的十八大召开后不久，习近平在回顾党的历史时指出："中国共产党成立后，团结带领人民前仆后继、顽强奋斗，把贫穷落后的旧中国变成日益走向繁荣富强的新中国，中华民族伟大复兴展现出前所未有的光明前景。"[①] 中国共产党经济思想的理论自觉和历史自觉，使得中华民族伟大复兴必然生成为马克思主义政治经济学中国化时代化的理论主题。

1922年，中国共产党第二次全国代表大会对中华民族伟大复兴的历史使命及两大历史任务问题深有感悟。党的二大提出中国革命"第一步"即"真正的民主主义革命"要达到的"建设国内和平"和"中华民族完全独立"的目标，启动了马克思主义政治经济学中国化时代化的理论和历史进程，确定了中国共产党经济思想的理论自觉和历史自觉的基本意向。

新民主主义革命时期，中国共产党着力于完成第一大历史任务，但也没有放弃对第二大历史任务的探索，毛泽东已经从中国现代化问题切入，在对中国工业化问题探讨中提出"使中国稳步地由农业国转变为工业国"[②] 的思想，描绘了新民主主义革命胜利后中国现代化的最初蓝图。

党的二大曾作出判断："如果无产阶级的组织力和战斗力强固，这第二步奋斗是能跟着民主主义革命胜利以后即刻成功的。"[③] 新中国成立后，在进一步完成新民主主义革命遗留的任务、向社会主义过渡一开始，中国共产党就把完成第二大历史任务作为治国理政的重要议程提了出来。1954年，在第一次全国人民代表大会第一次会议中，毛泽东提出要"将我们现在这样一个经济上文化上落后的国家，建设成为一个工业化的具有高度现代文化程度的伟大的国家"的奋斗目标。从中国现代化问题切入，是因为中国共产党清醒地认识到："如果我们不建设起强大的现代化的工业、现代化的农业、现代化的交通运输业和

---

① 《习近平著作选读》第一卷，人民出版社2023年版，第59—60页。
② 《毛泽东选集》第四卷，人民出版社1991年版，第1437页。
③ 《建党以来重要文献选编(1921~1949)》第一册，中央文献出版社2011年版，第133页。

现代化的国防，我们就不能摆脱落后和贫困，我们的革命就不能达到目的。"① 实现国家现代化，成为全国各族人民不懈奋斗的根本任务，彰显了中国共产党经济思想的历史自觉和理论自觉的特征。

1957 年 2 月，毛泽东提出，要"将我国建设成为一个具有现代工业、现代农业和现代科学文化的社会主义国家"②。1964 年 12 月，在第三届全国人大第一次会议的《政府工作报告》中，周恩来正式宣告："在不太长的历史时期内，把我国建设成为一个具有现代农业、现代工业、现代国防和现代科学技术的社会主义强国，赶上和超过世界先进水平。"③ 中国共产党对"四个现代化"目标的深刻把握，表达了全国各族人民的共同愿望，成为中国共产党矢志不移的奋斗目标。在 1975 年 1 月召开的第四届全国人大第一次会议上，周恩来再次宣告："在本世纪内，全面实现农业、工业、国防和科学技术的现代化，使我国国民经济走在世界的前列。"④

以党的十一届三中全会为起点，中国共产党领导全国各族人民开始了新时期社会主义现代化国家建设的新的伟大革命。新时期伊始，邓小平就强调："能否实现四个现代化，决定着我们国家的命运、民族的命运。"⑤ 在对中国现代化道路的探索中，邓小平进一步提出"要适合中国情况，走出一条中国式的现代化道路"⑥ 的思想。"中国式的现代化道路"与"小康社会"建设相结合，拓展了中国现代化的战略规划、发展步骤和阶段目标。20 世纪 80 年代初，中国共产党对小康社会"三步走"战略作出规划，提出了从"解决人民温饱的问题"到"人民生活达到小康水平"，再到"人民生活比较富裕，基本实现现代化"的发展步骤。在"三步走"的前两步基本实现时，党的十五大又对"三步走"战略作出规划，提出第一个十年使人民的小康生活更加宽裕，形成比较完善的社会主义市场经济体制；再经过十年的努力，到建党一百周年时，使国民经济更加发展，各项制度更加完善；到 21 世纪中叶新中国成立一百周年时，基本实现现代化。中国共产党绘制的"中国式的现代化道路"与"两个一百年"奋斗目标相结合的宏伟蓝图，深刻地体现了中国共产党经济思想在中国现代化进程探索中的理论自觉和历史自觉。

进入 21 世纪，中国共产党使"中国式的现代化道路"同全面建设小康社会和"两个一百年"奋斗目标同行并进，进而与中华民族伟大复兴的追求融为一体。刚进入 21 世纪，江泽民就提出，"建设富强民主文明的社会主义现代化国家，是毛泽东同志、他的战友们和千百万革命先烈的伟大理想，是一百多年来中国社会发展的必然结论和中华民族的共同愿望"⑦；把"向着现代化的光辉目标前进，向着中华民族的伟大复兴前进"⑧，作为当代中国共产党人的理论自觉和历史自觉。2011 年 12 月，在庆祝天宫一号与神舟八号交会对接任务圆满成功大会的讲话中，胡锦涛提出："我国航天事业取得的辉煌成就，增强了全

① 《周恩来选集》下卷，人民出版社 1984 年版，第 132 页。
② 《毛泽东文集》第七卷，人民出版社 1999 年版，第 207 页。
③ 《周恩来选集》下卷，人民出版社 1984 年版，第 439 页。
④ 《周恩来选集》下卷，人民出版社 1984 年版，第 479 页。
⑤ 《邓小平文选》第二卷，人民出版社 1994 年版，第 162 页。
⑥ 《邓小平文选》第二卷，人民出版社 1994 年版，第 163 页。
⑦ 《江泽民文选》第一卷，人民出版社 2006 年版，第 360 页。
⑧ 《江泽民文选》第二卷，人民出版社 2006 年版，第 126 页。

体中华儿女的民族自信心和凝聚力，坚定了全党全军全国各族人民继续推进改革开放和社会主义现代化、在中国特色社会主义道路上实现中华民族伟大复兴的决心和信念。"①

对历史的回顾，也是对未来的展望。党的十八大召开后不久，习近平提出："我坚信，到中国共产党成立一百年时全面建成小康社会的目标一定能实现，到新中国成立一百年时建成富强民主文明和谐的社会主义现代化国家的目标一定能实现，中华民族伟大复兴的梦想一定能实现。"② 以中华民族伟大复兴为初心和使命，彰显了马克思主义政治经济学中国化的阶段性特征和中国共产党百年经济思想的主题。

在中华民族伟大复兴的新的历史进程中，中国式现代化焕发出新时代的内涵。一是目标内涵得到升华。新时代社会主要矛盾已经转化为人民日益增长的美好生活需要和不平衡不充分的发展之间的矛盾。解决和处理好社会主要矛盾中不平衡不充分发展问题的基本战略和根本出路，在于推进物质文明、政治文明、精神文明、社会文明、生态文明建设的"五位一体"战略总布局，切实提高人民对于涵盖物质、文化、民主、法制、公平、正义、安全、环境等在内的"美好生活"的"需要"。党的基本路线的目标内涵升华为"把我国建设成为富强民主文明和谐美丽的社会主义现代化强国"③。

二是在"四个全面"整体发展中，提出了国家治理体系和治理能力现代化的新课题。推进国家治理体系和治理能力现代化，就是要使各方面制度更加科学、更加完善，实现党、国家、社会各项事务治理制度化、规范化、程序化。推进国家治理体系和治理能力现代化，成为中国式现代化在新时代的课题。

三是在战略规划中进一步明确"第二个一百年"的阶段性目标。党的十九大提出，实现第二个百年奋斗目标，分作两个阶段，一是从2020年到2035年基本实现社会主义现代化，二是从2035年到本世纪中叶建成富强民主文明和谐美丽的社会主义现代化强国。习近平指出："从全面建成小康社会到基本实现现代化，再到全面建成社会主义现代化强国，是新时代中国特色社会主义发展的战略安排。我们要坚忍不拔、锲而不舍，奋力谱写社会主义现代化新征程的壮丽篇章！"④

四、 马克思主义政治经济学中国化时代化境界的升华

"我们党历来重视对马克思主义政治经济学的学习、研究、运用。"⑤ 中国共产党百年经济思想的理论自觉和历史自觉，不仅把马克思主义政治经济学基本原理运用于中国的实际，推进了马克思主义政治经济学中国化；而且把这一过程中形成的新的思想，凝练为马克思主义政治经济学的新内涵，升华为中国化时代化马克思主义政治经济学的理论创新和理论创造。

---

① 《十七大以来重要文献选编》下，中央文献出版社2013年版，第673页。
② 《习近平关于实现中华民族伟大复兴的中国梦论述摘编》，中央文献出版社2013年版，第4页。
③ 《习近平著作选读》第二卷，人民出版社2023年版，第10页。
④ 《习近平著作选读》第二卷，人民出版社2023年版，第24页。
⑤ 《十八大以来重要文献选编》下，中央文献出版社2018年版，第2页。

这里讲的"理论创新"一方面是继承性创新，即在将马克思主义政治经济学基本原理运用于中国实际的过程中，中国化马克思主义政治经济学获得的创新性的理论发展。如在对马克思主义关于生产力和生产关系理论的继承中，得出关于解放生产力和发展生产力作为社会主义本质的理论观点。另一方面是集成性创新，即在对马克思主义政治经济学继承和发展的同时，也注重对各种经济思想的有价值的和可资借鉴的成分的吸收，注重对中华传统经济思想的吸收、转化和创新，以多方面思想资源的结合而形成综合的、有机的创新。如关于社会主义生态文明建设思想，既有作为主体思想来源的马克思恩格斯关于人与自然和谐协调发展的思想，也有 20 世纪 80 年代经济全球化背景下流行的生态环境治理的各种思潮，还包括对生态学马克思主义思想的借鉴，以及中华优秀传统文化中"天人合一"思想的转化等。

这里讲的"理论创造"，一是对马克思主义经典文本中新的思想的发掘和创造性运用，如在对恩格斯关于"我认为，所谓'社会主义社会'不是一种一成不变的东西，而应当和任何其他社会制度一样，把它看成是经常变化和改革的社会"[①] 思想的发掘中，结合当代中国经济社会发展的实际，总结社会主义经济制度和经济体制发展的经验教训，"改革的"社会主义思想得到理论上的新的阐释和实践上的新的拓展，形成了中国共产党关于社会主义改革的创造性理论。二是指完全以中国的具体实际或当代世界发展的新的现实为根据，实现马克思主义政治经济学的原始性创新，如改革开放新时期中国共产党对社会主义市场经济理论和实践实行的理论创造。

在新民主主义革命时期，毛泽东多次强调，中国共产党"从中国的历史实际和革命实际的认真研究中，在各方面作出合乎中国需要的理论性的创造，才叫做理论和实际相联系"[②]。毛泽东思想中蕴含的政治经济学的理论创新和理论创造的要义，集中体现于对中国半殖民地半封建社会性质的分析、对新民主主义经济理论和经济纲领的阐释中。

新中国成立以后，以毛泽东为主要代表的中国共产党人，依据中国独特的国情和经济社会发展的现状，走出了富有中国特点的社会主义过渡的新道路，创造性地形成中国独特的过渡时期理论；在中国社会主义经济建设道路探索中，提出了包括社会主义社会矛盾学说、综合平衡和统筹兼顾的战略思想、以"两参一改三结合"为代表的经济管理思想、独立自主和自力更生原则等在内的一系列"合乎中国需要"的理论创新和理论创造。

改革开放新时期，中国特色社会主义政治经济学涵盖了一系列"合乎中国需要"的理论创新和理论创造。新时期中国特色社会主义政治经济学提出的社会主义初级阶段的基本经济纲领，就是马克思主义政治经济学中国化的理论创造。这一基本经济纲领的根本命题是"建设有中国特色社会主义的经济，就是在社会主义条件下发展市场经济，不断解放和发展生产力"[③]。这一基本经济纲领的核心思想，突出地表现在以下四个方面：

第一，坚持和完善社会主义公有制为主体、多种所有制经济共同发展的基本经济制度。社会主义初级阶段的所有制结构理论，是中国特色社会主义政治经济学最富有独创性的理论。"我国基本经济制度是中国特色社会主义制度的重要支柱，也是社会主义市场经

① 《马克思恩格斯文集》第十卷，人民出版社 2009 年版，第 588 页。
② 《毛泽东选集》第三卷，人民出版社 1991 年版，第 820 页。
③ 《改革开放三十年重要文献选编》下，人民出版社 2008 年版，第 899 页。

济体制的根基，公有制主体地位不能动摇，国有经济主导作用不能动摇"①，成为马克思主义政治经济学中国化的鲜明的理论观点。"要毫不动摇巩固和发展公有制经济，毫不动摇鼓励、支持、引导非公有制经济发展，推动各种所有制取长补短、相互促进、共同发展"②，成为中国特色社会主义政治经济学的重要理论观点。

第二，坚持和完善社会主义市场经济体制，使市场在国家宏观调控下对资源配置起基础性作用。在社会主义条件下发展市场经济，是中国共产党的一个伟大创举，也是马克思主义政治经济学中国化的最为显著的理论创造。坚持社会主义市场经济改革方向，既要发挥市场经济的长处，又要发挥社会主义制度的优越性，这是中国特色社会主义经济取得成功的关键因素。

第三，坚持和完善按劳分配为主体的多种分配方式，允许一部分地区一部分人先富起来，带动和帮助后富，逐步走向共同富裕。这是新时期形成的反映中国特色社会主义基本经济制度本质特征的创造性理论。

第四，坚持和完善对外开放，积极参与国际经济合作和竞争。要善于统筹国内国际两个大局，利用好国际国内两个市场、两种资源。顺应我国经济深度融入世界经济的趋势，发展更高层次的开放型经济，积极参与全球经济治理，促进国际经济秩序朝着平等公正、合作共赢的方向发展。对外开放作为我国社会主义现代化建设的基本国策，是中国特色社会主义政治经济学的显著特征。

2015 年，习近平在对新时期近 40 年中国特色社会主义政治经济学发展的评价中指出："党的十一届三中全会以来，我们党把马克思主义政治经济学基本原理同改革开放新的实践结合起来，不断丰富和发展马克思主义政治经济学。"③ 这一时期形成的一系列理论创新和理论创造，"马克思主义经典作家没有讲过，改革开放前我们也没有这方面的实践和认识，是适应当代中国国情和时代特点的政治经济学，不仅有力指导了我国经济发展实践，而且开拓了马克思主义政治经济学新境界"④。

党的十九大之后召开的中央经济工作会议，对习近平经济思想作出阐释，从中国共产党经济思想的理论自觉和历史自觉的特质上，凸显了党的十八大以来马克思主义政治经济学中国化的理论创新和理论创造。

新发展理念是习近平经济思想的主要内容。新发展理念是中国共产党对"实现什么样的发展、怎样发展"问题艰辛探索的思想提炼和升华。新发展理念集中反映了中国共产党对经济社会发展规律的新认识，"按照新发展理念推动我国经济社会发展，是当前和今后一个时期我国发展的总要求和大趋势"⑤。

以新发展理念为主要内容，习近平经济思想在理论框架上分作三大板块：

一是坚持党对经济工作的领导和坚持以人民为中心的发展思想，是习近平经济思想的本质特征和核心立场。坚持党对经济工作的领导，在根本上就是坚持党对经济工作的集中

---

① 《十八大以来重要文献选编》下，中央文献出版社 2018 年版，第 5 页。
② 《十八大以来重要文献选编》下，中央文献出版社 2018 年版，第 5 页。
③ 《十八大以来重要文献选编》下，中央文献出版社 2018 年版，第 2—3 页。
④ 《十八大以来重要文献选编》下，中央文献出版社 2018 年版，第 3 页。
⑤ 《习近平关于社会主义经济建设论述摘编》，中央文献出版社 2017 年版，第 45 页。

统一领导。"经济工作是党治国理政的中心工作，党中央必须对经济工作负总责、实施全面领导。"[①] 坚持以人民为中心的发展思想，是马克思主义政治经济学的根本立场。坚持以人民为中心的发展思想是马克思主义政治经济学中国化的核心观点，是部署经济工作、制定经济政策、推动经济发展要牢牢坚持的根本立场。

二是在坚持和完善社会主义基本经济制度中，坚持经济发展新常态、坚持社会主义市场经济体制改革和坚持供给侧结构性改革，这是习近平经济思想关于改革和发展的理论柱石。要准确把握经济发展新常态的新特点和新要求，立足大局、把握规律，准确适应和引领经济发展新常态，"走出一条质量更高、效益更好、结构更优、优势充分释放的发展新路，推动我国经济向形态更高级、分工更优化、结构更合理的阶段演进"[②]。在坚持社会主义市场经济改革方向上，一方面，在社会主义经济制度与市场经济体制结合问题上，要讲"辩证法、两点论"，既要发挥市场经济的长处，又要发挥社会主义基本制度的优越性；另一方面，在市场对资源配置起决定性作用和更好地发挥政府作用关系问题上，要讲"辩证法、两点论"，核心问题是"看不见的手"和"看得见的手"都要用好。坚持供给侧结构性改革，是对我国经济发展思路和工作着力点的重大调整，是化解我国经济发展面临困难和矛盾的重大举措，是培育增长新动力、形成发展新优势、实现创新引领发展的必然要求和选择。

三是坚持问题导向部署经济发展新战略和坚持正确工作策略和方法，这是习近平经济思想的根本方法和战略思维。与时俱进，因势而新，在"两个一百年"奋斗目标交替的节点上，在制定"十四五"规划过程中，习近平对新时代中国特色社会主义经济和社会发展规划所作的战略部署和提出的工作策略、方法，实现了中国共产党在马克思主义政治经济学中国化时代化理论自觉和历史自觉意蕴上的升华。

回溯百年思想历程，总结百年理论建树，马克思主义政治经济学中国化时代化的理论创新和理论创造，是中国共产党经济思想中理论自觉和历史自觉的辉煌成就；中国共产党经济思想也以其百年奋斗的历史意蕴，成就了中国化时代化马克思主义政治经济学的思想智慧和理论伟力。

思考题

1. 怎样结合中国共产党的百年历史，理解马克思主义政治经济学中国化时代化的理论自觉和历史自觉的内涵？

2. 在中华民族伟大复兴的新的历史进程中，中国式现代化如何焕发出马克思主义政治经济学的新时代辉煌？

3. 如何把握习近平经济思想对中国特色社会主义政治经济学的理论创新和理论创造？

[①] 《十九大以来重要文献选编》上，中央文献出版社 2019 年版，第 134 页。
[②] 《习近平关于社会主义经济建设论述摘编》，中央文献出版社 2017 年版，第 85 页。

第二章

开拓当代中国马克思主义政治经济学的新境界

学习要点：

- 马克思主义政治经济学是坚持和发展马克思主义的"必修课"；
- 习近平经济思想对中国特色"系统化的经济学说"的贡献；
- 习近平经济思想的话语特色和学术范式。

习近平经济思想具有的马克思主义中国化时代化理论自觉和历史自觉的特质和禀赋，集中呈现于中国特色"系统化的经济学说"的创新性发展过程。

2014 年 7 月，习近平在主持召开经济形势专家座谈会时指出："各级党委和政府要学好用好政治经济学，自觉认识和更好遵循经济发展规律，不断提高推进改革开放、领导经济社会发展、提高经济社会发展质量和效益的能力和水平。"[①] 2015 年 11 月，习近平在主持中央政治局以"马克思主义政治经济基本原理与方法论"为主题的集体学习会时强调，"要立足我国国情和我们的发展实践，深入研究世界经济和我国经济面临的新情况新问题，揭示新特点新规律，提炼和总结我国经济发展实践的规律性成果，把实践经验上升为系统化的经济学说，不断开拓当代中国马克思主义政治经济学新境界"[②]。2015 年 12 月，中央经济工作会议再次提出，"要坚持中国特色社会主义政治经济学的重大原则，坚持解放和发展社会生产力，坚持社会主义市场经济改革方向，使市场在资源配置中起决定性作用，是深化经济体制改革的主线。"[③] 从"学好用好政治经济学"到发展"系统化的经济学说"，再到"坚持中国特色社会主义政治经济学的重大原则"，这一系列论述，体现了习近平在党的十八大以后提出的关于马克思主义政治经济学是坚持和发展马克思主义"必修课"、要以中国特色"系统化的经济学说"贡献"中国智慧"的重要思想，也阐明了习近平经济思想创立和创新的时代意蕴和理论境界。

一、 马克思主义政治经济学基本原理的新的运用和研究

当代中国马克思主义政治经济学是马克思主义政治经济学基本原理与中国具体实际相结合的结果。这里讲到的马克思主义政治经济学基本原理，在与当代中国具体实际的结合中，也就是说在中国经济改革实践的具体运用中，发生着两个方面的重要变化：一是在如何科学对待问题上的变化，二是在如何丰富发展问题上的变化。

在"科学对待"上，对我们原来理解的马克思主义政治经济学原理，提出了"四个分清楚"的要求，"四个分清楚"是指分清楚哪些是必须长期坚持的马克思主义基本原理，哪些是需要结合新的实际加以丰富发展的理论判断，哪些是必须破除的对马克思主义的教条式的理解，哪些是必须澄清的附加在马克思主义名下的错误观点。与马克思主义政

---

① 《习近平关于社会主义经济建设论述摘编》，中央文献出版社 2017 年版，第 320 页。
② 《十八大以来重要文献选编》下，中央文献出版社 2018 年版，第 7 页。
③ 《中央经济工作会议在北京举行》，《人民日报》2015 年 12 月 22 日。

治经济学基本原理相关,中央马克思主义理论研究和建设工程在党的十八大之前设立的"马克思主义经典著作基本观点研究课题组",对"经典作家关于政治经济学一般原理的基本观点"和"经典作家关于劳动价值理论和剩余价值理论的基本观点""经典作家关于所有制和分配理论",以及相关的"经典作家关于经济文化落后国家发展道路的基本观点""经典作家关于农业和农民问题的基本观点"和"经典作家关于全球化和时代问题的基本观点"等作了专题研究,在"科学对待"马克思主义政治经济学原理上取得突出成效。

"经典作家关于政治经济学一般原理的基本观点"课题组在研究中提出:分清哪些是需要长期坚持的基本原理,能够为解决社会主义经济建设过程中的现实问题和进一步发展马克思主义政治经济学奠定坚实的理论基础;分清哪些是必须结合新的实际加以丰富和发展的理论判断,能够为真正实现马克思主义政治经济学与时俱进的内在品质确定正确的方向,有助于增强马克思主义政治经济学的活力和吸引力;破除教条式的理解有助于在马克思主义政治经济学研究中真正实现解放思想,为发展和创新马克思主义政治经济学提供广阔的空间;澄清附加在马克思主义名下的错误观点有助于在与错误理论作斗争的过程中坚定马克思主义政治经济学的立场、观点和方法,真正做到坚持和发展马克思主义政治经济学。

用科学的方法去研究马克思主义基本原理,要求我们在历史、理论和社会经济关系现实变化的结合中,探寻马克思主义政治经济学及其基本原理的科学性和时代意义。对历史而言,我们要根据经典作家所处的历史背景和历史条件,以及他们面临的历史任务去理解他们的政治经济学思想。对理论而言,我们要按照马克思主义经典作家的思想发展的内在逻辑来理解他们的思想。从理论的本质属性看,我们要认识马克思主义经典作家的理论体系开放和发展的本质。就现实而言,它既包括对"历史的现实"的理解,也包括对社会主义国家建设面临的实际任务的理解。我们要努力去理解和把握社会主义建设实践中为解决新的实际任务而产生的一系列新的理论观点和理论判断。要随着现实的变化、实践的展开、研究的深入而不断对马克思主义政治经济学作出创新和发展,开拓当代马克思主义政治经济学的新境界。

在"丰富发展"上,对马克思主义政治经济学基本原理理解的视域更为宽广。马克思主义政治经济学的基本原理,如经济的社会形态发展理论、商品经济一般规律和资本主义商品经济理论、劳动价值理论、剩余价值理论、资本积累和资本主义历史趋势理论、资本循环和资本周转理论、社会资本再生产理论、平均利润和生产价格理论、垄断资本主义理论、资本主义经济危机理论、未来社会发展和社会主义经济特征理论等,在中国社会主义经济的新的实践中都得到广泛的运用和多方面的丰富发展。在"丰富发展"上,还特别表现在对马克思恩格斯提出的原来不为我们所知的一系列重要经济思想的深入研究和运用,给中国特色社会主义经济学以新的理论滋养,彰显了马克思主义政治经济学的时代特色。

生产力理论是马克思主义理论体系的基石,也是马克思主义政治经济学最基本的范畴。1978年3月,邓小平提到:"科学技术是生产力,这是马克思主义历来的观点。早在一百多年以前,马克思就说过:机器生产的发展要求自觉地应用自然科学。并且指出:

'生产力中也包括科学'。"① 这里提到的"科学技术是生产力"的观点，见于马克思《1857—1858年经济学手稿》。马克思这一长期被湮没的理论观点，在中国经济改革的现实中得到显著运用，形成中国特色社会主义政治经济学一系列重要理论的基本观点。

经济的社会形态理论是马克思主义政治经济学的基本原理。改革开放以来，中国特色社会主义政治经济学的发展，不仅对为我们所熟知的五大形态的经济社会演进理论有着广泛的研究和运用，而且对我们所不熟知的三大形式的经济社会演进理论作出了新的研究和运用。马克思在《1857—1858年经济学手稿》中提出的人的发展的三种形式理论认为，在社会经济关系演进中，由于"社会条件"的变化，作为生产主体的人的发展，以"人的依赖关系"为第一大形式的特征。这时，人的生产能力只是在狭窄的范围内和孤立的地点上发展着，人只是直接从自然界再生产自己。以物的依赖性为基础的人的独立性的形成，是第二大形式的特征。一方面生产中人的一切固定的依赖关系已经解体，另一方面毫不相干的个人之间的互相的全面的依赖，构成人们之间的社会联系，而这一联系的纽带就是普遍发展起来的产品交换关系，从而"人的社会关系转化为物的社会关系；人的能力转化为物的能力"。正是在这种普遍的社会物质交换关系中，才形成了人们之间的"全面的关系、多方面的需要以及全面的能力的体系"。第三大形式以自由个性发展为特征。这一社会形态中的"自由个性"，具有两方面的规定性：一是个人的全面的发展；二是人们共同的社会生产能力成为他们共同的社会财富。② 人的发展的三大形式理论，为社会主义市场经济体制的提出作了理论铺垫，为以人的发展为主体的发展理念提供了思想方法和基本思路。

在对马克思恩格斯关于社会主义社会发展理论的新的探索中，中国特色社会主义政治经济学发掘了恩格斯关于"所谓'社会主义社会'不是一种一成不变的东西，而应当和任何其他社会制度一样，把它看成是经常变化和改革的社会"③理论的深刻内涵，丰富了马克思恩格斯晚年关于"跨越卡夫丁峡谷"的思想。马克思认为，对于经济落后国家来说，"正因为它和资本主义生产是同时存在的东西，所以它能够不经受资本主义生产的可怕的波折而占有它的一切积极的成果"④。像商品经济、股份资本、金融资本、虚拟资本等这样一些"积极的成果"，为中国特色社会主义经济理论和实践所"占有"。

资本主义社会发展理论是马克思主义政治经济学的最为重要的理论。在对当代资本主义社会发展理论的理解中，一方面深刻把握《共产党宣言》提出的"两个必然"的观点，即"资产阶级的灭亡和无产阶级的胜利是同样不可避免的"⑤。另一方面也深刻理解《〈政治经济学批判〉序言》中提出的"两个决不会"的观点，即"无论哪一个社会形态，在它所能容纳的全部生产力发挥出来以前，是决不会灭亡的；而新的更高的生产关系，在它的物质存在条件在旧社会的胎胞里成熟以前，是决不会出现的"⑥。对这两个理论判断作出全面的、辩证的理解，极大地拓展了马克思恩格斯关于资本主义社会发展理论的视野，既

---

① 《邓小平文选》第二卷，人民出版社1994年版，第87页。
② 《马克思恩格斯全集》第三十卷，人民出版社1995年版，第107—108页。
③ 《马克思恩格斯文集》第十卷，人民出版社2009年版，第588页。
④ 《马克思恩格斯文集》第三卷，人民出版社2009年版，第571页。
⑤ 《马克思恩格斯文集》第二卷，人民出版社2009年版，第43页。
⑥ 《马克思恩格斯文集》第二卷，人民出版社2009年版，第592页。

利于我们把握马克思主义政治经济学关于社会主义生产方式必然取代资本主义生产方式的历史总趋势，也利于我们理解社会主义与资本主义长期并存的时代总格局。这种并存，既有两种社会经济制度之间的合作与交流，也有它们之间的矛盾和冲突，从而使我们能够更为全面地从和平与发展的时代主题中，理解当代资本主义社会发展的特征及其历史趋势，处理好经济全球化背景下国际经济关系发展的一系列重大问题。

人与自然的和谐协调发展理论，是马克思主义政治经济学的重要理论和原理。恩格斯指出："我们不要过分陶醉于我们人类对自然界的胜利。对于每一次这样的胜利，自然界都对我们进行报复。"[1] 他特别提出："我们每走一步都要记住：我们决不像征服者统治异族人那样支配自然界，决不像站在自然界之外的人似的去支配自然界——相反，我们连同我们的肉、血和头脑都是属于自然界和存在于自然界之中的；我们对自然界的整个支配作用，就在于我们比其他一切生物强，能够认识和正确运用自然规律。"[2]深感于此，更能理解习近平提出的"要构筑尊崇自然、绿色发展的生态体系。人类可以利用自然、改造自然，但归根结底是自然的一部分，必须呵护自然，不能凌驾于自然之上。我们要解决好工业文明带来的矛盾，以人与自然和谐相处为目标，实现世界的可持续发展和人的全面发展"[3] 的道理。习近平经济思想和生态文明思想，赋予马克思恩格斯这些重要理论以新的时代内涵。

对马克思主义政治经济学基本原理和主要理论的这些新的研究和运用说明，中国政治经济学在把马克思主义基本原理运用于当代中国与世界实际时，也在正本清源，厘清和深化对马克思主义政治经济学基本原理的理解；也在拓宽视野，丰富并赋予马克思主义政治经济学基本原理以新的时代意蕴。

二、 以当代中国的经济事实和经济关系为根据

马克思主义政治经济学从来就主张"从当前的国民经济的事实出发"[4]，即从实际的和现实的经济关系和经济问题出发。当代中国马克思主义政治经济学的建设和发展，深刻地立足于我国国情和我国社会主义经济改革的实践，是对这一实践中形成的规律性成果的揭示和提炼，是对这一实践中积累的经验和理性认识的升华。

实践是理论的源泉。改革开放以来的筚路蓝缕、艰辛探索，为中国马克思主义的"系统化的经济学说"奠定了重要基础，形成了具有中国特色社会主义政治经济学的一系列重要理论观点。社会主义初级阶段是当代中国最重要的国情，也是最基本的经济形式和经济事实。1981 年 6 月，党的十一届六中全会通过的《关于建国以来党的若干历史问题的决议》，在总结中华人民共和国成立以来我们党在认识社会主义发展阶段问题上的经验教训时指出："我们的社会主义制度还是处于初级的阶段……由比较不完善到比较完善，必然

---

① 《马克思恩格斯文集》第九卷，人民出版社 2009 年版，第 559—560 页。

② 《马克思恩格斯文集》第九卷，人民出版社 2009 年版，第 560 页。

③ 《习近平关于社会主义生态文明建设论述摘编》，中央文献出版社 2017 年版，第 131 页。

④ 《马克思恩格斯文集》第一卷，人民出版社 2009 年版，第 156 页。

要经历一个长久的过程。"① 翌年9月，党的十二大的政治报告在谈到我国社会主义社会所处的发展阶段时，第一次明确地把物质文明不发达作为社会主义初级阶段的基本特征，肯定我国的社会主义"还处在初级发展阶段"。社会主义初级阶段的重要判断，为党的十二届三中全会通过的《中共中央关于经济体制改革的决定》提出的"公有制基础上的有计划的商品经济""商品经济的充分发展是社会主义经济发展的不可逾越的阶段"等富有中国特色社会主义政治经济学的理论创新奠定了坚实的基础。

党的十五大指出："我们讲一切从实际出发，最大的实际就是中国现在处于并将长时期处于社会主义初级阶段。我们讲要搞清楚'什么是社会主义、怎样建设社会主义'，就必须搞清楚什么是初级阶段的社会主义，在初级阶段怎样建设社会主义。十一届三中全会前我们在建设社会主义中出现失误的根本原因之一，就在于提出的一些任务和政策超越了社会主义初级阶段。近二十年改革开放和现代化建设取得成功的根本原因之一，就是克服了那些超越阶段的错误观念和政策，又抵制了抛弃社会主义基本制度的错误主张。"②社会主义初级阶段理论是中国特色社会主义理论体系的基石，是分析、理解社会主义初级阶段其他经济关系和经济问题的出发点和基本依据，也是提出、探索其他一切相关的思想、观点和理论的基本前提。

中国特色"系统化的经济学说"，就是以社会主义初级阶段的中国道路探索为实践基础，就是以社会主义初级阶段的经济关系及其相联系的经济制度和经济体制为对象。中国特色社会主义政治经济学"系统化"的内在规定就在于，它是以社会主义初级阶段经济关系的本质研究为前提，以社会主义初级阶段基本经济制度和经济体制的探索为主题，以社会主义经济制度和市场经济体制结合、发展和完善的研究为主线，以此形成中国社会主义初级阶段经济关系的总体理论。

以社会主义初级阶段经济关系为研究对象的中国特色社会主义政治经济学，是对马克思和恩格斯关于政治经济学对象理论的拓展和当代运用。对政治经济学对象的理解，在马克思主义经典作家那里，实际上有两种基本观点：一是马克思在《资本论》第一卷中提出的对象的典型性的或者说是一般性的观点；二是恩格斯在《反杜林论》中提出的对象的非典型性或者说是特殊性的观点。

在《资本论》第一卷中，马克思对资本主义经济关系的研究，主要是以英国资本主义发展为"例证"的。这是因为，英国是当时资本主义经济最发达、最典型的国家，英国的无产阶级和资产阶级的阶级斗争也最为尖锐，通过对英国资本主义经济关系的分析，能够透彻理解资本主义经济运动规律，深刻揭示资本主义经济现象和经济过程的内在的、本质的、必然的联系，认识资本主义经济关系发展的必然趋势。"工业较发达的国家向工业较不发达的国家所显示的，只是后者未来的景象"③，所以对英国发达资本主义经济关系研究的理论结论，对于包括德国、法国在内的其他资本主义国家都具有普遍的意义。唯有现实的典型性，才有理论上的典型性；唯有理论上的典型性，才有现实中的普遍性。对象的

---

① 《改革开放三十年重要文献选编》上，中央文献出版社2008年版，第212页。
② 《十五大以来重要文献选编》上，人民出版社2000年版，第14页。
③ 《马克思恩格斯文集》第五卷，人民出版社2009年版，第8页。

典型性，是由马克思《资本论》研究的任务决定的。

值得我们注意的是，马克思晚年对《资本论》的对象及其特点作出了新的探索。马克思晚年曾经提到，"极为相似的事变发生在不同的历史环境中就引起了完全不同的结果，如果把这些演变中的每一个都分别加以研究，然后再把它们加以比较，我们就会很容易地找到理解这种现象的钥匙"①。他对那些把《资本论》第一卷的一些重要论断当作"万能钥匙"的观点很不以为然，认为"一定要把我关于西欧资本主义起源的历史概述彻底变成一般发展道路的历史哲学理论，一切民族，不管它们所处的历史环境如何，都注定要走这条道路……但是我要请他原谅。（他这样做，会给我过多的荣誉，同时也会给我过多的侮辱。）"②。因此，"使用一般历史哲学理论这一把万能钥匙，那是永远达不到这种目的的，这种历史哲学理论的最大长处就在于它是超历史的"③。显然，马克思认为他对英国资本主义经济关系研究得出的典型性或者说一般性的结论，并不直接适合于其他任何国家和地方。

马克思晚年的这些新的思考，对恩格斯肯定产生了重要影响。在《反杜林论》中，恩格斯对马克思的这一新的思考作出呼应，提出了政治经济学对象的特殊性的观点。恩格斯认为："人们在生产和交换时所处的条件，各个国家各不相同，而在每一个国家里，各个世代又各不相同。因此，政治经济学不可能对一切国家和一切历史时代都是一样的。"④　恩格斯还举例说明："火地岛的居民没有达到进行大规模生产和世界贸易的程度，也没有到达出现票据投机或交易所破产的程度。谁要想把火地岛的政治经济学和现代英国的政治经济学置于同一规律之下，那么，除了最陈腐的老生常谈以外，他显然不能揭示出任何东西。"⑤经济学对象的特殊性，决定了经济学国别特色的必然性。

中国特色社会主义政治经济学的对象，强调的是中国的特殊国情和处于社会主义初级阶段经济关系的特殊性质。显然，中国特色社会主义政治经济学是以社会主义发展道路的多样性为前提的，是以发展中的社会主义经济关系为对象的。这就是说，中国特色社会主义政治经济学的对象，是对马克思和恩格斯对政治经济学对象探索的新的发展。

邓小平敏锐地把握了社会主义初级阶段这一中国特色社会主义政治经济学"系统化"的显著特征。1984 年，邓小平在提到党的十二届三中全会通过的《中共中央关于经济体制改革的决定》时认为，"社会主义经济是公有制基础上的有计划的商品经济"，这是适合于当时中国经济体制改革实际的"新话"，这些"新话"给人以"写出了一个政治经济学初稿"的印象，这是"马克思主义基本原理和中国社会主义实践相结合的政治经济学"。⑥邓小平认为："过去我们不可能写出这样的文件。没有前几年的实践不可能写出这样的文件。写出来，也很不容易通过，会被看作'异端'。我们用自己的实践回答了新情况下出现的一些新问题。"⑦

---

①《马克思恩格斯文集》第三卷，人民出版社 2009 年版，第 466—467 页。

②《马克思恩格斯文集》第三卷，人民出版社 2009 年版，第 466 页。

③《马克思恩格斯文集》第三卷，人民出版社 2009 年版，第 467 页。

④《马克思恩格斯文集》第九卷，人民出版社 2009 年版，第 153 页。

⑤《马克思恩格斯文集》第九卷，人民出版社 2009 年版，第 153 页。

⑥《邓小平文选》第三卷，人民出版社 1993 年版，第 83 页、第 396 页。

⑦《邓小平文选》第三卷，人民出版社 1993 年版，第 91 页。

由"异端"转为"正宗"，包含了当代中国马克思主义政治经济学对既有的传统理论观点的重大突破。正是在"社会主义经济是公有制基础上的有计划的商品经济"的基础上，中国特色社会主义政治经济学"初稿"不断书写出新的篇章。党的十四大提出社会主义市场经济体制改革的目标模式，党的十五大提出"使市场在国家宏观调控下对资源配置起基础性作用"，党的十六大提出"在更大程度上发挥市场在资源配置中的基础性作用"，党的十七大提出"从制度上更好发挥市场在资源配置中的基础性作用"，党的十八大提出"更大程度更广范围发挥市场在资源配置中的基础性作用"，党的十八届三中全会提出"使市场在资源配置中起决定性作用和更好发挥政府作用"。理论是以实践探索为依据而得以发展、完善，实践也以理论创新为指导而得以深化、前行。

以经济体制改革的实践为依据，中国政治经济学形成了市场经济体制必然要与一定的社会基本经济制度"结合起来"的创新性理论。这一"结合起来"的中国话语的意蕴就在于："我国实行的是社会主义市场经济体制，我们仍然要坚持发挥我国社会主义制度的优越性、发挥党和政府的积极作用。"① 提出处理好政府和市场关系，实际上就是要处理好在资源配置中市场起决定性作用还是政府起决定性作用这个问题。同时，使市场在资源配置中起决定性作用，并不是排斥政府的作用，而是要认识发展社会主义市场经济，既要发挥市场作用，也要发挥政府作用，使市场作用和政府作用这"两手"各司其职又协调互助、相得益彰。显然，从理论上对政府和市场关系的进一步定位，是以中国经济改革实践为依据的，对这一实践经验的理性提升是当代中国马克思主义政治经济学的重要呈现。

中国特色社会主义政治经济学的这些方面的理论成就，是以中国经济事实和实际为背景和基础的，说的是中国的事情，直面的是中国的问题，提出的是办好中国的事情、解决好中国问题的理论和对策，因而形成的也是适合于中国社会主义初级阶段国情和时代特点的当代中国马克思主义政治经济学。

三、 当代中国政治经济学的话语特色和学术范式

恩格斯在评价马克思《资本论》的科学成就时曾指出："一门科学提出的每一种新见解都包含这门科学的术语的革命。"② 马克思十分看重《资本论》中"术语的革命"的科学价值。1868 年 1 月，在《资本论》第一卷德文第一版出版后不久，马克思在给恩格斯的信中谈到《资本论》中的三个"崭新的因素"："（1）过去的一切经济学一开始就把表现为地租、利润、利息等固定形式的剩余价值特殊部分当做已知的东西来加以研究，与此相反，我首先讲剩余价值的一般形式，在这种形式中所有这一切都还没有区别开来，可以说还处于融合状态中。（2）经济学家毫无例外地都忽略了这样一个简单的事实，既然商品是二重物——使用价值和交换价值，那么，体现在商品中的劳动也必然具有二重性，而像斯密、李

---

① 《十八大以来重要文献选编》上，中央文献出版社 2014 年版，第 500 页。
② 《马克思恩格斯文集》第五卷，人民出版社 2009 年版，第 32 页。

嘉图那样只是单纯地分析劳动本身，就必然处处都碰到不能理解的现象。实际上，对问题的批判性理解的全部秘密就在于此。（3）工资第一次被描写为隐藏在它后面的一种关系的不合理的表现形式，这一点通过工资的两种形式即计时工资和计件工资得到了确切的说明。"① 剩余价值、劳动二重性和工资这三个"崭新的因素"，集中体现了马克思在政治经济学上的"术语的革命"。在马克思经济学中，有原创新性的"术语的革命"，如劳动二重性、剩余价值、不变资本和可变资本等，还有更多的是批判继承性的"术语的革命"，如交换价值、货币、资本等，是对当时政治经济学流行的术语的扬弃。对"术语的革命"在科学发展史上的意义，库恩在《科学革命的结构》中有过类似的说法。他认为，"科学革命就是科学家据以观察世界的概念网络的变更""接受新范式，常常需要重新定义相应的科学""界定正当问题、概念和解释的标准一旦发生变化，整个学科都会随之变化"②。中国特色的"系统化的经济学说"的发展，最显著的就在于"术语的革命"、在于对中国话语的阐释上。

"各个人借以进行生产的社会关系，即社会生产关系，是随着物质生产资料、生产力的变化和发展而变化和改变的。"③ 这是马克思提出的贯通于唯物史观和政治经济学的基本原理。党的十八大以后，习近平指出："生产力是推动社会进步的最活跃、最革命的要素，生产力发展是衡量社会发展的带有根本性的标准。这为我们分析社会发展提供了可靠依据。"④ 解放生产力是为了发展生产力，要在解放生产力中全面持续协调地发展生产力。他提出"最大限度解放和激发科技作为第一生产力所蕴藏的巨大潜能"⑤，对科学技术转化为现实生产力的当代意义作出新的论断。在推进生态文明建设中，他提出"要正确处理好经济发展同生态环境保护的关系，牢固树立保护生态环境就是保护生产力、改善生态环境就是发展生产力的理念"⑥。"保护生产力"和"发展生产力"，成为谋划生态文明建设的理论基础和实践指向。在经济新常态下，他强调"努力提高创新驱动发展能力、提高产业竞争力、提高经济增长质量和效益，实现我国社会生产力水平总体跃升"⑦。"实现社会生产力水平总体跃升"，或如提出的"推动社会生产力水平整体跃升"⑧，是对经济新常态辩证认识和全面谋划的新的概括。

"社会生产力水平总体跃升"，深刻彰显了中国经济改革与实践发展对生产力范畴的"术语的革命"的意蕴。在解放和发展生产力的"术语的革命"及其中话语的阐释中，中国清楚了社会主义社会的主要矛盾是人民日益增长的物质文化需要同落后的社会生产之间的矛盾，提升了对社会主义初级阶段经济特征的把握和基本纲领的认识；深化了对社会主义本质的新概括，确立了实现共同富裕这一社会主义的基本目标和根本价值取向；搞清了以经济建设为中心的党在社会主义初级阶段基本路线的理论，确立了以实现社会主义现代

---

① 《马克思恩格斯文集》第十卷，人民出版社 2009 年版，第 275—276 页。
② 托马斯·库恩：《科学革命的结构》，金吾伦、胡新和译，北京大学出版社 2012 年版，第 88 页、第 91 页。
③ 《马克思恩格斯文集》第一卷，人民出版社 2009 年版，第 724 页。
④ 习近平：《论党的宣传思想工作》，中央文献出版社 2020 年版，第 35 页。
⑤ 《十八大以来重要文献选编》中，中央文献出版社 2016 年版，第 21 页。
⑥ 《习近平关于社会主义生态文明建设论述摘编》，中央文献出版社 2017 年版，第 20 页。
⑦ 《中共中央召开党外人士座谈会》，《人民日报》2014 年 7 月 30 日。
⑧ 《中共中央召开党外人士座谈会》，《人民日报》2015 年 12 月 15 日。

化为根本目标的经济发展战略及其相应的战略规划和战略步骤；深化了对社会主义初级阶段生产力布局和经济关系多样性现状的认识，形成了社会主义初级阶段所有制结构和分配体制基本格局的理论；提升了对经济增长和发展关系的认识视野，形成了经济发展方式转型的基本思路；拓展了对外开放的认识视界，形成了经济全球化背景下国际经济关系认识的新观点等。

解放生产力和发展生产力是中国特色社会主义政治经济学的最具标识性的"术语的革命"，也是对马克思主义政治经济学基本思想的当代运用和创新。1859 年，马克思在《〈政治经济学批判〉导言》一开始就提出，作为政治经济学"对象"的"首先是物质生产"；显然，"一切生产阶段所共有的、被思维当作一般规定而确定下来的规定，是存在的，但是所谓一切生产的一般条件，不过是这些抽象要素，用这些要素不可能理解任何一个现实的历史的生产阶段"①。因此，作为政治经济学出发点的，就是具有一定的社会的和历史的规定性的生产形式。

1867 年，在《资本论》第一卷德文第一版中，马克思提出："我要在本书研究的，是资本主义生产方式以及和它相适应的生产关系和交换关系。到现在为止，这种生产方式的典型地点是英国。"② 对这里提到的"生产方式"的理解，是准确把握马克思论述政治经济学对象基本观点的关键所在。我们应该注意到，马克思在校订和修改《资本论》第一卷法文版时，对上述表述进行了一个微小的修改，提出："我要在本书研究的，是资本主义生产方式以及和它相适应的生产关系和交换关系。英国是这种生产的典型地点。"③ 马克思把《资本论》德文版中提到的英国的"生产方式"改为英国的"生产"。这一微小的修改说明，马克思这里使用的"生产方式"与"生产"有着同等的意义，是从生产的结合方式或者生产的社会存在方式意义上理解生产方式的。马克思对这一"生产"意义的论述就是："不论生产的社会的形式如何，劳动者和生产资料始终是生产的因素。但是，二者在彼此分离的情况下只在可能性上是生产因素。凡要进行生产，它们就必须结合起来。实行这种结合的特殊方式和方法，使社会结构区分为各个不同的经济时期。在当前考察的场合，自由工人和他的生产资料的分离，是既定的出发点，并且我们已经看到，二者在资本家手中是怎样和在什么条件下结合起来的——就是作为他的资本的生产的存在方式结合起来的。"④ 显然，以劳动者和生产资料为"因素"的社会形式，在一般意义上，就是生产力的存在形式或运动方式；在特殊意义上，就是与一定的所有制关系相联系的劳动者和生产资料的一定的结合形式或存在形式。劳动者和生产资料以雇佣劳动和资本的结合形成的特殊的生产方式，构成资本主义特有的生产力的存在形式或运动方式。

在《资本论》第一卷法文版中，马克思在论及资本构成时曾经指出："一定的预先积累（我们以后再研究它的起源）就成了现代工业，即我们称之为特殊的资本主义的生产方式或

① 《马克思恩格斯文集》第八卷，人民出版社 2009 年版，第 5 页、第 12 页。
② 《马克思恩格斯文集》第五卷，人民出版社 2009 年版，第 8 页。
③ 《马克思恩格斯全集》第四十三卷，人民出版社 2016 年版，第 17 页。
④ 《马克思恩格斯文集》第六卷，人民出版社 2009 年版，第 44 页。

严格意义的资本主义生产的社会结合和技术工艺的整体的起点。"① 这就说明，马克思的"生产方式"不是单纯的"生产的技术方式"，而是在技术发展的过程中社会组织变化所表现出来的整体状态，也就是说，"生产方式"是社会生产力的运动。因此，马克思的"生产方式"可以理解为：由物质生产力推动，并反映物质生产力变化的社会整合的生产力，也就是处于物质生产力与生产关系之间的生产力运动的社会形式。解放生产力和发展生产力体现的就是马克思在《资本论》中"生产方式"的意蕴，也是基于"生产方式"意蕴的"术语的革命"。

在中国特色"系统化的经济学说"中，形成了诸如社会主义初级阶段、社会主义主要矛盾、经济体制改革、社会主义本质、"三个有利于"、家庭联产承包责任制、先富和共富、社会主义市场经济、国有经济、民营经济、小康社会、经济新常态、发展理念、对外开放等属于原创新性的"术语的革命"，还有更多的属于批判继承性的"术语的革命"。这些自然成为中国政治经济学"系统化的经济学说"的"崭新的因素"，成为当代马克思主义政治经济学中国话语和学术范式的显著标识。

四、 当代中国政治经济学对待国外经济学说的方式

怎样科学地对待国外各种经济学说和经济思潮，是当代中国马克思主义政治经济学发展长久以来探索并坚持处理好、对待好的问题。对于与马克思主义政治经济学"异样""异质"的经济学理论和思潮，中国政治经济学在发展中逐渐形成交流、交融和交锋等多种对待方式，既重于吸收和借鉴各种经济学理论的精华之处，又善于摒弃和批判其糟粕之处。改革开放以来中国政治经济学发展的实践证明，对于外国的各种经济学说，不应当妄自菲薄，将其视为"信条"而顶礼膜拜，也不应当妄自尊大，将其说得一无是处，拒绝加以研究和借鉴。这是马克思政治经济学形成和发展中的基本方法和主要原则。

1857 年，马克思在《巴师夏和凯里》手稿中认为，李嘉图和西斯蒙第之后的政治经济学发展，除了作为"例外"的巴师夏和凯里"堕落的最新经济学"外，从理论上和方法上还可以析分出四种倾向：一是以约翰·穆勒的《政治经济学原理及其对社会哲学的某些应用》为代表的"折衷主义的、混合主义的纲要"；二是以图克的《价格史》为代表的"对个别领域的较为深入的分析"，如在流通领域研究中某些"新发现"；三是以论述自由贸易和保护关税政策的著作为代表，"为了更加广泛的公众和为了实际解决当前的问题而重复过去经济学上的争论"；四是"有倾向性地把古典学派发挥到极端"的著述，尽管这是一些"模仿者的著作，老调重弹""缺乏鲜明而有力的阐述"，但"形式较完善，占有的材料较广泛，叙述醒目，通俗易懂，内容概括，注重细节的研究"。② 这四种理论倾向瑕瑜互见，难免辞义芜鄙，反映了那一时代政治经济学理论和流派跌宕不定的发展态势。马克思主张，对具体的经济学家和经济思潮应该作出不同"著作和性格的比较研究"，应该

---

① 《马克思恩格斯全集》第四十三卷，人民出版社 2016 年版，第 667 页。
② 《马克思恩格斯全集》第三十卷，人民出版社 1995 年版，第 3—4 页。

作出不同国家的"政治经济学之间的民族对比的起源性叙述"①。

马克思主义政治经济学不仅在其形成过程中而且在其发展和完善过程中，从来不拒绝吸收和借鉴西方主流经济学及其他各种经济学和流派有意义和有价值的理论观点，也从来不杀煞其中存在的学术价值。在《资本论》第一卷对"剩余价值率的各种公式"的论述中，马克思在提到洛贝尔图斯《给冯·基尔希曼的第三封信：驳李嘉图的地租学说，并论证新的租的理论》著作时提到，"该著作提出的地租理论虽然是错误的，但他看出了资本主义生产的本质"②。恩格斯后来特别提到："从这里可以看出，只要马克思在前人那里看到任何真正的进步和任何正确的新思想，他总是对他们作出善意的评价。"③ 在对约翰·穆勒《政治经济学原理》一书关于资本积累观点分析时，马克思也提到："为了避免误解，我说明一下，像约·斯·穆勒这类人由于他们的陈旧的经济学教条和他们的现代倾向发生矛盾，固然应当受到谴责，但是，如果把他们和庸俗经济学的一帮辩护士混为一谈，也是很不公平的。"④

当代国外各种经济学和经济思潮，在研究和探索资本主义经济运行问题时，对其中诸如市场对资源配置作用、市场调节和市场机制作用、市场失灵和宏观经济不稳定、对微观经济和宏观经济的政府调节，以及微观经济和宏观经济政策实施等方面，阐明和积累了一些新的知识和学术观点；在对经济全球化背景下国际贸易、国际投资和国际金融等方面的探索中，形成和提出了多方面的不乏实际意义的知识和积极的理论成果。就像马克思评价的那样，其中同样有"对个别领域的较为深入的研究""有些新发现的领域"和"材料更丰富"的成就，同样应该"看到任何真正的进步和任何正确的新思想"，并"对他们作出善意的评价"。这些基本方法和主要原则，也是当代中国马克思主义政治经济学发展的题中之义。

马克思主义政治经济学宣称，"经济学研究的不是物，而是人和人之间的关系，归根到底是阶级和阶级之间的关系"⑤，明言政治经济学中"涉及的人，只是经济范畴的人格化，是一定的阶级关系和利益的承担者"⑥。马克思主义政治经济学的这一基本观点，其实也为国外许多经济学所认可，英国经济学家琼·罗宾逊就认为，各经济学流派对其"进行观察的道德和政治观点，往往同所提出的问题甚至同所使用的方法那么不可分割地纠缠在一起"，如马歇尔新古典学派提出的"效用""均衡""生产要素"和"等待的报酬"等概念，体现的就是新古典学派"基本思想"的重要变化，它们"把重要论证集中在个人地位，它的判断标准是依据个人主义来确定的"，进而"把注意力转向交换，并把效用概念作为商品相对价格理论的基础。于是收入的阶级根源被丢弃到一边，而把市场相遇的各个个人作为经济分析的根据"⑦。在中国特色社会主义政治经济学发展中，对于国外各

① 《马克思恩格斯全集》第三十一卷，人民出版社1998年第2版，第445页注①。
② 《马克思恩格斯文集》第五卷，人民出版社2009年版，第608页注释(17)
③ 《马克思恩格斯文集》第五卷，人民出版社2009年版，第608页注释(17)。
④ 《马克思恩格斯文集》第五卷，人民出版社2009年版，第705页注释(65)。
⑤ 《马克思恩格斯文集》第二卷，人民出版社2009年版，第604页。
⑥ 《马克思恩格斯文集》第五卷，人民出版社2009年版，序言第10页。
⑦ J.罗宾逊、J.伊特韦尔：《现代经济学导论》，商务印书馆1982年版，第46页。

种经济学和经济思潮中反映其代表的社会经济关系和经济制度本质的理论观点，特别是对于像新自由主义这样的垄断资本主义意识形态的经济思潮，绝对不能"食洋不化"、照搬照抄，不能任其滋蔓，必须加以鉴别，明辨是非。习近平指出："同时，对国外特别是西方经济学，我们要坚持去粗取精、去伪存真，坚持以我为主、为我所用，对其中反映资本主义制度属性、价值观念的内容，对其中具有西方意识形态色彩的内容，不能照抄照搬。经济学虽然是研究经济问题，但不可能脱离社会政治，纯而又纯。在我们的经济学教学中，不能食洋不化，还是要讲马克思主义政治经济学，当代中国社会主义政治经济学要大讲特讲，不能被边缘化。"①

"学习马克思主义政治经济学，是为了更好指导我国经济发展实践，既要坚持其基本原理和方法论，更要同我国经济发展实际相结合，不断形成新的理论成果。"② 习近平认为："马克思主义政治经济学是马克思主义的重要组成部分，也是我们坚持和发展马克思主义的必修课。"③ 决胜全面建成小康社会的经济发展进程波澜壮阔，蕴藏着中国"系统化的经济学说"创新的难得的历史机遇，要在新的实践中揭示新的特点，讲出"老祖宗"没有讲过的"新话"，开拓当代中国马克思主义经济学的新境界，为马克思主义政治经济学创新发展贡献"中国智慧"。

思考题

1. 怎样准确理解"科学对待"和"丰富发展"马克思主义政治经济学的道理？

2. 如何理解习近平经济思想的对象强调的是中国的特殊国情和社会主义初级阶段的特殊性质？

3. 怎样把握对待国外各种经济学说的正确方式？

---

① 《十八大以来重要文献选编》下，中央文献出版社 2018 年版，第 6—7 页。
② 《十八大以来重要文献选编》下，中央文献出版社 2018 年版，第 3—4 页。
③ 《十八大以来重要文献选编》下，中央文献出版社 2018 年版，第 1 页。

第三章

中国特色『系统化的经济学说』的『导言』

学习要点：

- 马克思《〈政治经济学批判〉导言》中关于政治经济学对象和结构探索的理论要义；
- 习近平《不断开拓当代中国马克思主义政治经济学新境界》是中国特色"系统化的经济学说"的"导言"，也是习近平经济思想的"导言"；
- 习近平经济思想关于中国特色"系统化的经济学说"对象的社会和历史规定性的理解。

2015 年 11 月，在中央政治局以"马克思主义政治经济学基本原理和方法论"为主题的集体学习时，习近平发表了重要讲话。2018 年，这一讲话以《不断开拓当代中国马克思主义政治经济学新境界》（以下简称为《新境界》）为题，在《十八大以来重要文献选编》（下）中公开发表。2020 年 8 月，习近平在经济社会领域专家座谈会上，在关于"深化对中长期经济社会发展重大问题的认识"问题讲话中提到："二〇一五年十一月二十三日，我在主持十八届中央政治局第二十八次集体学习时专门就马克思主义政治经济学研究作了讲话，最近《求是》杂志发表了这篇讲话。恩格斯说，无产阶级政党的'全部理论来自对政治经济学的研究'。列宁把政治经济学视为马克思主义理论'最深刻、最全面、最详尽的证明和运用'。我们要运用马克思主义政治经济学的方法论，深化对我国经济发展规律的认识，提高领导我国经济发展能力和水平。"[①] 在习近平经济思想发展中，《新境界》有着重要的学术地位和深邃的学理意境。

《新境界》首次提出中国特色"系统化的经济学说"问题。这里讲的"系统化的经济学说"，指的就是新时代中国特色社会主义政治经济学，在根本上指的就是习近平经济思想。这一"系统化的经济学说"，以马克思主义政治经济学为主要的理论资源，是 21 世纪中国马克思主义的重要组成部分。我们通过对《〈政治经济学批判〉导言》（以下简称为《导言》）中关于政治经济学对象和结构问题的理论探索，展示中国特色"系统化的经济学说"在当代马克思主义政治经济学发展和创新中的理论成就与理论品质。

一、 政治经济学对象的社会和历史规定性

马克思的《导言》写于 1857 年，这一年马克思经济思想发生着重要转折。这一转折的显著的特征，就是马克思从 1843 年开始的以研究为主的政治经济学发展阶段，转向以叙述为主的政治经济学发展阶段；这一转折的标志性成果，就是马克思大约在这一年 8 月下旬撰写的《导言》。《导言》是马克思为他当时构思的《政治经济学批判》巨著撰写的"总的导言"的手稿。在《导言》手稿的封面上，马克思把《导言》分作四节，标题依次为："生产一般""生产、分配、交换和消费之间的一般关系""政治经济学的方法"和"生产资料

[①] 《习近平著作选读》第二卷，人民出版社 2023 年版，第 332—333 页。

（力）和生产关系；生产关系和交往关系等等"。《导言》最后没有完成，因为马克思觉得"预先说出正要证明的结论总是有妨害的"①。但是，《导言》对政治经济学对象、方法和结构的阐释，还是形成了马克思关于政治经济学体系的基本观点，奠定了马克思政治经济学体系的重要基础。在《导言》正文的开头两节"1.生产"和"2.生产与分配、交换、消费的一般关系"中，马克思对政治经济学对象问题的阐释，形成了马克思主义政治经济学对象问题的基本观点，对马克思主义政治经济学的发展有着重要的指导意义。

《导言》开宗明义，提出政治经济学的"对象"首先就是"物质生产"②。以"物质生产"为政治经济学出发点，是马克思在《1844年经济学哲学手稿》中提出的"从当前的国民经济的事实出发"③观点的赓续。在"国民经济的事实"意义上的"物质生产"，具有一定的社会的和历史的规定性，这是马克思对政治经济学对象理解的核心观点，是马克思主义政治经济学的基本立场。

马克思认为，亚当·斯密和大卫·李嘉图的古典政治经济学，都以"虚构"和"假象"的"单个的孤立的猎人和渔夫"为出发点。这种"虚构"和"假象"，是古典政治经济学对18世纪以后资本主义发展理解上的"错觉"，"因为按照他们关于人性的观念，这种合乎自然的个人并不是从历史中产生的，而是由自然造成的"④。以这种"虚构"和"假象"为出发点，无非为了表明社会是从来就存在的，是"自然"生成因而也是永久存在的。这种"虚构"和"假象"，在马克思当年面对的"最新的"经济学中得以延续，只是在形式上有所差别。如在法国经济学家弗·巴师夏那里，"非历史的要素只不过是对18世纪的法国概括方式的留恋"；在美国经济学家亨·查·凯里那里，"非历史的因素是现在北美的历史原则"。⑤值得注意的是，马克思之后一个半世纪以来的经济思想史表明，西方的许多"最新的经济学"一直因袭这种"虚构"和"假象"，一再将这种"错觉"当作各自经济学的出发点。

政治经济学关于物质生产的社会和历史规定性的观点，内在地包含对物质生产的一般性质和特殊性质的理解。马克思认为，生产一般中包含的对不同时代的物质生产"经过比较而抽出来的共同点"，有些是属于一切时代共有的，有些是几个时代共有的，有些则是最新时代和最古时代共有的。在政治经济学中，不能因为有了生产一般的规定，而忘记不同社会、不同历史阶段存在的生产特殊之间的"本质的差别"。生产一般寓于生产特殊之中，生产特殊是一定社会物质生产的社会性和历史性的存在方式。在方法论上，对物质生产的社会和历史规定性的理解，就在于厘清生产一般和生产特殊的关系，既要搞清它们之间的联系，又要澄清它们之间的区别。马克思提出的最根本的问题就在于，"一切生产阶段所共有的、被思维当做一般规定而确定下来的规定，是存在的，但是所谓一切生产的一般条件，不过是这些抽象要素，用这些要素不可能理解任何一个现实的历史的生产阶

① 《马克思恩格斯文集》第二卷，人民出版社2009年版，第588页。
② 《马克思恩格斯文集》第八卷，人民出版社2009年版，第5页。
③ 《马克思恩格斯文集》第一卷，人民出版社2009年版，第156页。
④ 《马克思恩格斯文集》第八卷，人民出版社2009年版，第6页。
⑤ 《马克思恩格斯全集》第三十卷，人民出版社1995年版，第11页。

段"①。

对政治经济学对象的社会的和历史的规定性的观点，贯穿于马克思经济思想发展的全过程。在《导言》中，马克思还强调："在研究经济范畴的发展时，正如在研究任何历史科学、社会科学时一样，应当时刻把握住：无论在现实中或在头脑中，主体——这里是现代资产阶级社会——都是既定的；因而范畴表现这个一定社会即这个主体的存在形式、存在规定、常常只是个别的侧面；因此，这个一定社会在科学上也决不是在把它当做这样一个社会来谈论的时候才开始存在的。"② 两年之后，他在 1859 年发表的《政治经济学批判》第一分册中指出，《政治经济学批判》是"考察资产阶级经济制度"③ 的。10 年之后，在《资本论》第一卷德文第一版序言中进一步明确："我要在本书研究的，是资本主义生产方式以及和它相适应的生产关系和交换关系。"④ 马克思关于政治经济学对象的社会的和历史的规定性的观点，是马克思关于政治经济学对象问题的本质所在。

中国特色"系统化的经济学说"，以中国社会主义初级阶段的"物质生产"为出发点、为基础。中国特色"系统化的经济学说"对象所具有的社会的和历史的规定性，就体现于社会主义初级阶段的经济关系及其相联系的经济制度和经济体制中。

以社会主义初级阶段的物质生产为出发点，立足于中国经济改革和发展的实际，集中于中国特色社会主义经济关系特殊的探索，就要确立与此相联系的"问题意识"。在对党的十八届三中全会通过的《中共中央关于全面深化改革若干重大问题的决定》（以下简称《决定》）的说明中，习近平指出，"要有强烈的问题意识，以重大问题为导向，抓住关键问题进一步研究思考，着力推动解决我国发展面临的一系列突出矛盾和问题"⑤。在对《决定》的说明中，习近平紧紧扣住中国特色社会主义经济关系的社会的和历史的规定性，凸显社会主义市场经济发展中的"问题意识"，提出"经过二十多年实践，我国社会主义市场经济体制已经初步建立，但仍存在不少问题，主要是市场秩序不规范，以不正当手段谋取经济利益的现象广泛存在；生产要素市场发展滞后，要素闲置和大量有效需求得不到满足并存；市场规则不统一，部门保护主义和地方保护主义大量存在；市场竞争不充分，阻碍优胜劣汰和结构调整，等等。这些问题不解决好，完善的社会主义市场经济体制是难以形成的"⑥。

社会主义市场经济理论是我们党把马克思主义政治经济学基本原理同改革开放实际结合起来形成的重要理论成果。《导言》关于政治经济学对象中"生产一般"和"生产特殊"关系的观点不仅得到应用，而且得到多方面的拓展。社会主义市场经济既有市场经济体制的"生产一般"的含义，又有社会主义经济制度"生产特殊"的含义，它是经济体制一般和经济制度特殊的统一。社会主义市场经济是社会主义条件下市场对资源配置起决定作用的经济体制，是以社会主义基本经济制度为根基的经济关系。党的十八届三中全会通过

---

① 《马克思恩格斯文集》第八卷，人民出版社 2009 年版，导言第 12 页。
② 《马克思恩格斯文集》第八卷，人民出版社 2009 年版，第 30 页。
③ 《马克思恩格斯文集》第二卷，人民出版社 2009 年版，第 588 页。
④ 《马克思恩格斯文集》第五卷，人民出版社 2009 年版，第 8 页。
⑤ 《习近平著作选读》第一卷，人民出版社 2023 年版，第 161 页。
⑥ 《习近平著作选读》第一卷，人民出版社 2023 年版，第 163 页。

的《决定》据此指出："公有制为主体、多种所有制经济共同发展的基本经济制度，是中国特色社会主义制度的重要支柱，也是社会主义市场经济体制的根基。"①

在中国特色"系统化的经济学说"中，社会主义基本制度和市场经济的结合，集中体现于三个方面：一是在公有制为主体多种经济形式共同发展这一基本经济制度背景下，市场经济体制和机制与不同所有制经济之间的结合。习近平强调，要"坚持社会主义市场经济改革方向。……坚持辩证法、两点论，继续在社会主义基本制度与市场经济的结合上下功夫，把两方面优势都发挥好"②。二是在市场经济运行中，不同所有制经济形式在统一的市场主体地位和作用基础上的结合。在社会主义市场经济中，要坚持和完善社会主义基本经济制度，毫不动摇巩固和发展公有制经济，毫不动摇鼓励、支持、引导非公有制经济发展，推动各种所有制取长补短、相互促进、共同发展。同时，公有制主体地位不能动摇，国有经济主导地位不能动摇，这是保证我国各族人民共享发展成果的制度性保证，也是巩固党的执政地位、坚持我国社会主义制度的重要保证。三是在市场作用和政府作用的问题上，使市场在资源配置中起决定性作用和更好发挥政府作用，二者是有机统一的，不是相互否定的，不能把二者割裂开来、对立起来，既不能用市场在资源配置中的决定性作用取代甚至否定政府作用，也不能用更好发挥政府作用取代甚至否定市场在资源配置中的决定性作用。

中国特色"系统化的经济学说"，以中国社会主义初级阶段的物质生产为出发点，以中国经济现实及其社会的和历史的规定性为背景，说的是中国的事情，直面的是中国发展的问题，提出的是解决好中国问题、办好中国的事情、建设好和发展好中国经济的理论和对策，因而形成的也是适合于中国社会主义初级阶段国情和时代特点的当代中国马克思主义政治经济学。

二、　政治经济学对象的要素及其关系

进入 19 世纪，流行于欧洲国家的政治经济学教科书已经开始对生产、交换、分配和消费问题作出论述。让·巴蒂斯特·萨伊 1803 年出版的《政治经济学概论》，就分作"财富的生产""财富的分配""财富的消费"三篇。詹姆斯·穆勒于 1821 年出版的《政治经济学要义》小册子分作四章，标题分别为"生产""分配""交换""消费"。马克思认为，这些教科书的共同特点在于：其一，认为生产不同于分配，生产"应当被描写成局限在与历史无关的永恒自然规律之内的事情"，这样"资产阶级关系就被乘机当做社会一般的颠扑不破的自然规律偷偷地塞了进来。这是整套手法的多少有意识的目的"。③ 其二，把分配同生产"粗暴割裂"开来，或者同样抹杀分配的社会性和历史性，其实质就是"把一切历史差别混合或融化在一般人类规律之中"。④

① 《十八大以来重要文献选编》上，中央文献出版社 2014 年版，第 514—515 页。
② 《十八大以来重要文献选编》下，中央文献出版社 2018 年版，第 5—6 页。
③ 《马克思恩格斯文集》第八卷，人民出版社 2009 年版，第 11 页。
④ 《马克思恩格斯文集》第八卷，人民出版社 2009 年版，第 11 页。

在批判这些隶属于"资产阶级关系"的经济学错误观点的基础上，马克思对生产与分配、交换、消费的关系从三个方面展开论述。

第一，生产和消费的关系。在经济运行过程中，生产和消费之间的统一和对立的关系，体现于两者的相互作用中。生产对消费的决定作用主要体现在三个方面：一是生产为消费提供了材料和对象；二是生产在提供消费对象的同时，也创造了产品的消费方式和消费者；三是生产的产品在消费者中引起新的需要，成为人们追求新的消费的动力。消费对生产的反作用主要体现在两个方面：一是生产的产品只有在消费中才成为现实的产品，消费使生产得到最后完成；二是在消费作为人的需要得到满足的过程中，又会产生新的需要，从而在观念上提出生产的方向，提供再生产的动力。可见，生产和消费在经济运行过程中是相互依存、互不可缺的：生产为消费创造外在的对象，即提供可供消费的产品；消费则为生产创造内在的对象，即规定生产内在的动力和目的。因此，"没有生产就没有消费；没有消费就没有生产"①。

第二，生产和分配的关系。在经济运行过程中，生产和分配是反映社会经济关系本质的两个相互联系的方面。生产对分配起着决定的作用，"分配的结构完全决定于生产的结构。分配本身是生产的产物，不仅就对象说是如此，而且就形式说也是如此。就对象说，能分配的只是生产的成果，就形式说，参与生产的一定方式决定分配的特定形式，决定参与分配的形式"②。因此，李嘉图把分配规定为政治经济学对象，就是因为他直觉地感到，分配形式正是资产阶级生产关系得以确立的最确切的表现。

社会成员在生产中的地位，是由社会的分配规律所决定的。人们在对产品分配之前，已经存在着对生产工具的分配和对社会成员在各类生产部门的分配。这种对生产条件的分配，"包含在生产过程本身中并且决定生产的结构，产品的分配显然只是这种分配的结果"③。在考察生产时，如果撇开了对生产条件的分配，那么，生产也就是一个空洞的抽象。可见，生产条件的分配决定了生产的结构，但不能由此认为分配决定生产，因为对生产条件的分配形式是由社会生产方式的发展决定的，就如马克思后来在《哥达纲领批判》中所指出的："消费资料的任何一种分配，都不过是生产条件本身分配的结果；而生产条件的分配，则表现生产方式本身的性质。"④

第三，生产和交换的关系。流通是从"总体"上来看的交换，"总体"上的交换表现于四个方面：一是生产过程中发生的各种活动和各种能力的交换，如生产过程中劳动者在分工和协作过程中发生的活动和能力的交换，它"直接属于生产，并且从本质上组成生产"；二是生产过程中的产品交换，如在生产成品过程中各道工序之间的原材料或半成品的交换，它本身就是"生产之中的行为"；三是产品在最后进入消费领域之前，各个不同生产单位之间在产品生产运输、包装、保管等过程中的交换；四是直接为了消费而进行的交换，即产品进入最后消费领域的交换。显然，交换的性质也是由生产的性质决定的，以私有制为基础的生产决定了交换的私有性质；交换的深度、广度和方式也是由生产的发展

---

① 《马克思恩格斯文集》第八卷，人民出版社 2009 年版，第 17 页。
② 《马克思恩格斯文集》第八卷，人民出版社 2009 年版，第 19 页。
③ 《马克思恩格斯文集》第八卷，人民出版社 2009 年版，第 20 页。
④ 《马克思恩格斯文集》第三卷，人民出版社 2009 年版，第 436 页。

和结构决定的。可见,"交换就其一切要素来说,或者是直接包含在生产之中,或者是由生产决定"①。

马克思对生产与分配、交换、消费关系的阐释,不仅在中国特色"系统化的经济学说"中得到应用,而且得到多方面的拓展。经济新常态和供给侧结构性改革理论,是中国特色的"系统化的经济学说"的重要组成部分,其理论资源就是对马克思关于生产与分配、交换、消费关系基本观点的应用与拓展。

2014 年 7 月,习近平在提出"适应新常态,共同推动经济持续健康发展"问题时强调,我国经济发展进入新常态,没有改变我国经济发展过程总体向好的基本面,改变的是这一过程中生产和再生产的内涵和条件,改变的是经济运行的方式和经济过程的结构,改变的是社会生产与交换、分配、消费之间的关系及其作用方式和途径。② 马克思认为,社会再生产是"连续地并列进行的"③。对经济过程的时间维度和空间维度及其综合性的科学把握,是经济新常态对生产与交换、分配、消费关系理解的重要特征。从时间维度上看,经济新常态适应了进入 21 世纪以来我国经济发展更替变化的内在逻辑。改革开放以来,我们用几十年的时间走完了发达国家几百年走过的发展历程,经济总量跃升为世界第二。但是,随着时间的推移、经济总量的不断扩大,"过去生产什么都赚钱、生产多少都能卖出去的情况不存在了"④,生产环节长期累积的低端产能增长过快甚至产能过剩,必然对原有的生产与交换、分配、消费方式作出结构性调整;相应地,生产环节的问题表现为交换过程阻塞,特别表现为在消费环节上结构性矛盾更为突出;生产环节以低成本资源和要素投入形成的驱动力明显减弱,中高端产业成长受制于经济过程其他环节的制约;以创新为核心的更为强劲的经济增长驱动力,亟待经济运行过程各环节及其关系的调整。从空间维度上看,改革开放以来形成的国内国外两个资源、两个市场的整体格局,在 2008 年国际金融危机爆发后发生了深刻变化,世界经济范围内交换环节与过程受到生产和消费环节与过程滞呆和阻隔的冲击,全球贸易进入发展低迷期。从交换总体上对国际市场和资源的有效利用,对生产也对分配和消费环节及其关系调整提出了新的要求,当经济增长动力在转到更多地依靠创新驱动和扩大内需特别是消费需求上的时候,如何在生产和交换、分配环节和过程上推进世界贸易的发展,成为我国经济发展的必然要求。

新常态将给中国带来新的发展机遇。2014 年 11 月,习近平在亚太经合组织工商领导人峰会开幕式的演讲中,对经济新常态的基本特征作出四个方面的概括:一是"经济增速虽然放缓,实际增量依然可观",即使是 7% 左右的增长,无论是速度还是体量,在全球也是名列前茅的;二是"经济增长更趋平稳,增长动力更为多元",经济的强韧性是防范风险的最有力支撑,经济将更多地依赖国内消费需求拉动,避免依赖出口的外部风险;三是"经济结构优化升级,发展前景更加稳定",经济增长朝着质量更好、结构更优方向发展;四是"政府大力简政放权,市场活力进一步释放",要放开市场这只"看不见的手",用

---

① 《马克思恩格斯文集》第八卷,人民出版社 2009 年版,第 22—23 页。
② 李文:《深刻认识我国经济发展新常态》,《人民日报》2015 年 6 月 2 日。
③ 《马克思恩格斯文集》第六卷,人民出版社 2009 年版,第 117 页。
④ 《习近平谈治国理政》第二卷,外文出版社 2017 年版,第 247 页。

好政府这只"看得见的手"。① 从时间维度和空间维度变化上，对经济环节和过程及其格局的综合分析，成为谋划经济新常态战略的主要依据和重要基础，也清晰地呈现了经济新常态的根本特征。

马克思对生产与分配、交换、消费关系的阐释，在供给侧结构性改革理论中得到新的创造性运用。马克思认为，"在供求关系借以发生作用的基础得到说明以前，供求关系绝对不能说明什么问题"②。供给和需求作为市场经济内在关系的两个基本方面，是既相对立又相统一的辩证关系，也是基于一定的社会的和历史的规定性的经济关系。马克思认为，"说到供给和需求，那么供给等于某种商品的卖者或生产者的总和，需求等于这同一种商品的买者或消费者(包括个人消费和生产消费)的总和。而且，这两个总和是作为两个统一体，两个集合力量来互相发生作用的"，因此，这供给和需求两种力量的竞争，在根本上"显示出生产和消费的社会性质"。③ 这就是说，供求关系体现的就是生产和消费关系的"社会性质"。马克思对生产与分配、交换、消费关系的阐释，特别是关于生产和消费关系的阐释，为供给侧结构性改革问题的探讨提供了丰富的理论资源。

从"两个总和""两个统一体"或"两个集合力量"来看，供给侧和需求侧是宏观经济的两个基本方面，供给侧管理和需求侧管理则是宏观经济管理的两个基本方面。在这一意义上，"供给侧管理，重在解决结构性问题，注重激发经济增长动力，主要通过优化要素配置和调整生产结构来提高供给体系质量和效率，进而推动经济增长"；"需求侧管理，重在解决总量性问题，注重短期调控，主要是通过调节税收、财政支出、货币信贷等来刺激或抑制需求，进而推动经济增长"。④ 深化供给侧结构性改革，就是要从生产端发力，促进产业优化重组、降低企业成本、发展战略性新兴产业和现代服务业以及增加公共产品和服务供给，就是要在消费端着力，促进交换、分配、消费端对过剩产能和库存的有效化解，在适度扩大总需求的同时，反作用于供给侧结构性改革。供给侧结构性改革与经济新常态连为一体，既注重生产环节的决定性作用又凸显交换、分配和消费的反作用，既发力于供给的结构性改革又着力于需求的结构性调整，既重视发挥市场在资源配置中的决定性作用又强调更好发挥政府作用，既突出发展社会生产力又注重完善社会生产关系。在这里，马克思关于政治经济学对象的要素及其关系的理论观点得到广泛运用和深度发展，开拓了中国特色"系统化的经济学说"的新境界。

三、 马克思主义政治经济学发展的中国"历史路标"

在《导言》中，马克思在对政治经济学方法的探讨中提到，"第一条道路"作为建立政治经济学理论体系的方法是"错误的"，但从经济思想史来看，"第一条道路是经济学在

---

① 《习近平外交演讲集》第一卷，中央文献出版社 2022 年版，第 207—208 页。
② 《马克思恩格斯文集》第七卷，人民出版社 2009 年版，第 202 页。
③ 《马克思恩格斯文集》第七卷，人民出版社 2009 年版，第 215 页。
④ 《习近平著作选读》第一卷，人民出版社 2023 年版，第 443 页。

它产生时期在历史上走过的道路"。① 后来在《1861—1863 年经济学手稿》中，马克思将《导言》的这一基本观点上升为政治经济学"历史路标"的思想。

在《1861—1863 年经济学手稿》论及政治经济学"历史的评论"问题时，马克思指出：这种历史的评论不过是要指出，"一方面，政治经济学家们以怎样的形式自行批判，另一方面，政治经济学规律最先以怎样的历史路标的形式被揭示出来并得到进一步发展"②。在马克思看来，政治经济学要从学理和思想上厘清两个方面问题：一是理论研究本身的问题，也就是理论逻辑的问题，这是马克思所讲的"自行批判"的问题；二是理论历史本身的演进，即思想历史在理论逻辑上再现的问题，这是马克思所提出的"历史路标"问题。在政治经济学的科学革命过程中，对于理论逻辑和历史逻辑这两者关系的理解，是马克思经济思想的重要特征和显著特色。

在《新境界》中，习近平在对中国特色社会主义政治经济学的理论逻辑阐释之前，先对其历史逻辑作了探讨；在对中国特色社会主义政治经济学"历史路标"的探索中，升华了对中国特色社会主义政治经济学理论逻辑的认识。习近平对"历史路标"的新的阐释，不仅使马克思经济思想的这些特征和特色得以再现，而且也昭彰了当代马克思主义政治经济学的时代特征和思想特色。

中国特色社会主义政治经济学形成于中国改革开放新时期，但从经济思想的"历史路标"来看，它的发端要更早一些，应该起始于中国社会主义基本经济制度确立时期，其重要标志是毛泽东 1956 年 4 月发表的《论十大关系》讲话和 1957 年 6 月发表的《关于正确处理人民内部矛盾的问题》讲话。在《新境界》中，习近平回溯经济思想历史，提出"毛泽东……在探索社会主义建设道路过程中对发展我国经济提出了独创性的观点……是我们党对马克思主义政治经济学的创造性发展"③。由此树立了中国特色社会主义政治经济学始创时期的"历史路标"。

在《论十大关系》和《关于正确处理人民内部矛盾的问题》中，毛泽东站在中国社会主义建设道路发展全局的战略高度，牢牢把握社会主义经济建设中的"问题""矛盾"和"关系"等关键环节，对中国社会主义经济建设中一系列基本问题作出多方面研究，特别是对一个学理遵循和三个理论要义的阐释，对中国特色社会主义政治经济学作出了开创性探索。

一个学理遵循，是指毛泽东提出的"第二次结合"的原则。1956 年 3 月，毛泽东在对苏共二十大后国际共产主义运动的可能变局和中国共产党相应对策问题的阐释时指出："赫鲁晓夫这次揭了盖子，又捅了娄子。他破除了那种认为苏联、苏共和斯大林一切都是正确的迷信，有利于反对教条主义，不要再硬搬苏联的一切了，应该用自己的头脑思索了。应该把马列主义的基本原理同中国社会主义革命和建设的具体实际结合起来，探索在我们国家里建设社会主义的道路了。"④ 一个月后，毛泽东再次指出："现在是社会主义革

① 《马克思恩格斯文集》第八卷，人民出版社 2009 年版，第 24 页。
② 《马克思恩格斯全集》第二十六卷第一册，人民出版社 1972 年版，第 367 页。
③ 《十八大以来重要文献选编》下，中央文献出版社 2018 年版，第 2 页。
④ 《毛泽东年谱(一九四九—一九七六)》第二卷，中央文献出版社 2013 年版，第 550 页。

命和建设时期，我们要进行第二次结合，找出在中国怎样建设社会主义的道路。"① 毛泽东提出了进行"第二次结合"，独立思考中国自己的社会主义建设道路的基本原则和学理遵循。

三个理论要义，是指毛泽东社会主义经济思想中的三个核心理论。毛泽东在开始探讨中国社会主义经济建设问题时一再提出，"一定要首先加强经济建设"、一定要"把一个落后的农业的中国改变成为一个先进的工业化的中国"②，这一理论把握了经济关系和经济建设问题探索的中心论题。同时，在对中国社会主义建设道路中涵盖经济建设、政治建设、文化建设、国防建设、党的建设、外交政策和国际战略等问题的全面阐释中，毛泽东提出了社会主义社会的基本矛盾理论，提出了统筹兼顾、注意综合平衡，提出了以农业为基础、工业为主导，农轻重协调发展等重要理论。这是镌刻在中国特色社会主义政治经济学始创时期"历史路标"上的三大理论要义。

中国特色社会主义政治经济学形成于改革开放新时期。在《新境界》中，习近平指出："党的十一届三中全会以来，我们党把马克思主义政治经济学基本原理同改革开放新的实践结合起来，不断丰富和发展马克思主义政治经济学。"③ 这是对中国特色社会主义政治经济学形成的"历史路标"的深刻说明。

1984年，党的十二届三中全会通过的《中共中央关于经济体制改革的决定》，是中国特色社会主义政治经济学形成的标志。邓小平认为，该决定提出的"社会主义经济是公有制基础上的有计划的商品经济"观点，与当时正在全面推开的经济体制改革的实际相适应，是马克思主义政治经济学的"新话"。这些"新话"给人以"写出了一个政治经济学的初稿"的印象，是"马克思主义基本原理和中国社会主义实践相结合的政治经济学"④，也就是中国特色社会主义政治经济学。"第二次结合"是中国特色社会主义政治经济学形成和发展的基本原则和学理遵循。

习近平在论及这一时期中国特色社会主义政治经济学发展"历史路标"的内涵时提出，"三十多年来，随着改革开放不断深入，我们形成了当代中国马克思主义政治经济学的许多重要理论成果"⑤。这些理论与党的十八大开头三年即从2012年至2005年形成的理论一起，构成中国特色社会主义政治经济学的新的"历史路标"。镌刻在这一"历史路标"上的"重要理论成果"，习近平提到的主要有，"关于社会主义本质的理论，关于社会主义初级阶段基本经济制度的理论，关于树立和落实创新、协调、绿色、开放、共享的发展理念的理论，关于发展社会主义市场经济、使市场在资源配置中起决定性作用和更好发挥政府作用的理论，关于我国经济发展进入新常态的理论，关于推动新型工业化、信息化、城镇化、农业现代化相互协调的理论，关于农民承包的土地具有所有权、承包权、经营权属性的理论，关于用好国际国内两个市场、两种资源的理论，关于促进社会公平正

---

① 《毛泽东年谱(一九四九——一九七六)》第二卷，中央文献出版社2013年版，第557页。
② 《毛泽东文集》第七卷，人民出版社1999年版，第28页、第117页。
③ 《十八大以来重要文献选编》下，中央文献出版社2018年版，第2—3页。
④ 《邓小平文选》第三卷，人民出版社1993年版，第83页、第91页。
⑤ 《十八大以来重要文献选编》下，中央文献出版社2018年版，第3页。

义、逐步实现全体人民共同富裕的理论，等等"①。

这些理论成果，是以新时期中国社会主义经济建设道路的发展及其相应的经济制度和经济体制的改革发展探索为主要特征的。在《新境界》中，习近平强调："这些理论成果，马克思主义经典作家没有讲过，改革开放前我们也没有这方面的实践和认识，是适应当代中国国情和时代特点的政治经济学，不仅有力指导了我国经济发展实践，而且开拓了马克思主义政治经济学新境界。"②

党的十八大以来，在续写"第二次结合"的新篇章中，习近平紧密结合新时代全面建成小康社会的新的实践，推进了中国特色社会主义政治经济学的发展，树立了新时代中国特色社会主义政治经济学发展的新的"历史路标"。

2014年7月，在对经济新常态"大逻辑"的阐释中，习近平提出"各级党委和政府要学好用好政治经济学"，强调要着力于"不断提高推进改革开放、领导经济社会发展、提高经济社会发展质量和效益的能力和水平"，③ 拓展了"第二次结合"的新要求和新视野。

2015年11月，在《新境界》中，结合推进供给侧结构性改革的新的实际，习近平强调："面对极其复杂的国内外经济形势，面对纷繁多样的经济现象，学习马克思主义政治经济学基本原理和方法论，有利于我们掌握科学的经济分析方法，认识经济运动过程，把握社会经济发展规律，提高驾驭社会主义市场经济能力，更好回答我国经济发展的理论和实践问题。"④ 在当年12月召开的中央经济工作会议上，习近平从适应国际金融危机后我国经济改革面临的新形势和新任务出发，强调"要坚持中国特色社会主义政治经济学的重大原则"⑤。2016年7月，习近平再次提出："坚持和发展中国特色社会主义政治经济学……要加强研究和探索，加强对规律性认识的总结，不断完善中国特色社会主义政治经济学理论体系，推进充分体现中国特色、中国风格、中国气派的经济学科建设。"⑥ 党的十八大以来，习近平关于学好用好政治经济学的系列讲话，深刻把握了"第二次结合"的理论特征和精神实质，丰富了中国特色社会主义政治经济学的基本原则和学理依循。

中国特色社会主义政治经济学，作为中国化时代化马克思主义的重要组成部分，是中国共产党在改革开放新时期的伟大实践中、在社会主义现代化建设的历史进程中不懈探索、勇于创新的理论建树，是中国共产党对当代马克思主义发展的伟大贡献。习近平对中国特色社会主义政治经济学的系列阐释，为新时代中国特色社会主义政治经济学的新的"历史路标"的确立奠定了坚实基础，在这一"历史路标"上镌刻了习近平新时代中国特色社会主义经济思想的显著标志。

---

① 《十八大以来重要文献选编》下，中央文献出版社2018年版，第3页。
② 《十八大以来重要文献选编》下，中央文献出版社2018年版，第3页。
③ 《习近平关于社会主义经济建设论述摘编》，中央文献出版社2017年版，第320页。
④ 《十八大以来重要文献选编》下，中央文献出版社2018年版，第3页。
⑤ 《中央经济工作会议在北京举行》，《人民日报》2015年12月22日。
⑥ 《习近平关于社会主义经济建设论述摘编》，中央文献出版社2017年版，第331页。

四、 从"结构"的"内部联系"到"系统化的经济学说"的探索

在《导言》中，马克思十分重视政治经济学"结构"问题的探索，他提到："资产阶级社会是最发达的和最多样性的历史的生产组织。因此，那些表现它的各种关系的范畴以及对于它的结构的理解，同时也能使我们透视一切已经覆灭的社会形式的结构和生产关系。"① 后来，马克思在为《资本论》第一卷德文第一版做最后润色时，进一步提出，"在像我这样的著作中细节上的缺点是难免的。但是结构，即整个的内部联系是德国科学的辉煌成就"②。

马克思在《导言》和其他经济学著述中提出的"结构"，大体有三种含义：一是对象的结构，就是政治经济学研究对象本身，是既定社会经济关系客体本身；二是思维的结构，就是人通过思维，把作为客体的结构在思维中再现出来、反映出来，就是把混沌的整体在思维中再现为有序的总体；三是形式的结构，就是把思维的结构呈现为外在的著作的结构，即章、节、目。这三种结构的含义，实际上是对政治经济学的对象、方法和体系的理解，在根本上就是政治经济学理论及其体系的"整个的内部联系"。

在《新境界》中，习近平提出，中国特色社会主义政治经济学的发展，要注重"把实践经验上升为系统化的经济学说，不断开拓当代中国马克思主义政治经济学新境界"③。这里提到的"系统化的经济学说"，就是对马克思在《导言》中所阐释的"结构"即政治经济学"整个的内部联系"思想的新的表述，是对《导言》的"结构"思想在中国特色社会主义政治经济学理论体系探索中的运用。

在《新境界》中，习近平继中国特色社会主义政治经济学历史逻辑即"历史路标"阐释之后，接着对中国特色社会主义政治经济学的理论逻辑即"结构"上的"整个的内部联系"作了阐释。习近平把这一理论逻辑的"结构"分为六个主要层面。

第一，坚持以人民为中心的发展思想。发展为了人民，这是马克思主义政治经济学的根本立场。马克思主义基本理论认为，"无产阶级的运动是绝大多数人的、为绝大多数人谋利益的独立的运动"④，在未来社会"生产将以所有的人富裕为目的"⑤。在中国特色社会主义政治经济学的形成时期，邓小平就提出了社会主义本质理论，强调是解放生产力，发展生产力，消灭剥削，消除两极分化，最终达到共同富裕。党的十八大以来，在新时代中国特色社会主义政治经济学发展中，进一步形成了"要坚持以人民为中心的发展思想，把增进人民福祉、促进人的全面发展、朝着共同富裕方向稳步前进作为经济发展的出发点和落脚点"⑥ 的思想。这是中国特色社会主义政治经济学的核心观点，是部署经济工作、

---

① 《马克思恩格斯文集》第八卷，人民出版社 2009 年版，第 29 页。
② 《马克思恩格斯文集》第十卷，人民出版社 2009 年版，第 236 页。
③ 《十八大以来重要文献选编》下，中央文献出版社 2018 年版，第 7 页。
④ 《马克思恩格斯文集》第二卷，人民出版社 2009 年版，第 42 页。
⑤ 《马克思恩格斯文集》第八卷，人民出版社 2009 年版，第 200 页。
⑥ 《十八大以来重要文献选编》下，中央文献出版社 2018 年版，第 4 页。

制定经济政策、推动经济发展要牢牢坚持的根本立场。

第二，坚持新发展理念。党的十八大以后，针对我国经济社会发展的环境、条件、任务和要求等方面的显著变化，在制定"十三五"规划时，习近平正式提出了涵盖创新、协调、绿色、开放、共享五大理念的新发展理念。新发展理念是"在深刻总结国内外发展的经验教训、深入分析国内外发展大势的基础上提出来的，集中反映了我们党对我国经济社会发展规律的新认识"；也"同马克思主义政治经济学的许多观点是相通的"，体现了马克思恩格斯关于未来社会全面发展的基本思想。① 新发展理念包含了经济社会发展的总体思想，习近平认为："贯彻落实新发展理念，涉及一系列思维方式、行为方式、工作方式的变革，涉及一系列工作关系、社会关系、利益关系的调整，不改革就只能是坐而论道，最终到不了彼岸。"② 在中国特色社会主义整体关系中，"按照新发展理念推动我国经济社会发展，是当前和今后一个时期我国发展的总要求和大趋势"③。

第三，坚持和完善社会主义基本经济制度。改革开放以来，在确立和发展社会主义初级阶段基本经济制度时，我国强调坚持公有制为主体、多种所有制经济共同发展，明确公有制经济和非公有制经济都是社会主义市场经济的重要组成部分，都是经济社会发展的重要基础。"要毫不动摇巩固和发展公有制经济，毫不动摇鼓励、支持、引导非公有制经济发展，推动各种所有制取长补短、相互促进、共同发展"④，成为中国特色社会主义政治经济学的重要的理论观点。同时，"我国基本经济制度是中国特色社会主义制度的重要支柱，也是社会主义市场经济体制的根基，公有制主体地位不能动摇，国有经济主导作用不能动摇"，也成为中国特色社会主义政治经济学的鲜明的理论观点；社会主义基本经济制度是"保证我国各族人民共享发展成果的制度性保证，也是巩固党的执政地位、坚持我国社会主义制度的重要保证"⑤。

第四，坚持和完善社会主义基本分配制度。按劳分配为主体、多种方式并存的分配制度理论，是新时期形成的反映中国特色社会主义基本经济制度本质特征的主要理论之一。这一分配制度在改革开放实践中得到多方面的发展。在这一分配制度实施中，习近平强调，"要高度重视，努力推动居民收入增长和经济增长同步、劳动报酬提高和劳动生产率提高同步，不断健全体制机制和具体政策，调整国民收入分配格局，持续增加城乡居民收入，不断缩小收入差距"⑥。

第五，坚持社会主义市场经济改革方向。在社会主义条件下发展市场经济，是我们党的一个伟大创举，也是中国特色社会主义政治经济学的最为显著的理论创新。坚持社会主义市场经济改革方向，要发挥市场经济的长处，又要发挥社会主义制度的优越性，这是中国特色社会主义经济取得成功的关键因素。我们是在中国共产党领导和社会主义制度的大前提下发展市场经济，什么时候都不能忘记"社会主义"这个定语。习近平强调："之所

① 《十八大以来重要文献选编》下，中央文献出版社 2018 年版，第 4 页。
② 《习近平谈治国理政》第二卷，外文出版社 2017 年版，第 221—222 页。
③ 习近平：《在网络安全和信息化工作座谈会上的讲话》，人民出版社 2016 年版，第 4 页。
④ 《十八大以来重要文献选编》下，中央文献出版社 2018 年版，第 5 页。
⑤ 《十八大以来重要文献选编》下，中央文献出版社 2018 年版，第 5 页。
⑥ 《十八大以来重要文献选编》下，中央文献出版社 2018 年版，第 5 页。

以说是社会主义市场经济，就是要坚持我们的制度的优越性，有效防范资本主义市场经济的弊端。我们要坚持辩证法、两点论，继续在社会主义基本制度与市场经济的结合上下功夫。"[1]

第六，坚持对外开放基本国策。马克思恩格斯的世界历史理论认为，"各民族的原始封闭状态由于日益完善的生产方式、交往以及因交往而自然形成的不同民族之间的分工消灭得越是彻底，历史也就越是成为世界历史"[2]。马克思恩格斯的这一预言，已经为历史和现实所证明。习近平指出："开放是实现国家繁荣富强的根本出路。"[3] 在经济全球化深入发展的条件下，我们不能关起门来搞建设，而是要善于统筹国内国际两个大局，利用好国际国内两个市场、两种资源。要顺应我国经济深度融入世界经济的趋势，发展更高层次的开放型经济，积极参与全球经济治理，促进国际经济秩序朝着平等公正、合作共赢的方向发展。同时，要坚决维护我国发展利益，积极防范各种风险，确保国家经济安全。

从《导言》到《新境界》的思想赓续和理论创新，对当代中国马克思主义政治经济学的发展有着重要的学理和学术的示范效应。《新境界》呈现了习近平新时代中国特色社会主义经济思想的核心要义，是推进中国特色社会主义政治经济学发展的方法论上和理论上的"导言"。

思考题

1. 怎样理解习近平《不断开拓当代中国马克思主义政治经济学新境界》是中国特色"系统化的经济学说"的"导言"？

2. 如何把握习近平经济思想对象的社会的和历史的根本规定？

3. 怎样理解马克思主义政治经济学在中国发展的"历史路标"及其阶段性特征？

---

① 《十八大以来重要文献选编》下，中央文献出版社 2018 年版，第 6 页。

② 《马克思恩格斯文集》第一卷，人民出版社 2009 年版，第 540—541 页。

③ 《习近平关于社会主义经济建设论述摘编》，中央文献出版社 2017 年版，第 305 页。

第四章

新发展理念的马克思主义政治经济学探讨

学习要点：

• 新发展理念是习近平经济思想对经济社会发展课题作出的最重要、最主要的重大理论；

• 新发展理念是一个"崇尚创新、注重协调、倡导绿色、厚植开放、推进共享"的有机整体；

• 坚持问题导向，聚焦突出问题和明显短板，回应人民群众诉求和期盼，是提出新发展理念的基本方法，也是新发展理念的基本立场。

2015 年 10 月，党的第十八届五中全会通过的《中共中央关于制定国民经济和社会发展第十三个五年规划的建议》，是"十三五"规划经济社会发展的行动指南，是决战决胜全面建成小康社会的纲领性文件。这一纲领性文件提出的创新、协调、绿色、开放、共享的新发展理念，成为制定国民经济和社会发展"十三五"规划的指导思想和中心线索，成为习近平治国理政新理念新思想新战略的根本指导，凸显了中国特色"系统化的经济学说"的新的辉煌。

2015 年 11 月，习近平在主持十八届中央政治局第二十八次集体学习时指出，"党的十一届三中全会以来，我们党把马克思主义政治经济学基本原理同改革开放新的实践结合起来，不断丰富和发展马克思主义政治经济学，形成了当代中国马克思主义政治经济学的许多重要理论成果"，"关于树立和落实创新、协调、绿色、开放、共享的发展理念的理论"就是这些"重要理论成果"之一。[①] 党的十九大在对十八大以来五年间经济建设取得的伟大成就概述时，首先肯定的就是："坚定不移贯彻新发展理念，坚决端正发展观念、转变发展方式，发展质量和效益不断提升。"[②]

2020 年 10 月，党的十九届五中全会通过的《中共中央关于制定国民经济和社会发展第十四个五年规划和二〇三五年远景目标的建议》，是开启全面建设社会主义现代化国家新征程、向第二个百年奋斗目标进军的纲领性文件，是这一五年规划时期乃至更长时期我国经济社会发展的行动指南。2021 年 1 月，在省部级主要领导干部学习贯彻党的十九届五中全会精神专题研讨班的讲话中，习近平指出，"党的十八大以来我们对经济社会发展提出了许多重大理论和理念，其中新发展理念是最重要、最主要的"[③]。党的二十大在对十八大以来十年间经济上取得的举世瞩目伟大成就总结时指出："我们提出并贯彻新发展理念，着力推进高质量发展，推动构建新发展格局，实施供给侧结构性改革，制定一系列具有全局性意义的区域重大战略，我国经济实力实现历史性跃升。"[④]

---

① 《十八大以来重要文献选编》下，中央文献出版社 2018 年版，第 2—3 页。
② 《习近平著作选读》第二卷，人民出版社 2023 年版，第 2—3 页。
③ 《习近平著作选读》第二卷，人民出版社 2023 年版，第 406 页。
④ 《习近平著作选读》第一卷，人民出版社 2023 年版，第 7 页。

一、"实现什么样的发展、怎样发展"问题的赓续和拓新

"实现什么样的发展、怎样发展"的问题，是贯穿于中国特色社会主义道路和理论探索全过程的重大课题，是马克思主义中国化时代化的根本论题。创新、协调、绿色、开放、共享的新发展理念，正是在对"实现什么样的发展、怎样发展"问题的新的回答中，凸显其 21 世纪马克思主义的深邃意蕴。

在改革开放的历史进程中，邓小平理论的突出观点是："中国解决所有问题的关键是要靠自己的发展……发展才是硬道理。"① 在这些观点中映现的朴实的话语和坚定的信心，从思想理念和政治意识上表明了中国为什么需要发展、怎样持续稳定发展的深刻内涵。邓小平把"发展才是硬道理"看作是能否体现社会主义本质、能否解决中国社会主义初级阶段所有问题、能否充分发挥社会主义经济制度优越性的重大问题。邓小平强调，"要善于把握时机来解决我们的发展问题"，"现在世界发生大转折，就是个机遇"。② 邓小平理论中的发展理念及其在中国经济改革中的实践，奠定了中国特色发展理论的坚实基础。

在把中国特色社会主义经济建设推向 21 世纪的进程中，"三个代表"重要思想突出了"发展是党执政兴国的第一要务"的重要论断，把"实现什么样的发展、怎样发展"的问题，看作是社会主义现代化建设的根本所在，把发展问题同党的性质、党的执政基础紧密地联系起来，凸显"发展是硬道理，这是我们必须始终坚持的一个战略思想"的理念。③ 江泽民结合世纪之交时代变化的新情况新特点，把发展理念应用于执政兴国实践之中，强调无论国际国内形势如何变化，无论遇到什么样的困难，只要正确坚持和贯彻发展思想，我们就能够从容应对挑战、克服困难、不断前进，"中国解决所有问题的关键在于依靠自己的发展"④。社会主义经济制度的优越性集中体现于牢牢把握发展这个主题，"只有经济大大发展了，全国的经济实力和综合国力大大增强了，人民生活才能不断改善，国家才能长治久安，我们的腰杆子才能更硬，我们在国际上说话才能更有分量，我们的朋友才能更多"⑤。

进入 21 世纪，"发展才是硬道理"的理念，在科学发展观中得到多方面的丰富。科学发展观立足于社会主义初级阶段基本国情，审视我国经济社会趋向的新变化，借鉴国际上对待发展问题的经验，对"实现什么样的发展、怎样发展"问题作出进一步的阐释。胡锦涛明确提出，"以人为本"是科学发展观的本质和核心，体现了马克思主义关于人民群众创造历史的基本原理和人的全面发展的根本价值追求。科学发展观以"全面""协调""可持续"为发展的主题思想，特别是在"协调"发展问题上，提出了"五个统筹"的思想，强调统筹城乡发展，着力于破解"三农"难题，逐步改变城乡二元结构；统筹区域发展，着力于缩小地区差距，形成促进区域经济协调发展的机制；统筹经济社会发展，

① 《邓小平文选》第三卷，人民出版社 1993 年版，第 265 页、第 377 页。
② 《邓小平文选》第三卷，人民出版社 1993 年版，第 365 页、第 369 页。
③ 《江泽民文选》第三卷，人民出版社 2006 年版，第 118 页
④ 《江泽民文选》第二卷，人民出版社 2006 年版，第 16 页。
⑤ 《江泽民文选》第一卷，人民出版社 2006 年版，第 307 页。

着力于解决经济和社会发展不相协调、社会建设相对滞后的问题，实现经济社会协调发展和人的全面进步；统筹人与自然和谐发展，着力于克服人口资源环境制约发展的突出矛盾，切实优化产业结构、转变经济增长方式，努力坚持可持续发展战略；统筹国内发展和对外开放，着力于全面提高对外开放水平，充分发挥国内外两个市场、两种资源的作用，在全球范围内实现优势互补，进一步拓宽发展空间，维护国家经济安全。在党的十八大上，胡锦涛对 21 世纪以来的发展理念概述时认为："以经济建设为中心是兴国之要，发展仍是解决我国所有问题的关键。只有推动经济持续健康发展，才能筑牢国家繁荣富强、人民幸福安康、社会和谐稳定的物质基础。必须坚持发展是硬道理的战略思想，决不能有丝毫动摇。"[1]

党的十八大以来，以习近平同志为主要代表的中国共产党人，以全面建成小康社会为奋斗目标，以实现中华民族伟大复兴的中国梦为历史使命，对中国特色社会主义发展问题作出多方面的新阐释。习近平提出，实现中国梦要坚持中国道路、弘扬中国精神和凝聚中国力量，中国梦归根到底是人民的梦，必须坚持以人为本，坚持依靠人民，为人民造福，"我们要坚持发展是硬道理的战略思想，坚持以经济建设为中心，全面推进社会主义经济建设、政治建设、文化建设、社会建设、生态文明建设，深化改革开放，推动科学发展，不断夯实实现中国梦的物质文化基础"[2]。在这一过程中概括和凝练的以创新、协调、绿色、开放、共享为核心内容的新发展理念，赋予"实现什么样的发展、怎样发展"问题以更为深刻的中国特色社会主义的新内涵，赋予其当代中国马克思主义政治经济学的新意蕴。

二、 新发展理念的探索过程

党的十八大以来，以习近平同志为核心的党中央，以全面建成小康社会为奋斗目标，从治国理政新理念新思想新战略上，对发展问题作出多方面的新阐释。发展问题是党的十八大以来历次中央经济工作会议国是衡论的中心议题和根本要义。

在 2012 年党的十八大后召开的第一次中央经济工作会议上，习近平指出，"必须坚持发展是硬道理的战略思想，决不能有丝毫动摇……必须全面深化改革，坚决破除一切妨碍科学发展的思想观念和体制机制障碍"[3]；在 2013 年召开的中央经济工作会议上，习近平在谈到下一年经济工作的主要任务时提出，"实施创新驱动发展""积极促进区域协调发展""注重永续发展"等理念，提出"推进丝绸之路经济带建设，抓紧制定战略规划，加强基础设施互联互通建设。建设 21 世纪海上丝绸之路，加强海上通道互联互通建设，拉紧相互利益纽带"的开放理念，以及"让老百姓得到实实在在的好处"共享理念。[4] 在 2014 年召开的中央经济工作会议上，习近平在对创新发展理念阐述时指出，创新要实，推动全面创新，更多靠产业化的创新来培育和形成新的增长点，创新必须落实到创造新的增长点上，把创新成果变成实实在在的产业活动；在对协调发展理念阐释时指出，要完善区

---

① 《胡锦涛文选》第三卷，人民出版社 2016 年版，第 628 页。
② 《习近平著作选读》第一卷，人民出版社 2023 年版，第 99 页。
③ 《中央经济工作会议在北京举行》，《人民日报》2012 年 12 月 17 日。
④ 《中央经济工作会议在北京举行》，《人民日报》2013 年 12 月 14 日。

域政策，促进各地区协调发展、协同发展、共同发展等。① 在 2015 年制定"十三五"发展规划时，习近平更是强调："发展理念是发展行动的先导，是管全局、管根本、管方向、管长远的东西，是发展思路、发展方向、发展着力点的集中体现。"② "理者，物之固然，事之所以然也。"③ 以新发展理念为主导，成为"十三五"时期我国经济社会发展谋篇布局之"固然"和"所以然"。

2015 年中央经济工作会议在我国经济社会发展进入"十三五"规划时期的重要节点召开，这次会议提出，经济改革发展要树立一个从"加强和改善党对经济工作的领导，统筹国内国际两个大局，按照'五位一体'总体布局和'四个全面'战略布局"治国理政的高度，以"牢固树立和贯彻落实创新、协调、绿色、开放、共享的发展理念"为指导方针，达到"适应经济发展新常态，坚持改革开放，坚持稳中求进"的"工作总基调"。④ 习近平据此强调稳中求进工作总基调是治国理政的重要原则。

2016 年中央经济工作会议在回顾适应经济新常态的改革进程时，强调"以新发展理念为指导"，已经初步引导经济朝着更高质量、更有效率、更加公平、更可持续的方向发展。在对 2016 年经济工作总结和对 2017 年经济工作部署中，习近平肯定新发展理念发挥着的"引导""引领"作用。在对 2017 年经济工作部署时，习近平从统筹推进"五位一体"总体布局、协调推进"四个全面"战略布局出发，提出经济工作要"坚持稳中求进工作总基调，牢固树立和贯彻落实新发展理念，适应把握引领经济发展新常态"⑤。

在对新发展理念的系列论述中，习近平不仅对新发展理念的中国特色社会主义政治经济学意义作出深入阐释，而且从治国理政的高度强调了新发展理念的"先导"作用和"方向"作用。新发展理念的五个方面，紧密相连、相互着力，既各有侧重又相互支撑，形成一个"崇尚创新、注重协调、倡导绿色、厚植开放、推进共享"⑥的有机整体。这一有机整体，统一于"五位一体"总体布局和"四个全面"战略布局的实施中，统一于实现"两个一百年"奋斗目标和中华民族伟大复兴的中国梦的历史进程中，统一于治国理政新理念新思想新战略中。新发展理念是中国特色社会主义政治经济学的主导论题，也是治国理政新理念新思想新战略的重要内涵和指导方针。

三、　新发展理念对马克思主义政治经济学的运用和发展

新发展理念是马克思主义政治经济学理论在新时代的运用和发展，特别是马克思恩格斯关于经济社会发展理论和人的全面发展理论的现实应用和理论创新。

在对人的本质意义的理解上，马克思恩格斯认为，人的全面发展是随着经济社会的发

---

① 《中央经济工作会议在北京举行》，《人民日报》2014 年 12 月 12 日。
② 《十八大以来重要文献选编》中，中央文献出版社 2016 年版，第 774 页。
③ 《习近平关于社会主义经济建设论述摘编》，中央文献出版社 2017 年版，第 20 页。
④ 《中央经济工作会议在北京举行》，《人民日报》2015 年 12 月 22 日。
⑤ 《中央经济工作会议在北京举行》，《人民日报》2016 年 12 月 17 日。
⑥ 习近平：《论把握新发展阶段、贯彻新发展理念、构建新发展格局》，中央文献出版社 2021 年版，第 103—104 页。

展而发展的，共产主义作为实现人的主观性与自然的客观性真正统一的新社会，最根本的就在于实现了人的自由而全面的发展，也就是"已经生成的社会创造着具有人的本质的这种全部丰富性的人，创造着具有丰富的、全面而深刻的感觉的人作为这个社会的恒久的现实"①。马克思以人的发展的三大形式理论，从政治经济学意义上阐明了这一过程的必然性及其内涵。马克思在《1857—1858 年经济学手稿》中认为，在社会经济关系演进中，由于"社会条件"的变化，作为生产主体的人的发展，以"人的依赖关系"为第一大形式的特征。这时，人的生产能力只是在狭窄的范围内和孤立的地点上发展着，人只是直接从自然界再生产自己。以物的依赖性为基础的人的独立性的形成，是第二大形式的特征。这时，一方面生产中人的一切固定的依赖关系已经解体，另一方面毫不相干的个人之间的互相的全面的依赖，构成人们之间的社会联系，而这一联系的纽带就是普遍发展起来的产品交换关系，从而"人的社会关系转化为物的社会关系；人的能力转化为物的能力"②。正是在这种普遍的社会物质交换关系中，才形成了人们之间的"全面的关系、多方面的需要以及全面的能力的体系"③。第三大形式就是以自由个性发展为特征的。这一社会形态中的"自由个性"，具有两方面的规定性：一是个人的全面的发展；二是人们共同的社会生产能力成为他们共同的社会财富。第三大形式的发展是以第二大形式的发展为基础的。④实现人的发展的第二大形式到第三大形式的演进，成为当代马克思主义政治经济学探讨发展问题的根本课题。

马克思在对社会经济关系发展问题的探讨中，虽然没有直接使用过"创新"概念，但他对创新的政治经济学意义还是作过多方面的论述。马克思特别注重从生产力的根本变革意义上，探讨生产力作为经济社会"创新"的源泉和动力问题。他认为："蒸汽、电力和自动走锭纺纱机甚至是比巴尔贝斯、拉斯拜尔和布朗基诸位公民更危险万分的革命家。"⑤他提出："一旦生产力发生了革命——这一革命表现在工艺技术方面——，生产关系也就会发生革命。"⑥ 以生产力发展和科学技术革命为根本牵引力的创新理念，既强调了科学技术作为社会生产力要素的根本驱动力量，又强调了这种驱动力量从根本上对经济运行、经济体制乃至经济制度变迁的推动。恩格斯在对马克思这一理论取向的评价时认为："任何一门理论科学中的每一个新发现——它的实际应用也许还根本无法预见——都使马克思感到衷心喜悦，而当他看到那种对工业、对一般历史发展立即产生革命性影响的发现的时候，他的喜悦就非同寻常了。例如，他曾经密切注视电学方面各种发现的进展情况，不久以前，他还密切注视马塞尔·德普勒的发现。"⑦

创新居于新发展理念之首位，创新理念侧重于培育发展新动力，形成促进创新的体制框架，塑造更多依靠创新驱动、更多发挥先发优势的引领型发展。创新发展理念在总体上

---

① 《马克思恩格斯文集》第一卷，人民出版社 2009 年版，第 192 页。

② 《马克思恩格斯全集》第三十卷，人民出版社 1995 年版，第 107 页。

③ 《马克思恩格斯全集》第三十卷，人民出版社 1995 年版，第 107 页。

④ 《马克思恩格斯全集》第三十卷，人民出版社 1995 年版，第 107 页。

⑤ 《马克思恩格斯文集》第二卷，人民出版社 2009 年版，第 579 页。

⑥ 《马克思恩格斯文集》第八卷，人民出版社 2009 年版，第 341 页。

⑦ 《马克思恩格斯文集》第三卷，人民出版社 2009 年版，第 602 页。

涵盖科学技术、经济运行、经济体制及经济制度等各方面的创新。习近平指出："实施创新驱动发展战略，最根本的是要增强自主创新能力，最紧迫的是要破除体制机制障碍，最大限度解放和激发科技作为第一生产力所蕴藏的巨大潜能。面向未来，增强自主创新能力，最重要的就是要坚定不移走中国特色自主创新道路，坚持自主创新、重点跨越、支撑发展、引领未来的方针，加快创新型国家建设步伐。"① 创新发展理念彰显了马克思主义政治经济学关于创新思想的深刻内涵，展示了当代中国马克思主义政治经济学关于创新理念的新境界。

在马克思恩格斯的经济思想中，经济运行和经济关系的协调，在根本上就是通过人类自身社会性的实践和交往方式，合理改变人与物和人与人之间的关系，使物质财富和对生产资料的占有不再是使人和人类社会"异化"的物质力量，而成为每个人自由而全面发展的现实条件。在《资本论》中，马克思在"自由人联合体"的阐释中提出，社会对资源的分配方式"会随着社会生产有机体本身的特殊方式和随着生产者的相应的历史发展程度而改变"，社会对社会经济过程的协调功能显著增长，人与自然的物质变换过程也真正成为人与自然"调节"发展的"自觉"的过程。② 在《资本论》中，马克思还对社会化大生产条件下社会生产的部门和部类之间的协调发展理论作出系统分析。

习近平在谈到协调发展理念时提出，"坚持协调发展、着力形成平衡发展结构，从推动区域协调发展、推动城乡协调发展、推动物质文明和精神文明协调发展、推动经济建设和国防建设融合发展四个方面展开"③。这是对马克思主义政治经济学关于协调经济社会发展思想的赓续，从多方面提升了中国特色社会主义经济学关于协调理念的视界。

绿色发展在根本上就是人与自然之间物质变换中的和谐协调问题，是事关人类社会发展的基本问题。从自然的和物质的层面上看，发展意味着更有效地利用自然物质资源，不断改善人类生存的自然物质环境，使之符合人类的物质和精神需要，也就是自然的人化的过程和结果。马克思指出："自然界，就它自身不是人的身体而言，是人的无机的身体。人靠自然界生活。这就是说，自然界是人为了不致死亡而必须与之处于持续不断的交互作用过程的、人的身体。所谓人的肉体生活和精神生活同自然界相联系，不外是说自然界同自身相联系，因为人是自然界的一部分。"④ 马克思认为，自然界提供了人类劳动与生存的物质对象，没有自然界，人的现实生活就失去了存在和发展的基础；人对自然界索取同人对自然界的回馈之间的协调，体现在社会生产力的发展水平上，"整个所谓世界历史不外是人通过人的劳动而诞生的过程，是自然界对人来说的生成过程"⑤；与此同时，一定形式的社会劳动过程，总是"制造使用价值的有目的的活动，是为了人类的需要而对自然物的占有，是人和自然之间的物质变换的一般条件，是人类生活的永恒的自然条件，因此，它不以人类生活的任何形式为转移，倒不如说，它为人类生活的一切社会形式所共

① 《十八大以来重要文献选编》中，中央文献出版社 2016 年版，第 21 页。
② 《马克思恩格斯文集》第五卷，人民出版社 2009 年版，第 96 页。
③ 《十八大以来重要文献选编》中，中央文献出版社 2016 年版，第 776 页。
④ 《马克思恩格斯文集》第一卷，人民出版社 2009 年版，第 161 页。
⑤ 《马克思恩格斯文集》第一卷，人民出版社 2009 年版，第 196 页。

有"①。

在马克思看来，这种"一切社会形式所共有"的人与自然的物质变化形式，在不同的经济社会形态中有着不同的实现形式。在资本主义生产方式的历史演进中，曾经有过以牺牲生态而谋取资本利润的惨痛教训，马克思提到，"资本主义农业的任何进步，都不仅是掠夺劳动者的技巧的进步，而且是掠夺土地的技巧的进步"②。恩格斯更是在回溯人类久远的历史过程时指出，"我们每走一步都要记住：我们决不像征服者统治异族人那样支配自然界，决不像站在自然界之外的人似的去支配自然界——相反，我们连同我们的肉、血和头脑都是属于自然界和存在于自然界之中的；我们对自然界的整个支配作用，就在于我们比其他一切生物强，能够认识和正确运用自然规律"③。

习近平指出，"要构筑尊崇自然、绿色发展的生态体系。人类可以利用自然、改造自然，但归根结底是自然的一部分，必须呵护自然，不能凌驾于自然之上。我们要解决好工业文明带来的矛盾，以人与自然和谐相处为目标，实现世界的可持续发展和人的全面发展"④。绿色作为中国发展理念的内涵，是对世纪之交中国生态文明建设实践经验的总结和理论探索的凝练，奠定了当代中国马克思主义政治经济学生态经济理论的坚实基础。

马克思在《资本论》中提到，"一般说来，世界市场是资本主义生产方式的基础和生活环境。但资本主义生产的这些比较具体的形式，只有在理解了资本的一般性质以后，才能得到全面的说明；不过这样的说明不在本书计划之内，而属于本书一个可能的续篇的内容"⑤。因此，在马克思主义政治经济学体系中，《资本论》在对"资本一般"的探索中，诸如国际贸易、国际经济关系还不是直接的叙述对象。开放发展理念，是对马克思预言的《资本论》"可能的续篇"中论述的国际经济关系和世界市场理论的新的拓展。在对国际经济关系的基本判断中，习近平认为："经济全球化、社会信息化极大解放和发展了社会生产力，既创造了前所未有的发展机遇，也带来了需要认真对待的新威胁新挑战。"⑥ 中国开放发展的基本理念是："在经济全球化时代，各国要打开大门搞建设，促进生产要素在全球范围更加自由便捷地流动。各国要共同维护多边贸易体制，构建开放型经济，实现共商、共建、共享。要尊重彼此的发展选择，相互借鉴发展经验，让不同发展道路交汇在成功的彼岸，让发展成果为各国人民共享。"⑦ 开放理念强调开创对外开放新格局，丰富对外开放内涵，提高对外开放水平，形成深度融合的互利合作的开放新格局等观点，是对中国改革开放理论的新的概括，也是当代中国马克思主义政治经济学关于国际经济关系和经济全球化理论的跃升。

共享理念，强调共建与共享相统一，注重机会公平，保障基本民生，实现全体人民共同迈入全面小康社会等观点，是对马克思主义经典作家关于社会主义生产目的和社会主义

---

① 《马克思恩格斯文集》第五卷，人民出版社 2009 年版，第 215 页。
② 《马克思恩格斯文集》第五卷，人民出版社 2009 年版，第 579 页。
③ 《马克思恩格斯文集》第九卷，人民出版社 2009 年版，第 560 页。
④ 《十八大以来重要文献选编》中，中央文献出版社 2016 年版，第 697 页。
⑤ 《马克思恩格斯文集》第七卷，人民出版社 2009 年版，第 126 页。
⑥ 《十八大以来重要文献选编》中，中央文献出版社 2016 年版，第 695 页。
⑦ 习近平：《论坚持推动构建人类命运共同体》，中央文献出版社 2018 年版，第 248 页。

基本经济规律理论、人的自由而全面发展思想的继承，是对马克思主义政治经济学理论视野的重要拓展。

四、　中国特色"系统化的经济学说"的新成就和新境界

"要有强烈的问题意识，以重大问题为导向，抓住关键问题进一步研究思考，着力推动解决我国发展面临的一系列突出矛盾和问题"①，这是党的十八届三中全会上习近平就《中共中央关于全面深化改革若干重大问题的决定》说明时，提出的关于问题意识的重要观点。2015年新年来临之际，习近平再次提到："问题是时代的声音，人心是最大的政治。推进党和国家各项工作，必须坚持问题导向，倾听人民呼声。"② 坚持问题导向，聚焦突出问题和明显短板，回应人民群众诉求和期盼，是提出新发展理念的基本方法，也是新发展理念的基本立场。

"要直接奔着当下的问题去，体现出鲜明的问题导向，以发展理念转变引领发展方式转变，以发展方式转变推动发展质量和效益提升，为'十三五'时期我国经济社会发展指好道、领好航。"③ 新发展理念的问题导向主要就在于：发展方式粗放，创新能力不强，部分行业产能过剩严重，在新一轮科技革命的机遇面前，如何将我国经济发展的优势资源集聚到重点领域，力求在关键核心技术上实现突破，力求在国家创新战略上实现突破，实现社会生产力的全面跃升；在社会主义基本制度与市场经济的结合上，如何继续使市场在资源配置中起决定性作用和更好发挥政府作用这两方面优势更加彰显；在实现全面建成小康社会的决胜冲刺中，基本公共服务供给不足，如何准确定位人民群众普遍关心的就业、教育、社保、住房、医疗等民生指标，使广大人民群众最大限度地共享经济社会发展的成果；在经济社会可持续发展中，如何使生态文明的绿色指标得到切实落实和实现，使人民群众的健康水平和环境质量的提高落到实处、见到实效；在经济社会的全面发展中，城乡区域发展不平衡，如何增强不同地区发展的协调性，特别是促进中西部地区的协同发展，形成经济社会发展的合理格局；在继续实施对外开放的基本国策中，如何着力提高全面开放型经济新格局，以开放的最大优势谋求中国经济社会的更大发展空间；在实现共同富裕的过程中，如何健全有利于促进社会公平的分配体制和机制，缩小收入差距，明确精准扶贫、精准脱贫的政策举措，把更多公共资源用于完善社会保障体系；等等。

新发展理念不仅坚持问题导向，而且在"问题倒逼"中形成互为一体、协同发力的总体发展理念。党的十八届五中全会指出："坚持创新发展、协调发展、绿色发展、开放发展、共享发展，是关系我国发展全局的一场深刻变革。"④

在新发展理念的五个方面，创新是引领发展的第一动力。习近平指出："一定要牢牢抓住发展这个党执政兴国的第一要务不动摇，在推动产业优化升级上下功夫，在提高创新

---

① 《习近平著作选读》第一卷，人民出版社2023年版，第161页。
② 《习近平关于协调推进"四个全面"战略布局论述摘编》，中央文献出版社2015年版，第157页。
③ 《征求对中共中央关于制定国民经济和社会发展第十三个五年规划的建议的意见》，《人民日报》2015年10月31日。
④ 《十八大以来重要文献选编》中，中央文献出版社2016年版，第793页。

能力上下功夫，在加快基础设施建设上下功夫，在深化改革开放上下功夫，扎扎实实走出一条创新驱动发展的路子来。"[1] 在国际发展竞争日趋激烈和我国发展动力转换的形势下，发展的基点就在于创新，特别是在深入实施创新驱动发展战略中，要拓宽视野、开阔创新领域，要"推动科技创新、产业创新、企业创新、市场创新、产品创新、业态创新、管理创新等，加快形成以创新为主要引领和支撑的经济体系和发展模式"[2]。习近平指出，"抓创新就是抓发展，谋创新就是谋未来。不创新就要落后，创新慢了也要落后。要激发调动全社会的创新激情，持续发力，加快形成以创新为主要引领和支撑的经济体系和发展模式。要积极营造有利于创新的政策环境和制度环境"[3]。创新的主体在于人才，"人才是创新的根基，创新驱动实质上是人才驱动，谁拥有一流的创新人才，谁就拥有了科技创新的优势和主导权"[4]。在推进创新发展科技驱动上，要发挥科技创新的引领作用，加强基础研究，强化原始创新、集成创新和引进消化吸收再创新，开展基础性前沿性创新研究，重视颠覆性技术创新。

在新发展理念的五个方面，协调是持续健康发展的内在要求。协调在于把握中国特色社会主义事业总体布局，正确处理发展中的重大关系，重点促进城乡区域协调发展，促进经济社会协调发展，促进新型工业化、信息化、城镇化、农业现代化同步发展，在增强国家硬实力的同时注重提升国家软实力，不断增强发展整体性。要把握协调创新的辩证关系，如习近平指出的，"要采取有力措施促进区域协调发展、城乡协调发展，加快欠发达地区发展，积极推进城乡发展一体化和城乡基本公共服务均等化"[5]。坚持工业反哺农业、城市支持农村，健全城乡发展一体化体制机制，推进城乡要素平等交换、合理配置和基本公共服务均等化。还要注重推动物质文明和精神文明协调发展，推动经济建设和国防建设融合发展。

在新发展理念的五个方面，绿色是永续发展的必要条件。习近平认为："环境就是民生，青山就是美丽，蓝天也是幸福。要像保护眼睛一样保护生态环境，像对待生命一样对待生态环境。对破坏生态环境的行为，不能手软，不能下不为例。"[6] 绿色是人民对美好生活追求的重要体现，要坚持节约资源和保护环境的基本国策，坚持可持续发展，坚定走生产发展、生活富裕、生态良好的文明发展道路，加快建设资源节约型、环境友好型社会，形成人与自然和谐发展的现代化建设新格局，推进美丽中国建设，为全球生态安全作出新贡献。"要科学布局生产空间、生活空间、生态空间，扎实推进生态环境保护，让良好生态环境成为人民生活质量的增长点，成为展现我国良好形象的发力点。"[7] 坚持保护优先、自然恢复为主，实施山水林田湖生态保护和修复工程，构建生态廊道和生物多样性保护网络，全面提升森林、河湖、湿地、草原、海洋等自然生态系统的稳定性和生态服务

---

① 《坚决打好扶贫开发攻坚战　加快民族地区经济社会发展》，《人民日报》2015 年 1 月 22 日。
② 《习近平关于社会主义经济建设论述摘编》，中央文献出版社 2017 年版，第 144 页。
③ 《习近平关于科技创新论述摘编》，中央文献出版社 2016 年版，第 70—71 页。
④ 《习近平关于科技创新论述摘编》，中央文献出版社 2016 年版，第 122 页。
⑤ 《习近平关于社会主义生态文明建设论述摘编》，中央文献出版社 2017 年版，第 27 页。
⑥ 习近平：《论坚持人与自然和谐共生》，中央文献出版社 2022 年版，第 87—88 页。
⑦ 《习近平关于社会主义生态文明建设论述摘编》，中央文献出版社 2017 年版，第 27 页。

功能。

在新发展理念的五个方面，开放是国家繁荣发展的必由之路。开放在于顺应我国经济深度融入世界经济的趋势，奉行互利共赢的开放战略，坚持内外需协调、进出口平衡、引进来和走出去并重、引资和引技引智并举，发展更高层次的开放型经济，积极参与全球经济治理和公共产品供给，提高我国在全球经济治理中的制度性话语权，构建广泛的利益共同体。2015 年 3 月，习近平在参加十二届全国人大三次会议上海代表团审议时指出："上海自由贸易试验区范围扩大后，各项改革创新举措将在更大范围、更广领域先行先试，这就需要加强整体谋划、系统创新。要加快转变政府职能，解决好政府管理体制问题，按照自由贸易试验区规则办事，明确政府到底该做什么，哪些领域要放开，哪些领域应该有更大作为，把政府和市场的关系处理好。要发挥好试验区辐射带动作用，抓紧复制和推广试验区改革成果，扩大辐射和溢出效应，使制度创新成为推动发展的强大动力。"① 要从制度和规则层面进行改革，推进包括放宽市场投资准入、加快自由贸易区建设、扩大内陆沿边开放等在内的体制机制改革，着力营造法治化、国际化的营商环境，促进全球经济平衡、金融安全、经济稳定增长，加快培育竞争新优势。扩大对外开放要同实施"一带一路"等国家重大倡议紧密衔接起来，同国内改革发展衔接起来。

在新发展理念的五个方面，共享是中国特色社会主义的本质要求。共享在于坚持发展为了人民、发展依靠人民、发展成果由人民共享，作出更有效的制度安排，使全体人民在共建共享发展中有更多获得感，增强发展动力，增进人民团结，朝着共同富裕方向稳步前进。"社会建设要以共建共享为基本原则，在体制机制、制度政策上系统谋划，从保障和改善民生做起，坚持群众想什么、我们就干什么，既尽力而为又量力而行，多一些雪中送炭，使各项工作都做到愿望和效果相统一。"② 要坚持经济发展以保障和改善民生为出发点和落脚点，全面解决好人民群众关心的教育、就业、收入、社保、医疗卫生、食品安全等问题，让改革发展成果更多、更公平、更实在地惠及广大人民群众。要按照精准扶贫、精准脱贫要求，确保在既定时间节点打赢扶贫开发攻坚战。习近平强调："广大人民群众共享改革发展成果，是社会主义的本质要求，是我们党坚持全心全意为人民服务根本宗旨的重要体现。我们追求的发展是造福人民的发展，我们追求的富裕是全体人民共同富裕。改革发展搞得成功不成功，最终的判断标准是人民是不是共同享受到了改革发展成果。"③

新发展理念集发展方向、发展目标、发展方式、发展动力、发展路径等为一体，是改革开放以来我国发展经验的深刻总结，是对"实现什么样的发展、怎样发展"问题的新的回答。习近平指出："针对我国经济发展环境、条件、任务、要求等方面发生的新变化，党的十八届五中全会提出要树立和坚持创新、协调、绿色、开放、共享的发展理念。这五大发展理念，是在深刻总结国内外发展经验教训、深入分析国内外发展大势的基础上提出来的，集中反映了我们党对我国经济发展规律的新认识，同马克思主义政治经济学的许多观点是相通的。"④ 同时，"这五大发展理念也是对我们在推动经济发展中获得的感性认识

① 《习近平关于社会主义政治建设论述摘编》，中央文献出版社 2017 年版，第 118 页。
② 《习近平关于社会主义社会建设论述摘编》，中央文献出版社 2017 年版，第 130 页。
③ 《习近平关于社会主义社会建设论述摘编》，中央文献出版社 2017 年版，第 34—35 页。
④ 《十八大以来重要文献选编》下，中央文献出版社 2018 年版，第 4 页。

的升华，是对我们推动经济发展实践的理论总结。我们要坚持用新的发展理念来引领和推动我国经济发展，不断破解经济发展难题，开创经济发展新局面。"① 习近平对新发展理念的系列论述，不仅是"十三五"时期而且也是更长时期对我国发展思想的深刻阐释，反映着我们党对中国特色社会主义经济社会发展规律的新的认识，体现了当代中国马克思主义政治经济学的新的理论贡献。

五、 新发展理念的主导性意蕴

"坚定不移贯彻新发展理念"，是习近平在党的十九大作出的重要论断。这一论断是对党的十八大以来中国特色社会主义取得新成就的科学概括，也是谋划和推进党和国家事业新发展的战略判断。"坚定不移贯彻新发展理念"，凝结了习近平新时代中国特色社会主义思想的理论智慧，深刻体现了习近平治国理政新理念新思想新战略的根本要义，也是对事关发展这一时代性课题作出的"中国方案"，彰显了当代马克思主义创新的"中国境界"，昭示着"中国智慧"的实践指导和思想力量。

一是对事关发展这一时代性课题回答的"中国方案"。实现什么样的发展和如何发展，不仅是中国特色社会主义建设的重大问题，而且也是当今世界面临的重大的时代性课题。特别是许多发展中国家，由于困于所谓的"中等收入陷阱"，难以摆脱传统增长模式的"窠臼"，因此探寻新的发展理念和发展道路成为迫切课题。

总结历史探索的成就，把握现实发展的要求，党的十八大以来，以习近平同志为核心的党中央从治国理政高度，从全面建成小康社会的高度，对发展问题作出多方面理论上的新阐释和实践上的新探索。回顾党的十八大以来历次中央经济工作会议的议题，可以看到习近平对新发展理念探索的思想过程和理论轨迹，可以看到新发展理念是以习近平同志为核心的党中央国是衡论的中心议题。在党的十九大上，习近平在概括十八大以来经济建设重大成就时，强调了"坚定不移贯彻新发展理念，坚决端正发展观念、转变发展方式，发展质量和效益不断提升"② 的重要意义。这也是对新发展理念在新时代中国特色政治经济学主题上的深刻阐释。特别是面对社会主要矛盾中"发展不平衡不充分的一些突出问题尚未解决，发展质量和效益还不高，创新能力不够强，实体经济水平有待提高，生态环境保护任重道远"③ 等的困难和挑战，新发展理念成为处理和解决好社会主要矛盾的根本指南。

在对习近平新时代中国特色社会主义思想基本方略的阐释中，习近平强调了坚持新发展理念的重大意义，提出"发展是解决我国一切问题的基础和关键"的新要求，从"基础和关键"的整体意义上，强调了新发展理念的枢纽作用。"基础和关键"旨在强调"发展必须是科学发展，必须坚定不移贯彻创新、协调、绿色、开放、共享的发展理念"④。

---

① 《十八大以来重要文献选编》下，中央文献出版社 2018 年版，第 4 页。
② 《习近平著作选读》第二卷，人民出版社 2023 年版，第 2—3 页。
③ 《习近平著作选读》第二卷，人民出版社 2023 年版，第 8 页。
④ 《习近平著作选读》第二卷，人民出版社 2023 年版，第 18 页。

在社会主要矛盾的新的变化中，坚持新发展理念的基本方略，就突出体现于"坚持和完善我国社会主义基本经济制度和分配制度，毫不动摇巩固和发展公有制经济，毫不动摇鼓励、支持、引导非公有制经济发展"；突出体现于"使市场在资源配置中起决定性作用，更好发挥政府作用"；突出体现于"推动新型工业化、信息化、城镇化、农业现代化同步发展"；突出体现于"主动参与和推动经济全球化进程，发展更高层次的开放型经济"等四个方面，坚持新发展理念，"不断壮大我国经济实力和综合国力"，是全面建成社会主义现代化强国的基本方略，也是处理和解决好社会主要矛盾的根本要求和现实基础。[①]

在庆祝改革开放 40 周年大会的讲话中，习近平在对改革开放宝贵经验的阐释中提出，"必须坚持以发展为第一要务，不断增强我国综合国力"[②]；在对改革开放 40 年的实践启示的阐释时，习近平强调："只有牢牢扭住经济建设这个中心，毫不动摇坚持发展是硬道理、发展应该是科学发展和高质量发展的战略思想，推动经济社会持续健康发展，才能全面增强我国经济实力、科技实力、国防实力、综合国力，才能为坚持和发展中国特色社会主义、实现中华民族伟大复兴奠定雄厚物质基础。"[③]

二是彰显当代马克思主义创新的"中国境界"。新发展理念是习近平经济思想的重要内涵，也是马克思主义中国化时代化的新成果。新发展理念的"管全局、管根本、管方向、管长远"的总体性特征，在发展指向、方法要义、实践指南和思想影响等方面昭示着当代马克思主义创新的"中国境界"。

新发展理念的总体性特征，首先体现于发展理念各个方面内涵和指向的相辅相成、相得益彰的关系中。在新发展理念中，创新是引领发展的"第一动力"，协调是持续健康发展的"内在要求"，绿色是永续发展的"必要条件"和人民对美好生活追求的"重要体现"，开放是国家繁荣发展的"必由之路"，共享是中国特色社会主义的"本质要求"。发展的"第一动力""内在要求""必要条件""必由之路"和"本质要求"这五个方面，紧密相连、相互着力，既各有侧重又相互支撑，形成一个"崇尚创新、注重协调、倡导绿色、厚植开放、推进共享"的有机整体。

新发展理念的总体性特征，其次体现于它的作用过程的绩效评价中。以新发展理念为"先导"、为"指导"的过程，也就是国家经济社会发展的整体过程。新发展理念的绩效评价，其一在于绩效评价的整体性，其中突出的就是注重我国经济社会在"更高质量、更有效率、更加公平、更可持续"上整体发展绩效的评价；其二在发展方向上是否形成引领我国经济持续健康发展的一套政策框架，即在国家治理结构和体制创新上的绩效评价。新发展理念的绩效评价，不是简单地以单纯的社会财富和经济增长为标尺，而是以经济社会的全面、协调、持续进步为标尺，是以不断地满足人民群众日益增长的物质文化需要为主要标尺的，是以促进社会全面进步与推动人的全面发展为根本尺度的。

新发展理念的总体性特征，最后体现于它对发展这一重大课题的探讨，不仅具有中国意义而且具有深远的世界意义，是对人类社会发展规律探讨的重要内容。新发展理念的提出包含着对全球经济增长和发展得失成败经验教训的探究，特别是对所谓"中等收入陷

---

① 《习近平著作选读》第二卷，人民出版社 2023 年版，第 18 页。
② 《习近平著作选读》第二卷，人民出版社 2023 年版，第 227 页。
③ 《习近平谈治国理政》第三卷，外文出版社 2020 年版，第 186 页。

阱"种种增长和发展困境的探究。新发展理念提出的关于发展战略、发展思路、发展方向、发展步骤、发展着力点和发展绩效等的一系列理论观点和实践指导，对发展中国家跨越所谓"中等收入陷阱"有重要启示。新发展理念作出的具有世界意义的贡献，彰显了当代马克思主义创新的"中国境界"。

三是决战决胜全面建成小康社会的"中国智慧"。习近平指出，"在继续推动经济发展的同时，更好解决我国社会出现的各种问题，更好实现各项事业全面发展，更好发展中国特色社会主义事业，更好推动人的全面发展、社会全面进步"①。习近平对从"经济发展"到"各项事业全面发展"，到"更好发展中国特色社会主义事业"，再到"人的全面发展"，这一以"发展"为关键词的阐释，集中体现了新发展理念在中国特色社会主义发展新阶段的"先导"和"指导"作用，彰显了新的历史条件下"坚定不移贯彻新发展理念"的新的内涵和重要意义。

"坚定不移贯彻新发展理念"，要坚持把发展过程融入"五位一体"总体布局，要坚持把发展指向瞄准在实现社会主义现代化和中华民族伟大复兴的总任务上，还要坚持把发展根基定位在社会主义初级阶段的总依据上。社会主义初级阶段是当代中国的最大国情、最大实际，是新发展理念发挥好"先导"和"指导"作用的主要根据和基本依据。

在"坚定不移贯彻新发展理念"上，坚持以社会主义初级阶段为依据根本上就是要以社会主义初级阶段"不断变化的特点"为依据。从坚持以人民为中心的发展思想来看，新发展理念所面对的"不断变化的特点"，就在于人民对美好生活的向往更加强烈，人民群众的需要呈现多样化多层次多方面的特点，人民期盼有更好的教育、更稳定的工作、更满意的收入、更可靠的社会保障、更高水平的医疗卫生服务、更舒适的居住条件、更优美的环境、更丰富的精神文化生活。"坚定不移贯彻新发展理念"就是要在这一"不断变化的特点"上彰显"中国智慧"。

新发展理念是主导，建设现代化经济体系是处理和解决好社会主要矛盾的根本要求。我国经济已由高速增长阶段转向高质量发展阶段，正处在转变发展方式、优化经济结构、转换增长动力的攻关期，建设现代化经济体系是跨越关口的迫切要求和战略目标。现代化经济体系建设要坚持供给侧结构性改革，适度扩大总需求，大力推进科技创新和体制创新，实现新时代中国经济建设和发展的新道路和新形式。建设现代化经济体系，是新时代中国特色政治经济学主题的中心论题。

供给侧结构性改革是基于国际经济和中国经济发展诸多矛盾叠加、各种风险环生和多重挑战陡增的形势下作出的战略性决策，是经济发展新常态下我国宏观经济管理确立的战略思路。供给和需求作为市场经济内在关系的两个基本方面，是既相对立又相统一的辩证关系。新发展理念以对这一辩证关系的把握为主导，不仅从供给端发力，促进产业优化重组、降低企业成本、发展战略性新兴产业和现代服务业以及增加公共产品和服务供给，也在需求端着力，促进对过剩产能和库存的有效化解，在适度扩大总需求的同时，反作用于供给侧结构性改革。供给侧结构性改革强化"抓重点、补短板、强弱项"，发挥新发展理念的总体性特征，既发力于供给的结构性改革又着力于需求的结构性调整，既重视发挥市

---

① 《习近平谈治国理政》第二卷，外文出版社 2017 年版，第 62 页。

场在资源配置中的决定性作用又强调更好发挥政府作用，既突出发展社会生产力又注重完善社会生产关系。新发展理念以供给侧结构性改革为关键着力点，必将激发中国经济发展的内生动力和盎然生机。

"坚定不移贯彻新发展理念"，要以防范化解重大风险、精准脱贫、污染防治三大攻坚战为发力点。要坚决防范化解重大风险，防止发生系统性金融风险，完善金融安全防线和风险应急处置机制；要着力于解决深度贫困问题，聚焦精准发力、攻克坚中之坚；要打好污染防治的攻坚战，牢固树立生态红线的观念，正确处理好经济发展同生态环境保护的关系。"坚定不移贯彻新发展理念"要在打胜三大攻坚战中，推动经济社会持续健康发展，使全面建成小康社会能得到人民认可、能经得起历史检验，尽显新发展理念的"中国智慧"。

在总体意义上，习近平从新发展理念作为"系统的理论体系"上指出，新发展理念"回答了关于发展的目的、动力、方式、路径等一系列理论和实践问题，阐明了我们党关于发展的政治立场、价值导向、发展模式、发展道路等重大政治问题"[1]。在进一步完整、准确、全面贯彻新发展理念中，要从三方面深刻把握新发展理念的要义。

第一，从根本宗旨上把握新发展理念。习近平指出："为人民谋幸福、为民族谋复兴，这既是我们党领导现代化建设的出发点和落脚点，也是新发展理念的'根'和'魂'。"[2]只有坚持以人民为中心的发展思想，坚持发展为了人民、发展依靠人民、发展成果由人民共享，才会有正确的发展观、现代化观。

第二，从问题导向上把握新发展理念。我国发展已经站在新的历史起点上，要根据新发展阶段的新要求，坚持问题导向，更加精准地贯彻新发展理念，切实解决好发展不平衡不充分的问题。习近平强调："进入新发展阶段，对新发展理念的理解要不断深化，举措要更加精准务实，真正实现高质量发展。"[3]

第三，从忧患意识上把握新发展理念。随着我国社会主要矛盾变化和国际力量对比深刻调整，我国发展面临的内外部风险空前上升，必须增强忧患意识、坚持底线思维，随时准备应对更加复杂困难的局面。

思考题

1. 怎样理解新发展理念对马克思主义政治经济学发展理论的创新？

2. 为什么说坚持创新发展、协调发展、绿色发展、开放发展、共享发展，是关系我国发展全局的一场深刻变革？

3. 如何贯彻坚持用新发展理念引领和推动我国经济发展，不断破解经济发展难题，开创经济发展新局面的根本要求？

[1] 《习近平著作选读》第二卷，人民出版社 2023 年版，第 406 页。
[2] 《习近平著作选读》第二卷，人民出版社 2023 年版，第 407 页。
[3] 《习近平著作选读》第二卷，人民出版社 2023 年版，第 408 页。

第五章

决战决胜全面建成小康社会

学习要点：

- 习近平经济思想对推进全面建成小康社会战略构思和战略部署的创新性理论；
- 全面建成小康社会是第一个一百年的战略目标，也是实现中华民族伟大复兴中国梦的关键一步；
- 打赢脱贫攻坚战是全面建成小康社会的底线任务和根本标识。

2015 年 10 月，党的十八届五中全会通过的《中共中央关于制定国民经济和社会发展第十三个五年规划的建议》，是"十三五"时期经济社会发展的行动指南，是我们决战决胜全面建成小康社会的纲领性文件。这一纲领性文件所深含的底蕴和底气，在于新中国成立以来特别是改革开放以来社会主义现代化建设打下的坚实基础，在于新时期中国特色小康社会建设和发展实际进程中不懈探索的辉煌成就。这一纲领性文件之所以能够激发决战决胜的信心和信念，在于党的十八大以来以习近平同志为主要代表的中国共产党人，全面建成小康社会战略构思和战略部署的坚定实施。

2021 年 7 月，在庆祝中国共产党成立 100 周年大会的讲话中，习近平代表党和人民庄严宣告："经过全党全国各族人民持续奋斗，我们实现了第一个百年奋斗目标，在中华大地上全面建成了小康社会，历史性地解决了绝对贫困问题，正在意气风发向着全面建成社会主义现代化强国的第二个百年奋斗目标迈进。这是中华民族的伟大光荣！这是中国人民的伟大光荣！这是中国共产党的伟大光荣！"[1] 习近平经济思想是决战决胜全面建成小康社会进程中的理论指导和实践指南；同时，习近平经济思想也在这一进程中得到多方面丰富和发展。

一、 走向全面建成小康社会的历程回顾

"小康社会"是邓小平在 20 世纪 70 年代末和 80 年代初对中国经济社会发展探索的重要思想，与"中国式的现代化道路""三步走"发展等探索相连接，是中国共产党治国理政的理念和战略，也是全面建成小康社会理论和实践的思想源头。1984 年 3 月，邓小平就提出"翻两番，国民生产总值人均达到八百美元，就是到本世纪末在中国建立一个小康社会"[2] 的思想，这里讲的"小康社会"就是"中国式的现代化道路"的阶段性目标和成果。邓小平指出："翻两番、小康社会、中国式的现代化，这些都是我们的新概念。"[3] 这些具有中国话语特色的"新概念"，是以"中国式的现代化道路"为基本内涵的；"小康社会"作为中国到 20 世纪末的发展目标，以中国经济的一定发展速度和人民生活水平的一定提高为主要手段和目的，"翻两番""国民生产总值人均达到八百美元"是其主要指标。

---

① 《习近平著作选读》第二卷，人民出版社 2023 年版，第 476 页。
② 《邓小平文选》第三卷，人民出版社 1993 年版，第 54 页。
③ 《邓小平文选》第三卷，人民出版社 1993 年版，第 54 页。

在 1984 年之前的五年间，邓小平多次使用"小康之家""小康的状态""小康水平""小康的国家"等用语，表达他对"我们要实现的四个现代化""中国式的现代化"的意蕴。"小康"一词最早出自《诗经·大雅·民劳》中的"民亦劳止，汔可小康"。千百年来，"小康"或"小康之家"成为中国老百姓对殷实、宽裕生活的向往和追求的表达。邓小平立足现实国情，反思历史经验，将"中国式的现代化道路"的宏伟事业，同"小康"这一富有中华传统文化而又包含着全新的时代意蕴的话语结合在一起，将中华民族伟大复兴的夙愿同亿万人民群众对美好生活的追求融为一体，形成了较为系统的"小康社会"思想，这无疑是邓小平理论中最富有活力而又最具特色的思想菁华，也是全面建成小康社会理论与实践的起端。

自此之后，"小康社会"成为中国共产党治国理政的"新概念"，成为一个"政治目标"。1984 年 10 月，邓小平指出："我们确定了一个政治目标：发展经济，到本世纪末翻两番，国民生产总值按人口平均达到八百美元，人民生活达到小康水平。"[①] 特别要提到的是，这一"政治目标"旋即成为"三步走"战略的根本导向和主要依据。1987 年 4 月，邓小平提出："我们原定的目标是，第一步在八十年代翻一番。以一九八〇年为基数，当时国民生产总值人均只有二百五十美元，翻一番，达到五百美元。第二步是到本世纪末，再翻一番，人均达到一千美元。实现这个目标意味着我们进入小康社会，把贫困的中国变成小康的中国……我们制定的目标更重要的还是第三步，在下世纪用三十到五十年再翻两番，大体上达到人均四千美元。做到这一步，中国就达到中等发达的水平。这是我们的雄心壮志。"[②] 建设"小康社会"，成为中国共产党治国理政的庄严承诺和历史使命。

党的十六大报告提出了 21 世纪开头 20 年建设全面小康社会的奋斗目标。"三步走"既是"小康社会"这一"政治目标"实施的战略构想，也是"小康社会"与社会主义现代化偕行的战略规划。1995 年，我们提前五年实现了"翻两番"的目标，我国国民生产总值达到 5.76 万亿元；到 2000 年国内生产总值超过 8.9 万亿元人民币，人均国内生产总值达到了 848 美元。[③] 从总体上看，"三步走"的前两步已经基本实现。1997 年，江泽民在党的十五大上宣布："现在完全可以有把握地说，我们党在改革开放初期提出的本世纪末达到小康的目标，能够如期实现。在中国这样一个十多亿人口的国度里，进入和建设小康社会，是一件有伟大意义的事情。这将为国家长治久安打下新的基础，为更加有力地推进社会主义现代化创造新的起点。"[④] "进入和建设小康社会"，成为 20 世纪最后 20 年中国社会主义现代化发展的最显著的标识。

党的十五大不失时机地提出"三步走"的新的战略构想，这就是："展望下世纪，我们的目标是，第一个十年实现国民生产总值比二〇〇〇年翻一番，使人民的小康生活更加宽裕，形成比较完善的社会主义市场经济体制；再经过十年的努力，到建党一百周年时，使国民经济更加发展，各项制度更加完善；到世纪中叶建国一百周年时，基本实现现代

---

① 《邓小平文选》第三卷，人民出版社 1993 年版，第 77 页、第 79 页。

② 《邓小平文选》第三卷，人民出版社 1993 年版，第 226 页。

③ 顾海良、吕楠：《热话题与冷思考——全面建成小康社会的理论与实践意义》，《当代世界与社会主义》2020 年第 5 期，第 4—12 页。

④ 《改革开放三十年重要文献选编》下，中央文献出版社 2008 年版，第 918 页。

化，建成富强民主文明的社会主义国家。"① "小康社会"的"政治目标"，与 21 世纪"两个一百年"奋斗目标相连接，接续于社会主义现代化的新的征程之中。

"小康社会"思想在 21 世纪中国特色社会主义的历史进程中，发生着重大影响，这种影响直接体现于党的十六大到十八大工作报告的主题之中：2002 年，党的十六大报告的主题为："全面建设小康社会　开创中国特色社会主义事业新局面"；2007 年，党的十七大报告的主题为："高举中国特色社会主义伟大旗帜　为夺取全面建设小康社会新胜利而奋斗"；2012 年，党的十八大报告的主题为："坚定不移沿着中国特色社会主义道路前进　为全面建成小康社会而奋斗"。从"小康社会"到"全面建设小康社会"，再到"全面建成小康社会"，成为 21 世纪中国特色社会主义发展的主题和主线。

2012 年，胡锦涛在党的十八大提到全面建成小康社会的目标和要求时指出："我们要准确判断重要战略机遇期内涵和条件的变化，全面把握机遇，沉着应对挑战，赢得主动，赢得优势，赢得未来，确保到二〇二〇年实现全面建成小康社会宏伟目标。"② "全面建成小康社会"奋斗目标的提出，是对邓小平"小康社会"思想的重要发展，是中国共产党治国理政理念和战略的升华。

二、　决战决胜全面建成小康社会的理论探索和战略谋划

党的十八大在论及坚持和发展中国特色社会主义时，作出过两个重要的战略性判断：一是提出"综观国际国内大势，我国发展仍处于可以大有作为的重要战略机遇期"的判断；二是提出"发展中国特色社会主义是一项长期的艰巨的历史任务，必须准备进行具有许多新的历史特点的伟大斗争"的判断。③ 显然，这两个战略性判断，是以当代中国和世界发展实际为背景的，是以当今时代变化基本特征为基础的，也是确立决战决胜全面建成小康社会的战略基础。

进入 21 世纪以来，我国经济社会呈现物质基础雄厚、人力资源丰富、市场空间广阔、发展潜力巨大的基本态势。党的十八大之后，在深化改革开放进程中，经济发展方式加快转变，新的增长动力正在孕育形成，经济长期向好的基本面没有改变。但与此同时，我国经济发展不平衡、不协调、不可持续问题仍然突出，特别是发展方式粗放、创新能力不强、产业结构不合理、企业效益下滑等现象没有根本改变；城乡区域发展不平衡、资源约束趋紧、生态环境恶化趋势没有得到根本扭转；基本公共服务供给不足、贫富差距较大、社会舆论引导能力缺乏等状况依然存在；一些党员干部中存在信仰缺失、信念动摇、信心丧失现象；法治建设有待提高，各级政府的依法治理能力和治理水平还不能适应现代化国家建设的要求。在世界多极化、经济全球化、文化多样化、社会信息化深入发展的背景下，和平与发展的时代主题没有变，世界经济在深度调整中曲折复苏，新一轮科技革命和

---

① 《改革开放三十年重要文献选编》下，中央文献出版社 2008 年版，第 891 页。
② 《十八大以来重要文献选编》上，中央文献出版社 2014 年版，第 13 页。
③ 《十八大以来重要文献选编》上，中央文献出版社 2014 年版，第 13 页、第 82 页。

产业变革蓄势待发，全球治理体系深刻变革。与此同时，国际金融危机深层次影响在相当长时期内依然存在，世界经济增长不稳定不确定的因素增多，霸权主义、强权政治和新干涉主义有所上升，地缘政治关系复杂多变，传统安全威胁和非传统安全威胁交织，外部环境不稳定不确定因素增多。

面对决胜全面建成小康社会时期国内和国际经济政治态势和走向的这些变化，提出"我国发展仍处于可以大有作为的重要战略机遇期"的判断，就是要求准确把握这一机遇期的深刻变化，继续集中力量把自己的事情办好，赢得主动，赢得优势，赢得未来；提出"必须准备进行具有许多新的历史特点的伟大斗争"的判断，就是要求在坚持和发展中国特色社会主义新的进程中，时刻准备应对重大挑战、抵御重大风险、克服重大阻力、解决重大矛盾，要以更强烈的历史责任感和使命感，探索治国理政的新情况、新问题和新对策，特别是创新治国理政的理念、思想和战略。在对"必须准备进行具有许多新的历史特点的伟大斗争"这一判断的理解中，习近平指出："在主持起草党的十八大报告时，我就指示要强调'必须准备进行具有许多新的历史特点的伟大斗争'。回过头来看，正是有了这样的思想准备，这些年我们才能从容应对一系列风险考验。无数事实告诉我们，唯有以狭路相逢勇者胜的气概，敢于斗争、善于斗争，我们才能赢得尊严、赢得主动，切实维护国家主权、安全、发展利益。我们这支队伍里不能有胆小鬼，更不能有心怀异心、身在曹营心在汉、同床异梦的人。"[1]

党的十八大在提到治国理政的任务时已经指出，"必须以更大的政治勇气和智慧，不失时机深化重要领域改革，坚决破除一切妨碍科学发展的思想观念和体制机制弊端，构建系统完备、科学规范、运行有效的制度体系，使各方面制度更加成熟更加定型"[2]。党的十八大后不久，习近平强调指出，"中国特色社会主义制度是特色鲜明、富有效率的，但还不是尽善尽美、成熟定型的……要坚持以实践基础上的理论创新推动制度创新，坚持和完善现有制度，从实际出发，及时制定一些新的制度，构建系统完备、科学规范、运行有效的制度体系，使各方面制度更加成熟更加定型，为夺取中国特色社会主义新胜利提供更加有效的制度保障"[3]。增强治国理政的能力和水平，探索治国理政的新理念新思想新战略，成为决战决胜全面建成小康社会的大势，成为以习近平同志为核心的党中央面对的最重要的担当和最崇高的使命。

党的十八大报告首次提出全面建成小康社会。全面建成小康社会，重在全面、难在全面，也成在全面、胜在全面。党的十八大从建成"小康"的全面性上，从经济持续健康发展、人民民主不断扩大、文化软实力显著增强、人民生活水平全面提高和资源节约型、环境友好型社会建设等方面提出了明确发展要求和目标；同时，党的十八大进一步提出"以更大的政治勇气和智慧，不失时机深化重要领域改革，坚决破除一切妨碍科学发展的思想观念和体制机制弊端，构建系统完备、科学规范、运行有效的制度体系，使各方面制度更加成熟更加定型"[4]的新的发展要求和奋斗目标。

① 《习近平关于中国式现代化论述摘编》，中央文献出版社2023年版，第264页。
② 《十八大以来重要文献选编》上，中央文献出版社2014年版，第14页。
③ 《十八大以来重要文献选编》上，中央文献出版社2014年版，第75页、第76页。
④ 《十八大以来重要文献选编》上，中央文献出版社2014年版，第14页。

实现全面建成小康社会的战略目标，成为党的十八大以来以习近平同志为核心的党中央治国理政的"政治目标"和根本课题。党的十八大刚结束，习近平就提出："我们党在不同历史时期，总是根据人民意愿和事业发展需要，提出富有感召力的奋斗目标，团结带领人民为之奋斗。党的十八大根据国内外形势新变化，顺应我国经济社会新发展和广大人民群众新期待，对全面建设小康社会目标进行了充实和完善，提出了更具明确政策导向、更加针对发展难题、更好顺应人民意愿的新要求。"①

如何从坚持和发展中国特色社会主义的高度，在"明确政策导向""针对发展难题"和"顺应人民意愿"上下功夫，成为中国共产党在新时代治国理政的至关重要的问题。在这一过程中，习近平对"小康社会"思想作出了重要发展。

从中华民族伟大复兴的战略全局，推进全面建成小康社会战略目标的实现，是习近平对"小康社会"思想的重要发展。在党的十八大召开后不久，习近平就提出："实现中华民族伟大复兴，就是中华民族近代以来最伟大的梦想。这个梦想，凝聚了几代中国人的夙愿，体现了中华民族和中国人民的整体利益，是每一个中华儿女的共同期盼。"② 他坚信，"到中国共产党成立一百年时全面建成小康社会的目标一定能实现，到新中国成立一百年时建成富强民主文明和谐的社会主义现代化国家的目标一定能实现，中华民族伟大复兴的梦想一定能实现"③。

从世界百年未有之大变局，推进全面建成小康社会战略目标的实现，是习近平对"小康社会"思想的重要发展。进入 21 世纪，西方发达国家经济增长乏力、难以摆脱国际金融危机羁绊，新兴市场国家和发展中国家快速崛起，由少数西方发达国家主导全球治理体系和国际秩序的格局正在发生深刻的变化，和平、发展、合作、共赢成为时代潮流；新一轮科技革命和产业变革中前沿性、颠覆性高新科技勃起，从根本上改变人类的生产方式、生活方式。变局中开新局，成为全面建成小康社会的历史契机。

在历史、现实、未来的结合上，习近平把全面建成小康社会的战略，有机地融于全面建成社会主义现代化强国的新的历史进程之中，深刻地把握"全面建成小康社会是我们现阶段战略目标，也是实现中华民族伟大复兴中国梦关键一步"④。习近平新时代中国特色社会主义思想，在系统回答新时代坚持和发展什么样的中国特色社会主义、怎样坚持和发展中国特色社会主义中，聚焦于实现全面建成小康社会的奋斗目标，谋划于实施全面建成小康社会的战略目标和战略措施。习近平指出："战略问题是一个政党、一个国家的根本性问题。战略上判断得准确，战略上谋划得科学，战略上赢得主动，党和人民事业就大有希望。"⑤ 从全面建成小康社会到基本实现现代化，再到全面建成社会主义现代化强国，是党的十九大对新时代中国特色社会主义发展作出的战略安排。

全面建成小康社会，是新时代中国共产党向全国人民和向历史作出的庄严承诺和历史使命。党的十八大以来，以习近平同志为核心的党中央，统筹推进"五位一体"总体布

---

① 《十八大以来重要文献选编》上，中央文献出版社 2014 年版，第 77—78 页。
② 《十八大以来重要文献选编》上，中央文献出版社 2014 年版，第 84 页。
③ 《十八大以来重要文献选编》上，中央文献出版社 2014 年版，第 84 页。
④ 《习近平关于协调推进"四个全面"战略布局论述摘编》，中央文献出版社 2015 年版，第 19 页。
⑤ 《习近平关于协调推进"四个全面"战略布局论述摘编》，中央文献出版社 2015 年版，第 9 页。

局、协调推进"四个全面"战略布局，紧扣我国社会主要矛盾的变化，提出了全面建成小康社会的新的目标要求。砥砺前行、顽强奋进，在这一奋斗过程中，创新驱动成效显著，发展协调性明显增强，人民生活水平和质量普遍提高，国民素质和社会文明程度显著提高，生态环境质量总体改善，国家治理体系和治理能力现代化取得重大进展，各领域基础性制度体系基本形成等。特别是到 2020 年，我国人均国内生产总值超过 1 万美元，城镇化率超过 60%，中等收入群体超过 4 亿人，人民对美好生活的要求不断提高。① 这些新的目标的实现，与中国特色社会主义现代化偕进，同实现中华民族伟大复兴进程同行。

三、 新时代全面建成小康社会的新要求及其意义

党的十八大以后，中国特色社会主义发展进入新时代；对新时代社会主要矛盾转化的新判断，是在决战决胜全面建成小康社会的过程中作出的。党的十八大以来，认识和把握新时代社会主要矛盾的转化，成为以习近平同志为核心的党中央国是论衡的重要课题。党的十八大刚结束，习近平就代表党中央宣示："我们的人民热爱生活，期盼有更好的教育、更稳定的工作、更满意的收入、更可靠的社会保障、更高水平的医疗卫生服务、更舒适的居住条件、更优美的环境，期盼孩子们能成长得更好、工作得更好、生活得更好。人民对美好生活的向往，就是我们的奋斗目标。人世间的一切幸福都需要靠辛勤的劳动来创造。我们的责任，就是要团结带领全党全国各族人民，继续解放思想，坚持改革开放，不断解放和发展社会生产力，努力解决群众的生产生活困难，坚定不移走共同富裕的道路。"② 习近平明确提出，人民"对美好生活的向往"已经成为新时代"需要"的根本内涵。

2016 年，在庆祝中国共产党成立 95 周年大会的讲话中，习近平从"不忘初心，继续前进"的高度，对"美好生活"的内涵作出新的阐释，指出"带领人民创造幸福生活，是我们党始终不渝的奋斗目标。我们要顺应人民群众对美好生活的向往，坚持以人民为中心的发展思想，以保障和改善民生为重点，发展各项社会事业，加大收入分配调节力度，打赢脱贫攻坚战，保证人民平等参与、平等发展权利，使改革发展成果更多更公平惠及全体人民，朝着实现全体人民共同富裕的目标稳步迈进"。③ 这使得全面建成小康社会的目标要求，更加适合时代发展的要求，更加符合以人民为中心、人民至上的旨意。

与此同时，习近平从新时代"两个大局"的大势上，提出"发展不协调"是我国经济社会发展的长期存在的问题，我们如果"在区域、城乡、经济和社会、物质文明和精神文明、经济建设和国防建设等关系上"，不注意调整关系，不注重发展的整体效能，"一系列社会矛盾会不断加深"。④ 在全面建成小康社会的奋斗目标中，"'小康'讲的是发展水平，'全面'讲的是发展的平衡性、协调性、可持续性。如果到二〇二〇年我们在总量和速度上完成了目标，但发展不平衡、不协调、不可持续问题更加严重，短板更加突出，就

①　罗平汉：《中共百年若干重大事件述实》，《人民出版社》2021 年版，第 393 页。

②　《十八大以来重要文献选编》上，中央文献出版社 2014 年版，第 70 页。

③　《十八大以来重要文献选编》下，中央文献出版社 2018 年版，第 352 页。

④　《十八大以来重要文献选编》中，中央文献出版社 2016 年版，第 825 页。

算不上真正实现了目标，即使最后宣布实现了，也无法得到人民群众和国际社会认可"，因此，"要在坚持以经济建设为中心的同时，全面推进经济建设、政治建设、文化建设、社会建设、生态文明建设，促进现代化建设各个环节、各个方面协调发展，不能长的很长、短的很短"。①

因事而化、因时而进、因势而新。党的十八大以来，中国特色社会主义进入新时代，人民对美好生活的需要日益广泛、不断增长，不仅对物质和文化生活提出了更高要求，而且在民主、法治、公平、正义、安全、环境等方面的要求也在不断拓展和增长。也就是说，这些被概括为"美好生活"的需要，除了由经济建设、文化建设提供的体现物质文明和精神文明发展的需要，还包括由政治建设、社会建设、生态文明建设等方面提供的体现政治文明、社会文明和生态文明发展的各种需要。我国社会生产力水平在总体上尽管有了显著提高，社会生产能力在很多方面进入世界前列，但是相对于人民对"美好生活"的需要来讲，"不平衡""不充分"的发展问题变得愈加突出。"不平衡""不充分"的发展现状，已经成为人民对"美好生活"期盼和追求的主要制约因素。

社会主要矛盾的转化，是关系全局的历史性变化；处理和解决好这一矛盾，涉及新时代中国特色社会主义建设总体布局，成为新时代中国特色社会主义的主要任务，也成为决战决胜全面建成小康社会的关键所在。要紧扣我国社会主要矛盾转化的实际，按照全面建成小康社会的目标要求，统筹推进经济建设、政治建设、文化建设、社会建设、生态文明建设，坚定实施科教兴国战略、人才强国战略、创新驱动发展战略、乡村振兴战略、区域协调发展战略、可持续发展战略、军民融合发展战略，突出抓重点、补短板、强弱项，特别是要坚决打好防范化解重大风险、精准脱贫、污染防治的攻坚战，使全面建成小康社会真正得到人民的认可、真正经得起历史的检验。

从社会主要矛盾转化的视域上看，全面建成小康社会在目标上具有显著的综合性和全面性的特征。其实，"小康社会"在提出之初，就不是以单一的经济增长目标来衡量的，而是涵盖综合性的、全面性的发展指标的。1983年2月，邓小平在江苏、浙江、上海等地视察时就提出，"小康社会"是一个全面发展的概念，是一个集物质文明和精神文明建设，集经济建设、政治建设和文化建设于一体的综合性概念。这次视察归来，他以苏州为例，对他设想的"小康水平"作出六个方面的概述，涵盖了人民的吃穿用问题，住房问题，就业问题，城乡经济社会发展均衡问题，教育及文化、体育和其他公共福利事业发展问题，人们精神面貌变化和社会安全问题等。"小康社会"是对经济、政治、文化和社会的全面协调发展的社会状态的概括，实现"小康社会"的目标，要有全面发展的规划，要有充分而系统的战略举措。

习近平指出："全面建成小康社会，强调的不仅是'小康'，而且更重要的也是更难做到的是'全面'。"②"小康"讲的是发展水平，"全面"讲的是发展的平衡性、协调性、全面性。如果我们在总量和速度上完成了目标，但发展不平衡、不协调、不全面问题却变得突出了，就算不上真正实现了目标。"全面小康"，覆盖的领域要全面，是经济、政治、

① 《十八大以来重要文献选编》中，中央文献出版社2016年版，第830—831页。
② 《十八大以来重要文献选编》中，中央文献出版社2016年版，第830页。

文化、社会、生态文明建设"五位一体"全面进步的小康；覆盖的人口要全面，是惠及全体人民的小康；覆盖的区域要全面，是城乡区域共同发展的小康。

要使"小康"和"全面"同在、"平衡"和"充分"俱得，在决战决胜全面建成小康社会过程中，就要坚定不移地贯彻新发展理念。2015 年，在制定"十三五"规划时，习近平就提出，在新发展理念中，创新是引领发展的第一动力，协调是持续健康发展的内在要求，绿色是永续发展的必要条件和人民对美好生活追求的重要体现，绿色是永续发展的必要条件和人民对美好生活追求的重要体现，开放是国家繁荣发展的必由之路，共享是中国特色社会主义的本质要求，这五个方面紧密相连、相互着力，既各有侧重又相互支撑，形成一个有机整体，从而成为全面建成小康社会中"管全局、管根本、管方向、管长远"[1] 的发展思路。

四、 全面建成小康社会与脱贫攻坚目标任务

全面建成小康社会，在根本上就是要让全体人民都过上幸福安康的美好生活；打赢脱贫攻坚战，涉及广大农村贫困人群能否与全国人民同步地走向"小康社会"的大问题。习近平指出："全面建成小康社会，是我们对全国人民的庄严承诺，必须实现，而且必须全面实现，没有任何讨价还价的余地。不能到了时候我们说还实现不了，再干几年。也不能到了时候我们一边宣布全面建成了小康社会，另一边还有几千万人生活在扶贫标准线以下。如果是那样，必然会影响人民群众对全面建成小康社会的满意度和国际社会对全面建成小康社会的认可度，也必然会影响我们党在人民群众中的威望和我们国家在国际上的形象。"[2] 打赢脱贫攻坚战，无疑是全面建成小康社会的底线任务和根本标识。

"小康不小康，关键看老乡。"[3] 我国脱贫攻坚战牢牢把握社会主义初级阶段的国情，立足于社会主义初级阶段的实际，突出发挥政治优势和制度优势，突出全心全意为人民服务的根本宗旨，突出精准扶贫、精准脱贫基本方略，突出以新发展理念为统领，突出开发式内源式扶贫。

坚持精准扶贫、精准脱贫基本方略，切实做到真扶贫、扶真贫、真脱贫。脱贫攻坚贵在精准、重在精准，成败之举在于精准。习近平不仅提出了"精准扶贫"的总体思路，还系统地提出了"六个精准"的具体工作要求，即要求扶贫对象精准、项目安排精准、资金使用精准、措施到户精准、因村派人精准、脱贫成效精准；同时，他还总结了"五个一批"脱贫路径，即明确发展生产脱贫一批、易地搬迁脱贫一批、生态补偿脱贫一批、发展教育脱贫一批、社会保障兜底一批的路径。

精准扶贫、精准脱贫基本方略在实践中不断成熟定型、丰富发展，推动我国扶贫开发路径由"大水漫灌"向"精准滴灌"转变，扶贫资源使用由多头分散向统筹集中转变，扶贫开发模式由偏重"输血"向注重"造血"转变，帮助贫困地区和贫困群众找到了符

① 《十八大以来重要文献选编》中，中央文献出版社 2016 年版，第 774 页。
② 《习近平关于全面建成小康社会论述摘编》，中央文献出版社 2016 年版，第 154 页。
③ 《十八大以来重要文献选编》中，中央文献出版社 2016 年版，第 438 页。

合自身实际的有效脱贫途径。精准扶贫、精准脱贫基本方略，切实解决了谁来扶、扶持谁、怎么扶、如何退四个问题，成就了我国扶贫开发工作最具特色的理论创新和实践创新。

习近平还提出了坚持"两不愁三保障"的扶贫标准，要确保脱贫成果经得起历史和人民检验。"两不愁三保障"，要求到 2020 年稳定实现农村贫困人口不愁吃、不愁穿，义务教育、基本医疗、住房安全有保障。"两不愁三保障"的扶贫标准，符合我国基本国情和现有承受能力，有利于加快补上贫困地区在义务教育、基本医疗、住房安全和饮水安全等方面的短板，也有利于逐步缩小贫困地区基本公共服务水平与全国平均水平的差距，确保贫困群众与全国人民一道进入全面小康社会。

贫困群众既是脱贫攻坚的对象，更是脱贫致富的主体。在脱贫攻坚中，要坚持把扶贫同扶志扶智结合起来，激发贫困群众发展生产、脱贫致富的主动性，培育贫困群众自力更生的意识和观念，尊重贫困群众的主体地位和首创精神，形成脱贫攻坚的持久的可持续的内生动力。经过全党全国全社会的共同努力，中国贫困人口从 2012 年年底的 9 899 万人减到 2019 年年底的 551 万人，贫困发生率由 10.2% 降至 0.6%，连续 7 年每年减贫 1 000 万人以上，贫困群众吃、穿"两不愁"质量水平明显提升，义务教育、基本医疗、住房安全"三保障"突出问题总体解决，区域性整体贫困基本得到解决，跑好了全面建成小康社会的"最后一公里"。①

五、 全面建成小康社会理论对马克思和恩格斯思想的发展

全面建成小康社会理论，是对马克思和恩格斯提出的"生产将以所有人的富裕为目的"思想的重要发展。社会主义的本质，就在于解放生产力，发展生产力，消灭剥削，消除两极分化，最终达到共同富裕。1891 年，恩格斯在为马克思《雇佣劳动与资本》单行本撰写的"导言"中指出，"一个新的社会制度是可能实现的，在这个制度之下，当代的阶级差别将消失；而且在这个制度之下——也许在经过一个短暂的、有些艰苦的、但无论如何在道义上很有益的过渡时期以后——，通过有计划地利用和进一步发展一切社会成员的现有的巨大生产力，在人人都必须劳动的条件下，人人也都将同等地、愈益丰富地得到生活资料、享受资料、发展和表现一切体力和智力所需的资料。现在工人们正日益坚决地为实现这个新的社会制度而斗争"②。

在恩格斯的这一论述中，可以看到，他设想未来"新的社会制度"的实现中，是有可能"经过一个短暂的、有些艰苦的、但无论如何在道义上很有益的过渡时期"。实际上，中国的社会主义初级阶段就类似于这样的"过渡时期"，准确地说，是这一"过渡时期"的初级阶段。在这一时期，"艰苦"是其中的显著特征之一，但"新的社会制度"在这一时期的优越性也会愈加显著地得到呈现，这就是它能"发展一切社会成员的现有的巨大生

---

① 《在决战决胜脱贫攻坚座谈会上的讲话》，《人民日报》2020 年 3 月 7 日。
② 《马克思恩格斯文集》第一卷，人民出版社 2009 年版，第 709—710 页。

产力"，能"在人人都必须劳动的条件下"，社会得到全面的建设和发展，既有共同的发展即"人人也都将同等地"发展，又有能逐步地"愈益丰富地得到生活资料、享受资料、发展和表现一切体力和智力所需的资料"。从生活资料到享受资料，再到发展资料的过程，体现了对"美好生活"不断地逐步实现的过程。从"小康社会"到"全面建成小康社会"的过程，就是恩格斯这一思想在当代中国的实践和实现。

　　"人的现实关系和观念关系的全面性"的两个"全面性"思想，是马克思关于人的全面发展理论的核心要义，实际上也是马克思理解的"美好生活"的意境。马克思在《1857—1858 年经济学手稿》中认为："个人的全面性不是想象的或设想的全面性，而是他的现实联系和观念联系的全面性。由此而来的是把他自己的历史作为过程来理解，把对自然界的认识（这也作为支配自然界的实践力量而存在着）当作对他自己的现实躯体的认识。发展过程本身被设定为并且被意识到是这个过程的前提。但是，要达到这点，首先必须使生产力的充分发展成为生产条件，不是使一定的生产条件表现为生产力发展的界限。"①两个"全面性"体现在全面建成小康社会的基本目标之中，推进"生产力的充分发展"则成为全面建成小康社会的根本动力。

　　马克思在对未来社会的探索中强调，在实现人的全面发展过程中，生产要为发展丰富的个性创造物质要素，使得"个性无论在生产上和消费上都是全面的"②。个性在生产上的全面性，表现为人在劳动中已形成严格的纪律和普遍的勤劳，人在劳动过程不再从事那种可以让物来替代人从事的劳动，社会将科学地对待自己不断发展和越来越丰富的再生产过程；个性在消费上的全面性，表现为由人需要本身产生的普遍需要得到充分的满足，人的享用、天赋和才能，在社会再生产过程中得到充分的发挥。总之，"人不是在某一种规定性上再生产自己，而是生产出他的全面性；不是力求停留在某种已经变成的东西上，而是处在变易的绝对运动之中"③。马克思对个性的生产和消费的"全面性"的论述，极大地拓展了"美好生活"的思想的和现实的境界，成为全面建成小康社会的重要思想内涵。

　　在马克思的"美好生活"的意境中，"一方面，社会的个人的需要将成为必要劳动时间的尺度，另一方面，社会生产力的发展将如此迅速，以致尽管生产将以所有的人富裕为目的，所有的人的可以自由支配的时间还是会增加"④。在以所有的人的共同富裕为目的的社会中，自由时间的创造和自由时间的支配具有高度的内在统一性。自由时间的创造，将为所有人的全面发展，"腾出了时间和创造了手段"，从而"个人会在艺术、科学等等方面得到发展"⑤。只有在这时，增加自由时间才能真正地实现个人充分的、全面的发展，而个人的充分的、全面的发展作为最大的生产力，又能反作用于社会生产力，进而推动自由时间的进一步的创造和发展。马克思把自由时间的创造看作是人的全面发展和文明全面提升的内涵。在人类历史上，自由时间的产生，是人类摆脱自身的动物性生存的一个巨大的飞跃；自由时间的创造，是人的"全面发展"的过程，也是人从必然王国向自由王国发

---

① 《马克思恩格斯全集》第三十卷，人民出版社 1995 年版，第 541 页。
② 《马克思恩格斯全集》第三十卷，人民出版社 1995 年版，第 286 页。
③ 《马克思恩格斯全集》第三十卷，人民出版社 1995 年版，第 480 页。
④ 《马克思恩格斯全集》第三十一卷，人民出版社 1998 年版，第 104 页。
⑤ 《马克思恩格斯全集》第三十一卷，人民出版社 1998 年版，第 101 页。

展的文明"全面提升"的过程。

六、 向第二个百年奋斗目标的成功跨越

"小康社会"在提出之时就与"中国式的现代化道路"紧密地联系在一起的。现在，全面建成小康社会目标实现之后，更高层次的"小康社会"的发展，将在社会主义现代化强国建设的新的历史进程中赓续，也将在实现中华民族伟大复兴中国梦的进程中跃升。

"雄关漫道真如铁，而今迈步从头越"。第二个一百年的奋斗历程，在战略安排上，分为两个阶段。第一个阶段是从 2020 年到 2035 年，基本实现社会主义现代化。在全面建成小康社会基础上，再奋斗 15 年，基本实现社会主义现代化。到那时，我国经济实力、科技实力、综合国力将大幅跃升，跻身创新型国家前列；人民平等参与、平等发展权利得到充分保障，法治国家、法治政府、法治社会基本建成，各方面制度更加完善，国家治理体系和治理能力现代化基本实现；社会文明程度达到新的高度，国家文化软实力显著增强，中华文化影响更加广泛深入；人民生活更为宽裕，中等收入群体比例明显提高，城乡区域发展差距和居民生活水平差距显著缩小，基本公共服务均等化基本实现，全体人民共同富裕迈出坚实步伐；现代社会治理格局基本形成，社会充满活力又和谐有序；生态环境根本好转，美丽中国目标基本实现。

第二个阶段是从 2035 年到本世纪中叶，建成社会主义现代化强国。党的十九大报告提出，在 2035 年基本实现现代化的基础上，再奋斗 15 年，把我国建成富强民主文明和谐美丽的社会主义现代化强国。到那时，我国物质文明、政治文明、精神文明、社会文明、生态文明将全面提升，实现国家治理体系和治理能力现代化，成为综合国力和国际影响力领先的国家，全体人民共同富裕基本实现，我国人民将享有更加幸福安康的生活，中华民族将以更加昂扬的姿态屹立于世界民族之林。

"十四五"时期是我国全面建成小康社会之后，开启全面建设社会主义现代化国家新征程、向第二个百年奋斗目标进军的第一个五年，我国将进入"新发展阶段"。习近平指出："凡事预则立，不预则废。我们要着眼长远、把握大势，开门问策、集思广益，研究新情况、作出新规划。"①

"努力在危机中育新机、于变局中开新局"②，这是 2020 年 5 月之后习近平在对经济形势分析中几次提到的重要思想，也是习近平对"新发展阶段"的辩证的全面的战略思维的新阐释。这一战略思维的核心要义就在于，深刻认识第二个一百年过程中中国特色社会主义发展的新特征新要求，提升解决社会主要矛盾的主导意识，增强辩证分析能力和总体意识，把握经济过程及其基本趋势，勇于斗争、敢于斗争、善于斗争，着力于"育新机"与"开新局"，在"两个一百年"交替的节点上，交出中国特色社会主义现代化强国建设的"合格答卷"。

---

① 《习近平著作选读》第二卷，人民出版社 2023 年版，第 327 页。
② 《习近平谈治国理政》第四卷，外文出版社 2022 年版，第 183 页。

从"过程"中把握事物发展的内在趋势和规律，是马克思主义辩证思维和战略思维的基本特征。恩格斯认为，"世界不是既成事物的集合体，而是过程的集合体，其中各个似乎稳定的事物同它们在我们头脑中的思想映象即概念一样都处在生成和灭亡的不断变化中，在这种变化中，尽管有种种表面的偶然性，尽管有种种暂时的倒退，前进的发展终究会实现"①。恩格斯在对事物"过程"的阐释中，十分注重明晰事物变化过程的"种种表面的偶然性"，高度重视厘清看似"暂时的倒退"中蕴涵的"前进的发展终究会实现"的内在机理和本质规定，从"过程"分析中提升机遇意识、把握发展大势。我国发展正处在"两个一百年"交替的关键节点，要在重要战略机遇期没有根本改变、而百年未有之"变局"显著呈现的未来走势中，谋划发展的"新机"和"新局"，开创全面建设社会主义现代化强国的新征程，向第二个百年奋斗目标胜利进军。

七、　全面建成小康社会与中国道路的世界性影响

在党的十九大上，习近平指出："中国特色社会主义道路、理论、制度、文化不断发展，拓展了发展中国家走向现代化的途径，给世界上那些既希望加快发展又希望保持自身独立性的国家和民族提供了全新选择，为解决人类问题贡献了中国智慧和中国方案。"②全面建成小康社会的过程是改革开放以来中国特色社会主义道路发展的集中体现，无论在理论上还是在实践上，都体现了"中国智慧"和"中国方案"的深刻意蕴。

全面建成小康社会的显著成就之一，就是从根本上为消除贫困、改善民生、逐步实现全体人民共同富裕奠定了制度基础。2015 年，习近平就曾指出："新中国成立以来，我们党带领人民持续向贫困宣战。经过改革开放 37 年来的努力，我们成功走出了一条中国特色扶贫开发道路，使 7 亿多农村贫困人口成功脱贫，为全面建成小康社会打下了坚实基础。我国成为世界上减贫人口最多的国家，也是世界上率先完成联合国千年发展目标的国家。这个成就，足以载入人类社会发展史册，也足以向世界证明中国共产党领导和中国特色社会主义制度的优越性。"③党的十八大以来，以习近平同志为核心的党中央，在推进全面建成小康社会过程中，着力于打赢脱贫攻坚战，扶贫规模之广、脱贫力度之深、减贫成效之大，在世界上是绝无仅有的。贫困是世界各国普遍面临的问题，反贫困是古今中外治国理政的一件大事。我国成为世界上减贫人口最多的国家，也是世界上率先完成联合国千年发展目标的国家，为世界减贫事业贡献了"中国智慧"和"中国方案"。

2018 年，习近平在谈到脱贫攻坚战具有的"谱写人类反贫困历史新篇章"意义时，从"制度成果"的意义上，概括了四个方面的世界性意义。

一是"创造了我国减贫史上最好成绩"④。全国现行标准下的农村贫困人口由 2012 年年底的 9 899 万人减少到 2017 年年底的 3 046 万人，5 年累计减贫 6 853 万人，减贫幅度达

①《马克思恩格斯文集》第四卷，人民出版社 2009 年版，第 298 页。
②《十九大以来重要文献选编》上，中央文献出版社 2019 年版，第 8 页。
③《习近平谈治国理政》第二卷，外文出版社 2017 年版，第 84 页。
④《习近平谈治国理政》第三卷，外文出版社 2020 年版，第 148 页。

到 70% 左右。贫困发生率由 2012 年年底的 10.2% 下降到 2017 年年底的 3.1%，下降 7.1 个百分点。年均脱贫人数 1 370 万人，是 1994 年至 2000 年"八七扶贫攻坚计划"实施期间年均脱贫人数 639 万的 2.14 倍，是 2001 年至 2010 年第一个十年扶贫纲要实施期间年均脱贫人数 673 万的 2.04 倍，也打破了以往新标准实施后脱贫人数逐年递减的格局。①

二是"促进了贫困地区加快发展"②。在促进贫困地区发展路径上，着力加强产业扶贫，促进贫困地区特色优势产业和一系列新业态的快速发展，增强了贫困地区内生发展活力和动力。同时，通过生态扶贫、易地扶贫搬迁、退耕还林等，改善贫困地区生态环境，实现了生态保护和扶贫脱贫"一个战场、两场战役"的双赢。通过基础设施和公共服务建设，改善贫困地区特别是农村基础条件，改变了贫困地区整体面貌。通过组织开展贫困识别和实施贫困退出、扶贫项目，提高贫困地区基层治理能力和管理水平，增强了农村基层党组织的凝聚力和战斗力。

三是"构筑了全社会扶贫强大合力"③。坚持政府投入的主体和主导作用，深入推进东西部扶贫协作、党政机关定点扶贫、军队和武警部队扶贫、社会力量参与扶贫。这些活动既有力推动了贫困村和贫困群众脱贫致富，又弘扬了中华民族扶贫济困的优良传统。

四是"建立了中国特色脱贫攻坚制度体系"④。加强党对脱贫攻坚工作的全面领导，建立各负其责、各司其职的责任体系，精准识别、精准脱贫的工作体系，上下联动、统一协调的政策体系，保障资金、强化人力的投入体系，因地制宜、因村因户因人施策的帮扶体系，广泛参与、合力攻坚的社会动员体系，多渠道全方位的监督体系和最严格的考核评估体系，为脱贫攻坚提供了有力制度保障。这个制度体系中，根本的是中央统筹、省负总责、市县抓落实的管理体制，从中央到地方逐级签订责任书，明确目标，增强责任，强化落实。

习近平对在全面建成小康社会过程中，中国脱贫攻坚这四个方面"制度成果"的概述，深刻揭示了贫困发生的根源性问题和有效治理的规律性认识，既是新时代我国决战决胜脱贫攻坚的基本经验，也为发展中国家有成效地开展反贫困工作、全球有成效地推进减贫事业提供了"中国智慧"和"中国方案"。

思考题

1. 怎样理解习近平经济思想关于全面建成小康社会的理论阐释是对马克思和恩格斯关于"生产将以所有人的富裕为目的"思想的重要发展？

2. 为什么说处理和解决好新时代社会主要矛盾是决战决胜全面建成小康社会的关键所在？

3. 怎样理解坚持精准扶贫精准脱贫的基本方略及其在脱贫攻坚战中的重大理论和实践意义？

4. 怎样理解全面建成小康社会对中国道路发生着的世界性影响？

---

① 习近平：《在打好精准脱贫攻坚战座谈会上的讲话》，《求是》2020 年第 5 期。
② 《习近平谈治国理政》第三卷，外文出版社 2020 年版，第 149 页。
③ 《习近平谈治国理政》第三卷，外文出版社 2020 年版，第 149 页。
④ 《习近平谈治国理政》第三卷，外文出版社 2020 年版，第 151 页。

第六章 从治国理政高度对『系统化的经济学说』的探索

学习要点：

• 党的十八大以后关于治国理政的新理念新思想新战略，为中国特色"系统化的经济学说"发展开拓了新的理论境界；

• 中国特色"系统化的经济学说"的主线、主题和主导是习近平经济思想发展和创新的理论基石；

• 全面建成小康社会，实现社会主义现代化，实现中华民族伟大复兴，最根本最紧迫的任务是进一步解放和发展社会生产力。

2015 年 10 月，党的十八届五中全会在对"十三五"规划作出战略部署时指出："党的十八大以来，以习近平同志为核心的党中央毫不动摇坚持和发展中国特色社会主义，勇于实践、善于创新，深化对共产党执政规律、社会主义建设规律、人类社会发展规律的认识，形成一系列治国理政新理念新思想新战略，为在新的历史条件下深化改革开放、加快推进社会主义现代化提供了科学理论指导和行动指南。"[①] 治国理政新理念新思想新战略是决战决胜全面建成小康社会的行动指南，是新的历史条件下坚持和发展中国特色社会主义的指导思想。

中国特色"系统化的经济学说"作为习近平经济思想发展的新形态，以毛泽东提出的"第二次结合"思想为基础、为原则，以从战略思想意义上对治国理政重大理论问题的探索为理论特色。在决战决胜全面建成小康社会的进程中，"系统化的经济学说"的发展特别是关于解放和发展社会生产力理论主线、新发展理念主导、社会主义市场经济理论主题等问题的探索，为治国理政新理念新思想新战略提供了新的理论基石。"系统化的经济学说"的新发展，揭示了中国特色社会主义经济关系的根本立场和根本理念，增强了社会主义初级阶段经济制度和经济体制的整体研究，拓展了中国特色社会主义生产方式及其相适应的生产关系和交换关系的总体研究等，从多方面彰显了与习近平经济思想紧密相连的理论特色和思想精粹。

在决战决胜全面建成小康社会的历史进程中，中国特色"系统化的经济学说"的新发展与以习近平同志为核心的党中央形成的治国理政新理念新思想新战略紧密相连、结为一体。治国理政新理念新思想新战略为"系统化的经济学说"的发展开拓了新的理论境界；对"系统化的经济学说"主线、主题和主导问题的探索，为习近平经济思想的发展和创新提供了新的理论基石。

一、 从治国理政高度对"系统化的经济学说"的新认识

回溯历史，从起源上看，"系统化的经济学说"作为习近平经济思想的发展形式，是

---

① 《十八大以来重要文献选编》中，中央文献出版社 2016 年版，第 787 页。

以中国社会主义经济建设和经济关系的实际为基础的。1956 年中国社会主义基本经济制度确立时，毛泽东发表的《论十大关系》是这一"系统化的经济学说"的始创之作。在准备《论十大关系》讲话的调研中，毛泽东就从中国共产党治国理政的高度提出："不要再硬搬苏联的一切了，应该用自己的头脑思索了。应该把马列主义的基本原理同中国社会主义革命和建设的具体实际结合起来，探索在我们国家里建设社会主义的道路了……我们要进行第二次结合，找出在中国怎样建设社会主义的道路。"①"第二次结合"是探索适合于中国经济社会发展的社会主义政治经济学的基本遵循，也是中国共产党治国理政理论形成的根本原则。在"第二次结合"的探索中，《论十大关系》和之后的《关于正确处理人民内部矛盾的问题》提出的一些独创性观点，如关于社会主义社会的基本矛盾理论，统筹兼顾、注意综合平衡理论，以农业为基础、工业为主导、农轻重协调发展等理论，成为这一时期中国共产党治国理政的实践指南，对中国特色社会主义政治经济学的形成和发展产生着持久的影响。习近平在纪念毛泽东同志诞辰 120 周年座谈会的讲话中提到，毛泽东"以苏联的经验教训为鉴戒，提出了要创造新的理论、写出新的著作，把马克思列宁主义基本原理同中国实际进行'第二次结合'，找出在中国进行社会主义革命和建设的正确道路，制定把我国建设成为一个强大的社会主义国家的战略思想"②。中国特色社会主义政治经济学从其起源上，就是以马克思主义政治经济学与中国实际相结合这一根本原则为基础的，就是以在战略思想意义上对治国理政重大理论问题的探索为思想特色的。

改革开放 30 多年间，筚路蓝缕、艰辛探索，中国特色"系统化的经济学说"在"第二次结合"的新的进程中渐次展开，形成了一系列创新性理论。1984 年，邓小平在提到党的十二届三中全会通过的《中共中央关于经济体制改革的决定》时认为："社会主义经济是公有制基础上的有计划的商品经济"的论断，是适合于当时中国经济体制改革实际的"新话"，这些"新话"给人以"写出了一个政治经济学的初稿"的印象，这是"马克思主义基本原理和中国社会主义实践相结合的政治经济学"。③ 他认为："过去我们不可能写出这样的文件，没有前几年的实践不可能写出这样的文件。写出来，也很不容易通过，会被看作'异端'。我们用自己的实践回答了新情况下出现的一些新问题。"④ 邓小平以"第二次结合"为基本遵循，从经济体制改革大局上，深刻把握了改革开放新时期中国特色"系统化的经济学说"的理论主题和基本特征。

中国特色"系统化的经济学说"，以中国社会主义初级阶段的经济事实为基础，在对社会主义初级阶段基本经济制度、社会主义市场经济体制和社会主义经济运行及其总体关系的探索中，揭示了中国社会主义初级阶段经济关系的本质及其规律。社会主义初级阶段基本经济制度理论、社会主义本质理论、社会主义市场经济理论和对外开放理论等，就是中国特色"系统化的经济学说"发展的最初系列成果。习近平指出，"党的十一届三中全会以来，我们党把马克思主义政治经济学基本原理同改革开放新的实践结合起来，不断丰富和发展马克思主义政治经济学……三十多年来，随着改革开放不断深入，我们形成了当

① 《毛泽东年谱（一九四九——九七六）》第二卷，中央文献出版社 2013 年版，第 550 页、第 557 页。
② 《十八大以来重要文献选编》上，中央文献出版社 2014 年版，第 691 页。
③ 《邓小平文选》第三卷，人民出版社 1993 年版，第 393 页、第 83 页。
④ 《邓小平文选》第三卷，人民出版社 1993 年版，第 91 页。

代中国马克思主义政治经济学的许多重要理论成果"①。这是习近平从中国共产党治国理政的高度，从"第二次结合"的基本遵循和根本原则上，对中国特色"系统化的经济学说"新成就作出的新概括。

党的十八大以来，作为中国共产党治国理政的制度性安排，每年年底召开的中央经济工作会议，都从治国理政的高度对当年的经济工作作出回顾和总结，对来年的经济工作作出研究和部署。作为中国特色"系统化的经济学说"演进的重要节点，每年的中央经济工作会议展示了马克思主义政治经济学在中国发展的思想历史过程。这一思想历史过程即如习近平所概括的，实际上就是"立足我国国情和我国发展实践，揭示新特点新规律，提炼和总结我国经济发展实践的规律性成果，把实践经验上升为系统化的经济学说，不断开拓当代中国马克思主义政治经济学新境界"②的过程。党的十八大至党的十九大之间召开的五次中央经济工作会议，开拓了中国特色社会主义政治经济学发展的新境界，为治国理政提供了坚实的理论基础，推进了"系统化的经济学说"的发展和创新。

在 2013 年召开的中央经济工作会议上，习近平从治国理政的高度提出，必须加强党对全面深化改革的领导，"战略上要勇于进取，战术上则要稳扎稳打"③的要求。2014 年 7 月，在经济形势专家座谈会的讲话中，习近平在探索经济新常态的"大逻辑"时提出，"各级党委和政府要学好用好政治经济学"，"学好用好"主旨在于不断提高推进改革开放、领导经济社会发展、提高经济社会发展质量和效益的能力和水平，"面对极其复杂的国内外经济形势，面对纷繁多样的经济现象，学习马克思主义政治经济学基本原理和方法论，有利于我们掌握科学的经济分析方法，认识经济运动过程，把握社会经济发展规律，提高驾驭社会主义市场经济能力，更好回答我国经济发展的理论和实践问题"。④在之后召开的中央经济工作会议上，习近平从"适应国际金融危机发生后综合国力竞争新形势的主动选择"大局的高度，提出推进供给侧结构性改革是适应我国经济发展新常态的必然要求，得出"要坚持中国特色社会主义政治经济学的重大原则"的重要结论。⑤2015 年中央经济工作会议召开半年之后，在进一步探讨推进供给侧结构性改革问题时，习近平再次提出"坚持和发展中国特色社会主义政治经济学"的问题，强调"要加强研究和探索，加强对规律性认识的总结，不断完善中国特色社会主义政治经济学理论体系，推进充分体现中国特色、中国风格、中国气派的经济学科建设"。⑥在 2016 年中央经济工作会议上，习近平提出"稳中求进工作总基调是治国理政的重要原则，也是做好经济工作的方法论"⑦的重要思想。习近平关于学好用好政治经济学的系列讲话，把中国特色社会主义政治经济学的新发展和治国理政新理念新思想新战略结合一体，是以"第二次结合"为基本遵循的，也是以"第二次结合"为内在根据的。

---

① 《十八大以来重要文献选编》下，中央文献出版社 2018 年版，第 2—3 页。
② 《十八大以来重要文献选编》下，中央文献出版社 2018 年版，第 7 页。
③ 《习近平关于全面深化改革论述摘编》，中央文献出版社 2014 年版，第 145 页。
④ 《十八大以来重要文献选编》下，中央文献出版社 2018 年版，第 3 页。
⑤ 《中央经济工作会议在北京举行》，《人民日报》2015 年 12 月 22 日。
⑥ 《习近平关于社会主义经济建设论述摘编》，中央文献出版社 2017 年版，第 331 页。
⑦ 《中央经济工作会议在北京举行》，《人民日报》2016 年 12 月 17 日。

从"学好用好政治经济学"到"坚持和发展马克思主义的必修课"，从"掌握科学的方法"到"提高领导我国经济发展能力和水平"，从"中国特色社会主义政治经济学的重大原则"到"不断完善中国特色社会主义政治经济学理论体系"，习近平从治国理政的高度提出的这些新认识和新要求，从多方面推进了中国特色"系统化的经济学说"的新发展。"系统化的经济学说"的新发展为治国理政新理念新思想新战略提供了坚实的理论基础，展示了中国特色社会主义政治经济学的时代特征和理论真谛。

二、 解放和发展社会生产力的理论主线及其意义

解放和发展社会生产力理论是"系统化的经济学说"的主线。1956 年年初，在中国社会主义基本制度确立的历史时刻，毛泽东就把握了社会主义要解放生产力和发展生产力这一基本问题，形成了社会主义根本任务的重要思想。毛泽东指出，"我们的党，我们的政府，我们的各个部门，都必须执行促进生产力发展的任务"，上层建筑也要"适合这个经济基础，适合生产力的发展"。[1] 他从社会主义建设全局上强调，"社会主义革命的目的是为了解放生产力"，生产资料所有制的社会主义改造"必然使生产力大大地获得解放。这样就为大大地发展工业和农业的生产创造了社会条件"。[2] 之后，毛泽东还提出："我们的根本任务已经由解放生产力变为在新的生产关系下面保护和发展生产力。"[3] 在这里，毛泽东已经把"解放""发展"和"保护"社会生产力问题，作为事关社会主义经济关系和社会主义基本制度发展的根本问题提了出来，作为中国共产党治国理政的根本问题提了出来，初步勾勒了中国特色社会主义政治经济学的主线。

"各个人借以进行生产的社会关系，即社会生产关系，是随着物质生产资料、生产力的变化和发展而变化和改变的"[4]，这是贯通于唯物史观和政治经济学的马克思主义基本原理。改革开放之初，邓小平重新提出，"社会主义的首要任务是发展生产力，逐步提高人民的物质和文化生活水平"[5]，突出了"应该把解放生产力和发展生产力两个讲全了"[6]的重要思想。"讲全"生产力，是对马克思主义关于生产力和生产关系矛盾运动基本原理的科学把握和运用。在党的十六大上，江泽民把"必须高度重视解放和发展生产力"，确立为中国共产党"执政兴国"的"第一要务"。[7] 在党的十八大上，胡锦涛把"必须坚持解放和发展社会生产力"，确立为夺取中国特色社会主义新胜利必须牢牢把握的"基本要求"。[8] 解放和发展社会生产力理论成为中国特色"系统化的经济学说"的主线，同样贯穿于中国共产党治国理政理论探讨的全过程。

① 《毛泽东年谱（一九四九——九七六）》第二卷，中央文献出版社 2013 年版，第 513 页、第 515 页。
② 《毛泽东文集》第七卷，人民出版社 1999 年版，第 1 页。
③ 《毛泽东文集》第七卷，人民出版社 1999 年版，第 218 页。
④ 《马克思恩格斯文集》第一卷，人民出版社 2009 年版，第 724 页。
⑤ 《邓小平文选》第三卷，人民出版社 1993 年版，第 116 页。
⑥ 《邓小平文选》第三卷，人民出版社 1993 年版，第 370 页。
⑦ 《十六大以来重要文献选编》上，中央文献出版社 2005 年版，第 10 页。
⑧ 《十八大以来重要文献选编》上，中央文献出版社 2014 年版，第 11 页。

　　党的十八大以来，习近平多次强调："全面建成小康社会，实现社会主义现代化，实现中华民族伟大复兴，最根本最紧迫的任务还是进一步解放和发展社会生产力。"① 在对治国理政方略的新的探索中，习近平进一步强调"解放和激发科技作为第一生产力所蕴藏的巨大潜能"②，对科学技术转化为现实生产力的当代意义作出新的判断；强调"牢固树立保护生态环境就是保护生产力、改善生态环境就是发展生产力的理念"③，使"保护生产力"和"发展生产力"成为谋划生态文明建设的理论基础和实践指南。"解放和发展社会生产力"成为坚持和发展中国特色社会主义、实现中华民族伟大复兴中国梦的"最根本最紧迫的任务"，成为习近平对治国理政理论阐释的聚焦点和着力点。

　　在阐释新常态经济的"大逻辑"中，习近平提出的"实现我国社会生产力水平总体跃升"的重要思想，是对经济新常态辩证认识和全面谋划的新论断，也是从治国理政的高度对"系统化的经济学说"主线的新概括。党的十八大以后，中国经济运行进入增长速度换挡期、结构调整阵痛期、前期刺激政策消化期这"三期"叠加的轨道，社会生产力发展中各种矛盾和问题相互交织，新情况新问题愈加凸显。2014 年 7 月，习近平在提出"适应新常态，共同推动经济持续健康发展"问题时强调："必须审时度势，全面把握和准确判断国内国际经济形势变化，坚持底线思维，做好应对各种新挑战的准备。要把转方式、调结构放在更加突出的位置，针对突出问题，主动作为，勇闯难关，努力提高创新驱动发展能力、提高产业竞争力、提高经济增长质量和效益，实现我国社会生产力水平总体跃升。"④ 以"实现我国社会生产力水平总体跃升"为根本出发点和战略目标的经济新常态，引导着中国经济改革的新发展。

　　"实现我国社会生产力水平总体跃升"的新概括，是解放和发展生产力理论的赓续。"总体"上的社会生产力，集中体现于马克思认为的社会再生产"连续地并列进行的"⑤过程之中，是社会生产力时间相继性和空间并列性的统一。从"总体"上看，"相继进行一停滞，就使并列陷于混乱"，而"并列存在本身只是相继进行的结果"。⑥ 对社会生产力时间相继和空间并存及其整体关系的科学把握，是经济新常态理论的重要基础。从时间相继上看，经济新常态适合于 21 世纪以来我国经济发展阶段更替变化的内在逻辑。改革开放以来，我们用几十年的时间走完了发达国家几百年走过的发展历程，经济总量跃升为世界第二，创造了当代世界发展的奇迹。然而，随着时间的推移，经济总量会不断扩大，这必然会使经济进入发展的拐点和结构调整的节点。特别是由于长期累积的低端产能过剩要集中消化，加快发展中高端产业成为经济结构调整的根本出路；由于长期形成的主要以低成本资源和要素投入形成的驱动力明显减弱，以创新为核心的更为强劲的经济增长驱动力成为产业结构调整的必然选择。从空间并列上看，改革开放后形成的国内国外两个资源、两个市场的社会生产力格局也发生了深刻变化，对国际市场和资源的有效利用成为我国经

　　① 《十八大以来重要文献选编》上，中央文献出版社 2014 年版，第 549 页。
　　② 《十八大以来重要文献选编》中，中央文献出版社 2016 年版，第 21 页。
　　③ 《习近平关于社会主义生态文明建设论述摘编》，中央文献出版社 2017 年版，第 20 页。
　　④ 《中共中央召开党外人士座谈会》，《人民日报》2014 年 7 月 30 日。
　　⑤ 《马克思恩格斯文集》第六卷，人民出版社 2009 年版，第 117 页。
　　⑥ 《马克思恩格斯文集》第六卷，人民出版社 2009 年版，第 120 页。

济增长的主要特征,我国迅速成为世界贸易大国。自 2008 年国际金融危机爆发以来,全球贸易进入发展低迷期,世界经济处于深度调整期,我国出口需求增速放缓,经济增长动力势必转到更多地依靠创新驱动和扩大内需特别是消费需求上。对我国社会生产力"总体"上的精准分析和深刻把握,成为谋划经济新常态战略的主要依据和重要基础,成为治国理政新理念新思想新战略的重要支撑。

在 2015 年 12 月召开的中央经济工作会议上,习近平提出"要坚持中国特色社会主义政治经济学的重大原则"的重要思想,其中首要的重大原则就是"坚持解放和发展社会生产力"。① 坚持解放和发展社会生产力的重要原则,凸显了"系统化的经济学说"的主线观念,洋溢着"系统化的经济学说"的中国智慧,丰富了"系统化的经济学说"与治国理政密切相连的深刻意蕴和思想特色。

三、"系统化的经济学说"中新发展理念的主导及其作用

发展问题贯穿于中国特色社会主义政治经济学形成和发展的全过程,是中国特色"系统化的经济学说"的主导性论题。中国特色社会主义政治经济学创立之初,毛泽东在准备《论十大关系》的调研及讲话中就强调要"从发展的观点看"②的思想方法;认为"限制发展是错误的,不能限制发展",重要的是"要采取积极合理发展的方针";③ 提倡要从实际出发,要以事物发展自身的条件为基础,要"按自然发展规律,按社会发展规律"④ 发展。在《论十大关系》中,毛泽东强调了发展在经济建设中的主导作用。

改革开放一开始,邓小平就以"中国解决所有问题的关键是要靠自己的发展""发展才是硬道理"⑤ 这样朴实的话语和坚定的信念,阐明了中国为什么需要发展和怎样持续稳定发展的深刻道理。邓小平把"发展才是硬道理"看作体现社会主义本质和发挥社会主义经济制度优越性的重大问题。在迈向 21 世纪的进程中,江泽民在对"三个代表"重要思想阐释中,强调"发展是硬道理,这是我们必须始终坚持的一个战略思想"⑥,把发展作为党执政兴国的第一要务,强调把发展问题同党的性质、党的执政基础紧密地联系起来。进入新世纪,胡锦涛提出"以人为本"是科学发展观的本质和核心立场。胡锦涛在党的十八大对 21 世纪以来发展理念概述时指出:"以经济建设为中心是兴国之要,发展仍是解决我国所有问题的关键……必须坚持发展是硬道理的战略思想,决不能有丝毫动摇。"⑦ 把发展问题提到"执政兴国""兴国之要"的高度,凸显了"实现什么样的发展、怎样发展"问题在治国理政中的重要理论意义和实践意义。

---

① 《中央经济工作会议在北京举行》,《人民日报》2015 年 12 月 22 日。
② 《毛泽东文集》第七卷,人民出版社 1999 年版,第 44 页。
③ 《毛泽东年谱(一九四九—一九七六)》第二卷,中央文献出版社 2013 年版,第 539 页、第 540 页。
④ 《毛泽东年谱(一九四九—一九七六)》第二卷,中央文献出版社 2013 年版,第 535 页。
⑤ 《邓小平文选》第三卷,人民出版社 1993 年版,第 265 页、第 377 页。
⑥ 《江泽民文选》第三卷,人民出版社 2006 年版,第 118 页。
⑦ 《十八大以来重要文献选编》上,中央文献出版社 2014 年版,第 15 页。

　　党的十八大以来，以习近平同志为核心的党中央，以全面建成小康社会为奋斗目标，以实现中华民族伟大复兴的中国梦为历史使命，从治国理政的新高度，对发展问题作出了多方面的阐释。习近平提出："我们要坚持发展是硬道理的战略思想，坚持以经济建设为中心，全面推进社会主义经济建设、政治建设、文化建设、社会建设、生态文明建设，深化改革开放，推动科学发展，不断夯实实现中国梦的物质文化基础。"① 在对《中共中央关于制定国民经济和社会发展第十三个五年规划的建议》的说明中，习近平认为："发展理念是发展行动的先导，是管全局、管根本、管方向、管长远的东西，是发展思路、发展方向、发展着力点的集中体现。"② "理者，物之固然，事之所以然也。"以新发展理念为主导，成为"十三五"时期我国经济社会发展谋篇布局之"固然"和"所以然"。如何从治国理政的高度形成新发展理念，成为中国特色"系统化的经济学说"的主导性论题。

　　在新发展理念中，创新是引领发展的第一动力，要把发展基点放在创新上，形成促进创新的体制架构，塑造更多依靠创新驱动、更多发挥先发优势的引领型发展；协调是持续健康发展的内在要求，要坚持区域协同、城乡一体、物质文明精神文明并重、经济建设国防建设融合，在协调发展中拓宽发展空间，在加强薄弱领域中增强发展后劲；绿色是永续发展的必要条件和人民对美好生活追求的重要体现，要坚持绿色富国、绿色惠民，为人民提供更多优质生态产品，推动形成绿色发展方式和生活方式，协同推进人民富裕、国家富强、中国美丽；开放是国家繁荣发展的必由之路，要丰富对外开放内涵，提高对外开放水平，协同推进战略互信、经贸合作、人文交流，开创对外开放新局面，形成深度融合的互利合作格局；共享是中国特色社会主义的本质要求，要注重解决社会公平正义问题，让广大人民群众共享改革发展成果，真正体现社会主义制度的优越性。

　　发展的"第一动力""内在要求""必要条件""必由之路""本质要求"这五个方面，在新发展理念中紧密相连、相互着力，既各有侧重又相互支撑，形成一个有机整体。这一整体统一于"五位一体"总体布局和"四个全面"战略布局的实施，统一于实现"两个一百年"奋斗目标和中华民族伟大复兴的中国梦的历史进程，统一于治国理政新理念新思想新战略。

　　新发展理念创造性地提出的有关发展的重大理论和实践问题，凝结了中国共产党对中国特色社会主义经济社会发展规律的深刻认识，是对"实现什么样的发展、怎样发展"问题的提炼和升华，是全面建成小康社会的决战纲领和决胜攻略的先导。新发展理念是中国特色"系统化的经济学说"的主导论题，也是治国理政的重要内涵和基本遵循。

四、"系统化的经济学说"中社会主义市场经济理论的主题及其地位

　　在对党的十八届三中全会通过的《中共中央关于全面深化改革若干重大问题的决定》的

---

① 《十八大以来重要文献选编》上，中央文献出版社 2014 年版，第 236 页。
② 《十八大以来重要文献选编》中，中央文献出版社 2016 年版，第 774 页。

说明中，习近平指出："要有强烈的问题意识，以重大问题为导向，抓住关键问题进一步研究思考，着力推动解决我国发展面临的一系列突出矛盾和问题。"① 习近平紧紧扣住社会主义市场经济发展中的"问题意识"，提出"经过二十多年实践，我国社会主义市场经济体制已经初步建立，但仍存在不少问题"② 的"倒逼"思路，强化了"系统化的经济学说"的理论主题，凸显了坚持社会主义市场经济改革方向作为中国特色社会主义政治经济学重要原则的地位和作用。

社会主义市场经济是社会主义条件下市场对资源配置起决定性作用、更好发挥政府作用的经济体制，是以社会主义基本经济制度为根基的经济关系。社会主义市场经济是经济体制一般和经济制度特殊的统一。党的十四大在对社会主义市场经济的最初定义中就强调："社会主义市场经济体制是同社会主义基本制度结合在一起的。"③ 党的十八届三中全会进一步明确："以公有制为主体、多种所有制经济共同发展的基本经济制度，是中国特色社会主义制度的重要支柱，也是社会主义市场经济体制的根基。"④ 市场经济体制要与社会主义基本经济制度"结合起来"，成为中国特色社会主义政治经济学的最具创新性的理论观点；而市场经济体制如何与社会主义基本经济制度"结合起来"，则成为中国特色社会主义政治经济学的理论主题。

在中国特色"系统化的经济学说"中，社会主义基本制度和市场经济体制"结合起来"，集中体现于两个方面：

一是在公有制为主体、多种经济形式共同发展这一基本经济制度背景下，市场经济体制机制与不同所有制经济之间的结合，以及不同所有制经济之间的结合问题。在社会主义市场经济中，要坚持和完善社会主义基本经济制度，毫不动摇巩固和发展公有制经济，毫不动摇鼓励、支持、引导非公有制经济发展，推动各种所有制取长补短、相互促进、共同发展。习近平从治国理政的高度提出，"坚持社会主义市场经济改革方向。在社会主义条件下发展市场经济，是我们党的一个伟大创举。我国经济发展获得巨大成功的一个关键因素，就是我们既发挥了市场经济的长处，又发挥了社会主义制度的优越性。我们是在中国共产党领导和社会主义制度的大前提下发展市场经济，什么时候都不能忘了'社会主义'这个定语……我们要坚持辩证法、两点论，继续在社会主义基本制度与市场经济的结合上下功夫，把两方面优势都发挥好"⑤。

我国的社会主义公有制经济是长期以来在国家发展历程中形成的，为国家建设、国防安全、人民生活改善作出了突出贡献，是全体人民的宝贵财富。公有制主体地位不能动摇，国有经济主导作用不能动摇，这是保证我国各族人民共享发展成果的制度性保证，也是巩固党的执政地位、坚持我国社会主义制度的重要保证。习近平指出："实行公有制为主体、多种所有制经济共同发展的基本经济制度，是中国共产党确立的一项大政方针，是

① 《十八大以来重要文献选编》上，中央文献出版社 2014 年版，第 497 页。
② 《十八大以来重要文献选编》上，中央文献出版社 2014 年版，第 498 页。
③ 《改革开放三十年重要文献选编》上，中央文献出版社 2008 年版，第 659 页、第 660 页。
④ 《十八大以来重要文献选编》上，中央文献出版社 2014 年版，第 514—515 页。
⑤ 《十八大以来重要文献选编》下，中央文献出版社 2018 年版，第 5—6 页。

中国特色社会主义制度的重要组成部分，也是完善社会主义市场经济体制的必然要求。"① 毫无疑问，把社会主义公有制经济建设好、发展好、巩固好，是坚持和发展中国特色社会主义的最重要的经济基础，是中国共产党治国理政的最根本的制度保证。

长期以来，我国非公有制经济快速发展，在稳定增长、促进创新、增加就业、改善民生等方面发挥了重要作用。非公有制经济是稳定经济的重要基础，是扩大就业的主要领域，是国家税收的重要来源，是技术创新的重要主体，是金融发展的重要依托，是经济持续健康发展的重要力量。强调把公有制经济建设好、发展好、巩固好，同鼓励、支持、引导非公有制经济发展不是对立的，而是有机统一的。公有制经济、非公有制经济应该相辅相成、相得益彰，而不是相互排斥、相互抵消。公有制为主体、多种经济成分共同发展的所有制结构，作为社会主义初级阶段基本纲领的重要特征，是治国理政新理念新思想新战略的根本要义。

二是在市场作用和政府作用的问题上，市场在资源配置中起决定性作用和更好发挥政府作用，二者是有机统一的，不是相互排斥或相互否定的，不能把二者割裂开来、对立起来，既不能用市场在资源配置中的决定性作用取代甚至否定政府作用，也不能用更好发挥政府作用取代甚至否定市场在资源配置中起决定性作用。

处理好政府和市场的关系，是我国经济体制改革的核心问题，也是治国理政的重要课题。坚持社会主义市场经济改革的重要原则，要着力于"看不见的手"和"看得见的手"都要用好，把这两个方面的优势都发挥好。在这一问题上，如习近平指出的，同样"要讲辩证法、两点论，把'看不见的手'和'看得见的手'都用好。政府和市场的作用不是对立的，而是相辅相成的；也不是简单地让市场作用多一些、政府作用少一些的问题，而是统筹把握，优势互补，有机结合，协同发力"②，其关键就在于，"要找准市场功能和政府行为的最佳结合点，切实把市场和政府的优势都充分发挥出来，更好地体现社会主义市场经济体制的特色和优势，努力形成市场作用和政府作用有机统一、相互补充、相互协调、相互促进的格局"③。从理论上对政府和市场关系的这一定位，是以中国的经济事实和经济改革实践为依据的，是对中国市场经济发展实践经验的理性提升，是中国特色"系统化的经济学说"主题的重要呈现，也是治国理政新理念新思想新战略的"中国智慧"。

五、 治国理政中"系统化的经济学说"的理论品质与思想特色

中国特色"系统化的经济学说"的新发展，集中体现了马克思主义与时俱进的理论品质，表现为同治国理政新理念新思想新战略紧密相连、结为一体的思想特色。

第一，"系统化的经济学说"的新发展，深刻揭示了中国特色社会主义经济关系的根本立场和根本理念，深化了治国理政新理念新思想新战略的核心观点。中国特色社会主义

---

① 《十八大以来重要文献选编》下，中央文献出版社 2018 年版，第 245 页。
② 《习近平总书记系列重要讲话读本》，学习出版社、人民出版社 2016 年版，第 150 页。
③ 《习近平总书记系列重要讲话读本》，学习出版社、人民出版社 2016 年版，第 151 页。

政治经济学的根本立场，就是坚持以人民为中心的发展思想，要把增进人民福祉、促进人的全面发展、朝着共同富裕方向稳步前进作为经济发展的出发点和落脚点，推进社会主义初级阶段经济建设和经济关系发展都要牢牢坚持这个根本立场。中国特色社会主义政治经济学的根本理念，就是坚持创新、协调、绿色、开放、共享的新发展理念。新发展理念是对我们推动经济发展获得的感性认识的理论升华，是引领中国经济发展思路和方向的先导。这一根本立场和根本理念，与治国理政新理念新思想新战略有着内在的一致性，体现了"系统化的经济学说"的思想特色。

第二，"系统化的经济学说"的新发展，拓展了社会主义初级阶段经济制度和经济体制整体研究的视野，丰富了中国特色社会主义政治经济学"系统性"的意蕴，深化了治国理政的"四个全面"战略布局和"五位一体"总体布局的思想特色，使治国理政新理念新思想新战略在马克思主义政治经济学中得到深刻而全面的证明。

社会主义基本经济制度和市场经济整体理论强调，坚持和完善社会主义基本经济制度，要毫不动摇巩固和发展公有制经济，毫不动摇鼓励、支持、引导非公有制经济发展，推动各种所有制取长补短、相互促进、共同发展。要从治国理政的高度搞清楚，"公有制经济也好，非公有制经济也好，在发展过程中都有一些矛盾和问题，也面临着一些困难和挑战，需要我们一起来想办法解决。但是，不能一叶障目、不见泰山，攻其一点、不及其余。任何想把公有制经济否定掉或者想把非公有制经济否定掉的观点，都是不符合最广大人民根本利益的，都是不符合我国改革发展要求的，因此也都是错误的"①。

在社会主义生产关系和分配关系的系统理论中强调，要努力推动居民收入增长和经济增长同步、劳动报酬提高和劳动生产率提高同步，不断健全体制机制和具体政策，调整国民收入分配格局，持续增加城乡居民收入，不断缩小收入差距，使发展成果更多更公平惠及全体人民，作出更有效的制度安排，使我们的社会朝着共同富裕的方向稳步前进。

所有制结构和分配结构的理论是社会主义初级阶段基本纲领的重要内容。中国特色"系统化的经济学说"在这两个基本问题上的与时俱进的新阐释，为实现"四个全面"战略布局和"五位一体"总体布局奠定了坚实的理论基石。

第三，"系统化的经济学说"的新发展，拓展了中国特色社会主义生产方式及与其相适应的生产关系和交换关系总体研究的视界，以经济新常态和供给侧结构性改革理论为标志，彰显了与治国理政新理念新思想新战略紧密相连的思想特色。

经济新常态理论作为治国理政的经济改革的"大逻辑"，以全面推进各个领域的改革为背景，以切实完成转方式、调结构的历史任务为目标，是实现经济增长保持中高速、产业迈向中高端，加快实施创新驱动发展的整体战略。经济发展新常态是一个有着确定目标而又随着实践发展不断变化的过程。为引领新常态，供给侧结构性改革的新思路就是当前"推动我国社会生产力水平整体改善"的根本举措。2015年11月，习近平在多次谈到供给侧结构性改革问题时强调，在适度扩大总需求的同时，着力加强供给侧结构性改革，着力提高供给体系质量和效率，增强经济持续增长动力；必须下决心推进经济结构性改革，

① 《十八大以来重要文献选编》下，中央文献出版社2018年版，第247页。

使供给体系更适应需求结构的变化。① 供给侧结构性改革作为当前"推动我国社会生产力水平整体改善"的重要举措，目在就在于扩大有效供给，满足有效需求，加快推动经济新常态体制机制和发展方式的改革。

2015 年 12 月召开的中央经济工作会议提出，在 2016 年及今后一个时期，要在适度扩大总需求的同时，着力加强供给侧结构性改革。供给侧结构性改革与经济新常态连为一体，既强调供给的结构性改革又关注需求的结构性变化，既凸显发挥市场在资源配置中的决定性作用又强调更好发挥政府作用，既突出发展社会生产力又注重完善社会生产关系，归根到底是要"推动我国社会生产力水平整体改善"，是"坚持解放和发展社会生产力"的重大原则，是对经济新常态作出的与时俱进的新阐释。供给侧结构性改革理论是对经济新常态理论认识的深化，是对经济体制改革路径的与时俱进的新探索。供给侧结构性改革既强调供给又关注需求，既突出发展社会生产力又注重完善生产关系和交换关系，既着眼当前又立足长远。供给侧结构性改革的根本旨向，是使我国供给能力更好满足广大人民日益增长、不断升级和个性化的物质文化和生态环境需要，从而更为全面地实现社会主义的生产目的。

在 2013 年中央经济工作会议上，习近平提出："要把握好经济社会发展预期目标和宏观政策的黄金平衡点，不断完善调控方式和手段。要紧紧围绕使市场在资源配置中起决定性作用深化经济体制改革，着力在重要领域和关键环节取得实质进展。"② "黄金平衡点"是对更有力地发挥市场在资源配置中的决定性作用和更有效地发挥政府在宏观调控中的作用的科学阐释。在 2015 年中央经济工作会议上，习近平在阐释供给侧结构性改革主要思路时提出，供给侧结构性改革要更加注重使市场在资源配置中起决定性作用，也要更好地发挥政府作用，要为结构性改革营造稳定的宏观经济环境。供给和需求作为市场经济内在关系的两个基本方面，有着既对立又统一的辩证关系。马克思认为，"说到供给和需求，那么供给等于某种商品的卖者或生产者的总和，需求等于这同一种商品买者或消费者（包括个人消费和生产消费）的总和。而且，这两个总和是作为两个统一体，两个集合力量来互相发生作用的"③。从全面把握总供给和总需求两个方面及其结合上探讨政府和市场关系这一"核心问题"，拓展了中国特色社会主义政治经济学的视野，丰富了治国理政新理念新思想新战略的内涵。

从经济新常态的"实现我国社会生产力水平总体跃升"到供给侧结构性改革的"推动我国社会生产力水平整体改善"，是中国特色"系统化的经济学说"中解放和发展社会生产力理论主线的延伸，是社会主义市场经济理论主题的深化，体现了与治国理政新理念新思想新战略紧密相连的思想特色。

第四，"系统化的经济学说"的新发展，体现于推动新型工业化、信息化、城镇化、农业现代化相互协调的"四化"同步发展战略中，具体展现了治国理政新理念新思想新战略实施的方向和路径。坚持走中国特色新型"四化"道路，推动信息化和工业化深入融

---

① 《习近平关于社会主义经济建设论述摘编》，中央文献出版社 2017 年版，第 87 页。
② 《中央经济工作会议在北京举行》，《人民日报》2013 年 12 月 14 日。
③ 《马克思恩格斯文集》第七卷，人民出版社 2009 年版，第 215 页。

合、工业化和城镇化良性互动、城镇化和农业现代化相互协调、"四化"同步发展，是国家现代化的必然趋势和重要标志。我国工业化基本实现、信息化水平大幅提升、城镇化质量明显提高、农业现代化和社会主义新农村建设成效显著，是实现全面建成小康社会的重要目标。"四化"同步发展不仅勾画了"五位一体"发展的美好愿景，也呈现了治国理政实施的宏伟"蓝图"，体现了"系统化的经济学说"的思想特色。

第五，"系统化的经济学说"的新发展，体现于统筹国内国际两个大局，利用好国际国内两个市场、两种资源的对外开放的总体布局中，从多方面完善了对外开放基本国策，丰富了治国理政新理念新思想新战略的内涵。要发展更高层次的开放型经济，以开放的最大优势谋求中国经济社会的更大发展空间。要以"一带一路"建设为引导，构建互联互通互融的开放系统，提升我国在全球经济治理中的制度性话语权。要积极参与全球经济治理，同时坚决维护我国发展利益，积极防范各种风险，提高抵御国际经济风险的能力，确保国家经济安全。对外开放基本国策上的这些新思想，拓展了治国理政新理念新思想新战略中以对外开放的主动赢得经济发展主动、赢得国际竞争主动问题探索的新视界。

决战决胜全面建成小康社会的进程波澜壮阔，中国特色社会主义经济建设和经济关系的全面发展，蕴含着中国特色社会主义政治经济学发展和创新难得的历史机遇。治国理政新理念新思想新战略拓展了中国特色"系统化的经济学说"的理论境界，中国特色"系统化的经济学"将在治国理政新理念新思想新战略的实施中得到理论升华，彰显中国特色"系统化的经济学说"的理论品质和思想特色。

思考题

1. 为什么说治国理政新理念新思想新战略从多方面推进了中国特色"系统化的经济学说"的新发展？

2. 怎样理解解放和发展社会生产力理论是中国特色"系统化的经济学说"的主线？

3. 怎样理解新发展理念是中国特色"系统化的经济学说"的主导？

4. 怎样理解坚持社会主义市场经济改革方向是中国特色"系统化的经济学说"的主题？

第七章 社会主要矛盾变化与现代化经济体系建设

学习要点：

• 党的十九大作出我国社会主要矛盾是人民日益增长的美好生活需要和不平衡不充分的发展之间矛盾的新判断；

• 新时代社会主要矛盾的提出，对中国特色社会主义政治经济学主题转换必定发生决定性影响；

• 现代化经济体系建设，以不断深化供给侧结构性改革为根本要求，以加快创新型国家建设为战略支撑，以实施乡村振兴战略、区域协调发展战略为根本途径，以加快完善社会主义市场经济体制为重要基础，以推动形成全面开放新格局、主动参与和推动经济全球化进程为必由之路。

党的十八大以来，习近平从对历史性飞跃的阶段性特征和趋势性变化的深刻理解中，准确把握社会主要矛盾变化的新特征、新趋势和新要求，面对新时代的特征和根本变化，形成一个涵盖经济制度、经济体制和经济运行的"系统化的经济学说"。习近平在党的十九大报告中提出"贯彻新发展理念，建设现代化经济体系"，这是新时代中国特色政治经济学的中心论题。推进现代化经济体系建设，要以不断深化供给侧结构性改革为根本要求，以加快创新型国家建设为战略支撑，以实施乡村振兴战略、区域协调发展战略为根本途径，以加快完善社会主义市场经济体制为重要基础，以推动形成全面开放新格局、主动参与和推动经济全球化进程为必由之路。

一、 中国社会主要矛盾变化的政治经济学分析

毛泽东在《矛盾论》中指出，"在复杂的事物的发展过程中，有许多的矛盾存在，其中必有一种是主要的矛盾，由于它的存在和发展规定或影响着其他矛盾的存在和发展"[1]，因此，"研究任何过程，如果是存在着两个以上矛盾的复杂过程的话，就要用全力找出它的主要矛盾。捉住了这个主要矛盾，一切问题就迎刃而解了"[2]。社会生产力和生产关系、经济基础和上层建筑之间的矛盾是社会基本矛盾。社会基本矛盾涉及社会经济、政治和文化等各个领域和各个方面，并在这些领域和方面呈现各种具体的矛盾形式。在这些具体矛盾中总有一个是主要矛盾，这一主要矛盾既反映和体现着社会基本矛盾的根本性质，又对处理和解决社会各个领域和各个方面的矛盾起着决定性作用，是解决社会所有问题的一把"总钥匙"。对社会主要矛盾的科学判断和准确把握，是事关认识世界和改变世界的根本性大问题。中国社会主义经济制度确立以来，随着社会基本矛盾的变化，中国共产党对社会主要矛盾作出过三次重要的判断，这三次判断对不同时期各个领域和各个方面的发展和变

---

① 《毛泽东选集》第一卷，人民出版社 1991 年版，第 320 页。
② 《毛泽东选集》第一卷，人民出版社 1991 年版，第 322 页。

化，特别是对社会经济关系的发展和变化，以及相应的社会主义政治经济学主题转换和基本理论的发展，都起着决定性影响和根本性作用。

1956 年，社会主义基本经济制度确立伊始，党的八大就提出，我国社会主要矛盾"已经是人民对于建立先进的工业国的要求同落后的农业国的现实之间的矛盾，已经是人民对于经济文化迅速发展的需要同当前经济文化不能满足人民需要的状况之间的矛盾"[①]，集中力量解决这一主要矛盾成为"党和全国人民的当前的主要任务"[②]。在对这一社会主要矛盾的认识过程中，党中央明确提出："如果我们不建设起强大的现代化的工业、现代化的农业、现代化的交通运输业和现代化的国防，我们就不能摆脱落后和贫困，我们的革命就不能达到目的。"[③] 这一主要矛盾凸显了牢固确立社会主义根本制度的历史主题。在经济社会发展上，这一社会主要矛盾决定，建立起坚实的国民经济体系和基本的经济基础，是这一时期的必然要求和主要任务；这一主要矛盾确立的社会主义政治经济学的主题，就是"把一个落后的农业的中国改变成为一个先进的工业化的中国"[④]。围绕这一主题，这一时期社会主义政治经济学形成了一些弥足珍贵的理论成果，其中最主要的如以农业为基础、工业为主导、农轻重协调发展，国民经济体系和结构统筹兼顾、注意综合平衡等重要理论。这些理论成果构成这一时期社会主义政治经济学主题的根本要义，也是中国特色社会主义政治经济学的理论菁华。

进入改革开放新时期，1981 年召开的党的十一届六中全会通过的《关于建国以来党的若干历史问题的决议》提出，"我国所要解决的主要矛盾，是人民日益增长的物质文化需要同落后的社会生产之间的矛盾……党和国家工作的重点必须转移到以经济建设为中心的社会主义现代化建设上来，大大发展社会生产力，并在这个基础上逐步改善人民的物质文化生活"[⑤]。这一社会主要矛盾对这一时期中国特色社会主义政治经济学主题转换产生了决定性影响。1987 年，党的十三大正式提出的"三步走"的经济发展战略，集中体现了这一主题转换的内在要求和基本规定。在"三步走"战略中，第一步是在 20 世纪 80 年代末实现国民生产总值比 1980 年翻一番，解决人民的温饱问题；第二步是到 20 世纪末，使国民生产总值再增长一倍，人民生活达到小康水平；第三步是到 21 世纪中叶，人均国民生产总值达到中等发达国家水平，人民生活比较富裕，基本实现现代化。在"三步走"战略中，从"解决人民的温饱"到"人民生活达到小康水平"，再到"人民生活比较富裕"的实践进路，紧扣这一时期社会主要矛盾，极大地拓展了这一时期中国特色社会主义政治经济学的主题。围绕这一主题，形成社会主义本质理论、解放生产力和发展生产力的系列理论、"发展才是硬道理"理念、"三个有利于"理论、科教兴国战略和可持续发展战略理论，提出建立和发展社会主义市场经济体制理论，以及关于对外开放理论等，其中最具代表性的就是"先富"和"共富"理论、效率优先的公平和效率关系等一系列理论观点，这些理论观点写就了中国特色社会主义政治经济学的"初稿"。

---

① 《中共中央文件选集（一九四九年十月～一九六六年五月）》第二十四册，人民出版社 2013 年版，第 248 页。
② 《中共中央文件选集（一九四九年十月～一九六六年五月）》第二十四册，人民出版社 2013 年版，第 248 页。
③ 《周恩来选集》下卷，人民出版社 1984 年版，132 页。
④ 《毛泽东文集》第七卷，人民出版社 1999 年版，第 117 页。
⑤ 《改革开放三十年重要文献选编》上，中央文献出版社 2008 年版，第 212 页。

2012年召开的党的十八大，正式提出到2020年实现全面建成小康社会的宏伟目标，提出"要准确判断重要战略机遇期内涵和条件的变化"①。正是在对党的十八大以来中国特色社会主义新时代发展内涵和条件新变化的深刻把握和科学分析中，党的十九大作出我国社会主要矛盾是人民日益增长的美好生活需要和不平衡不充分的发展之间矛盾的新判断。对新时代社会主要矛盾的判断，是党的十八大以来5年"极不平凡"的发展，以及改革开放新时期30多年来接续发展的结果。

对这一主要社会矛盾两个方面的探索，在党的十八大之前就已经开始，特别是进入21世纪，对原有社会主要矛盾中"人民日益增长的物质文化需要"和"落后的社会生产"两个方面及其关系的变化，我国一直进行着不断深化的探索。

对"人民日益增长的物质文化需要"内涵的阐释，2002年召开的党的十六大，在提出全面建设小康社会的奋斗目标时就作过重要扩充，强调了"社会保障体系比较健全""社会就业比较充分""人民过上更加富足的生活""人民的政治、经济和文化权益得到切实尊重和保障""基层民主更加健全，社会秩序良好，人民安居乐业""促进人与自然的和谐，推动整个社会走上生产发展、生活富裕、生态良好的文明发展道路"② 等内涵。2012年召开的党的十八大，在提出全面建成小康社会的奋斗目标时，对"人民日益增长的物质文化需要"内涵作了新的拓展，把"民主制度更加完善，民主形式更加丰富，人民积极性、主动性、创造性进一步发挥""人权得到切实尊重和保障""文化产品更加丰富，公共文化服务体系基本建成""人民生活水平全面提高。基本公共服务均等化总体实现。全民受教育程度和创新人才培养水平明显提高""就业更加充分。收入分配差距缩小，中等收入群体持续扩大，扶贫对象大幅减少。社会保障全民覆盖，人人享有基本医疗卫生服务，住房保障体系基本形成，社会和谐稳定""人居环境明显改善"③ 等纳入"需要"的内涵之中。

在对"落后的社会生产"的认识中，党的十六大在强调"人民日益增长的物质文化需要同落后的社会生产之间的矛盾仍然是我国社会的主要矛盾"的同时，已经对当时达到的小康的"低水平的、不全面的、发展很不平衡的"状况作了分析，其中突出指出，"我国生产力和科技、教育还比较落后，实现工业化和现代化还有很长的路要走；城乡二元经济结构还没有改变，地区差距扩大的趋势尚未扭转，贫困人口还为数不少；人口总量继续增加，老龄人口比重上升，就业和社会保障压力增大；生态环境、自然资源和经济社会发展的矛盾日益突出；我们仍然面临发达国家在经济科技等方面占优势的压力；经济体制和其他方面的管理体制还不完善；民主法制建设和思想道德建设等方面还存在一些不容忽视的问题"。④ 对这些"低水平""不全面""很不平衡"问题的分析，既是处理和解决当时社会主要矛盾的切入点和关键环节，也是这一时期中国特色社会主义政治经济学主题的着力点和理论聚焦点。

党的十八大以来，认识和把握新时代社会主要矛盾变化，更成为以习近平同志为核心

① 《十八大以来重要文献选编》上，中央文献出版社2014年版，第13页。
② 《改革开放三十年重要文献选编》下，中央文献出版社2008年版，第1249—1250页。
③ 《十八大以来重要文献选编》上，中央文献出版社2014年版，第13—14页。
④ 《改革开放三十年重要文献选编》下，中央文献出版社2008年版，第1249页。

的党中央国是论衡的重要课题，习近平在治国理政的系列讲话中对此作了深刻阐释。党的十八大刚结束，习近平就代表新一届党中央宣示："我们的人民热爱生活，期盼有更好的教育、更稳定的工作、更满意的收入、更可靠的社会保障、更高水平的医疗卫生服务、更舒适的居住条件、更优美的环境，期盼孩子们能成长得更好、工作得更好、生活得更好。人民对美好生活的向往，就是我们的奋斗目标。人世间的一切幸福都需要靠辛勤的劳动来创造。我们的责任，就是要团结带领全党全国各族人民，继续解放思想，坚持改革开放，不断解放和发展社会生产力，努力解决群众的生产生活困难，坚定不移走共同富裕的道路。"① 习近平明确提出新时代人民"对美好生活的向往"已经成为"需要"的根本内涵。在纪念中国共产党成立95周年大会的讲话中，习近平从"不忘初心，继续前进"的高度，对"美好生活"的内涵作了展开论述，他指出："带领人民创造幸福生活，是我们党始终不渝的奋斗目标。我们要顺应人民群众对美好生活的向往，坚持以人民为中心的发展思想，以保障和改善民生为重点，发展各项社会事业，加大收入分配调节力度，打赢脱贫攻坚战，保证人民平等参与、平等发展权利，使改革发展成果更多更公平惠及全体人民，朝着实现全体人民共同富裕的目标稳步迈进。"②

习近平从新时代历史方位变化的大势上，提出"发展不协调"是我国经济社会发展的一个长期存在的问题，特别是"在区域、城乡、经济和社会、物质文明和精神文明、经济建设和国防建设等关系上"③，如果不注意调整关系，不注重发展的整体效能，会导致"一系列社会矛盾会不断加深"④。在全面建成小康社会的奋斗目标中，"'小康'讲的是发展水平，'全面'讲的是发展的平衡性、协调性、可持续性。如果到2020年我们在总量和速度上完成了目标，但发展不平衡、不协调、不可持续问题更加严重，短板更加突出，就算不上真正实现了目标，即使最后宣布实现了，也无法得到人民群众和国际社会的认可"⑤，因此，"要在坚持以经济建设为中心的同时，全面推进经济建设、政治建设、文化建设、社会建设、生态文明建设，促进现代化建设各个环节、各个方面协调发展，不能长的很长、短的很短"。⑥

因时而进，因势而新。在党的十九大，习近平指出，经过近40年的不懈奋斗，我国稳定解决了十几亿人的温饱问题，总体上实现小康，正进入决胜全面建成小康社会的关键时期。在这一过程中，特别是党的十八大以来，中国特色社会主义进入新时代，人民对美好生活的需要日益广泛、不断增长，不仅对物质和文化生活提出了更高要求，而且在民主、法治、公平、正义、安全、环境等方面的要求也在不断拓展和增长。也就是说，这些被概括为"美好生活"的需要，除了由经济建设、文化建设提供的体现物质文明和精神文明发展的需要外，还包括由政治建设、社会建设、生态文明建设等方面提供的体现政治文明、社会文明和生态文明发展的各种需要。与此同时，我国社会生产力水平在总体上尽管

① 《十八大以来重要文献选编》上，中央文献出版社 2014 年版，第 70 页。
② 《十八大以来重要文献选编》下，中央文献出版社 2018 年版，第 352 页。
③ 《习近平关于社会主义经济建设论述摘编》，中央文献出版社 2017 年版，第 22 页。
④ 《习近平关于社会主义经济建设论述摘编》，中央文献出版社 2017 年版，第 22—23 页。
⑤ 《习近平谈治国理政》第二卷，外文出版社第 2017 年版，第 78 页。
⑥ 《十八大以来重要文献选编》中，中央文献出版社 2018 年版，第 831 页。

有了显著提高、社会生产能力在很多方面进入世界前列，但是相对于人民对"美好生活"的需要来讲，不平衡不充分发展问题却表现得愈加突出。不平衡既体现于城乡之间、不同地区之间、不同阶层之间的差别上，也体现于物质文明、精神文明以及政治文明、社会文明、生态文明之间发展的不平衡上；不充分既有传统的物质和文化生活需要供给上的不完全和不全面，也有对政治、社会、生态环境等新的需要供给上的短缺和短板。不平衡不充分的发展已经成为实现人民对"美好生活"期盼和追求的主要制约因素。

新时代社会主要矛盾的变化是关系全局的历史性变化，处理和解决好这一矛盾，涉及中国特色社会主义建设总体布局，成为新时代中国特色社会主义的主要任务，是对党和国家各个方面工作提出的新要求。对于新时代中国特色政治经济学发展来说，理解和处理好社会主要矛盾，就要在社会主义现代化强国建设中，在着力推动经济社会全面发展的基础上，大力提升发展质量和效益，解决好发展不平衡不充分的问题，在不断推进的全面性上和日渐显著的充分性上，更好地满足人民在物质文明、精神文明、政治文明、社会文明、生态文明发展上的需要，更好地推动人的全面发展和社会全面进步。

二、 社会主要矛盾新判断与"强起来"的政治经济学路向

新时代社会主要矛盾的提出，对中国特色社会主义政治经济学新发展产生了决定性影响。在党的十九大上，习近平在对党的十八大以来新时代历史方位变化的论述中指出，这一历史方位的变化突出地表现为"近代以来久经磨难的中华民族迎来了从站起来、富起来到强起来的伟大飞跃，迎来了实现中华民族伟大复兴的光明前景"[1]。从中国社会主义政治经济学的历史发展来看，结合中国社会主义社会主要矛盾三次判断的变化，新中国成立以来社会主义政治经济学经历了以 1956 年中国社会主义经济制度确立为标志，与党的八大提出的社会主要矛盾的判断相联系，构成中国特色"站起来"为主题的政治经济学发展时期；以 1978 年党的十一届三中全会为起点，与党的十一届六中全会提出的社会主要矛盾相联系，构成中国特色"富起来"为主题的政治经济学发展时期；以 2012 年党的十八大后提出实现中华民族伟大复兴中国梦奋斗目标为界标，与新时代社会主要矛盾的形成相结合，进入中国特色"强起来"为主题的政治经济学发展时期。

以"强起来"为主题，新时代中国特色社会主义政治经济学有了显著发展和创新。对于新时代政治经济学发展来说，理解和处理好社会主要矛盾，就要着力在推动发展的基础上，大力提升发展质量和效益，解决好发展不平衡不充分问题，以"强起来"为主题，更好满足人民在经济、政治、文化、社会、生态等方面日益增长的需要，更好推动人的全面发展和社会全面进步。

党的十八大以来，在新时代"强起来"政治经济学主题上，提出坚持以人民为中心的发展思想，提出要坚持把增进人民福祉、促进人的全面发展、朝着共同富裕方向稳步前进作为经济发展的出发点和落脚点；形成新发展理念，提出坚定不移贯彻创新、协调、绿

---

① 《习近平著作选读》第二卷，人民出版社 2023 年版，第 9 页。

色、开放、共享的发展理念，引导和推动我国经济全面协调发展，不断破解经济发展难题，为解决和处理好社会主要矛盾提供更为坚实的经济基础和经济力量。这两方面理论，是新时代"强起来"政治经济学的核心立场和根本指导。

新时代"强起来"政治经济学紧扣社会主要矛盾，是一个涵盖经济制度、经济体制和经济运行的系统化的经济学说。在关于社会主义基本经济制度及其相应的经济关系问题上，以坚持解放和发展社会生产力、坚持社会主义市场经济改革方向为重要原则，坚持发展完善社会主义基本经济制度理论，提出毫不动摇巩固和发展公有制经济，毫不动摇鼓励、支持、引导非公有制经济发展，推动各种所有制取长补短、相互促进、共同发展；公有制经济主体地位不能动摇，国有经济主导作用不能动摇。长期以来，在国家发展历程中，公有制经济是巩固党的执政地位、坚持我国社会主义制度的重要保证，也是我国各族人民共享发展成果的制度性保证；公有制经济是解决和处理好社会主要矛盾的根本的经济基础和关键的经济力量。同时，发展完善了社会主义基本分配制度理论，提出努力推动居民收入增长和经济增长同步、劳动报酬提高和劳动生产率提高同步，持续增加城乡居民收入，不断缩小收入差距，坚持以农村贫困人口全部脱贫作为全面建成小康社会的标志性指标。

在新时代"强起来"为主题的社会主义市场经济体制和经济运行问题上，提出了一系列基本理论：一是发展了社会主义市场经济体制改革理论，提出市场在资源配置中起决定性作用和更好发挥政府作用的发展路向。二是经济新常态理论，提出以转变经济发展方式和经济结构为根本导向，更加自觉地以提高经济发展质量为中心，大力推进经济结构的战略性调整。三是供给侧结构性改革理论，提出我国经济已转向高质量发展阶段，正处在转变发展方式、优化经济结构、转换增长动力的攻关期，建设现代化经济体系是跨越关口的迫切要求和我国发展的战略目标。四是区域协调发展战略理论，提出加大力度支持革命老区、民族地区、边疆地区、贫困地区加快发展，强化举措推进西部大开发形成新格局，深化改革加快东北等老工业基地振兴，发挥优势推动中部地区崛起，创新引领率先实现东部地区优化发展，建立更加有效的区域协调发展新机制。五是推动新型工业化、信息化、城镇化、农业现代化相互协调理论，提出我国工业化基本实现、信息化水平大幅提升、城镇化质量明显提高、农业现代化和农村城镇化建设成效显著的协调发展，实施乡村振兴战略，加快推进农业农村现代化。六是金融制度和金融体制改革和创新理论，提出金融是国家重要的核心竞争力，金融安全是国家安全的重要组成部分和金融制度是经济社会发展中重要的基础性制度的理念，紧紧围绕服务实体经济、防控金融风险、深化金融改革任务，加快转变金融发展方式，促进经济和金融良性循环、健康发展。七是坚持对外开放基本国策理论，在更大范围、更宽领域、更深层次上提高开放型经济水平，以开放的最大优势谋求中国经济社会的更大发展空间，主动参与和推动经济全球化进程，谋划"一带一路"建设，构建互联互通互融的开放系统。八是坚持稳中求进的工作总基调，坚持以提高发展质量和效益为中心，加强预期引导，深化创新驱动，促进经济平稳健康发展，不断壮大我国经济实力和综合国力。

要深刻认识新时代"强起来"政治经济学主题的"时间—空间"视界。从"站起来""富起来"到"强起来"的历史性飞跃，既有时间上的继起性，也有空间上的并存性。"强起来"是以"站起来"为基础，是以"富起来"为条件的；"强起来"也将在深度和广度上，夯实"站起来"的坚实基础，拓宽"富起来"的现实条件。以"强起来"为主题的新时代中国特色社会主义政治经济学，是对以"站起来"和"富起来"为主题的政治经济学理论的赓续，也是对以"站起来"和"富起来"为主题的政治经济学在中国特色社会主义新时代的发展和创新。"强起来"的主题，是中国特色社会主义新时代的重要标识，也是新时代中国特色社会主义政治经济学发展的根本意蕴。

三、 现代化经济体系的内涵及其理论创新

在党的十九大，习近平提出了"建设现代化经济体系"的新思想，确立了新时代"强起来"政治经济学的发展目标。建设现代化经济体系，就是要把发展经济的着力点放在实体经济上，把提高供给体系质量作为主攻方向，显著增强我国经济质量优势。现代化经济体系建设，要以供给侧结构性改革为主线，以加快创新型国家建设为战略支撑，以实施乡村振兴战略、区域协调发展战略为根本途径，以加快完善社会主义市场经济体制为重要基础，以推动形成全面开放新格局、主动参与和推动经济全球化进程为必由之路。

现代化经济体系是党的十九大提出社会主要矛盾转化新判断后提出的中国特色"系统化的经济学说"的重要课题。在党的十九大上，习近平从解放和发展生产力的高度，以"贯彻新发展理念，建设现代化经济体系"为主题，在社会经济活动相互关系和内在联系的整体结构上，把握大力推进科技创新和体制创新的基本过程，首次提出现代化经济体系的理论和实践问题。习近平指出："我国经济已由高速增长阶段转向高质量发展阶段，正处在转变发展方式、优化经济结构、转换增长动力的攻关期，建设现代化经济体系是跨越关口的迫切要求和我国发展的战略目标。"①

在对新时代"系统化的经济学说"理论要义的阐释中，习近平提出"紧扣我国社会主要矛盾变化，统筹推进经济建设、政治建设、文化建设、社会建设、生态文明建设"的总体要求；强调"坚定实施科教兴国战略、人才强国战略、创新驱动发展战略、乡村振兴战略、区域协调发展战略、可持续发展战略、军民融合发展战略"的整体战略。② 面对我国社会主要矛盾的转化和"两个一百年"奋斗目标的实际，习近平提出，"明确新时代我国社会主要矛盾是人民日益增长的美好生活需要和不平衡不充分的发展之间的矛盾，必须坚持以人民为中心的发展思想，不断促进人的全面发展、全体人民共同富裕③。从新时代经济社会发展的总体要求和整体战略上，习近平一再提到"深入贯彻以人民为中心的发展思想"④，"把人民对美好生活的向往作为奋斗目标"⑤，要密切结合经济改革和发展的新的实践，牢固把握习近平经济思想核心立场的深刻意蕴。

针对新发展理念在现代化经济体系建设中的地位和作用，习近平强调："坚定不移贯

---

① 《习近平著作选读》第二卷，人民出版社 2023 年版，第 24—25 页。
② 《习近平著作选读》第二卷，人民出版社 2023 年版，第 23 页。
③ 《习近平著作选读》第二卷，人民出版社 2023 年版，第 16 页。
④ 《习近平著作选读》第二卷，人民出版社 2023 年版，第 4 页。
⑤ 《习近平著作选读》第二卷，人民出版社 2023 年版，第 17 页。

彻新发展理念，坚决端正发展观念、转变发展方式，发展质量和效益不断提升。"① 经济社会主要矛盾中还"面临不少困难和挑战"，其中主要如"发展不平衡不充分的一些突出问题尚未解决，发展质量和效益还不高，创新能力不够强，实体经济水平有待提高，生态环境保护任重道远；民生领域还有不少短板，脱贫攻坚任务艰巨，城乡区域发展和收入分配差距依然较大，群众在就业、教育、医疗、居住、养老等方面面临不少难题"② 等。新发展理念必然成为应对各种挑战、解决各种困难，勇于斗争、不断奋进，建设现代化经济体系的根本主导。

"发展是解决我国一切问题的基础和关键"③，习近平从"基础和关键"的整体意义上，强调新发展理念的枢纽作用。"基础和关键"旨在强调"发展必须是科学发展，必须坚定不移贯彻创新、协调、绿色、开放、共享的发展理念"④。在社会主要矛盾的新的变化中，坚持新发展理念的基本方略，就突出体现于坚持和完善我国社会主义基本经济制度和分配制度，毫不动摇巩固和发展公有制经济，毫不动摇鼓励、支持、引导非公有制经济发展；突出体现于使市场在资源配置中起决定性作用，更好发挥政府作用；突出体现于推动新型工业化、信息化、城镇化、农业现代化同步发展；突出体现于主动参与和推动经济全球化进程，发展更高层次的开放型经济四个方面，坚持新发展理念，不断壮大我国经济实力和综合国力，是全面建成社会主义现代化强国的基本方略，也是处理和解决好社会主要矛盾的根本要求和现实基础。⑤ 在现代化经济体系的整体结构上，要从主导方向上贯彻落实好新发展理念。

在现代化经济体系结构内涵上，习近平对以下几个问题作出新的探索：

第一，要以供给侧结构性改革为主线，着力推进经济发展的质量变革、效率变革和动力变革，立足于满足人民群众对"美好生活"的需要，立足于社会生产力全面进步和跃升，不断提高全要素生产率，不断加快实体经济、科技创新、现代金融、人力资源协同发展的产业体系建设。不断深化供给侧结构性改革，这是推进现代化经济体系建设的根本要求。习近平指出："建设现代化经济体系，必须把发展经济的着力点放在实体经济上，把提高供给体系质量作为主攻方向，显著增强我国经济质量优势。"⑥ 在供给侧结构性改革路向上，着力构建市场机制有效、微观主体有活力、宏观调控有度的经济体制，不断增强我国经济创新力和竞争力。

在现代化经济体系建设中，要大力发展实体经济，筑牢现代化经济体系的坚实基础。实体经济是国民经济的立身之本，是国家强盛的最根本的基础。在深入推进供给侧结构性改革中，要加快发展先进制造业，推动互联网、大数据、人工智能同实体经济深度融合，推动资源要素向实体经济集聚、政策措施向实体经济倾斜、工作力量向实体经济加强，营造脚踏实地、勤劳创业、实业致富的发展环境和社会氛围。

---

① 《习近平著作选读》第二卷，人民出版社 2023 年版，第 2—3 页。
② 《习近平著作选读》第二卷，人民出版社 2023 年版，第 8 页。
③ 《习近平著作选读》第二卷，人民出版社 2023 年版，第 18 页。
④ 《习近平著作选读》第二卷，人民出版社 2023 年版，第 18 页。
⑤ 《习近平著作选读》第二卷，人民出版社 2023 年版，第 18 页。
⑥ 《习近平著作选读》第二卷，人民出版社 2023 年版，第 25 页。

第二，要以加快创新型国家建设为战略支撑。加快创新型国家建设，是建设现代化经济体系的战略支撑。习近平指出："创新是引领发展的第一动力，是建设现代化经济体系的战略支撑。要瞄准世界科技前沿，强化基础研究，实现前瞻性基础研究、引领性原创成果重大突破。"[①] 着力创新，要加强国家创新体系建设，强化战略科技力量；建立以企业为主体、市场为导向、产学研深度融合的技术创新体系，加强对中小企业创新的支持，促进科技成果转化。

加强国家创新体系建设，强化战略科技力量，推动科技创新和经济社会发展深度融合，塑造更多依靠创新驱动、更多发挥先发优势的引领型发展。国家创新体系是决定国家发展水平的基础，战略科技力量是国家创新体系的中坚力量，国际竞争很大程度上是科技创新能力体系的比拼。强化现代化经济体系的战略支撑，要深入实施科教兴国战略、人才强国战略、创新驱动发展战略，在教育强国、科技强国、人才强国上取得显著成效，努力实现 2035 年跻身创新型国家前列的发展目标。

深化科技体制改革，还要着力建立以企业为主体、市场为导向、产学研深度融合的技术创新体系，加强对中小企业创新的支持，促进科技成果转化。习近平指出："要深化科技体制改革，坚决扫除阻碍科技创新能力提高的体制障碍，有力打通科技和经济转移转化的通道，优化科技政策供给，完善科技评价体系，营造良好创新环境。"[②]

第三，要以实施乡村振兴战略、区域协调发展战略为根本途径，以加快完善社会主义市场经济体制为重要基础，以推动形成全面开放新格局为必由之路。要坚持农业农村优先发展，构建现代农业产业体系、生产体系、经营体系，完善农业支持保护制度，建立健全城乡融合发展体制机制和政策体系，加快推进农业农村现代化。我国经济格局和经济发展中最大的不平衡是城乡之间的不平衡，最大的不充分是农村发展的不充分。中国要强，农业必须强；中国要美，农村必须美；中国要富，农民必须富。在全面建设社会主义现代化国家新征程中，要始终坚持把解决好"三农"问题作为现代化经济体系建设的重中之重，摆在优先发展的地位。

习近平强调，没有农业现代化，国家现代化是不完整、不全面、不牢固的。当前，农业现代化仍是"四化同步"的短腿：其一，要确保国家粮食安全，把中国人的饭碗牢牢端在自己手中。解决好十几亿人吃饭问题始终是治国安邦的头等大事，是农业发展的首要任务。其二，加强现代农业中产业体系、生产体系、经营体系"三大支柱"构建。完善农业支持保护制度，发展多种形式适度规模经营，培育新型农业经营主体，健全农业社会化服务体系，实现小农户和现代农业发展有机衔接。其三，注重调整农业结构，支持和鼓励农民就业创业，拓宽增收渠道。其四，加强农村基层基础工作，健全自治、法治、德治相结合的乡村治理体系。培养造就一支懂农业、爱农村、爱农民的"三农"工作队伍。

党的十九大明确提出了区域协调发展战略的主要任务和战略取向，其要义在于：其一，加大力度支持革命老区、民族地区、边疆地区、贫困地区加快发展。老少边穷地区是我国特殊类型困难地区，要进一步将老少边穷地区放在区域协调发展战略的优先位置。其

---

① 《习近平著作选读》第二卷，人民出版社 2023 年版，第 25—26 页。
② 《习近平关于科技创新论述摘编》，中央文献出版社 2016 年版，第 56 页。

二，强化举措推进西部大开发形成新格局，深化改革加快东北等老工业基地振兴，发挥优势推动中部地区崛起，创新引领要率先实现东部地区优化发展，加大西部开放力度，加快东北等老工业基地振兴，中部地区具有连接东西、贯通南北的区位优势条件和产业体系较为完整的优势，东部地区是我国经济发展的先行区，对全国经济发挥着重要的增长引擎和辐射带动作用。东部地区要率先实现优化发展，必须加快在创新引领上实现突破，充分利用和拓展创新要素集聚的特殊优势，打造具有国际影响力的创新高地。其三，建立更加有效的区域协调发展新机制。其四，以城市群为主体构建大中小城市和小城镇协调发展的城镇格局，加快农业转移人口市民化。

第四，要加快完善社会主义市场经济体制。加快完善社会主义市场经济体制，是建设现代化经济体系的重要基础。经济体制改革必须以完善产权制度和要素市场化配置为重点，要完善各类国有资产管理体制，深化国有企业改革，发展混合所有制经济，培育具有全球竞争力的世界一流企业。

建设现代化经济体系的理论和实践，显著地深化着新时代中国特色"系统化的经济学说"主题。在对建设现代化经济体系的深入探索中，习近平经济思想，升华着新时代中国特色"系统化的经济学说"的理论境界。

四、　现代化经济体系的体制和制度结构

建设现代化经济体系，是党的十九大从党和国家事业全局出发，着眼于实现"两个一百年"奋斗目标、顺应中国特色社会主义进入新时代的新要求作出的重大决策部署。国家强，经济体系必须强。只有形成现代化经济体系，才能更好顺应现代化发展潮流和赢得国际竞争主动，也才能为其他领域现代化提供有力支撑。要按照建设社会主义现代化强国的要求，加快建设现代化经济体系，确保社会主义现代化强国目标如期实现。

党的十九大召开之后不久，2018年1月，习近平对加快建设现代化经济体系理论和实践问题再次作出阐释，不仅在整体上提出"建设现代化经济体系是我国发展的战略目标，也是转变经济发展方式、优化经济结构、转换经济增长动力的迫切要求"[①] 的要求，而且对现代化经济体系的结构作出战略规划和方略举措。这一结构集中在六个"体系"和一个"体制"上：六个"体系"包括创新引领、协同发展的产业体系；统一开放、竞争有序的市场体系；体现效率、促进公平的收入分配体系；彰显优势、协调联动的城乡区域发展体系；资源节约、环境友好的绿色发展体系；多元平衡、安全高效的全面开放体系。一个"体制"指充分发挥市场作用、更好发挥政府作用的经济体制。

现代化经济体系这六个"体系"和一个"体制"的建设，既要以先进生产力为坚实基础，以适应实施创新驱动发展战略的高度发展的新质生产力为战略支撑，增强科学技术特别是工程技术发展的国际竞争力；也要在深化经济体制改革中，处理好生产力和生产关系的辩证关系，完善现代化经济体系的制度保障。现代化经济体系建设凸显催生生产力作

---

① 习近平：《论把握新发展阶段、贯彻新发展理念、构建新发展格局》，中央文献出版社2021年版，第237页。

用要素和组织结构在量的增速上的质态变化，在根本上就是要加快发展新质生产力。

建设现代化经济体系是我国发展的战略目标，也是转变经济发展方式、优化经济结构、转换经济增长动力的迫切要求。习近平阐明了现代化经济体系的内涵。现代化经济体系，是由社会经济活动各个环节、各个层面、各个领域的相互关系和内在联系构成的一个有机整体。要建设创新引领、协同发展的产业体系，实现实体经济、科技创新、现代金融、人力资源协同发展，使科技创新在实体经济发展中的贡献份额不断提高、现代金融服务实体经济的能力不断增强、人力资源支撑实体经济发展的作用不断优化。要建设统一开放、竞争有序的市场体系，实现市场准入畅通、市场开放有序、市场竞争充分、市场秩序规范，加快形成企业自主经营公平竞争、消费者自由选择自主消费、商品和要素自由流动平等交换的现代市场体系。要建设体现效率、促进公平的收入分配体系，实现收入分配合理、社会公平正义、全体人民共同富裕，推进基本公共服务均等化，逐步缩小收入分配差距。要建设彰显优势、协调联动的城乡区域发展体系，实现区域良性互动、城乡融合发展、陆海统筹整体优化，培育和发挥区域比较优势，加强区域优势互补，塑造区域协调发展的新格局。要建设资源节约、环境友好的绿色发展体系，实现绿色循环低碳发展、人与自然和谐共生，牢固树立和践行绿水青山就是金山银山理念，形成人与自然和谐发展的现代化建设新格局。要建设多元平衡、安全高效的全面开放体系，发展更高层次的开放型经济，推动开放朝着优化结构、拓展深度、提高效益方向转变。要建设充分发挥市场作用、更好发挥政府作用的经济体制，实现市场机制有效、微观主体有活力、宏观调控有度。以上几个体系是统一整体，要一体建设、一体推进。我们建设的现代化经济体系，既要借鉴发达国家的有益做法，更要符合中国国情、具有中国特色。

五、 现代化经济体系与全面开放新格局的形成

现代化经济体系建设要推动形成全面开放新格局。习近平在对现代化经济体系的阐释中强调："推动形成全面开放新格局。开放带来进步，封闭必然落后。中国开放的大门不会关闭，只会越开越大。"[①]

在推动形成全面开放新格局中，要以"一带一路"建设为重点，坚持引进来和走出去并重，遵循共商共建共享原则，加强创新能力开放合作，形成陆海内外联动、东西双向互济的开放格局。拓展对外贸易，培育贸易新业态新模式，推进贸易强国建设。实行高水平的贸易和投资自由化便利化政策，全面实行准入前国民待遇加负面清单管理制度，大幅放宽市场准入，扩大服务业对外开放，保护外商投资合法权益。凡是在我国境内注册的企业，都要一视同仁、平等对待。优化区域开放布局，加大西部开放力度。赋予自由贸易试验区更大改革自主权，探索建设自由贸易港。创新对外投资方式，促进国际产能合作，形成面向全球的贸易、投融资、生产、服务网络，加快培育国际经济合作和竞争新优势。

---

① 《习近平著作选读》第二卷，人民出版社 2023 年版，第 28 页。

对外开放是推动我国经济社会发展的重要动力。当前中国与世界同处于发展的重大转折期，应对错综复杂的国内外形势，统筹国内国际两个大局，对我们发展开放型经济提出了更高的要求。不断扩大对外开放，提高对外开放水平，以开放促改革、促发展，是我国发展不断取得新成就的重要法宝。我们将顺应中国经济深度融入世界经济的趋势，奉行互利共赢的开放战略，发展更高层次的开放型经济。习近平的对外开放战略思想，集中体现在以下几个方面：

第一，推动形成全面开放新格局。党的十八大后不久，2013 年 4 月，习近平就提出："中国开放的大门不会关上。过去十年，中国全面履行入世承诺，商业环境更加开放和规范。中国将在更大范围、更宽领域、更深层次上提高开放型经济水平。"[①] 2013 年 10 月，习近平进一步指出："我们将实行更加积极主动的开放战略，完善互利共赢、多元平衡、安全高效的开放型经济体系，促进沿海内陆沿边开放优势互补，形成引领国际经济合作和竞争的开放区域，培育带动区域发展的开放高地。"[②] 2013 年 11 月，党的十八届三中全会通过的《中共中央关于全面深化改革若干重大问题的决定》提出"构建开放型经济新体制"。党的十九大正式提出推动形成全面开放新格局，提出要以"一带一路"建设为重点，形成陆海内外联动、东西双向互济的开放格局；赋予自由贸易试验区更大改革自主权，探索建设自由贸易港。

第二，建设开放型世界经济与培育经济全球化新理念。2013 年 9 月，习近平在俄罗斯举行的二十国集团领导人峰会的发言中第一次提出"共同维护和发展开放型世界经济"[③] 的新理念；2017 年 1 月，在联合国演讲中，习近平进一步提出"建设一个开放、包容、普惠、平衡、共赢的经济全球化"[④] 的论断。习近平明确提出："同舟共济，促进贸易和投资自由化便利化，推动经济全球化朝着更加开放、包容、普惠、平衡、共赢的方向发展"[⑤]；形成了"中国支持多边贸易体制，促进自由贸易区建设，推动建设开放型世界经济"[⑥] 的新理念。

第三，改革全球经济治理体系。2013 年 4 月，习近平指出："要稳步推进国际经济金融体系改革，完善全球治理机制。"[⑦] 2015 年 7 月，习近平提出全球经济治理改革的主要目标，"共同致力于提高金砖国家在全球治理体系中的地位和作用，推动国际经济秩序顺应新兴市场国家和发展中国家力量上升的历史趋势"[⑧]。此后，在不同的国际场合，习近平对这个问题作出多次论述，在党的十九大报告中，习近平把全球经济治理新思想概括为"中国秉持共商共建共享的全球治理观，倡导国际关系民主化，坚持国家不分大小、强弱、贫富一律平等，支持联合国发挥积极作用，支持扩大发展中国家在国际事务中的代表性和

---

① 《习近平关于社会主义经济建设论述摘编》，中央文献出版社 2017 年版，第 287 页。
② 《习近平关于社会主义经济建设论述摘编》，中央文献出版社 2017 年版，第 287 页。
③ 《十八大以来重要文献选编》上，中央文献出版社 2014 年版，第 358 页。
④ 《习近平著作选读》第一卷，人民出版社 2023 年版，第 567 页。
⑤ 《习近平著作选读》第二卷，人民出版社 2023 年版，第 48 页。
⑥ 《习近平著作选读》第二卷，人民出版社 2023 年版，第 49 页。
⑦ 《习近平谈治国理政》，外文出版社 2014 年版，第 330 页。
⑧ 习近平：《论坚持推动构建人类命运共同体》，中央文献出版社 2018 年版，第 226 页。

发言权。中国将继续发挥负责任大国作用，积极参与全球治理体系改革和建设"①。

第四，推动构建人类命运共同体。2013年3月23日，习近平担任国家主席后首次在俄罗斯出访时，就在"顺应时代前进潮流，促进世界和平发展"的主题演讲中提出，"人类生活在同一个地球村里，生活在历史和现实交汇的同一个时空里，越来越成为你中有我、我中有你的命运共同体"②。世界文明交往的历史证明，只要坚持团结互信、平等互利、包容互鉴、合作共赢，不同种族、不同信仰、不同文化背景的国家完全可以共享和平，共同发展。2014年3月，在联合国教科文组织总部发表演讲中，习近平向世界讲述中国"和而不同"的哲学理念，深刻阐述了"文明因交流而多彩，文明因互鉴而丰富"的文明观。文明交流互鉴，是推动人类文明进步与世界和平发展的重要动力。当今世界，人类生活在不同文化、不同种族、不同肤色、不同宗教和不同社会制度所组成的世界里，各国人民形成了你中有我、我中有你的命运共同体。

2015年9月，在第七十届联合国大会一般性辩论的讲话中，习近平倡导"和平、发展、公平、正义、民主、自由，是全人类的共同价值，也是联合国的崇高目标"；提出"构建以合作共赢为核心的新型国际关系，打造人类命运共同体"。③ 习近平关于人类命运共同体的新理念，在党的十九大得到进一步丰富和完善。在阐述新时代中国特色社会主义思想时，习近平指出，"明确中国特色大国外交要推动构建新型国际关系，推动构建人类命运共同体"④。党的十九大把坚持推动构建人类命运共同体作为习近平新时代中国特色社会主义思想的基本方略之一。

2018年4月，习近平在博鳌亚洲论坛年会上指出："中国人民将继续与世界同行、为人类作出更大贡献，坚定不移走和平发展道路，积极发展全球伙伴关系，坚定支持多边主义，积极参与推动全球治理体系变革，构建新型国际关系，推动构建人类命运共同体。"⑤ 中国人民将继续扩大开放、加强合作，在不断推动形成全面开放新格局的进程中，坚定不移奉行互利共赢的开放战略，坚持引进来和走出去并重，推动形成陆海内外联动、东西双向互济的开放格局。

第五，促进"一带一路"国际合作。2013年9月和10月，习近平在出访中亚和东南亚国家期间，先后提出共建"丝绸之路经济带"和"21世纪海上丝绸之路"的重大倡议，引起国际社会的高度关注。中国提出的这两个适合于欧亚大陆经济整合的大战略，是习近平深刻思考人类前途命运以及中国和世界发展大势，为促进全球共同繁荣、打造人类命运共同体所作出的重大战略决策。

"一带一路"是繁荣之路，推进"一带一路"建设能聚焦发展这个根本性问题，释放各国发展潜力，实现经济大融合、发展大联动、成果大共享。"一带一路"是开放之路，"一带一路"建设以开放为导向，结合各国自身国情，积极发展开放型经济，参与全球治理和公共产品供给，携手构建广泛的利益共同体。"一带一路"是创新之路，"一带一路"

① 《习近平著作选读》第二卷，人民出版社2023年版，第49页。
② 《习近平著作选读》第一卷，人民出版社2023年版，第104页。
③ 《十八大以来重要文献选编》中，中央文献出版社2016年版，第695页。
④ 《习近平著作选读》第二卷，人民出版社2023年版，第16页。
⑤ 《习近平著作选读》第二卷，人民出版社2023年版，第143页。

建设本身就是一个创举，搞好"一带一路"建设也要向创新要动力。"一带一路"也是文明之路，"一带一路"建设以文明交流、文明互鉴和文明共存为基础，推动各国相互理解、相互尊重、相互信任。

"一带一路"建设以共商共建共享为基本原则。"共商"就是沟通协商，充分尊重各国发展水平、经济结构、法律制度、营商环境和文化传统的差异；"共建"就是共同参与，深度对接有关国家和区域发展战略；"共享"就是实现互利共赢，充分调动各方面积极性。"一带一路"建设也以深化"五通"合作为关键支撑，政策沟通、设施联通、贸易畅通、资金融通和民心相通是"一带一路"建设的核心内容。"一带一路"建设以构建全面开放新格局为努力方向，要积极促进"一带一路"国际合作，打造国际合作新平台，增添共同发展新动力。我国日益走近世界舞台中央，如何在加快自身发展的同时，应对全球挑战、谋求共同发展，是新时代扩大对外开放的重要课题。

共建"一带一路"倡议源于中国，但机会和成果属于世界，要把"一带一路"打造成顺应经济全球化潮流的最广泛国际合作平台，让共建"一带一路"更好造福各国人民。我们必须审时度势，积极参与国际经贸规则制定，贡献中国智慧、提出中国方案，努力在经济全球化中抢占先机、赢得主动，建设开放型世界经济，促进共同发展。"一带一路"倡议致力于打造不同文明和谐共融的利益共同体、责任共同体、命运共同体，推动现有国际秩序、国际规则增量改革，为完善全球治理体系提供了新思路新方案，成为有关各国实现共同发展的巨大合作平台。

六、 现代化经济体系与高质量发展

在"两个一百年"奋斗目标交替之际，我国经济已由高速增长阶段转向高质量发展阶段，正处在转变发展方式、优化经济结构、转换增长动力的攻关期，建设现代化经济体系是跨越关口的迫切要求和我国发展的战略目标。

2017年10月，习近平在党的十九大报告中首次提出我国经济已由高速增长阶段转向高质量发展阶段，认为"我国经济已由高速增长阶段转向高质量发展阶段，正处在转变发展方式、优化经济结构、转换增长动力的攻关期，建设现代化经济体系是跨越关口的迫切要求和我国发展的战略目标"[①]。

在当年年底召开的中央经济工作会议上，习近平系统阐释了高质量发展的内涵、目标、要求和意义，提出"推动高质量发展是我们当前和今后一个时期确定发展思路、制定经济政策、实施宏观调控的根本要求，必须加快形成推动高质量发展的指标体系、政策体系、标准体系、统计体系、绩效评价、政绩考核，创建和完善制度环境，推动我国经济在实现高质量发展上不断取得新进展"[②]。

中国特色社会主义发展进入新时代，我国经济发展也进入新时代，新时代我国经济发

---

① 《习近平著作选读》第二卷，人民出版社2023年版，第24—25页。
② 《习近平著作选读》第二卷，人民出版社2023年版，第68页。

展的特征，就是我国经济已由高速增长阶段转向高质量发展阶段。

第一，这是保持经济持续健康发展的必然要求。我国正处于转变发展方式的关键阶段，劳动力成本上升、资源环境约束增大、粗放的发展方式难以为继、经济循环不畅等问题十分突出。同时，世界新一轮科技革命和产业变革方兴未艾、多点突破。我们必须推动高质量发展，以适应科技新变化、人民新需要，形成优质高效多样化的供给体系，提供更多优质产品和服务。这样，供求才能在新的水平上实现均衡，我国经济才能持续健康发展。

第二，这是适应我国社会主要矛盾变化和全面建成小康社会、全面建设社会主义现代化国家的必然要求。我国社会主要矛盾发生了重大变化，我国经济发展阶段也在发生历史性变化，不平衡不充分的发展就是发展质量不高的表现。解决我国社会的主要矛盾，必须推动高质量发展。我们要重视量的发展，更要重视解决质的问题，在质的大幅提升中实现量的有效增长。

第三，这是遵循经济规律发展的必然要求。20 世纪 60 年代以来，全球一百多个中等收入经济体中只有十几个成功进入高收入国家行列。那些取得成功的国家，就是在经历高速增长阶段后才实现了经济发展从量的扩张转向质的提高。那些徘徊不前甚至倒退的国家，就是没有实现这种根本性转变。经济发展是一个螺旋式上升的过程，上升不是线性的，量积累到一定阶段，必须转向质的提升，我国经济发展也要遵循这一规律。

高质量发展，就是能够很好满足人民日益增长的美好生活需要的发展，是体现新发展理念的发展，是创新成为第一动力、协调成为内生特点、绿色成为普遍形态、开放成为必由之路、共享成为根本目的的发展。从供给看，高质量发展应该实现产业体系比较完整、生产组织方式网络化智能化，创新力、需求捕捉力、品牌影响力、核心竞争力强，产品和服务质量高。从需求看，高质量发展应该不断满足人民群众个性化、多样化、不断升级的需求，这种需求又引领供给体系和结构的变化，供给变革又不断催生新的需求。从投入产出看，高质量发展应该不断提高劳动效率、资本效率、土地效率、资源效率、环境效率，不断提升科技进步贡献率，不断提高全要素生产率。从分配看，高质量发展应该实现投资有回报、企业有利润、员工有收入、政府有税收，并且充分反映各自按市场评价的贡献。从宏观经济循环看，高质量发展应该实现生产、流通、分配、消费循环通畅，国民经济重大比例关系和空间布局比较合理、经济发展比较平稳，不出现大的起落。更明确地说，高质量发展，就是从"有没有"转向"好不好"。

推动高质量发展，就要建设现代化经济体系，这是我国发展的战略目标。实现这一战略目标，必须牢牢把握高质量发展的要求，坚持质量第一、效益优先；牢牢把握工作主线，坚定推进供给侧结构性改革；牢牢把握基本路径，推动质量变革、效率变革、动力变革；牢牢把握着力点，加快建设实体经济、科技创新、现代金融、人力资源协同发展的产业体系；牢牢把握制度保障，构建市场机制有效、微观主体有活力、宏观调控有度的经济体制。推动高质量发展是当前和今后一个时期确定发展思路、制定经济政策、实施宏观调控的根本要求，必须加快形成推动高质量发展的指标体系、政策体系、标准体系、统计体系、绩效评价、政绩考核，创建和完善制度环境，推动我国经济在实现高质量发展上不断取得新进展。

新形势下促进区域协调发展，总的思路是：要按照客观经济规律调整完善区域政策体系，发挥各地区比较优势，促进各类要素合理流动和高效集聚，增强创新发展动力，加快构建高质量发展的动力系统，增强中心城市和城市群等经济发展优势区域的经济和人口承载能力，增强其他地区在保障粮食安全、生态安全、边疆安全等方面的功能，形成优势互补、高质量发展的区域经济布局。

我国经济由高速增长阶段转向高质量发展阶段，对区域协调发展提出了新的要求。不能简单要求各地区在经济发展上达到同一水平，而是要根据各地区的条件，走合理分工、优化发展的路子。要形成几个能够带动全国高质量发展的新动力源，特别是京津冀、长三角、珠三角三大地区，以及一些重要城市群。不平衡是普遍的，要在发展中促进相对平衡。这是区域协调发展的辩证法。

党的十八大以来，习近平在各地调研考察时都强调高质量发展，支持各地区结合实际积极探索推动高质量发展的途径。高质量发展是"十四五"规划乃至更长时期我国经济社会发展的主题，关系我国社会主义现代化建设全局。高质量发展不只是一个经济要求，而是对经济社会发展方方面面的总要求；不是只对经济发达地区的要求，而是所有地区发展都必须贯彻的要求；不是一时一事的要求，而是必须长期坚持的要求。各地区要结合实际情况，因地制宜、扬长补短，走出一条适合本地区实际的高质量发展之路。要始终把最广大人民根本利益放在心上，坚定不移增进民生福祉，把高质量发展同满足人民美好生活需要紧密结合起来，推动坚持生态优先，推动高质量发展，创造高品质生活有机结合、相得益彰。

我国经济已由高速增长阶段转向高质量发展阶段，正处在转变发展方式、优化经济结构、转换增长动力的攻关期，建设现代化经济体系是跨越关口的迫切要求和我国发展的战略目标。必须坚持质量第一、效益优先，以供给侧结构性改革为主线，推动经济发展质量变革、效率变革、动力变革，提高全要素生产率，着力加快建设实体经济、科技创新、现代金融、人力资源协同发展的产业体系，着力构建市场机制有效、微观主体有活力、宏观调控有度的经济体制，不断增强我国经济创新力和竞争力。

建设现代化经济体系是一篇大文章，既是一个重大理论命题，更是一个重大实践课题，需要从理论和实践的结合中进行深入探讨。建设现代化经济体系是我国发展的战略目标，也是转变经济发展方式、优化经济结构、转换经济增长动力的迫切要求。全党一定要深刻认识建设现代化经济体系的重要性和艰巨性，科学把握建设现代化经济体系的目标和重点，推动我国经济发展焕发新活力、迈上新台阶。

建设现代化经济体系，需要扎实管用的政策举措和行动。要突出抓好以下几方面工作。一是要大力发展实体经济，筑牢现代化经济体系的坚实基础。实体经济是一国经济的立身之本，是财富创造的根本源泉，是国家强盛的重要支柱。要深化供给侧结构性改革，加快发展先进制造业，推动互联网、大数据、人工智能同实体经济深度融合，推动资源要素向实体经济集聚、政策措施向实体经济倾斜、工作力量向实体经济加强，营造脚踏实地、勤劳创业、实业致富的发展环境和社会氛围。二是要加快实施创新驱动发展战略，强化现代化经济体系的战略支撑，加强国家创新体系建设，强化战略科技力量，推动科技创新和经济社会发展深度融合，塑造更多依靠创新驱动、更多发挥先发优势的引领型发展。

三是要积极推动城乡区域协调发展，优化现代化经济体系的空间布局，实施好区域协调发展战略，推动京津冀协同发展和长江经济带发展，同时协调推进粤港澳大湾区发展。乡村振兴是一盘大棋，要把这盘大棋走好。四是要着力发展开放型经济，提高现代化经济体系的国际竞争力，更好利用全球资源和市场，继续积极推进"一带一路"框架下的国际交流合作。五是要深化经济体制改革，完善现代化经济体系的制度保障，加快完善社会主义市场经济体制，坚决破除各方面体制机制弊端，激发全社会创新创业活力。

在对建设现代化经济体系理论和实践的探讨中，习近平对新质生产力这一"可靠依据"作出创新性探索。在对科技创新引领现代化产业体系建设问题阐释时，习近平指出："要以科技创新推动产业创新，特别是以颠覆性技术和前沿技术催生新产业、新模式、新动能，发展新质生产力。"[①] 新质生产力是生产力发展和科技进步的产物，是人类改造自然能力的革命性提升；新质生产力也是社会生产力革命性变革中"巨大潜能"迸发的新型生产力结构，是实现了"总体跃升"的新时代的先进生产力。

实现高质量发展是现代化经济体系建设的关键所在、根本所在。首先，高质量发展是以不断满足人民群众对美好生活的个性化、多样化、不断升级的需要为目标的。这种需要引领供给体系和结构的变化，在优化供给侧结构的变革中不断催生新的需要。其次，高质量发展要不断提高劳动效率、资本效率、土地效率、资源效率、环境效率，不断提升科技进步贡献率，不断提高全要素生产率。再次，高质量发展要求产业体系比较完整，生产组织方式网络化、智能化，创新力、需求捕捉力、品牌影响力、核心竞争力强，产品和服务质量高。最后，高质量发展要塑造有利于新技术快速大规模应用和迭代升级的生产力发展动能，加速科学技术成果向现实生产力转化的发展势能。在根本上，就是要推动社会生产力自身实现量的合理增长和质的有效提高，要求发挥工程科技进步中潜藏的科技创新的巨大潜能，彰显社会生产力的根本跃升。新质生产力是我国实现高质量发展的前提和保障；高质量发展要通过新质生产力来推动和支撑。习近平提出："发展新质生产力是推动高质量发展的内在要求和重要着力点……必须继续做好创新这篇大文章，推动新质生产力加快发展"[②]。

现代化经济体系建设和高质量发展的理论和实践，提出了加快发展新质生产力的新要求，是对解放生产力和发展生产力理论的拓新。新质生产力也对现代化经济体系建设和高质量发展作出创新性探索，提出发展新质生产力要进一步全面深化改革，形成与新质生产力发展相适应的新型生产关系；要进一步深化经济体制和科技体制诸方面的改革，改革束缚新质生产力发展的堵点卡点，营造与新质生产力发展相适应的制度和体制环境；要进一步扩大高水平对外开放，为发展新质生产力创造相适应的良好的国际环境。习近平指出："高质量发展需要新的生产力理论来指导，而新质生产力已经在实践中形成并展示出对高质量发展的强劲推动力、支撑力，需要我们从理论上进行总结、概括，用以指导新的发展实践。"[③] 发展新质生产力是推动高质量发展的内在要求和着力点。

---

① 《中央经济工作会议在北京举行》，《人民日报》2023 年 12 月 13 日。
② 习近平：《发展新质生产力是推动高质量发展的内在要求和重要着力点》，《求是》杂志 2024 年第 11 期。
③ 习近平：《发展新质生产力是推动高质量发展的内在要求和重要着力点》，《求是》杂志 2024 年第 11 期。

思考题

1. 怎样全面理解新时代社会主要矛盾转变的根据及其理论和实践意义？

2. 为什么处理和解决好新时代社会主要矛盾必须坚持以人民为中心的发展思想，必须不断促进人的全面发展、全体人民共同富裕？

3. 为什么说建设现代化经济体系是处理和解决好社会主要矛盾的根本要求？

4. 怎样理解加快创新型国家建设是建设现代化经济体系的战略支撑？

第八章

社会主义市场经济从体制到制度的过程和逻辑

学习要点：

● 基本经济制度是一定社会经济关系中的最基本、最本质的制度规定，反映了既定社会经济关系及其制度的根本特征；

● 公有制为主体、多种所有制经济共同发展，按劳分配为主体、多种分配方式并存，社会主义市场经济体制等社会主义基本经济制度，既体现了社会主义制度的优越性，又同我国社会主义初级阶段社会生产力发展水平相适应，是党和人民的伟大创造，必须坚持完善和发展中国特色社会主义制度，不断发挥和增强我国的制度优势；

● 社会主义市场经济体制具有的社会主义基本经济制度的规定性，由与之"结合起来"的基本经济制度的特殊性所决定，也由社会主义经济关系"总体"的性质所决定。

马克思在对资本主义和未来社会基本经济制度的分析中，形成"一观三制"的基本理论和方法要义。2019年10月，党的十九届四中全会通过的《中共中央关于坚持和完善中国特色社会主义制度 推进国家治理体系和治理能力现代化若干重大问题的决定》，在对中国特色社会主义基本经济制度的概括中，提出"公有制为主体、多种所有制经济共同发展，按劳分配为主体、多种分配方式并存，社会主义市场经济体制等社会主义基本经济制度，既体现了社会主义制度优越性，又同我国社会主义初级阶段社会生产力发展水平相适应，是党和人民的伟大创造"的经济思想。这一经济思想不仅以马克思经济思想中"一观三制"的理论和方法为指导，更是密切结合中国社会主义初级阶段的实际，在坚持和完善中国特色社会主义制度中取得"党和人民的伟大创造"的成果。只有以社会主义初级阶段为"最大的实际"，才能理解中国特色社会主义所有制结构和分配制度的格局特征；也只有在改革开放"历史范围之内"，才能厘清社会主义市场经济体制制度性规定形成和发展的逻辑。党的十九届四中全会对社会主义市场经济作出的制度性的新概括，无论在"系统化的经济学说"还是在"理性概括"上，对中国特色"系统化的经济学"发展都有着重要的意义。

一、 马克思对社会基本经济制度分析的基本理论和方法要义

对社会基本经济制度及其特征的分析，是马克思主义政治经济学的重要内容。在《资本论》及其经济学手稿中，马克思对资本主义和未来社会基本经济制度分析中形成的基本理论和方法要义，对中国特色社会主义基本经济制度的探讨有着重要的意义。

基本经济制度是一定社会中经济关系的最基本、最本质的制度规定，反映了既定社会经济关系及其制度的根本特征。在《1863—1865年经济学手稿》中，马克思撰写了恩格斯后来用于编辑《资本论》第三卷的唯一的手稿，在这部手稿相对"完整的"第七篇"各种收入及其源泉"中，有一章专门论述"分配关系和生产关系"问题。在这一章，马克思从资本主义生产方式总体关系上，对资本主义"特殊的社会的质"、资本主义的"全部性

质和全部运动"① 作出论述，构成马克思关于资本主义基本经济制度理论的主要内容。

在对资本主义基本经济制度总体关系的论述中，马克思认为："资本主义生产方式是一种特殊的、具有独特历史规定性的生产方式；它和任何其他一定的生产方式一样，把社会生产力及其发展形式的一个既定的阶段作为自己的历史条件，而这个条件又是一个先行过程的历史结果和产物，并且是新的生产方式由以产生的既定基础；同这种独特的、历史地规定的生产方式相适应的生产关系——即人们在他们的社会生活过程中、在他们的社会生活的生产中所处的各种关系——，具有一种独特的、历史的和暂时的性质；最后，分配关系本质上和这些生产关系是同一的，是生产关系的反面，所以二者共有同样的历史的暂时的性质。"② 在这里，马克思在资本主义生产方式意义上，对资本主义基本经济制度的性质及其内涵作出两个方面的科学分析：

第一，生产方式具有深刻的历史规定性，一定的生产方式总是"一种特殊的、具有独特历史规定性的生产方式"。关于生产方式的"历史规定性"，实际上有两个方面的含义：一是相对于异质的生产方式而言的历史规定性；二是同一生产方式中阶段性变化的历史规定性。生产方式的这两个方面的历史规定性，使得一定社会基本经济制度也具有两个方面的规定性：一是异质生产方式之间，在基本经济制度本质上不同的规定性；二是同质生产方式自身不同的发展阶段，基本经济制度发生的部分质变的规定性。③ 这种历史规定性，是马克思探讨既定社会基本经济制度的核心立场和基本观点。对资本主义生产方式的分析是这样，对社会主义生产方式的分析也是这样。

第二，既定社会的基本经济制度，在总体上具有三个方面的规定性：一是生产关系上的规定性，即"人们在他们的社会生活过程中、在他们的社会生活的生产中所处的各种关系"④，生产资料所有制是生产关系的本质规定。二是分配关系上的规定性，马克思认为，"所谓的分配关系，是同生产过程的历史地规定的特殊社会形式，以及人们在他们的人类生活的再生产过程中相互所处的关系相适应的，并且是由这些形式和关系产生的。这些分配关系的历史性质就是生产关系的历史性质，分配关系不过表现生产关系的一个方面"⑤。三是一定阶段社会生产力及其发展形式，这种生产力的"发展形式"，既是以往历史发展形式的赓续，是作为"一个先行过程的历史结果和产物"而存在的；同时又是现实发展的物质基础，是"新的生产方式由以产生的既定基础"。贯穿"先行过程的历史结果和产物"到"新的……既定基础"之间的变化，就是基于劳动过程的社会生产力的运行方式的变化，亦即经济体制及其运行方式的变化。

对既定社会基本经济制度认识的历史观以及所有制结构、分配制度和经济体制三个方面的规定，构成了马克思主义政治经济学关于社会基本经济制度"一观三制"的整体结构和总体关系。"一观三制"成为马克思分析其他社会基本经济制度，如未来社会基本经济制度的主要方法。

---

① 《马克思恩格斯文集》第七卷，人民出版社 2009 年版，第 995 页。
② 《马克思恩格斯文集》第七卷，人民出版社 2009 年版，第 994 页。
③ B. Fine and L. Harris, "*Rereading Capital*," Macmillan Press Ltd., 1979, pp. 13—15.
④ 《马克思恩格斯文集》第七卷，人民出版社 2009 年版，第 994 页。
⑤ 《马克思恩格斯文集》第七卷，人民出版社 2009 年版，第 999—1000 页。

在 1867 年出版的《资本论》第一卷德文第一版中，马克思首次对未来社会"自由人联合体"的基本经济制度作出政治经济学分析。马克思和恩格斯一样，从来不打算教条式地预言未来社会，更不打算用未来社会的幻想图景作为救世之道；他们只是在批判旧世界中发现新世界，对未来社会作出科学预测。马克思对"设想"中的"自由人联合体"的基本经济制度的分析，依循的就是"一观三制"的方法。

第一，"自由人联合体"的基本经济制度具有深刻的历史规定性。马克思特别提到，"自由人联合体"中的分配方式的规定性，"会随着社会生产有机体本身的特殊方式和随着生产者的相应的历史发展程度而改变"①。这里强调了"社会生产有机体"即社会整体经济关系作为"特殊方式"发展的规定性；生产者"相应的历史发展程度"即生产在劳动过程和经济关系地位和作用变化的规定性。

第二，"自由人联合体"的基本经济制度的三个基本内涵：一是社会成员是"用公共的生产资料进行劳动，并且自觉地把他们许多个人劳动当做一个社会劳动力来使用"②，即实现生产资料公有制。二是与所有制关系相适应，在分配形式上，"这个联合体的总产品是一个社会产品。这个产品的一部分重新用做生产资料。这一部分依旧是社会的。而另一部分则作为生活资料由联合体成员消费。因此，这一部分要在他们之间进行分配"③。这时，"劳动时间"成为"计量生产者在共同劳动中个人所占份额的尺度，因而也是计量生产者在共同产品的个人可消费部分中所占份额的尺度"④。也就是说，每个生产者在生活资料中得到的份额是由他的劳动时间决定的。三是"劳动时间的社会的有计划的分配，调节着各种劳动职能同各种需要的适当的比例"⑤。在这里，以劳动时间为计量手段的资源配置方式，成为"社会的有计划的"经济体制的显著特征。

可见，从社会历史观和从生产资料公有制、按劳分配、社会有计划调节经济三个方面的整体结构和总体关系上，即从"一观三制"上对未来社会基本经济制度的分析方法再次得到运用。实际上，"一观三制"的政治经济学分析方法，在由笔者主编的《马克思主义发展史》中就已经涉及。在论及"未来社会的科学预测"问题时，笔者就强调了"一观三制"的结构和关系。在论及生产资料公有制问题时提到，"恩格斯所强调的社会主义社会的改革和发展是以生产资料公有制的建立和发展为基础的，是以生产资料公有制的完善和巩固为目标的思想，说明了生产资料公有制是未来社会经济制度的一个基本特征"；在提到分配制度时强调，"未来社会生产资料公有制这一生产结构的性质，决定了与此相适应的分配关系的基本特征。按劳分配作为未来社会的基本经济特征，它的存在和发生作用的最根本的基础就是公有制"；在阐释经济体制问题时指出，"马克思在对未来社会经济运行形式总体思考中认为，这一经济运行形式的基本特征就是：社会对劳动时间的有计划的分配调节着社会生产按比例地发展，也就是说，社会能够按照共同的合理的计划，自觉地调

① 《马克思恩格斯文集》第五卷，人民出版社 2009 年版，第 96 页。
② 《马克思恩格斯全集》第二十三卷，人民出版社 1972 年版，第 95 页。
③ 《马克思恩格斯全集》第四十二卷，人民出版社 2016 年版，第 58 页。
④ 《马克思恩格斯全集》第四十二卷，人民出版社 2016 年版，第 58 页。
⑤ 《马克思恩格斯全集》第四十二卷，人民出版社 2016 年版，第 58 页。

节和进行社会劳动"。①

马克思恩格斯当年"设想"的取代资本主义社会的未来社会，并不能等同于现存的社会主义社会；但是，他们对社会经济关系和经济制度"一观三制"的政治经济学分析方法，仍然具有深刻的现实意义，特别是对中国特色社会主义基本经济制度的理解，仍然具有政治经济学分析的科学意义。

第一，对既定社会基本经济制度的分析，要以该社会是"一种特殊的、具有独特历史规定性的生产方式"为基础。这说明，一方面中国社会主义社会生产方式是以"一个既定的阶段作为自己的历史条件"的，当代中国正处于社会主义初级阶段的"历史条件"；另一方面这一历史规定是会发生变化的，社会主义生产方式有现时的"初级阶段"，也会有未来发展的"更高阶段"。社会主义基本经济制度的规定性是以这一历史规定性为根据的。

第二，一定社会的生产关系，也总是一种"同这种独特的、历史地规定的生产方式相适应的生产关系"，就是"一种独特的、历史和暂时的性质"的经济关系。② 其中，生产资料所有制及其结构体系具有最为本质的规定性。马克思在《1848 年至 1850 年的法兰西阶级斗争》一书中指出，对于无产阶级革命和根本利益来说，"劳动权就是支配资本的权力，支配资本的权力就是占有生产资料，使生产资料受联合起来的工人阶级支配，也就是消灭雇佣劳动、资本及其相互间的关系"③。恩格斯对马克思的这一论断给予高度评价，认为马克思"在这里第一次提出了世界各国工人政党都一致用以扼要表述自己的经济改造要求的公式，即：生产资料归社会所有"④；由此"第一次表述了一个使现代工人社会主义既与封建的、资产阶级的、小资产阶级的等形形色色的社会主义截然不同，又与空想的以及自发的工人共产主义所提出的模糊的财产公有截然不同的原理"⑤。

第三，分配制度作为社会基本经济制度，它的历史性质是生产关系的历史规定性的延伸，分配方式和分配制度不过表现生产关系的一个方面。在社会经济运行过程中，生产和分配是反映一定社会经济关系特征的两个相互联系的方面，"分配关系和分配方式只是表现为生产要素的背面"，在这两者中，生产对分配起着决定的作用，"分配的结构完全决定于生产的结构。分配本身是生产的产物，不仅就对象说是如此，而且就形式说也是如此。就对象说，能分配的只是生产的成果，就形式说，参与生产的一定方式决定分配的特殊形式，决定参与分配的形式"⑥。在《哥达纲领批判》中得到详细论述的按劳分配理论，是马克思在对共产主义社会第一阶段的生产力发展状况、生产关系性质、生产技能和劳动者发展状况等因素进行科学分析的基础上得出来的。

第四，社会经济运行方式即经济体制，作为"社会生产力及其发展形式"，主要是指劳动过程中劳动力和生产资料资源配置和结合的形式与过程，它的性质是由社会生产关系

① 顾海良主编：《马克思主义发展史》，中国人民大学出版社 2009 年版，第 130 页、第 126 页、第 130 页、第 133 页。

② 《马克思恩格斯全集》第四十六卷，人民出版社 2003 年版，第 994 页。

③ 《马克思恩格斯文集》第二卷，人民出版社 2009 年版，第 113 页。

④ 《马克思恩格斯文集》第四卷，人民出版社 2009 年版，第 536 页。

⑤ 《马克思恩格斯文集》第四卷，人民出版社 2009 年版，第 537 页。

⑥ 《马克思恩格斯文集》第八卷，人民出版社 2009 年版，第 19 页。

和分配关系的性质决定的。马克思认为，"劳动过程的每个一定的历史形式，都会进一步发展这个过程的物质基础和社会形式"①。作为"分配关系和生产关系"这一章的结语，马克思从分配关系同所有制关系和经济体制的总体关系上指出："分配关系，从而与之相适应的生产关系的一定的历史形式，同生产力，即生产能力及其要素的发展这两个方面之间的矛盾和对立一旦有了广度和深度，就表明这样的危机时刻已经到来。这时，在生产的物质发展和它的社会形式之间就发生冲突。"②

马克思提出的有计划地分配社会劳动时间的经济形式，一方面要以生产资料公有制为基础，另一方面要运用同按劳分配同一的劳动时间为尺度，通过对社会生产的"有计划的分配"，实现社会生产和社会需要按"适当的比例"发展。在《德意志意识形态》中，马克思恩格斯已经提出，"共产主义和所有过去的运动不同的地方在于：它推翻一切旧的生产关系和交往关系的基础，并且第一次自觉地把一切自发形成的前提看做是前人的创造，消除这些前提的自发性，使这些前提受联合起来的个人的支配"③。马克思恩格斯揭示了人类社会经济运行形式世代演化中遵循的从"自发"到"自觉"发展的经济体制变化的基本趋势，也是人类社会从必然王国向自由王国发展的必然趋势。

实践创新是理论创新的先导，理论创新是实践创新的升华。对新中国成立70余年特别是改革开放40多年以来社会主义市场经济从机制、体制到制度的演进作出"历史的评论"，能使我们从实践和理论的结合上，清晰地把握"经济学规律最先以怎样的历史上具有决定意义的形式被揭示出来并得到进一步发展"④，拓展社会主义基本经济制度认识的新视野，推进中国特色社会主义政治经济学的新发展。

二、 对市场机制、市场调节和计划机制、计划调节关系的探索

新中国成立后，面对中国经济落后，特别是国民经济基础极其薄弱的现状，在社会主义过渡时期，我国选择了高度集中的经济体制，集中当时有限的人力、物力、财力资源，加强国家基础设施重点建设，推进国民经济体系建设。在社会主义经济建设加速推进中，高度集中的经济体制的弊端逐渐显露。1956年4月，毛泽东在《论十大关系》讲话中已经有针对地指出，要用"兼顾"和"统筹"的办法，处理和解决当时社会主义建设中出现的各种"矛盾"和"问题"。他认为，"统筹兼顾，各得其所"原则，是"我们历来的方针，在延安的时候，就采取了这个方针。这是一个什么方针呢？就是调动一切积极力量，为了建设社会主义。这是一个战略方针"⑤。

按照"统筹兼顾"原则，党的八大对经济体制改革作过多方面的探索，周恩来在《关于发展国民经济的第二个五年计划的建议的报告》中提出："由于社会主义改造事业的胜

① 《马克思恩格斯选集》第二卷，人民出版社1995年版，第587页。
② 《马克思恩格斯文集》第七卷，人民出版社2009年版，第1000页。
③ 《马克思恩格斯文集》第一卷，人民出版社2009年版，第574页。
④ 《马克思恩格斯全集》第三十三卷，人民出版社2004年版，第417页。
⑤ 《毛泽东年谱(一九四九——一九七六)》第三卷，中央文献出版社2013年版，第69页。

利，社会主义经济已经在我国占居了绝对的统治地位，这就使我们有可能在适当的范围内，更好地运用价值规律，来影响那些不必要由国家统购包销的、产值不大的、品种繁多的工农业产品的生产，以满足人民多样的生活需要。"①在这里，"更好地运用价值规律"实质上就是对市场和市场机制、市场调节作用的认可。周恩来还提出了"在国家统一市场的领导下，将有计划地组织一部分自由市场……将会对国家的统一市场起有益的补充作用"②的改革设想。陈云也在党的八大提出了"三个主体、三个补充"的设想，即在"国家经营和集体经营是工商业的主体"，个体经营是"国家经营和集体经营的补充"；"计划生产是工农业生产的主体，按照市场变化而在国家计划许可范围内的自由生产是计划生产的补充"；"在社会主义的统一市场里，国家市场是它的主体"，"自由市场，是在国家领导之下，作为国家市场的补充"。③之后，对高度集中的经济体制改革的理论和实践虽时起时伏，但一直没有停止过。而经济体制改革的整体思路，主要还囿于中央与地方权力配置调整的问题，没有能从根本上触动政府统得过多、市场作用趋弱的根本问题，没有能从计划和市场关系上找到经济体制改革的突破口。

改革开放新时期，1978 年 12 月召开的党的十一届三中全会，对我国原有的高度集中的计划经济体制中存在的"严重缺点"作了深刻分析，针对这一经济体制中存在的权力过于集中的弊端，提出了一系列改革措施，如提出应该有领导地大胆下放权力，让地方和工农业企业在国家统一计划的指导下有更多的经营管理自主权；进而强调坚决按经济规律办事，重视价值规律的作用。"重视价值规律的作用"④，成为党的十一届三中全会提出的改革高度集中的计划经济体制的基本思想。价值规律是以价格机制、供求机制和竞争机制为作用过程的商品经济基本规律，重视价值规律作用内在地包含了重视市场机制和市场调节的作用。

党的十一届三中全会后不久，1979 年 3 月，陈云在关于"计划与市场"问题的提纲中提出："整个社会主义时期必须有两种经济：（1）计划经济部分（有计划按比例的部分）；（2）市场调节部分（即不作计划，只根据市场供求的变化进行生产，即带有盲目性调节的部分）。第一部分是基本的主要的；第二部分是从属的次要的，但又是必需的。"⑤针对当时经济体制改革的实际，陈云认为："在今后经济的调整和体制的改革中，实际上计划与市场这两种经济的比例的调整将占很大的比重。不一定计划经济部分愈增加，市场经济部分所占绝对数额就愈缩小，可能是都相应地增加。"⑥对陈云的这些观点，邓小平不仅表示赞同，而且从市场和计划关系上升到市场经济和计划经济视界，提出"说市场经济只存在于资本主义社会，只有资本主义的市场经济，这肯定是不正确的"，强调"我们是计划经济为主，也结合市场经济"。⑦

① 《建国以来重要文献选编》第九册，中央文献出版社 1994 年版，第 203 页。
② 《建国以来重要文献选编》第九册，中央文献出版社 1994 年版，第 203 页。
③ 《建国以来重要文献选编》第九册，中央文献出版社 1994 年版，第 287 页。
④ 《改革开放三十年重要文献选编》上，中央文献出版社 2008 年版，第 16 页。
⑤ 《改革开放三十年重要文献选编》上，中央文献出版社 2008 年版，第 25—26 页。
⑥ 《改革开放三十年重要文献选编》上，中央文献出版社 2008 年版，第 27 页。
⑦ 《邓小平文选》第二卷，人民出版社 1994 年版，第 236 页。

1979 年 6 月，第五届全国人大第二次会议提出，通过经济改革，要逐步建立起计划调节与市场调节相结合的体制，要以计划调节为主，同时充分重视市场调节的作用。1981 年 6 月，党的十一届六中全会通过的《关于建国以来党的若干历史问题的决议》肯定了这一改革取向，提出"必须在公有制基础上实行计划经济，同时发挥市场调节的辅助作用"，强调"要大力发展社会主义的商品生产和商品交换"。① 该决议还从"社会主义生产关系的发展并不存在一套固定的模式"的高度提出，"我们的任务是要根据我国生产力发展的要求，在每一阶段上创造出与之相适应和便于继续前进的生产关系的具体形式"。② 这一宝贵思想凸显了经济体制具体形式的选择，与阶段性的"创造"有着直接的关系；而阶段性的"创造"，总是与生产力发展的"要求"和"继续前进的"生产关系的变化相关联。据此，1981 年 11 月，第五届全国人大第四次会议提出，"我国经济体制改革的基本方向应当是：在坚持实行社会主义计划经济的前提下，发挥市场调节的辅助作用，国家在制定计划时要充分考虑和运用价值规律"③。

1982 年 9 月，党的十二大在对我国最初几年经济体制改革成就的总结中，将经济体制的基本构架概括为"计划经济为主、市场调节为辅"，并提出"正确贯彻计划经济为主、市场调节为辅的原则，是经济体制改革中的一个根本性的问题"。④ 这一基本构架的提出及其在实践中的运用，对原有的高度集中的计划配置资源方式，无疑是一个很大的冲击，对我国经济体制改革起着重要的推动作用。

三、 以商品经济、市场经济体制"定位"为主要特征的逻辑过程

1984 年 10 月，党的十二届三中全会通过的《中共中央关于经济体制改革的决定》，是新时期经济体制改革进程的重要标志。该决定明确提出：在经济体制改革中，"首先要突破把计划经济同商品经济对立起来的传统观念……社会主义计划经济必须自觉依据和运用价值规律，是在公有制基础上的有计划的商品经济……商品经济的充分发展，是社会经济发展的不可逾越的阶段，是实现我国经济现代化的必要条件"⑤。该决定突破了那种把社会主义经济看作纯粹的计划经济观念的束缚，形成了经济改革是经济机制、经济体制和经济制度全面改革的新理念，走出了社会主义市场经济体制改革的关键一步。之后，我国经济改革加速推进、经济发展长足前行，这与经济体制目标模式选择上的重大突破是密切相关的。

1987 年 10 月，党的十三大根据我国经济体制改革发展的新实践，提出了建立"计划与市场内在统一的体制"的改革思路，认为社会主义商品经济的发展离不开市场的发育和完善，利用市场调节决不等于搞资本主义，明确提出建立以"国家调节市场，市场引导企

---

① 《改革开放三十年重要文献选编》上，中央文献出版社 2008 年版，第 213 页。
② 《改革开放三十年重要文献选编》上，中央文献出版社 2008 年版，第 213 页。
③ 《三中全会以来重要文献选编》下，人民出版社 1982 年版，第 1028 页。
④ 《改革开放三十年重要文献选编》上，中央文献出版社 2008 年版，第 272 页。
⑤ 《改革开放三十年重要文献选编》上，中央文献出版社 2008 年版，第 350 页。

业"为特征的经济体制的运行模式。"国家调节市场，市场引导企业"的改革模式，极大地开阔了中国社会主义政治经济学的理论视界，引发了对这一改革模式的深入探讨。"国家调节市场，市场引导企业"模式较之"计划经济为主，市场调节为辅"模式，凸显了计划调节与市场调节作为有机统一体，既不是板块式结合，也不是渗透式结合；作为有机统一体，在调节范围上，计划调节是宏观层次，市场调节是微观层次。但在理念上，"国家调节市场，市场引导企业"这一提法，还没有完全摆脱计划经济和市场经济分别同社会主义和资本主义性质相联系的"制度性"规定观念的束缚，也没有对市场作为资源配置基础性手段的问题作出进一步的切合经济社会发展实际的说明；在改革模式选择上，还局限于计划机制与市场机制关系的框架内，没有上升到经济体制整体关系的高度。

实践创新推进着理论创新，而理论创新也推动着实践创新。1991 年春，邓小平在视察上海的谈话中指出，"不要以为，一说计划经济就是社会主义，一说市场经济就是资本主义，不是那么回事，两者都是手段，市场也可以为社会主义服务"[①]；1992 年春，他在视察南方的谈话中再次强调，"计划经济不等于社会主义，资本主义也有计划；市场经济不等于资本主义，社会主义也有市场。计划和市场都是经济手段"[②]。邓小平的这些言简意赅的阐释，从根本上区分了市场经济体制性规定与制度性规定的关系，无疑是对社会主义政治经济学的重大理论创新。

马克思在对政治经济学史的研究中曾提出，经济范畴的形成大多经历了"极其艰难地把各种形式从材料上剥离下来并竭力把它们作为特有的考察对象固定下来"[③]的过程。邓小平关于计划经济和市场经济关系探索的理论创新，一方面，离析市场经济对资本主义私有制的依附关系，使市场经济从资本主义基本经济制度规定中"剥离下来"，形成具有体制性规定的一般的"抽象要素"。即如邓小平一再强调的："计划多一点还是市场多一点，不是社会主义与资本主义的本质区别。"[④]另一方面，提出市场经济作为一般的"抽象要素"，只有在与一定的社会基本经济制度结合时，才具有充分性和现实性。马克思在《〈政治经济学批判〉导言》中指出："一切生产阶段所共有的、被思维当作一般规定而确定下来的规定，是存在的，但是所谓一切生产的一般条件，不过是这些抽象要素，用这些抽象要素不可能理解任何一个现实的历史的生产阶段。"[⑤]邓小平的这一理论创新，一方面把市场经济与资本主义基本经济制度相离析，形成市场经济一般范畴；另一方面又强调市场经济体制必然要与一定的社会基本经济制度"结合起来"，提出与社会主义基本经济制度相结合的"社会主义市场经济体制"这一崭新概念。

在经济制度的替代关系上，社会主义市场经济体制是对原有的计划经济体制的赓续，而计划经济历来就具有社会主义基本经济制度的规定性；在经济制度的对比关系上，社会主义市场经济体制是相对资本主义市场经济而言的，而资本主义市场经济也历来被看作具有资本主义私有制的制度规定性。可见，社会主义市场经济体制内在地包含着基本经济制

---

① 《邓小平文选》第三卷，人民出版社 1993 年版，第 367 页。

② 《邓小平文选》第三卷，人民出版社 1993 年版，第 373 页。

③ 《马克思恩格斯全集》第三十一卷，人民出版社 1998 年版，第 266 页。

④ 《邓小平文选》第三卷，人民出版社 1993 年版，第 373 页。

⑤ 《马克思恩格斯文集》第八卷，人民出版社 2009 年版，第 12 页。

度的规定性，但是，在社会主义市场经济体制形成之初，社会主义市场经济体制与社会主义基本经济制度的兼容性，还是一个需要在实践中探索并经受实践检验的理论问题。也就是说，社会主义市场经济的制度性规定在实践和理论中还没有得到具体昭示。

与社会主义基本经济制度相兼容的实践和理论探索，是社会主义市场经济体制具有社会主义基本经济制度规定性的必然过程。1992 年 10 月，党的十四大在确立社会主义市场经济体制改革目标模式时指出："在九十年代，我们要初步建立起新的经济体制，实现达到小康水平的第二步发展目标。再经过二十年的努力，到建党一百周年的时候，我们将在各方面形成一整套更加成熟更加定型的制度。"① 从体制"建立"的定位到制度意义上"定型"的验证，需要在经济体制改革中不断实践、艰辛探索，需要社会主义市场经济体制自身的完善和发展，还需要社会主义市场经济体制在社会主义经济关系"总体"中不断融入和生成基本经济制度的规定性。

1993 年 11 月，党的十四届三中全会通过的《中共中央关于建立社会主义市场经济体制若干问题的决定》，提出了社会主义市场经济体制的基本框架，在建立现代企业制度、培育现代市场体系、转变政府职能和完善宏观调控体系，以及建立社会保障体系等方面提出了一系列创新性见解，对建设什么样的社会主义市场经济、怎样建设社会主义市场经济问题作出了初步回答。2013 年 3 月，在党的十八届三中全会上，习近平在回顾这一时期的改革历程时指出："从党的十四大以来的二十多年间，对政府和市场关系，我们一直在根据实践拓展和认识深化寻找新的科学定位。党的十五大提出'使市场在国家宏观调控下对资源配置起基础性作用'，党的十六大提出'在更大程度上发挥市场在资源配置中的基础性作用'，党的十七大提出'从制度上更好发挥市场在资源配置中的基础性作用'，党的十八大提出'更大程度更广范围发挥市场在资源配置中的基础性作用'。可以看出，我们对政府和市场关系的认识也在不断深化。"②

习近平的这一论述，提出了党的十四大至十八大这一时期社会主义市场经济体制改革的三个特征：其一，这一时期社会主义市场经济体制改革已经由十四大之前计划和市场关系的核心问题，转变为政府和市场关系的核心问题；其二，这一时期，特别是党的十七大已经开始"从制度上"深化社会主义市场经济体制改革的探索；其三，这一过程"一直在根据实践拓展和认识深化寻找新的科学定位"③。习近平由此得出"从理论上对政府和市场关系进一步作出定位，这对全面深化改革具有十分重大的作用"④ 的结论。

四、 以社会主义市场经济制度"定型"为主要特征的逻辑过程

党的十八大以后，习近平把"坚持社会主义市场经济改革方向"，确定为中国特色社会主义政治经济学的"重大原则"，从"辩证法、两点论"的方法论上，对社会主义基本

---

① 《改革开放三十年重要文献选编》上，中央文献出版社 2008 年版，第 676 页。
② 《十八大以来重要文献选编》上，中央文献出版社 2014 年版，第 498—499 页。
③ 《习近平著作选读》第一卷，人民出版社 2023 年版，第 163 页。
④ 《习近平著作选读》第一卷，人民出版社 2023 年版，第 164 页。

经济制度和市场经济体制关系问题作了多方的阐释，彰显了社会主义市场经济的制度规定性，丰富了社会主义市场经济作为中国特色社会主义政治经济学理论主题的内涵。

社会主义市场经济体制具有的社会主义基本经济制度的规定性，并不是由经济体制一般性决定的，而是由与之"结合起来"的基本经济制度的特殊性所决定的，是由社会主义经济关系"总体"的性质所决定的。马克思在《〈政治经济学批判〉导言》中指出："在一切社会形式中都有一种一定的生产决定其他一切生产的地位和影响，因而它的关系也决定其他一切关系的地位和影响。这是一种普照的光，它掩盖了一切其他色彩，改变着它们的特点。这是一种特殊的以太，它决定着它里面显露出来的一切存在的比重。"① 在资本主义经济关系"总体"中，"资本"作为资本主义生产资料私有制的核心范畴，就是这一"总体"中的"普照的光""特殊的以太"，就是资产阶级社会中支配一切的"经济权力"。在社会主义经济关系"总体"中，居于社会主义所有制结构主体地位的生产资料公有制，就是"总体"中的"普照的光"，就是"特殊的以太"，就是社会主义经济关系中支配一切的"经济权力"，也就是社会主义市场经济体制融入和生成社会主义基本经济制度规定的根据和条件。

社会主义市场经济是经济体制一般和经济制度特殊的统一。党的十八大以来，全面深化经济体制改革的实践，使社会主义市场经济体制更为深入地与社会主义基本经济制度相兼容，社会主义基本经济制度规定性也更为实际地与市场经济体制相结合、相融合，生成社会主义市场经济的制度属性。这一理论趋向，深刻地体现于习近平新时代中国特色社会主义思想中。这就是说，习近平经济思想，为社会主义市场经济体制是社会主义基本经济制度组成部分的概括提供了理论指导。

在对社会主义市场经济的制度性规定的探讨中，习近平提出了三个重要观点：

首先，习近平提出，"我国实行的是社会主义市场经济体制，我们仍然要坚持发挥我国社会主义制度的优越性、发挥党和政府的积极作用。市场在资源配置中起决定性作用，并不是起全部作用"②。中国社会主义市场经济体制的发展，是在社会主义制度框架内进行的，深受社会主义制度优越性的规制和影响，同时也深刻地彰显社会主义制度的优越性。

坚持党对经济工作的领导和坚持以人民为中心的发展，是社会主义制度优越性和本质特征的集中反映。坚持党对经济工作的领导在根本上就是坚持加强党对经济工作的集中统一领导，保证我国经济沿着正确方向发展，是中国特色社会主义政治经济学的最基本的问题。坚持以人民为中心的发展，是中国特色社会主义政治经济学的最根本立场。习近平以"无产阶级的运动是绝大多数人的、为绝大多数人谋利益的独立的运动"③，在未来社会"生产将以所有的人富裕为目的"④ 的马克思主义基本理论为指导，进一步形成"要坚持以人民为中心的发展思想，把增进人民福祉、促进人的全面发展、朝着共同富裕方向稳步前进作为经济发展的出发点和落脚点"⑤ 的思想。这是部署所有经济工作、制定全部经济

① 《马克思恩格斯文集》第八卷，人民出版社 2009 年版，第 31 页。
② 《习近平著作选读》第一卷，人民出版社 2023 年版，第 163—164 页。
③ 《马克思恩格斯文集》第二卷，人民出版社 2009 年版，第 42 页。
④ 《马克思恩格斯文集》第八卷，人民出版社 2009 年版，第 200 页。
⑤ 《十八大以来重要文献选编》下，中央文献出版社 2018 年版，第 4 页。

政策、推动整体经济运行要牢牢坚持的根本立场，是对社会主义市场经济的最重要的制度性规定，也是融入社会主义市场经济体制、使之具有社会主义基本经济制度属性的根本规定。

其次，习近平提出："实行公有制为主体、多种所有制经济共同发展的基本经济制度，是中国共产党确立的一项大政方针，是中国特色社会主义制度的重要组成部分，也是完善社会主义市场经济体制的必然要求。"① 社会主义市场经济体制的发展和完善，是坚持社会主义基本经济制度的必然要求，也是社会主义基本经济制度在经济体制上的实现形式。

社会主义市场经济是在与社会主义基本经济制度"结合起来"的过程中昭示其制度规定性的。我们是在中国共产党领导和社会主义制度的大前提下发展市场经济，什么时候都不能忘记"社会主义"这个定语。② 以公有制为主体的基本经济制度，犹如社会主义经济关系的"普照的光""特殊的以太"，改变了市场经济体制的一般性质，奠定了社会主义市场经济体制的"根基"，赋予社会主义市场经济以新的制度性规定。

最后，习近平强调，"之所以说是社会主义市场经济，就是要坚持我们的制度的优越性，有效防范资本主义市场经济的弊端。我们要坚持辩证法、两点论，继续在社会主义基本制度与市场经济的结合上下功夫"③。在这里，要讲"辩证法、两点论"，要把"看不见的手"和"看得见的手"都用好。政府和市场的作用是相辅相成的，不是对立的，也不是简单地让市场作用多一些、政府作用少一些的问题，要统筹把握，要优势互补、有机结合、协同发力。坚持社会主义市场经济的改革方向，要发挥市场经济的长处，又要发挥社会主义制度的优越性，这是中国特色社会主义经济取得成功的关键因素，也是社会主义市场经济体制具有的制度规定的根据所在。解决好市场和政府的关系这一核心问题，要深化社会主义市场经济体制改革，要以公有制为主体、多种所有制经济共同发展的基本经济制度为"根基"，要在同基本经济制度"结合起来"和融合起来的过程中，坚决扫除经济发展的体制机制障碍，加强国家治理和治理能力的现代化。

中国40年经济体制改革的历史刻画了社会主义市场经济改革的基本路向及其具有经济制度规定性的过程；而习近平提出的这三个方面的重要观点，是对经济体制改革实践的理论概括，是对马克思政治经济学总体方法论的创造性运用，也是我们理解和把握社会主义市场经济体制作为社会主义基本经济制度内涵的理论要义。

五、 社会主义市场经济从体制到制度规定性的过程和逻辑意义

社会主义经济体制改革从机制到体制、再到制度探索的过程和逻辑说明，社会主义市场经济体制改革，是中国共产党领导全国各族人民在改革开放和社会主义现代化建设实践中的创新；由此形成的以计划和市场关系为核心问题，拓展为政府与市场关系为核心问题的过程，以及从经济机制调整到经济体制"定位"、再到经济制度"定型"的过程，是对

---

① 《习近平著作选读》第一卷，人民出版社 2023 年版，第 461 页。
② 《习近平著作选读》第一卷，人民出版社 2023 年版，第 461 页。
③ 《十八大以来重要文献选编》下，中央文献出版社 2018 年版，第 6 页。

中国特色社会主义经济体制改革渐进探索、砥砺前行的逻辑再现。

社会主义基本经济制度具有显著的整体性特征。党的十九届四中全会在对我国国家制度和国家治理体系具有多方面显著优势的阐释中提出，"坚持公有制为主体、多种所有制经济共同发展和按劳分配为主体、多种分配方式并存，把社会主义制度和市场经济有机结合起来，不断解放和发展社会生产力的显著优势"①。在这一"显著优势"中，社会主义基本经济制度在根本上体现为所有制结构上的优势和分配制度上的优势，在此基础上，在经济作用过程中才形成社会主义市场经济体制中的显著优势。"显著优势"中的"三位一体"，充分体现了解放生产力和发展生产力的社会主义本质特征。

2015 年 11 月，习近平在对中国特色"系统化的经济学说"的最初概括中，就从整体上对中国特色社会主义基本经济制度问题作过阐释：一是提出坚持社会主义初级阶段公有制为主体、多种所有制经济共同发展的基本经济制度理论，认为"我国基本经济制度是中国特色社会主义制度的重要支柱，也是社会主义市场经济体制的根基"；作为基本经济制度，"公有制主体地位不能动摇，国有经济主导作用不能动摇。这是保证我国各族人民共享发展成果的制度性保证，也是巩固党的执政地位、坚持我国社会主义制度的重要保证"②。改革开放以来，在确立和发展社会主义初级阶段基本经济制度时，强调了坚持公有制为主体、多种所有制经济共同发展，明确公有制经济和非公有制经济都是社会主义市场经济的重要组成部分，都是我国经济社会发展的重要基础。"要毫不动摇巩固和发展公有制经济，毫不动摇鼓励、支持、引导非公有制经济发展，推动各种所有制取长补短、相互促进、共同发展"③，成为社会主义市场经济体制的最重要的制度性规定。

二是提出坚持和完善社会主义基本分配制度理论。按劳分配为主体、多种分配方式并存的分配制度理论，是新时期形成的反映中国特色社会主义基本经济制度本质特征的主要理论之一。按劳分配为主体、多种分配方式并存的制度安排，要"有利于调动各方面的积极性，有利于实现效率和公平的有机统一"④，要使发展成果更多更公平惠及全体人民，使我们的社会朝着共同富裕的方向稳步前进，要坚持和完善社会主义基本分配制度。这一分配制度在改革开放实践中得到多方面的发展。在这一分配制度实施中，习近平强调，"要高度重视，努力推动居民收入增长和经济增长同步、劳动报酬提高和劳动生产率提高同步，不断健全体制机制和具体政策，调整国民收入分配格局，持续增加城乡居民收入，不断缩小收入差距"⑤。这一分配制度的性质，深刻地体现于社会主义市场经济体制的作用过程之中，赋予社会主义市场经济体制以制度性规定。

三是社会主义市场经济体制是在与社会主义所有制和分配制度的"结合"中，才融入和生成社会主义基本经济制度的特征和规定。确定社会主义市场经济的基本制度性质，是我们党对科学社会主义理论和实践的一个伟大创举，也是中国特色社会主义政治经济学的

①　《中共中央关于坚持和完善中国特色社会主义制度　推进国家治理体系和治理能力现代化若干重大问题的决定》，人民出版社 2019 年版，第 3 页。
②　《十八大以来重要文献选编》下，中央文献出版社 2018 年版，第 5 页。
③　《十八大以来重要文献选编》下，中央文献出版社 2018 年版，第 5 页。
④　《十八大以来重要文献选编》下，中央文献出版社 2018 年版，第 5 页。
⑤　《十八大以来重要文献选编》下，中央文献出版社 2018 年版，第 5 页。

最为显著的理论创新。这也就是社会主义市场经济体制作为中国特色社会主义政治经济学理论主题的根据所在。

党的十四大确立了社会主义市场经济体制改革的目标模式，党的十四届三中全会提出了社会主义市场体制的基本框架。自此以后，坚持社会主义市场经济改革方向，发展和完善社会主义市场经济体制，就成为经济体制改革最重要的理论和实践问题，成为中国特色社会主义政治经济学的理论主题。

1998 年，在改革开放 20 周年之际，江泽民结合社会主义市场经济体制改革的最初实践，提出"在我国建立社会主义市场经济体制，是十一届三中全会以来我们总结国内外社会主义建设的经验教训，经过艰辛探索而取得的一个极为重要的改革成果……这是我们党对马克思主义的社会主义经济理论一个崭新的创造性发展"①。2008 年，在改革开放 30 周年之际，胡锦涛结合社会主义市场经济体制改革的新的进程，提出"要始终坚持社会主义市场经济的改革方向，继续完善社会主义市场经济体制，继续加强和改善宏观调控体系，不断为经济社会又好又快发展提供强大动力"②。社会主义市场经济体制的改革和发展，作为中国特色社会主义政治经济学的理论主题得以彰显。

党的十八大以后，习近平把坚持社会主义市场经济改革方向，明确为中国特色社会主义政治经济学的"重大原则"，从"辩证法、两点论"的高度，对社会主义经济制度和市场经济体制关系、市场和政府关系问题作了多方面的深刻阐释，提升了中国特色社会主义政治经济学理论主题的内涵。党的十九大之后，习近平结合新时代改革开放的新特点，提出市场经济体制要与社会主义基本经济制度"结合起来"，这成为中国特色社会主义政治经济学的最具创新性的理论观点；而市场经济体制如何与社会主义基本经济制度"结合起来"，则成为中国特色社会主义政治经济学的最具开拓性的理论主题。

在庆祝改革开放 40 周年大会上，习近平在总结改革开放 40 年宝贵经验时提出，"必须坚持完善和发展中国特色社会主义制度，不断发挥和增强我国制度优势"③。改革开放实践的启示在于：制度是关系党和国家事业发展的根本性、全局性、稳定性、长期性问题。扭住完善和发展中国特色社会主义制度这个关键，在经济制度和经济体制上，就"必须毫不动摇巩固和发展公有制经济，毫不动摇鼓励、支持、引导非公有制经济发展，充分发挥市场在资源配置中的决定性作用，更好发挥政府作用，激发各类市场主体活力"④。这一论述，是党的十八大以来习近平对社会主义市场经济理论阐释的赓续，是对中国特色社会主义政治经济学理论主题的深化，也是党的十九届四中全会关于社会主义基本经济制度新概括的思想先觉。

思考题

1. 怎样把握马克思在《资本论》第三卷第七篇"各种收入及其源泉"中对社会基本

---

① 《十五大以来重要文献选编》上，人民出版社 2000 年版，第 686 页。
② 《十七大以来重要文献选编》上，中央文献出版社 2009 年版，第 801 页。
③ 《习近平著作选读》第二卷，人民出版社 2023 年版，第 226 页。
④ 《习近平著作选读》第二卷，人民出版社 2023 年版，第 226 页。

经济制度"一观三制"理论的基本内涵及其现实意义?

　　2. 怎样把握社会主义市场经济是经济体制一般和经济制度特殊相统一的道理?

　　3. 怎样从我国经济体制改革的理论和实践结合中,把握社会主义市场经济体制逐渐与社会主义基本经济制度相兼容、相结合、相融合的过程?

　　4. 为什么必须坚持完善和发展中国特色社会主义基本经济制度才能不断发挥和增强我国基本经济制度的优势?

第九章

新发展阶段『系统化的经济学说』

的升华

学习要点：

• 要从统筹中华民族伟大复兴战略全局和世界百年未有之大变局上，深刻认识错综复杂的国际环境带来的新矛盾新挑战，深刻把握新发展阶段的新特征新要求；

• 把握"两个一百年"奋斗目标历史交汇点的显著特征，把握第二个百年起始阶段经济关系和社会发展的基本要求，是新发展阶段政治经济学新篇章的首要问题；

• 构建以畅通国民经济循环为主的新发展格局，是处理和解决好社会主要矛盾的根本要求；

• 把新发展理念贯穿发展的全领域和全过程，把安全发展贯彻到发展的各领域和全过程。

2020 年 7 月至 9 月间，习近平在主持召开的企业家座谈会、扎实推进长三角一体化发展座谈会、经济社会领域专家座谈会、科学家座谈会、基层代表座谈会、教育文化卫生体育领域专家代表座谈会上的系列讲话，从"两个一百年"历史交汇点的高度，将"十四五"规划与 2035 年远景目标统筹考虑，对"十四五"规划制定的重大问题作出研究和探讨。2020 年 10 月，党的十九届五中全会通过的《中共中央关于制定国民经济和社会发展第十四个五年规划和二〇三五年远景目标的建议》（以下简称《建议》）和习近平对该《建议》的说明，对这些重大问题作出新的研究和探讨。所有这些研究和探讨，呈现了习近平经济思想在新发展阶段的新发展，写就了新发展阶段中国特色"系统化的经济学说"发展的新篇章。

一、 育"新机"和开"新局"的战略思维

"要坚持用全面、辩证、长远的眼光分析当前经济形势，努力在危机中育新机、于变局中开新局"①，这是 2020 年习近平在对经济形势的分析中几次提到的重要理念，也是习近平经济思想在新发展阶段伊始对辩证的全面的战略思维的新阐释。

要辩证理解和全面把握当前经济过程的矛盾、困难、挑战和危机。2020 年年初，我们面临突如其来的新冠疫情，给我国经济社会发展带来前所未有的冲击。首先是经济主体陷入困境，整个社会的生产劳动受到严重的冲击，经济过程的连续性几近停滞。企业面临停工停产、家庭收入下降，政府部门债务积累、赤字增加。其次是经济过程中生产和流通、分配、消费环节中断，经济运行的链条断裂，社会生产和再生产的循环和周转严重受阻。再次是经济发展的外部环境严重恶化，这不仅在于国际经济交往特别是国际贸易和国际投资显著萎缩，国际金融市场跌宕起伏，世界经济陷于深度衰退；而且经济全球化逆流泛起，一些国家保护主义和单边主义盛行，地缘政治风险陡然上升。

我国经济形势面临严峻的风险考验、经济运行出现多方面的严重压力，而且世界经济

---

① 习近平：《论把握新发展阶段、贯彻新发展理念、构建新发展格局》，中央文献出版社 2021 年版，第 351 页。

可能会滞留在一个较长的更加不稳定、不确定的时期，谋求中国经济发展的"新机""新局"刻不容缓。要在"大局"中谋"大势"、成"大事"。党的十八大后不久，习近平就提出，"在对历史的深入思考中做好现实工作、更好走向未来，不断交出坚持和发展中国特色社会主义的合格答卷"①。从历史和现实、国际和国内、经济过程和环节的结合之中，我们可以看到当下"危机"和"新机"、"变局"和"新局"的辩证关系：

首先，我国经济正处在转变发展方式、优化经济结构、转换增长动力的攻关期，经济发展前景总体向好；在现实中出现的困难和挑战，甚至危机，也是多年来经济发展的结构性痼疾、体制性症候、周期性变化交互作用的结果，"危机"转"新机"成为解决这一过程中矛盾和问题的最好时机。

其次，党的十九大以来，在大力推进现代化经济体系建设过程中，推动经济发展结构优化、质量提升、效益升级、动力变革，已经取得明显成效，虽然面临各种风险冲击和困难挑战，但我们比以往任何时候都有更强大的经济实力、创新活力和抗风险能力。

最后，尽管受到新冠疫情的严重冲击，也受到国际经济关系的严重影响，但我国经济潜力足、韧性强、回旋空间大、政策工具多的基本特点没有改变，经济发展的"大局"依然在掌控之中，谋"大势"、成"大事"的制度优势和发展动力依然强盛。

"在危机中育新机、于变局中开新局"战略思想的核心要义就在于，深刻认识新时代中国特色社会主义发展的新特征新要求，提升解决社会主要矛盾的主导意识，增强辩证分析能力和总体意识，把握经济过程及其基本趋势，勇于斗争、敢于斗争、善于斗争，着力于"育新机""开新局"，在"两个一百年"交替的节点上，交出中国特色社会主义现代化强国建设的"合格答卷"。

从"过程"中把握事物发展的内在趋势和规律，是马克思主义辩证思维和战略思维的基本特征。恩格斯认为，"世界不是既成事物的集合体，而是过程的集合体，其中各个似乎稳定的事物同它们在我们头脑中的思想映象即概念一样都处在生成和灭亡的不断变化中，在这种变化中，尽管有种种表面的偶然性，尽管有种种暂时的倒退，前进的发展终究会实现"②。对经济"过程"的不断变化和发展，一方面要从生产、分配、流通、消费环节及其总体"过程"上理解，如马克思在政治经济学对象问题阐释时提出的，"一定的生产决定一定的消费、分配、交换和这些不同要素相互间的一定关系。当然生产就其单方面形式来说也决定于其他要素。"③ 它们之间的这种"总体"关系，揭示了社会经济运行的"过程"特征和趋势。另一方面也要从实践逻辑和历史逻辑上看经济"过程"，如习近平指出的："历史、现实、未来是相通的。历史是过去的现实，现实是未来的历史。要把党的十八大确立的改革开放重大部署落实好，就要认真回顾和深入总结改革开放的历程，更加深刻地认识改革开放的历史必然性，更加自觉地把握改革开放的规律性，更加坚定地肩负起深化改革开放的重大责任。"④ 历史留下理解现实的印记，昭示现实发展的路标；现实以历史为镜鉴，前瞻未来发展的方向。从这两个方面把握经济过程的内在趋势和根本特

---

① 《十八大以来重要文献选编》上，中央文献出版社 2014 年版，第 470 页。
② 《马克思恩格斯文集》第四卷，人民出版社 2009 年版，第 298 页。
③ 《马克思恩格斯文集》第八卷，人民出版社 2009 年版，第 23 页。
④ 《习近平谈治国理政》，外文出版社 2014 年版，第 67 页。

征，是至关重要的。所谓"因势而谋、应势而动、顺势而为"讲的就是这个道理。

在对经济形势的分析中，要防止从单一的环节或局部的过程得出结论，也要避免按一时的经济局面静止地或片面地加以判断。无论是"危机中育新机"还是"于变局中开新局"，在战略思维上，一是要着力打通经济过程中生产、分配、流通、消费各个环节及其联系，在形成更多新的增长点、增长极的过程中，逐步形成经济发展新格局，开拓新形势下"育新机""开新局"的新路子、新优势；二是要注重历史分析，从我国经济长期面临的结构性、体制性、周期性问题相互交织的症结上，解析经济发展的困难和挑战的出路；三是要正视发展方式、经济结构和增长动力、发展机制一些深层次矛盾愈加凸显的现实，把住我国经济发展正处在结构、规模、质量和效率的深度改革时期的趋势和特征；四是要从我国发展正处在"两个一百年"交替的关键节点，在重要战略机遇期没有根本改变、而百年未有之"变局"显著呈现的未来走势中，谋划发展的"新机"和"新局"。

要在把握经济过程变化的辩证关系中成就经济发展新格局。面对深刻变化的国际经济环境，保持我们的战略定力，集中力量办好自己的事情，是我们战胜各种风险挑战的关键，也是"在危机中育新机、于变局中开新局"战略思维的立足点和着力点。恩格斯在对事物"过程"的阐释中，十分注重明晰事物变化过程的"种种表面的偶然性"，高度重视厘清看似"暂时的倒退"中蕴涵的"前进的发展终究会实现"的内在机理和本质规定。

二、 新发展阶段社会主要矛盾的枢纽作用

马克思主义政治经济学社会性和历史性的特征，体现在对社会主要矛盾的解释、分析和剖解中。分析和判断社会主要矛盾，是中国共产党治国理政的重要方法；而处理和解决好社会主要矛盾，则是中国特色社会主义政治经济学的基本问题。在党的十九大上，习近平对新时代社会主要矛盾已经转化为人民日益增长的美好生活需要和不平衡不充分的发展之间的矛盾作出准确分析和判断。在制定"十四五"规划中，习近平从统筹中华民族伟大复兴战略全局和世界百年未有之大变局的新的高度，从对社会主要矛盾变化新特点和新要求的分析切入，展现了新发展阶段中国特色"系统化的经济学说"的理论特征。党的十九届五中全会提出，"全党要统筹中华民族伟大复兴战略全局和世界百年未有之大变局，深刻认识我国社会主要矛盾变化带来的新特征新要求，深刻认识错综复杂的国际环境带来的新矛盾新挑战"[1]。

以"十四五"规划为开端的新发展阶段，不断满足人民群众对物质、文化、民主、法制、公平、正义、安全和环境等方面的"美好生活"的需要，已经成为秉持人民至上、实现一切为了人民的发展目标的现实体现。"美好生活"所涉及的各个方面的"需求"，归根到底要依靠经济建设、政治建设、文化建设、社会建设和生态文明建设等"供给"的不断发展来实现。与"需求"的不断增长相比较，作为"供给"的不平衡和不充分显然是矛盾的主要方面。习近平指出，"我国发展不平衡不充分问题仍然突出，创新能力不适应

---

[1] 《中共十九届五中全会在京举行》，《人民日报》2020 年 10 月 30 日。

高质量发展要求，农业基础还不稳固，城乡区域发展和收入分配差距较大，生态环保任重道远，民生保障存在短板，社会治理还有弱项"[①]。以"不平衡不充分的发展"为"问题意识"，不断推进发展的平衡性和充分性，成为"十四五"规划及其今后一个时期处理和解决好社会主要矛盾的基本路径和根本要求。习近平对新发展阶段经济社会发展作出的整体部署，就是以此为纽带的。

在这一整体部署中，首先，构建以畅通国民经济循环为主的新发展格局，是处理和解决好社会主要矛盾的根本要求。随着外部环境和我国发展所具有的要素禀赋的变化，市场和资源两头在外的国际大循环动能明显减弱，而我国内需潜力正随着"美好生活"满足程度的逐步提高而不断释放，发展的平衡性和充分性要求增强经济高质量发展的内在动力，形成以国内大循环为主的新发展格局成为必然趋势。

其次，催生科技创新的新发展动能、激发深化改革的新发展活力、打造高水平对外开放的国际合作和竞争新优势，是处理和解决好社会主要矛盾的根本条件。改变不平衡和不充分发展的现状，就要实现依靠创新驱动的内涵型增长，就要全面深化改革、进一步解放和发展社会生产力，就要全面提高对外开放水平，在国际合作和竞争中形成中国经济发展的新优势。

最后，形成共建共治共享的社会发展新局面，是处理和解决好社会主要矛盾的根本基础。不断满足人民对"美好生活"的需要，也是社会共建共治共享的过程。在这一过程中，要适应社会结构、社会关系、社会行为方式、社会心理等深刻变化，实现更加充分、更高质量的就业，健全全覆盖、可持续的社保体系，强化公共卫生和疾控体系，促进人口长期均衡发展，加强社会治理，化解社会矛盾，维护社会稳定。

新发展阶段社会主要矛盾的枢纽作用，昭彰了中国特色"系统化经济学说"的理论挈领和思想精粹。

一是促进全体人民共同富裕。共同富裕是社会主义的本质要求，是人民群众的共同期盼。中国特色社会主义的发展，从根本上就是要实现全体人民的共同富裕。新中国成立以来特别是改革开放以来，我们党团结带领人民向着实现共同富裕的目标不懈努力，人民生活水平不断提高；党的十八大以来，我们党把脱贫攻坚作为重中之重，使现行标准下农村贫困人口全部脱贫，成为促进全体人民共同富裕的一项重大举措。进入"十四五"时期，在我国经济社会发展中，发展不平衡不充分问题仍然突出，城乡区域发展和收入分配差距较大，促进全体人民共同富裕将是一项长期而艰巨的任务；在开启全面建设社会主义现代化国家新征程中，必须把促进全体人民共同富裕摆在更加重要的位置，坚持不懈、坚定不移，向着这个目标更加积极、更有作为地不断努力。

党的十九届五中全会通过的《建议》在确定 2035 年基本实现社会主义现代化远景目标时，鲜明地提出"全体人民共同富裕取得更为明显的实质性进展"，在改善人民生活品质部分强调"扎实推动共同富裕"，提出一些重要要求和重大举措。突出"促进全体人民共同富裕"是社会主义本质的要求，既指明了前进方向和奋斗目标，也符合发展要求和发展规律，使得"十四五"规划能保证沿着促进全体人民共同富裕道路坚实迈进。

[①]《习近平著作选读》第二卷，人民出版社 2023 年版，第 328 页。

二是凸显生产的决定性作用，着力打通经济运行和过程中生产、分配、流通、消费各个环节及其联系，引发更多新的增长点、增长极，逐步以畅通国民经济循环为主构建新发展格局。焕发生产的"普照的光"的作用，坚持供给侧结构性改革的主线，提升供给体系对国内需求的适配性，扭住扩大内需这个战略基点，形成需求牵引供给、供给创造需求的更高水平上的动态平衡。

三是统筹发展和安全。安全是发展的前提、发展是安全的保障，发展与安全已经成为推进中国特色社会主义建设和发展的战略问题。"十四五"规划及其之后的一个很长的时期是我国各类矛盾和风险易发期，各种可以预见和难以预见的风险因素明显增多。我们必须坚持统筹发展和安全，增强机遇意识和风险意识，树立底线思维，把困难估计得更充分一些，把风险思考得更深入一些，注重堵漏洞、强弱项，下好先手棋、打好主动仗，有效防范化解各类风险挑战，确保社会主义现代化事业顺利推进。党的十九届五中全会通过的《建议》特别对统筹发展和安全、加快国防和军队现代化等作出战略部署，强调要坚持总体国家安全观，加强国家安全体系和能力建设，筑牢国家安全屏障。

三、 深刻把握新发展阶段国民经济的基本"事实"

"十四五"规划的最显著特征在于，它是处在"两个一百年"奋斗目标的历史交汇点的五年发展规划，也是今后15年经济社会中期发展规划的起点。把握这一历史交汇点的显著特征，把握第二个百年起始阶段经济关系和社会发展的基本要求，成为写就新发展阶段政治经济学新篇章的首要问题。

第一，"十四五"规划的战略性特征。2020年4月，习近平以"国家中长期经济社会发展战略若干重大问题"为题，对制定"十四五"规划的战略性特征作了探索。他提出："当今世界正经历百年未有之大变局，这次疫情也是百年不遇，既是一次危机，也是一次大考。当前，我国疫情防控形势已经越过拐点，但疫情全球大流行仍处在上升期，外部形势非常严峻……我们要举一反三，进行更有长远性的思考，完善战略布局，做到化危为机，实现高质量发展。"[1] 特别是要"着重从发展战略角度"，在"十四五"规划中着力于经济社会发展六个主要"战略"问题的思考，即坚定实施扩大内需战略，优化和稳定产业链、供应链，完善城市化战略，调整优化科技投入和产出结构，实现人与自然和谐共生，加强公共卫生体系建设；这些战略关系，与经济社会发展牢固相扣，与国家长治久安紧密维系，与国家发展和安全深切关联，是涉及国家中长期经济社会发展的重大问题。[2]

第二，"十四五"规划和2035年中期发展规划的战略关系的特征。党的十九大对实现第二个百年奋斗目标分作两个阶段推进已经作出战略安排，第一个阶段从2020年到2035年，"基本实现社会主义现代化"；第二个阶段从2035年到本世纪中叶，"把我国建成富强民主文明和谐美丽的社会主义现代化强国"。[3] 党的十九大对第一个阶段的奋斗目标，从

---

① 《十九大以来重要文献选编》中，中央文献出版社2021年版，第495—501页。
② 《十九大以来重要文献选编》中，中央文献出版社2021年版，第496—501页。
③ 《十九大以来重要文献选编》上，中央文献出版社2019年版，第20页。

经济、政治、文化、社会和生态文明建设等方面作出了规划。党的十九届五中全会通过的《建议》是在综合考虑未来一个时期,特别是在这15年中国内外发展趋势和我国发展条件的基础上,紧紧抓住我国社会主要矛盾,深入贯彻新发展理念,对"十四五"时期发展规划作出系统谋划和战略部署,形成了"十四五"时期发展与第一阶段发展融为一体的总体发展规划。

第三,"十四五"规划在新发展阶段的战略地位的特征。我国经济正处在转变发展方式、优化经济结构、转换增长动力的攻关期,经济发展前景总体向好;特别是党的十九大以来,在大力推进现代化经济体系建设中,在经济结构、发展质量、效益提升和动力变革等方面,已经取得显著成效和明显进展;但是,在经济社会发展中,由于国内外经济环境、条件等方面的变化,也存在诸多发展中的困难和挑战,甚至危机。习近平指出:"今后一个时期,我们将面对更多逆风逆水的外部环境,必须做好应对一系列新的风险挑战的准备。"[1]"十四五"规划的特征,就在于立足新发展阶段经济社会发展和改革开放的重点任务,基于党的十九届五中全会通过的《建议》从科技创新、产业发展、国内市场、深化改革、乡村振兴、区域发展,到文化建设、绿色发展、对外开放、社会建设、安全发展、国防建设等重点领域,作出整体规划和工作部署。对新发展阶段经济社会发展的谋篇布局,成为"十四五"规划的重要特征。

第四,新发展阶段战略思维的特征。"努力在危机中育新机、于变局中开新局",是习近平在制定"十四五"规划中提到的重要思想,也是新发展阶段政治经济学战略思维和科学方法的集中体现。要辩证分析和全面理解国内外大势,统筹中华民族伟大复兴战略全局和世界百年未有之大变局,就要准确识变、科学应变、主动求变,推进新发展阶段我国经济社会的全面跃升。我国经济过程和经济发展面临严峻的风险考验,但我国制度优势显著,物质基础雄厚,人力资源丰厚,市场空间广阔,经济潜力足、韧性强、回旋空间大;我国社会大局稳定,治理效能不断增强,政策工具多的基本特点并没有改变。经济发展的"大局",依然在掌控之中,谋"大势"、成"大事"的改革趋势和发展动力依然强盛。习近平指出:"凡事预则立,不预则废。我们要着眼长远、把握大势,开门问策、集思广益,研究新情况、作出新规划。"[2]

无论是"育新机"还是"开新局",都有一个如何处理好经济关系和经济运行总体及其和各环节之间关系的问题。在制定"十四五"规划时,在战略思维上,要着力打通生产、分配、流通、消费各个环节,在总体上形成更多新的增长点、增长极,以畅通国民经济循环为主构建新发展格局。要防止从经济运行的单一的环节或局部的过程看待发展问题,也要避免按一时的经济变化静止地或片面地判断经济走势。要使生产、分配、流通、消费更多地依托国内市场,全面开拓新发展阶段中"育新机"和"开新局"的新优势和新路向。

党的十九届五中全会通过的《建议》中提出的"'十四五'时期经济社会发展必须遵循的原则",就是对"在危机中育新机、于变局中开新局"战略思想落实的结果。这里提到

---

① 《习近平著作选读》第二卷,人民出版社2023年版,第328页。
② 《习近平著作选读》第二卷,人民出版社2023年版,第327页。

的"原则"，主要有坚持党的全面领导、坚持人民为中心、坚持新发展理念、坚持深化改革开放等，从政治方向、核心立场、主要内容、根本方向上，深化了"在危机中育新机、于变局中开新局"战略思想的实践路向。特别是关于"坚持系统观念"的原则，强调"加强前瞻性思考、全局性谋划、战略性布局、整体性推进，统筹国内国际两个大局，办好发展安全两件大事，坚持全国一盘棋，更好发挥中央、地方和各方面积极性，着力固根基、扬优势、补短板、强弱项，注重防范化解重大风险挑战，实现发展质量、结构、规模、速度、效益、安全相统一"①，深刻把握新发展阶段的新特征和新要求，增强了辩证分析能力和总体意识，使得我们在"两个一百年"奋斗目标交替的关节点，在"育新机""开新局"的"大考"中，交出中国特色社会主义现代化强国建设的"合格答卷"。

四、 政治经济学总体方法的运用与创新

党的十九届五中全会通过的《建议》对"十四五"规划和2035年远景目标重大问题的论述，以习近平新时代中国特色社会主义思想为指导，对中国特色社会主义政治经济学作出了多方面的新的阐释，写就了新发展阶段中国特色社会主义政治经济学的新篇章。

2020年8月，正临"十四五"规划制定之时，习近平在经济社会领域专家座谈会上重提他在十八届中央政治局第二十八次集体学习会上发表的主题为《不断开拓当代中国马克思主义政治经济学新境界》(简称《新境界》) 的讲话。回眸历史、正视现实，习近平指出："恩格斯说，无产阶级政党的'全部理论来自对政治经济学的研究'。列宁把政治经济学视为马克思主义理论'最深刻、最全面、最详尽的证明和运用'。我们要运用马克思主义政治经济学的方法论，深化对我国经济发展规律的认识，提高领导我国经济发展能力和水平。"②《新境界》如似马克思《〈政治经济学批判〉导言》(以下简称《导言》) 的中国版本，是新发展阶段中国特色社会主义政治经济学新篇章的"导言"。

在《导言》中，马克思揭示了生产(直接生产过程)和分配、交换(流通)、消费诸环节作为一个有机整体的基本特征，以及彰显这一社会经济关系"总体"的本质规定性。在《新境界》中，习近平在对中国特色社会主义政治经济学对象的内在要素及其辩证关系的探讨时提到："马克思主义政治经济学认为，分配决定于生产，有反作用于生产，'而最能促进生产的是能使一切社会成员尽可能全面地发展、保持和施展自己能力的那种分配方式'。"③ 在中国特色社会主义初级阶段基本经济制度中，同样存在着《导言》所阐明的基本原理：社会对生产条件的分配，其中主要是生产资料的"分配"，决定了人们在社会生产中的地位；社会既定的分配规律，也反作用于生产，决定社会成员在生产中的地位。基于这些基本认识，习近平提出了中国特色社会主义经济关系中分配的"制度安排"问题，这就是，"我们必须坚持发展为了人民、发展依靠人民、发展成果由人民共享，作出更有效的制度安排，使全体人民朝着共同富裕的方向稳步前进，绝不能出现'富者累巨万，而贫

---

① 《十九大以来重要文献选编》中，中央文献出版社2021年版，第791页。
② 《习近平著作选读》第二卷，人民出版社2023年版，第332—333页。
③ 《十八大以来重要文献选编》下，中央文献出版社2018年版，第5页。

者食糟糠'的现象"①。这些"突出的问题"是中国特色社会主义政治经济学面对的重大课题。习近平强调："马克思主义政治经济学认为，生产资料所有制是生产关系的核心，决定着社会的基本性质和发展方向。"②

在"十四五"规划制定过程中，习近平多次谈到生产和分配、流通、消费各环节之间的总体关系。2020年4月，习近平在最初提出坚定实施扩大内需战略、构建国内大循环为主体的新发展格局时就提出："大国经济的优势就是内部可循环。"③我国有14亿人口，人均国内生产总值已经突破1万美元，是全球最大最有潜力的消费市场，消费是我国经济增长和发展的引擎，"我们要牢牢把握扩大内需这一战略基点，使生产、分配、流通、消费各环节更多依托国内市场实现良性循环，明确供给侧结构性改革的战略方向，促进总供给和总需求在更高水平上实现动态平衡"④。从扩大内需和扩大开放的总体关系上来看，"国内循环越顺畅，越能形成对全球资源要素的引力场，越有利于构建以国内大循环为主体、国内国际双循环相互促进的新发展格局，越有利于形成参与国际竞争和合作新优势"⑤。新发展阶段政治经济学赋予马克思关于社会经济运行总体关系理论以新的时代内涵。

五、 新发展理念在新发展阶段的主导作用及其思想跃升

新发展理念，是中国特色社会主义政治经济学的主要内容和根本要义。习近平指出，新发展理念"是对我们在推动经济发展中获得的感性认识的升华，是对我们推动经济发展实践的理论总结，要坚持用新的发展理念来引领和推动我国经济发展，不断破解经济发展难题，开创经济发展新局面"⑥。在制定"十三五"规划中，习近平强调："发展理念是发展行动的先导，是管全局、管根本、管方向、管长远的东西，是发展思路、发展方向、发展着力点的集中体现。"⑦ 新发展阶段在根本上就是"发展"的新阶段，就是新发展理念实现的"新阶段"。新发展理念也是"十四五"时期我国经济社会发展谋篇布局的"物之固然"和"事之所以然"。同时，在制定"十四五"规划的过程中，新发展理念也在新发展阶段政治经济学中得到拓展。

在新发展理念中，创新是引领发展的第一动力。进入"十四五"时期，要进一步坚持创新在我国现代化建设全局中的核心地位，把科技自立自强作为国家发展的战略支撑，完善国家创新体系，加快建设科技强国。科技创新要面向世界科技前沿、面向经济主战场、面向国家重大需求、面向人民生命健康。

在新发展阶段，创新的关键点是要依托我国超大规模市场和完备产业体系，创造有利

① 《十八大以来重要文献选编》中，中央文献出版社2016年版，第827页。
② 《十八大以来重要文献选编》下，中央文献出版社2018年版，第4—5页。
③ 《十九大以来重要文献选编》中，中央文献出版社2021年版，第496页。
④ 《十九大以来重要文献选编》中，中央文献出版社2021年版，第496页。
⑤ 《十九大以来重要文献选编》中，中央文献出版社2021年版，第496页。
⑥ 《十八大以来重要文献选编》下，中央文献出版社2018年版，第4页。
⑦ 《十八大以来重要文献选编》中，中央文献出版社2016年版，第774页。

于新技术快速大规模应用和迭代升级的独特优势；要发挥企业在技术创新中的主体作用，使企业成为创新要素集成、科技成果转化的生力军；要坚持基础研究是创新的源头活水，加大投入，鼓励长期坚持和大胆探索，为建设科技强国夯实基础；要大力培养和引进国际一流人才和创新科研团队；要坚持开放创新，加强国际科技交流合作。提升自主创新能力，尽快突破关键核心技术，是新发展阶段创新的关键问题。

在新发展理念中，协调是持续健康发展的内在要求。在"十四五"时期，要坚持实施区域重大战略、区域协调发展战略、主体功能区战略，健全区域协调发展体制机制，完善新型城镇化战略，构建高质量发展的国土空间布局和支撑体系。要构建国土空间开发保护新格局，推动区域协调发展，推进以人为核心的新型城镇化。

要更加注重物质文明和精神文明、经济建设和文化建设的协调发展，要繁荣发展文化事业和文化产业，提高国家文化软实力。坚持马克思主义在意识形态领域的指导地位，坚定文化自信，坚持以社会主义核心价值观引领文化建设，加强社会主义精神文明建设，促进满足人民文化需求和增强人民精神力量相统一，推进社会主义文化强国建设。

在新发展理念中，绿色是永续发展的必要条件。在"十四五"时期，要切实推动绿色发展，促进人与自然和谐共生，"要为自然守住安全边界和底线，形成人与自然和谐共生的格局"[①]。坚持绿水青山就是金山银山的理念，坚持尊重自然、顺应自然、保护自然，坚持节约优先、保护优先、自然恢复为主，守住自然生态安全边界。深入实施可持续发展战略，完善生态文明领域统筹协调机制，构建生态文明体系，促进经济社会发展全面绿色转型，建设人与自然和谐共生的现代化。要加快推动绿色低碳发展，持续改善环境质量，提升生态系统质量和稳定性，全面提高资源利用效率。

在新发展理念中，开放是国家繁荣发展的必由之路。新发展阶段的新发展格局，要实行高水平对外开放，开拓合作共赢新局面。坚持实施更大范围、更宽领域、更深层次对外开放，依托我国大市场优势，促进国际合作，实现互利共赢。要建设更高水平开放型经济新体制，全面提高对外开放水平，推动贸易和投资自由化便利化，推进贸易创新发展，推动共建"一带一路"高质量发展。

在以开放为显著特征的国内国际双循环中，更要积极开展合作，形成全方位、多层次、多元化的开放合作格局；更要积极参与全球经济治理体系改革，推动完善更加公平合理的国际经济治理体系；还更要重视安全，统筹好发展和安全，着力增强自身竞争能力、开放监管能力、风险防控能力。

在新发展理念中，共享是中国特色社会主义的本质要求。共享在根本上就在于改善人民生活品质，提高社会建设水平。坚持把实现好、维护好、发展好最广大人民根本利益作为发展的出发点和落脚点，尽力而为、量力而行，健全基本公共服务体系，完善共建共治共享的社会治理制度，扎实推动共同富裕，不断增强人民群众获得感、幸福感、安全感，促进人的全面发展和社会全面进步。要提高人民收入水平，强化就业优先政策，建设高质量教育体系，健全多层次社会保障体系，全面推进健康中国建设，实施积极应对人口老龄化国家战略，加强和创新社会治理。

---

① 《十九大以来重要文献选编》中，中央文献出版社 2021 年版，第 501 页。

在新发展阶段，要完善共建共治共享的社会治理制度，实现政府治理同社会调节、居民自治良性互动，建设人人有责、人人尽责、人人享有的社会治理共同体。要加强和创新基层社会治理，使每个社会细胞都健康活跃，将矛盾纠纷化解在基层，将和谐稳定创建在基层。要更加注重维护社会公平正义，促进人的全面发展和社会全面进步。

包括创新、协调、绿色、开放和共享在内的新发展理念的各个方面，既各有侧重又相互支撑，形成一个"崇尚创新、注重协调、倡导绿色、厚植开放、推进共享"的有机整体。在制定"十四五"规划过程中，新发展理念在新发展阶段政治经济学中不仅得到展开，而且也在多方面实现拓新，特别凸显了把新发展理念贯彻到发展的全领域和全过程、把安全发展贯彻到发展的各领域和全过程这一理念。

六、　新发展格局的开创与中国经济体制改革的深化

从"问题意识"到"问题倒逼"，"十四五"规划对新发展格局的理论阐释和实践谋划，成为新发展阶段政治经济学的最具创新性的思想。新发展格局与新发展阶段、新发展理念一起，构成新发展阶段政治经济学的三个方面的突出理论，新发展格局理论居于主体地位。

加快形成以国内大循环为主体、国内国际双循环相互促进的新发展格局，是党的十九届五中全会科学把握国内外大势，根据我国发展阶段、环境、条件变化，着眼我国经济中长期发展作出的重大战略部署，也是新发展阶段政治经济学的主体理论。

改革开放以来的一个时期，我国利用市场和资源两头在外的优势，推进经济持续快速发展，成为经济全球化深入发展环境下的一种正确的战略选择。以出口导向为特征的这一发展战略，通过大力引进外资和发展劳动密集型产品出口，使国内工业部门能对接世界市场，推动了国内经济的长期增长，使我们用几十年的时间完成发达国家上百年的工业化进程。但同时，这种以出口导向为特征的发展模式，也易于因为外贸依存度攀升而导致工业化过程关键和核心技术不足，甚至出现产业结构失衡、内需不振以及对国外市场过度依赖等问题。在世界正经历百年未有之大变局中，新一轮科技革命和产业变革蓬勃兴起，外部环境和我国发展所具有的要素禀赋也发生着相应的重要变化，特别是随着 2008 年金融危机后逆全球化趋势的显现，市场和资源两头在外的国际大循环势能明显减弱，而国内需求潜力显著趋强，国内大循环活力日益强劲。自 2008 年以来，我国经济实际上已经在向以国内大循环为主体转变，经常项目顺差同国内生产总值的比率已由 2007 年的 9.9% 降至现在的不到 1%，国内需求对经济增长的贡献率也有 7 个年份超过 100%。[①] 因此，"构建新发展格局，是与时俱进提升我国经济发展水平的战略抉择，也是塑造我国国际经济合作和竞争新优势的战略抉择"[②]。

以国内大循环为主体，正是要通过发挥内需潜力，利用好国际国内两个市场、两种资

---

① 《十九大以来重要文献选编》中，中央文献出版社 2021 年版，第 664 页。
② 《十九大以来重要文献选编》中，中央文献出版社 2021 年版，第 782 页。

源，使国内市场和国际市场更好联通，实现更加强劲和更可持续的发展。新发展格局中的国内国际双循环也不是相互分离的，而是一个相互联系、不可分离的整体。习近平指出："新发展格局决不是封闭的国内循环，而是开放的国内国际双循环。推动形成宏大顺畅的国内经济循环，就能更好吸引全球资源要素，既满足国内需求，又提升我国产业技术发展水平，形成参与国际经济合作和竞争新优势。"[①] 在新发展格局中，中国同世界经济的联系会更加紧密，国内循环会成为吸引国际商品和要素资源的巨大引力场。

以畅通国民经济循环为主，就是要发挥好改革的突破和先导作用，依靠改革破除发展瓶颈、汇聚发展优势、增强发展动力。"构建新发展格局，要坚持扩大内需这个战略基点，使生产、分配、流通、消费更多依托国内市场，形成国民经济良性循环。"[②] 要坚持供给侧结构性改革这个战略方向，扭住扩大内需这个战略基点，提升供给体系对国内需求的适配性，形成需求牵引供给、供给创造需求的更高水平的动态平衡。

加快形成以国内大循环为主体、国内国际双循环相互促进的新发展格局，重要的是以科技创新催生新发展动能。在新一轮科技革命和产业变革加速演进中，加快提高我国科技创新能力具有更大的紧迫性。只有大力推动科技创新，加快关键核心技术攻关，才能下好先手棋、打好主动仗，把竞争和发展的主动权牢牢掌握在自己手中，重塑我国国际合作和竞争新优势。应该看到，只有进一步夯实创新基础，加快科技成果转化，加快推进数字经济、智能制造、生命健康、新材料等战略性新兴产业，形成更多新的增长点、增长极，提高产业链供应链稳定性和现代化水平，才能使国内大循环活力更加强劲，塑造更多依靠创新驱动、更多发挥先发优势的引领型发展，打造未来发展新优势。

构建新发展格局、打造发展新优势、开创发展新局面，要以深化改革激发新发展活力。要在坚持和完善中国特色社会主义制度、推进国家治理体系和治理能力现代化上下更大功夫，坚持守正创新、开拓创新，大胆探索自己未来发展之路，让制度更加成熟定型，让发展更有质量，让治理更有水平，让人民更有获得感。要坚持和完善社会主义初级阶段基本经济制度，营造长期稳定可预期的制度环境，使一切有利于社会生产力发展的力量源泉充分涌流。只有发挥好改革的突破和先导作用，依靠改革应对变局、开拓新局，依靠改革破除发展瓶颈、汇聚发展优势、增强发展动力，才能推动改革更好服务经济社会发展大局。

近年来，经济全球化遭遇倒流逆风，经贸摩擦加剧，一些国家保护主义和单边主义盛行。但从长远看，各国利益高度融合，人类是休戚与共的命运共同体，经济全球化仍是历史潮流，各国分工合作、互利共赢是长期趋势。越是面对经济全球化逆流，越是要高举构建人类命运共同体旗帜，坚定不移维护和引领经济全球化，推动建设开放型世界经济。

推进新发展格局也要求拓展社会发展新局面。发展新局面的实质就在于，坚持以人民为中心的发展思想，以增进民生福祉发展为根本目的。这就与新发展格局具有内在统一性：都旨在经济社会发展中，要更好实现幼有所育、学有所教、劳有所得、病有所医、老有所养、住有所居、弱有所扶，努力让改革发展成果更多更公平惠及全体人民，更加注重

---

① 《十九大以来重要文献选编》中，中央文献出版社 2021 年版，第 783 页。
② 《十九大以来重要文献选编》中，中央文献出版社 2021 年版，第 783 页。

维护社会公平正义，促进人的全面发展和社会全面进步。

七、 新发展阶段中国特色"系统化的经济学说"的新境界

推进中国特色"系统化的经济学说"发展，是 2015 年 11 月习近平在十八届中央政治局第二十八次集体学习会上提出的重要思想。2017 年 12 月在党的十九大之后召开的第一次中央经济工作会议上，习近平从"新时代中国特色社会主义思想"意义上，对中国特色"系统化的经济学说"再度作出概括，提出了以新发展理念为主要内容，以坚持加强党对经济工作的集中统一领导，坚持以人民为中心的发展思想，坚持适应把握引领经济发展新常态，坚持使市场在资源配置中起决定性作用、更好发挥政府作用，坚持适应我国经济发展主要矛盾变化完善宏观调控，坚持问题导向部署经济发展新战略，坚持正确工作策略和方法等七个"坚持"为一体的理论体系。这一概括是党的十八大至十九大这五年间我国经济发展实践的理论凝练。

在制定"十四五"规划的过程中，习近平对中国特色"系统化的经济学说"作出新的概括。这一新的概括，在内容上可以归为以下三大部分：

一是凸显了对党的十九大之前形成的重要理论的概括，如社会主义本质理论，新发展理念理论，发展社会主义市场经济理论，我国经济发展进入新常态、深化供给侧结构性改革、推动经济高质量发展理论，推动新型工业化、信息化、城镇化、农业现代化"四化"同步发展和区域协调发展理论，用好国际国内两个市场、两种资源理论等。

二是对党的十九大以后提出的重要理论的概括，如社会主义初级阶段基本经济制度理论，指的就是对党的十九届四中全会作出的公有制为主体、多种所有制经济共同发展，按劳分配为主体、多种分配方式并存，社会主义市场经济体制等社会主义基本经济制度的新概括。

三是对新发展阶段需要作出新的探索的重要理论的概括，如农民承包的土地具有"三权"属性理论，加快形成以国内大循环为主体、国内国际双循环相互促进的新发展格局理论，促进社会公平正义、逐步实现全体人民共同富裕的理论，统筹发展和安全理论等。从历史、理论和现实结合上的这一概括，是对新发展阶段"系统化的经济学说"的新的认识。习近平认为："这些理论成果，不仅有力指导了我国经济发展实践，而且开拓了马克思主义政治经济学新境界。"[①]

在这一新的概括之前，习近平先提出了中国特色"系统化的经济学说"中的"术语的革命"的问题。恩格斯曾指出："一门科学提出的每一种新见解都包含这门科学的术语的革命。"[②] 习近平在对中国特色"系统化的经济学说"的阐释中，对诸如发展理念、所有制、分配体制、政府职能、市场机制、宏观调控、产业结构、企业治理结构、民生保障、社会治理等"重要论断"作出高度评价，突出了这些范畴、概念的先导作用。这些

---

① 《习近平著作选读》第二卷，人民出版社 2023 年版，第 333 页。
② 《马克思恩格斯文集》第五卷，人民出版社 2009 年版，第 32 页。

"重要论断"，实际上就是中国特色社会主义政治经济学中的"术语的革命"，构成中国特色"系统化的经济学说"的学术的和学理的基础。

面对新发展阶段的新实际，习近平还对发展什么样的中国特色社会主义政治经济学和怎样发展中国特色社会主义政治经济学的问题作出新的探索：一是要从国情出发，从中国实践中来、到中国实践中去，把论文写在祖国大地上，使理论和政策创新符合中国实际、具有中国特色；二是要深入调研，察实情、出实招，充分反映实际情况，使理论和政策创新有根有据、合情合理；三是要把握规律，坚持马克思主义立场、观点、方法，透过现象看本质，从短期波动中探究长期趋势，使理论和政策创新充分体现先进性和科学性；四是要树立国际视野，从中国和世界的联系互动中探讨人类面临的共同课题，为构建人类命运共同体贡献中国智慧、中国方案。这四个方面，成为新发展阶段中国特色"系统化的经济学说"发展的课题指南和根本路向，升华了习近平经济思想的思想智慧和学理依循。

习近平对发展什么样的中国特色社会主义政治经济学和怎样发展中国特色社会主义政治经济学问题作出新的探索，拓展了新发展阶段中国特色"系统化的经济学说"的新境界。

思考题

1. 为什么在对经济形势的分析中，要防止从单一的环节或局部的过程得出结论，也要避免按一时的经济局面静止地或片面地加以判断？

2. 如何认识和把握新发展阶段的基本内涵和主要特征？

3. 为什么说加快形成以国内大循环为主体、国内国际双循环相互促进的新发展格局，是着眼我国经济中长期发展作出的重大战略部署，也是新发展阶段政治经济学的主体理论？

4. 习近平经济思想在党的十九届五中全会对新发展阶段中国特色"系统化的经济学说"作出哪些创新性理论贡献？

第十章 共同富裕的社会主义本质要求及其理论新境界

学习要点：

- 消灭剥削、消除两极分化，是社会主义发展的根本方向；逐步达到共同富裕，是社会主义发展的根本目标；
- 共同富裕是社会主义的本质要求，是社会主要矛盾在新发展阶段作用的必然结果，是对新发展阶段根本目标的深刻把握；
- 牢牢抓住全体人民共同富裕的社会主义本质要求，结合社会主义本质的系统关系，推进我国社会主义从初级阶段向更高阶段迈进；
- 习近平经济思想对扎实推动共同富裕整体过程提出一系列重要原则。

1992 年初，邓小平在视察南方的谈话中指出："社会主义的本质，是解放生产力，发展生产力，消灭剥削，消除两极分化，最终达到共同富裕。"[1] 这是新时期中国共产党在对什么是社会主义、建设什么样的社会主义这个首要的基本理论问题回答中作出的重要概括。在对社会主义本质规定的概括中，解放生产力和发展生产力是社会主义革命、建设与改革的根本任务；消灭剥削、消除两极分化，是社会主义发展的根本方向；逐步达到共同富裕是社会主义发展的根本目标。

党的十八大以来，共同富裕作为社会主义的本质要求，在习近平新时代中国特色社会主义思想中得到更为显著的阐发。在中国共产党成立 100 周年之际，习近平对共同富裕是社会主义的本质要求作出新的阐释，展现了不忘初心、牢记使命，以史为鉴、开创未来的理论境界的升华。

一、 社会主义本质理论在新时代的赓续和拓新

习近平提出共同富裕是社会主义的本质要求，是对社会主义的本质理论的新的阐释。2012 年 12 月，党的十八大召开后不久，习近平就提出："消除贫困、改善民生、实现共同富裕，是社会主义的本质要求。"[2] 提出共同富裕是社会主义的本质要求，一是从社会主义本质的整体上，凸显共同富裕所具有的"归根结底"意义的"本质要求"。在制定"十四五"规划时，习近平指出："共同富裕是社会主义的本质要求，是人民群众的共同期盼。我们推动经济社会发展，归根结底是要实现全体人民共同富裕。"[3]二是从社会主义本质及其同坚持以人民为中心的发展思想的双重意义上，凸显共同富裕是中国共产党在"奋斗目标"意义上的"本质要求"。习近平指出："让广大人民群众共享改革发展成果，是社会主义的本质要求，是社会主义制度优越性的集中体现，是我们党坚持全心全意为人

---

① 《邓小平文选》第三卷，人民出版社 1993 年版，第 370 页。
② 《习近平谈治国理政》，外文出版社 2014 年版，第 189 页。
③ 《十九大以来重要文献选编》中，中央文献出版社 2021 年版，第 784 页。

民服务根本宗旨的重要体现。"[1] 在同坚持以人民为中心的发展思想的结合中，共同富裕由社会主义本质的基本内涵，跃升为社会主义的本质要求，充分体现了新时代坚持和发展中国特色社会主义的内在要求，赋予了社会主义本质理论以新的时代内涵。

共同富裕作为社会主义的本质要求，与社会主义基本经济制度相生相行，不仅是社会主义分配关系的要求，也是社会主义经济关系总体上的根本要求。在对社会主义生产关系和分配关系的阐释中，习近平指出："马克思主义政治经济学既坚持认为，生产资料所有制是生产关系的核心，决定着社会的基本性质和发展方向""分配决定于生产，又反作用于生产，'而最能促进生产的是能使一切社会成员尽可能全面地发展、保持和施展自己能力的那种分配方式'。"[2] 在中国特色社会主义基本经济制度中，社会对生产条件的分配，根本的就是对生产资料的"分配"，决定了人们在分配中的地位和方式；而社会既定的分配方式，又反作用于生产，决定社会成员在生产中的地位。习近平由此提出中国特色社会主义经济关系中分配的"制度安排"问题，这就是，"我们必须坚持发展为了人民、发展依靠人民、发展成果由人民共享，作出更有效的制度安排，使全体人民朝着共同富裕的方向稳步前进，绝不能出现'富者累巨万，而贫者食糟糠'的现象"[3]。共同富裕是中国特色社会主义经济制度总体上的本质要求。

共同富裕作为社会主义经济制度的本质要求，与资本主义基本经济制度中"两极分化"必然趋势相对立。在资本主义经济中，是有可能相对地处置体制层面上资源配置的"公平"和"效率"关系问题的，但它不可能解决制度层面上的"两极分化"问题，"两极分化"是资本主义经济关系的本质规定。在社会主义经济中，不仅要恰当地处置好体制层面上的"公平"和"效率"关系问题，还要进一步解决好制度层面上的共同富裕的本质要求问题。从社会主义的本质要求上看，不能把共同富裕的制度性规定等同于"公平"和"效率"的体制性关系问题；也不能把体制性的"公平"和"效率"关系，同制度性的共同富裕关系对立起来，因为前者是后者的体制性基础，后者是前者的制度性跃升。在朝着第二个百年奋斗目标进发时，习近平再次提出的"共同富裕是社会主义的本质要求"[4]，强调的就是共同富裕的社会主义制度的根本性质，紧扣的是实现共同富裕本质要求具有的制度性、体制性的"本质要求"，从"本质要求"上对共同富裕的战略性和方略性问题作出新的阐释和新的部署。

二、 对新发展阶段社会主要矛盾趋势的深刻把握

共同富裕是社会主义的本质要求，是社会主要矛盾在新发展阶段作用的必然结果，是对新发展阶段根本目标的深刻把握。进入新发展阶段，新时代社会主要矛盾的变化愈加明显，满足人民日益增长的"美好生活"的需要，作为社会主要矛盾的目标性规定也更为明

---

① 《十八大以来重要文献选编》中，中央文献出版社 2016 年版，第 827 页。
② 《十八大以来重要文献选编》下，中央文献出版社 2018 年版，第 2 页、第 5 页。
③ 《十八大以来重要文献选编》中，中央文献出版社 2016 年版，第 827 页。
④ 《习近平谈治国理政》第四卷，外文出版社 2022 年版，第 116 页。

显。以"十四五"时期为开端的新发展阶段，一方面使得人民群众对"美好生活"各个方面的需要，其中包括物质、文化、民主、法制、公平、正义、安全、环境等方面的需要在不断增长，愈加成为秉持人民至上、实现一切为了人民的发展理念的集中体现；另一方面"美好生活"各个方面的需要，作为社会"需求"，是由经济建设、政治建设、文化建设、社会建设和生态文明建设各方面"供给"的。与"需求"的不断增长相比较，"供给"能力和水平上的不平衡不充分，明显地成为矛盾的主要方面。

在对我国发展不平衡不充分的突出问题的分析中，习近平提出了六个方面的突出问题，除了创新能力不适应高质量发展要求、农业基础还不稳固这两个突出问题外，其他四个突出问题是：城乡区域发展和收入分配差距较大、生态环保任重道远、民生保障存在短板、社会治理还有弱项。① 解决好这些不平衡不充分发展的突出问题，是处理好社会主要矛盾的关键，也是新发展阶段经济社会发展的重要任务。特别是习近平提到的后四个方面的突出问题，直接涉及"美好生活"需要的基本内涵，是实现共同富裕本质要求的主要方面。如何把实现共同富裕作为社会的本质要求，成为新发展阶段处理和解决好社会主要矛盾的基本路向和根本目标。

党的十八大以来，党中央把逐步实现全体人民共同富裕摆在更加突出的位置，采取了一系列有力和有效措施以保障和改善民生，不断促进全体人民共同富裕的发展。促进全体人民共同富裕，以满足"美好生活"的需要为聚焦点，也是形成新发展阶段的新的着力点的根据和立场。党的十九大对第二个百年奋斗目标作出的部署，一是在对 2035 年基本实现社会主义现代化战略目标的阐释中，明确提出达到"全体人民共同富裕迈出坚实步伐"的要求；二是在对 2035 年到本世纪中叶建成富强民主文明和谐美丽的社会主义现代化强国的战略目标中，明确提出达到"全体人民共同富裕基本实现"的要求。② 从"全体人民共同富裕迈出坚实步伐"到"全体人民共同富裕基本实现"，擘画了第二个百年奋斗目标实现共同富裕这一社会主义的本质要求的战略步骤和进军路线。

党的十九届五中全会在提出新发展阶段实现第二个百年奋斗目标中，把促进全体人民共同富裕的本质要求，摆在更加重要、更加突出的位置，向着更远的目标谋划共同富裕的目标。党的十九届五中全会通过的《建议》，不仅从战略目标上提出了共同富裕是社会主义的本质要求，而且从发展规划上提出了实现共同富裕本质要求的完备方略，特别是强调了"扎实推动共同富裕，不断增强人民群众获得感、幸福感、安全感，促进人的全面发展和社会全面进步"③ 的目标。在对逐步实现共同富裕本质要求的主要措施上，强调"完善工资制度，健全工资合理增长机制，着力提高低收入群体收入，扩大中等收入群体。完善按要素分配政策制度，健全各类生产要素由市场决定报酬的机制，探索通过土地、资本等要素使用权、收益权增加中低收入群体要素收入。多渠道增加城乡居民财产性收入。完善再分配机制，加大税收、社保、转移支付等调节力度和精准性，合理调节过高收入，取缔非法收入。发挥第三次分配作用，发展慈善事业，改善收入和财富分配格局"④。在第二个

---

① 《习近平著作选读》第二卷，人民出版社 2023 年版，第 328 页。
② 《十九大以来重要文献选编》上，中央文献出版社 2019 年版，第 20 页。
③ 《十九大以来重要文献选编》中，中央文献出版社 2021 年版，第 809 页。
④ 《十九大以来重要文献选编》中，中央文献出版社 2021 年版，第 809 页。

一百年启程之际，这些部署和措施的提出，凸显了新发展阶段实现共同富裕本质要求的战略意义和方略举要。

回溯历史、前瞻未来，在庆祝中国共产党成立 100 周年大会的讲话中，习近平提出，"着力解决发展不平衡不充分问题和人民群众急难愁盼问题，推动人的全面发展、全体人民共同富裕取得更为明显的实质性进展"①。在庆祝大会之后不久，习近平就对共同富裕是社会主义的本质要求作出新的阐释，特别是对实现共同富裕本质要求的战略意义和方略举要作出新的阐释，在总体上提出："坚持循序渐进。共同富裕是一个长远目标，需要一个过程，不可能一蹴而就，对其长期性、艰巨性、复杂性要有充分估计，办好这件事，等不得，也急不得。一些发达国家工业化搞了几百年，但由于社会制度原因，到现在共同富裕问题仍未解决，贫富悬殊问题反而越来越严重。我们要有耐心，实打实地一件事一件事办好，提高实效……鼓励各地因地制宜探索有效路径，总结经验，逐步推开。"② 这些新的发展理念、实现路径和根本方法，对于实现第二个百年奋斗目标有着极其重要的理论和实践意义。

三、　中国式现代化的显著特征和深刻内涵

共同富裕作为社会主义的本质要求，彰显了中国式现代化的显著特征。中国式现代化以中国"独特的文化传统，独特的历史命运，独特的基本国情，注定了我们必然要走适合自己特点的发展道路"③ 为圭臬，在对新发展阶段"中国式现代化"基本特征的概括中，习近平提出，"我国现代化是人口规模巨大的现代化，是全体人民共同富裕的现代化，是物质文明和精神文明相协调的现代化，是人与自然和谐共生的现代化，是走和平发展道路的现代化"④。全体人民共同富裕作为中国式现代化的重要特征，凸显了共同富裕是全体人民的整体富裕，是人民群众物质生活和精神生活各方面的全面富裕，是以共建共治共享为过程的、要分阶段推进和实施的共同富裕，进一步丰富了共同富裕是社会主义的本质要求的内涵。

"共同富裕本身就是社会主义现代化的一个重要目标。"⑤ "美好生活"的需要是共同富裕本质要求的写真，它具有两个方面的基本特征：一是"美好生活"涉及的需要范围的全面性，包括物质、文化、民主、法治、公平、正义、安全、环境等各个方面；二是"美好生活"涉及的需要，在实现方式上的公共性、共享性。作为社会主义的本质要求，习近平指出，"共同富裕是全体人民的富裕，是人民群众物质生活和精神生活都富裕，不是少数人的富裕，也不是整齐划一的平均主义，要分阶段促进共同富裕"⑥。共同富裕作为社会主义的本质要求，在中国式现代化过程中，呈现出以下四个方面特征。

① 《习近平著作选读》第二卷，人民出版社 2023 年版，第 482—483 页。
② 《习近平著作选读》第二卷，人民出版社 2023 年版，第 502—503 页。
③ 《习近平著作选读》第一卷，人民出版社 2023 年版，第 150 页。
④ 《习近平著作选读》第二卷，人民出版社 2023 年版，第 401 页。
⑤ 《习近平著作选读》第二卷，人民出版社 2023 年版，第 140 页。
⑥ 《习近平著作选读》第二卷，人民出版社 2023 年版，第 501 页。

第一，共同富裕同中国式现代化相同，都以中国特色社会主义制度为基础和前提。2021 年 1 月，在省部级领导干部学习贯彻党的十九届五中全会精神专题研讨班的开班式上，习近平指出："实现共同富裕不仅是经济问题，而且是关系党的执政基础的重大政治问题。"[①] 把共同富裕的实现与社会主义现代化相联系，在建成社会主义现代化强国中逐步实现共同富裕，也将进一步夯实中国共产党长期执政和加强全面领导的基础。在对共同富裕是社会主义的本质要求的新的阐释中，习近平强调："适应我国社会主要矛盾的变化，更好满足人民日益增长的美好生活需要，必须把促进全体人民共同富裕作为为人民谋幸福的着力点，不断夯实党长期执政基础。"[②]

第二，共同富裕的实现是有步骤的，具有逐步实现的过程性特征。作为全体人民的共同富裕，既不可能是一蹴而就的，也不可能是齐头并进的，共同富裕具有逐步实现的特征，特别是在中国经济社会现实发展中，在逐步实现共同富裕中，要有步骤也要有重点。在这一过程中，特别要"促进农民农村共同富裕。促进共同富裕，最艰巨最繁重的任务仍然在农村。农村共同富裕工作要抓紧，但不宜像脱贫攻坚那样提出统一的量化指标。要巩固拓展脱贫攻坚成果，对易返贫致贫人口要加强监测、及早干预，对脱贫县要扶上马送一程，确保不发生规模性返贫和新的致贫。要全面推进乡村振兴，加快农业产业化，盘活农村资产，增加农民财产性收入，使更多农村居民勤劳致富。要加强农村基础设施和公共服务体系建设，改善农村人居环境"[③]。

农村农民的共同富裕是有步骤和逐步实现过程中的重点。2017 年 12 月，习近平在中央农村工作会议上提出："壮大农村集体经济，是引领农民实现共同富裕的重要途径。要在搞好统一经营服务上、在盘活用好集体资源资产上、在发展多种形式的股份合作上多想办法。"[④]在实施乡村振兴战略中，要把共同富裕的本质要求放到重要的位置，要坚持"把好乡村振兴战略的政治方向，坚持农村土地集体所有制性质，发展新型集体经济，走共同富裕道路"[⑤]。

第三，共同富裕具有涵盖"美好生活"各个方面的全面性的特征。共同富裕中的"富裕"，不是单一的物质富裕，而是全面的富裕，在富裕的内涵及其发展中，强调了"促进人民精神生活共同富裕。促进共同富裕与促进人的全面发展是高度统一的。要强化社会主义核心价值观引领，加强爱国主义、集体主义、社会主义教育，发展公共文化事业，完善公共文化服务体系，不断满足人民群众多样化、多层次、多方面的精神文化需求"[⑥]。1891 年，恩格斯在探索未来"新的社会制度"中人民群众需要满足状况时提到，"人人也都将同等地、愈益丰富地得到生活资料、享受资料、发展和表现一切体力和智力所需的资料"[⑦]。恩格斯提到的生活资料、享受资料、发展资料，在总体上涵盖了"美好生

① 《习近平著作选读》第二卷，人民出版社 2023 年版，第 507 页。
② 《习近平著作选读》第二卷，人民出版社 2023 年版，第 507 页。
③ 《习近平著作选读》第二卷，人民出版社 2023 年版，第 505—506 页。
④ 《十九大以来重要文献选编》上，中央文献出版社 2019 年版，第 145 页。
⑤ 《习近平谈治国理政》第三卷，外文出版社 2020 年版，第 261 页。
⑥ 《习近平著作选读》第二卷，人民出版社 2023 年版，第 505 页。
⑦ 《马克思恩格斯选集》第一卷，人民出版社 2012 年版，第 326 页。

活"的基本方面，在层级上呈现了"美好生活"的全面性。共同富裕是以"中国式现代化"中"物质文明和精神文明相协调的现代化"为特征的。

第四，共同富裕以形成共建共治共享社会治理制度为过程特征。党的十九届四中全会提出要坚持和完善共建共治共享的社会治理制度，对如何实现共同富裕有了更为精准的表述。人民共同参与社会建设、共同参与社会治理、共同享有建设成果，最终达到共同富裕，即共建共治共享共富。习近平提出，"坚持在发展中保障和改善民生，把推动高质量发展放在首位，为人民提高受教育程度、增强发展能力创造更加普惠公平的条件，提升全社会人力资本和专业技能，提高就业创业能力，增强致富本领。要防止社会阶层固化，畅通向上流动通道，给更多人创造致富机会，形成人人参与的发展环境"①。在制定"十四五"规划中，习近平就已经指出："要完善共建共治共享的社会治理制度，实现政府治理同社会调节、居民自治良性互动，建设人人有责、人人尽责、人人享有的社会治理共同体。"② 共同富裕作为社会主义的本质要求，也是在"完善共建共治共享的社会治理制度"中实现的。

四、 对人类社会新形态内涵的深湛论证

习近平在党的十九大上对第二个一百年中国特色社会主义发展形态探索中，提出了两个"全面"的观点：一是"全面建成社会主义现代化强国"；二是"我国物质文明、政治文明、精神文明、社会文明、生态文明将全面提升"。③ 这两个"全面"是对人的全面发展思想的新的概括，深化了共同富裕是社会主义的本质要求的意蕴，也深化了中国社会发展形态认识的视界。

在庆祝中国共产党成立 100 周年大会的讲话中，习近平把两个"全面"融于中国特色社会发展形态认识之中，创造性地提出："我们坚持和发展中国特色社会主义，推动物质文明、政治文明、精神文明、社会文明、生态文明协调发展，创造了中国式现代化新道路，创造了人类文明新形态。"④ 共同富裕作为社会主义的本质要求，成为两个"全面"的重要标识，也成为"人类社会新形态"基本特征的集中体现。

马克思在对以往各种社会文明形态特征的概括中指出，"一方的人的能力的发展是以另一方的发展受到限制为基础的。迄今为止的一切文明和社会发展都是以这种对抗为基础的"⑤。"人类文明新形态"之"新"，既在于两个"全面"之"新"上，也在于完全改变了以往社会"文明和社会发展"的弊端、以全体人民共同富裕为鲜明意向和旗帜之"新"上，由此开辟了人类文明发展的新的道路和新的方向。全体人民的共同富裕，进一步把坚持以人民为中心的发展思想落到实处，向世界展示了"人类文明新形态"的中国样式和中

① 《习近平著作选读》第二卷，人民出版社 2023 年版，第 501—502 页。
② 《习近平著作选读》第二卷，人民出版社 2023 年版，第 332 页。
③ 《习近平著作选读》第二卷，人民出版社 2023 年版，第 24 页。
④ 《习近平著作选读》第二卷，人民出版社 2023 年版，第 483 页。
⑤ 《马克思恩格斯全集》第三十二卷，人民出版社 1998 年版，第 214 页。

国智慧。

"人类文明新形态"所体现的两个"全面"的意境，也是马克思关于人的"现实关系"和"观念关系"两个"全面"思想的中国话语的读解。马克思在关于人的全面发展理论探索中提出："个人的全面性不是想象的或设想的全面性，而是他的现实联系和观念联系的全面性。由此而来的是把他自己的历史作为过程来理解，把对自然界的认识（这也作为支配自然界的实践力量而存在着）当作对他自己的现实躯体的认识。发展过程本身被设定为并且被意识到是这个过程的前提。但是，要达到这点，首先必须使生产力的充分发展成为生产条件，不是使一定的生产条件表现为生产力发展的界限。"① "人的现实关系和观念关系的全面性"这两个"全面"思想，实际上是马克思关于未来社会发展的最崇高的意境，也是我们现在理解共同富裕的全面性的思想来源。把人的"现实关系"和"观念关系"全面发展同共同富裕相联系，把共同富裕的全面性同社会发展形态理念相联系，是对马克思思想的当代发展，也是对共同富裕具有的社会主义本质要求的新的理解。

习近平指出："坚持以人民为中心的发展思想。把增进人民福祉、促进人的全面发展、朝着共同富裕方向稳步前进作为经济发展的出发点和落脚点。"② 同时，满足人民对美好生活的"需要"，在人类文明进步及其形态变化中起着重要的作用，有时甚至起着首位重要的作用。马克思在对人类文明进步及其形态演进因素的概述中，就是以"他们各自的需要、他们的生产力、生产方式以及生产中使用的原料是怎样的；最后，由这一切生存条件所产生的人与人之间的关系是怎样的"③ 为序列过程和传导系统的，"需要"在其中发挥着基础性的和牵引性的重要作用。

共同富裕是社会主义的本质要求，也包含了共同富裕的"需要"对社会发展的基础性的和牵引性的重要作用。新发展阶段，是我们所处的社会主义初级阶段中的一个阶段，同时也是社会主义发展进程中的一个重要阶段，是在经过几十年积累、站到了新的起点上的一个阶段。习近平指出："社会主义初级阶段不是一个静态、一成不变、停滞不前的阶段，也不是一个自发、被动、不用费多大气力自然而然就可以跨过的阶段，而是一个动态、积极有为、始终洋溢着蓬勃生机活力的过程，是一个阶梯式递进、不断发展进步、日益接近质的飞跃的量的积累和发展变化的过程。"④ 牢牢抓住全体人民共同富裕的社会主义本质要求，凸显这一过程的特点和作用，结合解放生产力和发展生产力，消灭剥削、消除两极分化的社会主义本质的系统关系，对我国社会主义从初级阶段向更高阶段迈进将起到强有力的推进作用。

在纪念马克思诞辰 200 周年大会的讲话中，习近平从马克思恩格斯对未来社会的科学预见上，对共同富裕在人类社会新形态中的重要地位和要求展开了论述，提出："马克思、恩格斯设想，在未来社会中，'生产将以所有的人富裕为目的'，'所有人共同享受大家创造出来的福利'。恩格斯结合马克思在《共产党宣言》、《哥达纲领批判》、《资本论》等著作中提出的一系列主张，阐明在社会主义条件下，社会应该'给所有的人提供健康而有益的

---

① 《马克思恩格斯全集》第三十卷，人民出版社 1995 年版，第 541 页。
② 《十八大以来重要文献选编》下，中央文献出版社 2018 年版，第 4 页。
③ 《马克思恩格斯选集》第一卷，人民出版社 2012 年版，第 227 页。
④ 习近平：《把握新发展阶段，贯彻新发展理念，构建新发展格局》，《求是》2021 年第 9 期。

工作，给所有的人提供充裕的物质生活和闲暇时间，给所有的人提供真正的充分的自由'。人民对美好生活的向往就是我们的奋斗目标。我们要坚持以人民为中心的发展思想，抓住人民最关心最直接最现实的利益问题……让发展成果更多更公平惠及全体人民，不断促进人的全面发展，朝着实现全体人民共同富裕不断迈进。"[1]

五、 对中华民族伟大复兴主题的深入探索

在当代中国，"实现中华民族伟大复兴进入了不可逆转的历史进程"[2]。在第一个一百年，特别是改革开放的 40 多年间，我们逐次从初步建设小康到全面建设小康、再到全面建成小康，在社会发展上取得了举世瞩目的伟大成就，这是中国共产党百年辉煌的华彩乐章。在庆祝中国共产党成立 100 周年大会上，习近平庄严宣告，"经过全党全国各族人民持续奋斗，我们实现了第一个百年奋斗目标，在中华大地上全面建成了小康社会，历史性地解决了绝对贫困问题，正在意气风发向着全面建成社会主义现代化强国的第二个百年奋斗目标迈进"[3]。

回溯百年历程，习近平把"全面建成了小康社会"和"解决了绝对贫困问题"作为中国共产党百年辉煌的最突出的成就，既是对百年辉煌的高度凝练，也是对第二个一百年砥砺前行的深刻前瞻，凸显了"逐步实现共同富裕"本质要求的重大意义，体现了第二个一百年推进实现共同富裕要求的决心和信心。习近平对第一个一百年的伟大成就用"三个光荣"，即"这是中华民族的伟大光荣！这是中国人民的伟大光荣！这是中国共产党的伟大光荣"[4] 作出高度评价；第二个一百年的伟大成就必然是"全面建成社会主义现代化强国"和"逐步实现共同富裕"，这也将是庆祝中华人民共和国成立 100 周年时实现第二个百年奋斗目标的"三个光荣"之所属。

实现中华民族伟大复兴，是中国共产党百年奋斗的"主题"，也是中国共产党初心不变、砥砺前行始终坚守的"主题"。新中国成立后，中国共产党在完成了求得民族独立和人民解放的第一大历史任务之后，就进入了实现国家繁荣富强和人民共同富裕的第二大历史任务的新的发展历程。1955 年 10 月，在对社会主义改造前景问题的探讨中，毛泽东从"自己要掌握自己的命运"的高度提出："现在我们实行这么一种制度，这么一种计划，是可以一年一年走向更富更强的，一年一年可以看到更富更强些。而这个富，是共同的富，这个强，是共同的强……这种共同富裕，是有把握的，不是什么今天不晓得明天的事。"[5] 毛泽东已经揭示了"共同富裕"与中国将建立的社会主义基本制度之间的内在联系，深刻表达了实现"共同富裕"对我们国家和民族命运的重大历史意义。

改革开放新时期，邓小平再次提出共同富裕问题，1990 年 12 月，邓小平提出："共

① 《十九大以来重要文献选编》上，中央文献出版社 2019 年版，第 431 页。
② 《习近平著作选读》第二卷，人民出版社 2023 年版，第 480 页。
③ 《习近平著作选读》第二卷，人民出版社 2023 年版，第 476 页。
④ 《习近平谈治国理政》第四卷，外文出版社 2022 年版，第 3 页。
⑤ 《毛泽东文集》第六卷，人民出版社 1999 年版，第 495—496 页。

同致富，我们从改革一开始就讲，将来总有一天要成为中心课题。社会主义不是少数人富起来、大多数人穷，不是那个样子。社会主义最大的优越性就是共同富裕，这是体现社会主义本质的一个东西。"① 邓小平把共同富裕视为社会主义的中心课题，作出了对社会主义本质的重要概括。在 20 世纪和 21 世纪之交的风云变幻中，江泽民从坚持和发展中国特色社会主义的高度，坚持认为"实现共同富裕是社会主义的根本原则和本质特征，绝不能动摇"②。进入 21 世纪，胡锦涛把走共同富裕的道路与人的全面发展联系起来，坚持认为"使全体人民共享改革发展成果，使全体人民朝着共同富裕的方向稳步前进"③。共同富裕作为社会主义的本质要求，同中国特色社会主义道路的发展，同中华民族的伟大复兴的宏伟大业紧密地联系在一起。

党的十八大以来，中国共产党在实现社会主义现代化进程的新的历史性跨越中，续写了中华民族伟大复兴主题的新篇章。2012 年 11 月，在党的十八届中央政治局常委同中外记者见面会上，习近平提出："中国共产党成立后，团结带领人民前仆后继、顽强奋斗，把贫穷落后的旧中国变成日益走向繁荣富强的新中国，中华民族伟大复兴展现出前所未有的光明前景。我们的责任，就是要团结带领全党全国各族人民，接过历史的接力棒，继续为实现中华民族伟大复兴而努力奋斗，使中华民族更加坚强有力地自立于世界民族之林，为人类作出新的更大的贡献。"④ 与此同时，习近平也提出："人民对美好生活的向往，就是我们的奋斗目标。人世间的一切幸福都需要靠辛勤的劳动来创造。我们的责任，就是要团结带领全党全国各族人民，继续解放思想，坚持改革开放，不断解放和发展社会生产力，努力解决群众的生产生活困难，坚定不移走共同富裕的道路。"⑤ 党的十八大刚结束，习近平在他任总书记的第一次公开讲话中就向世界宣布，中华民族伟大复兴的历史任务同实现全体人民共同富裕之间的紧密联系，凸显共同富裕作为社会主义的本质要求，在中华民族伟大复兴进程中具有重要的地位和作用。

2015 年 9 月，在对美国进行国事访问期间的一次演讲中，习近平再次提出，"中国人民要过上美好生活，还要继续付出艰苦努力。发展依然是当代中国的第一要务，中国执政者的首要使命就是集中力量提高人民生活水平，逐步实现共同富裕"⑥。这也就是"到本世纪中叶建成富强民主文明和谐的社会主义现代化国家，实现中华民族伟大复兴"⑦ 的奋斗目标。

在实现第一个一百年奋斗目标之后，在对共同富裕是社会主义的本质要求的新的阐释中，习近平从实现第二个一百年奋斗目标的高度，对新发展阶段全体人民共同富裕要取得更为明显的实质性进展问题提出的理论观点，彰显了 21 世纪马克思主义的理论境界和思想智慧，必将对新发展阶段丰富和发展中华民族伟大复兴的"主题"产生重要的影响。

---

① 《邓小平文选》第三卷，人民出版社 1993 年版，第 364 页。
② 《江泽民文选》第一卷，人民出版社 2006 年版，第 466 页。
③ 《胡锦涛文选》第二卷，人民出版社 2016 年版，第 291 页。
④ 《习近平著作选读》第一卷，人民出版社 2023 年版，第 60 页。
⑤ 《习近平著作选读》第一卷，人民出版社 2023 年版，第 60 页。
⑥ 《十八大以来重要文献选编》中，中央文献出版社 2016 年版，第 684 页。
⑦ 《十八大以来重要文献选编》中，中央文献出版社 2016 年版，第 684 页。

六、 新发展阶段要扎实推动共同富裕

2021年7月，习近平在庆祝中国共产党成立100周年大会的讲话中提出："新的征程上，我们必须紧紧依靠人民创造历史，坚持全心全意为人民服务的根本宗旨，站稳人民立场，贯彻党的群众路线，尊重人民首创精神，践行以人民为中心的发展思想，发展全过程人民民主，维护社会公平正义，着力解决发展不平衡不充分问题和人民群众急难愁盼问题，推动人的全面发展、全体人民共同富裕取得更为明显的实质性进展！"[①] 2021年8月，习近平在中共财经委员会第10次会议的讲话中，对"扎实推动共同富裕"问题作出专门论述，提出，"必须清醒认识到，我国发展不平衡不充分问题仍然突出，城乡区域发展和收入分配差距较大。新一轮科技革命和产业变革有力推动了经济发展，也对就业和收入分配带来深刻影响，包括一些负面影响，需要有效应对和解决。共同富裕是社会主义的本质要求，是中国式现代化的重要特征。我们说的共同富裕是全体人民共同富裕，是人民群众物质生活和精神生活都富裕，不是少数人的富裕，也不是整齐划一的平均主义"[②]。这成为中国共产党在进入第二个一百年建设社会主义现代化强国进程启动之际提出的重要的指导思想。

改革开放新时期，我们党在深刻总结社会主义建设和发展正反两方面历史经验基础上，认识到贫穷不是社会主义，要打破传统体制束缚，允许一部分人、一部分地区先富起来，推动解放和发展社会生产力。党的十八大以来，在进入中国特色社会主义新时代时，党中央把握发展阶段的新变化，把逐步实现全体人民共同富裕摆在更加重要的位置上，推动区域协调发展，采取有力措施保障和改善民生，打赢脱贫攻坚战，全面建成小康社会，为促进共同富裕创造了良好条件。习近平强调："现在，已经到了扎实推动共同富裕的历史阶段。"[③]

在新发展阶段，适应我国社会主要矛盾的变化要求，必须把促进全体人民共同富裕作为为人民谋幸福的着力点，不断夯实党长期执政的基础。当今世界，全球收入不平等问题突出，一些国家贫富分化，中产阶层塌陷，导致社会撕裂、政治极化、民粹主义泛滥，教训十分深刻！习近平指出："我国必须坚决防止两极分化，促进共同富裕，实现社会和谐安定。"[④]

在向第二个百年奋斗目标进军之际，就要把共同富裕的发展列入发展进程之中，"要深入研究不同阶段的目标，分阶段促进共同富裕"[⑤]。这一战略进程就是：到"十四五"末，全体人民共同富裕迈出坚实步伐，居民收入和实际消费水平差距逐步缩小；到2035年，全体人民共同富裕取得更为明显的实质性进展，基本公共服务实现均等化；到本世纪

① 《习近平著作选读》第二卷，人民出版社2023年版，第482—483页。
② 习近平：《扎实推动共同富裕》，《求是》杂志2021年第20期。
③ 习近平：《扎实推动共同富裕》，《求是》杂志2021年第20期。
④ 习近平：《扎实推动共同富裕》，《求是》杂志2021年第20期。
⑤ 习近平：《扎实推动共同富裕》，《求是》杂志2021年第20期。

中叶，全体人民共同富裕基本实现，居民收入和实际消费水平差距缩小到合理区间。习近平指出："要抓紧制定促进共同富裕行动纲要，提出科学可行、符合国情的指标体系和考核评估办法。"①

在扎实推动共同富裕整体过程中，习近平提出以下原则：

第一，鼓励勤劳创新致富。幸福生活都是奋斗出来的，共同富裕要靠勤劳智慧来创造。要坚持在发展中保障和改善民生，把推动高质量发展放在首位，为人民提高受教育程度、增强发展能力创造更加普惠公平的条件，提升全社会人力资本和专业技能，提高就业创业能力，增强致富本领。要防止社会阶层固化，畅通向上流动通道，给更多人创造致富机会，形成人人参与的发展环境，避免"内卷""躺平"。坚持基本经济制度。要立足社会主义初级阶段，坚持"两个毫不动摇"。要坚持公有制为主体、多种所有制经济共同发展，大力发挥公有制经济在促进共同富裕中的重要作用，同时要促进非公有制经济健康发展、非公有制经济人士健康成长。要允许一部分人先富起来，同时要强调先富带后富、帮后富，重点鼓励辛勤劳动、合法经营、敢于创业的致富带头人。靠偏门致富的不能提倡，违法违规的要依法处理。

第二，尽力而为，量力而行。要建立科学的公共政策体系，把蛋糕分好，形成人人享有的合理分配格局。要以更大的力度、更实的举措让人民群众有更多获得感。同时，也要看到，我国发展水平离发达国家还有很大差距。要统筹考虑需要和可能，把保障和改善民生建立在经济发展和财力可持续的基础之上，不要好高骛远，吊高胃口，作兑现不了的承诺。政府不能什么都包，重点是加强基础性、普惠性、兜底性民生保障建设。即使将来发展水平更高、财力更雄厚了，也不能提过高的目标，搞过头的保障，坚决防止落入"福利主义"养懒汉的陷阱。

第三，坚持循序渐进。共同富裕是一个长远目标，需要一个过程，不可能一蹴而就，对其长期性、艰巨性、复杂性要有充分估计，办好这件事，等不得，也急不得。一些发达国家工业化搞了几百年，但由于社会制度原因，到现在共同富裕问题仍未解决，贫富悬殊问题反而越来越严重。我们要有耐心，实打实地一件事一件事办好，提高实效性。要抓好浙江共同富裕示范区建设，鼓励各地因地制宜探索有效路径，总结经验，逐步推开。

总的思路是，坚持以人民为中心的发展思想，在高质量发展中促进共同富裕，正确处理效率和公平的关系，构建初次分配、再分配、三次分配协调配套的基础性制度安排，加大税收、社保、转移支付等调节力度并提高精准性，扩大中等收入群体比重，增加低收入群体收入，合理调节高收入，取缔非法收入，形成中间大、两头小的橄榄型分配结构，促进社会公平正义，促进人的全面发展，使全体人民朝着共同富裕目标扎实迈进。习近平提出以下主要原则：

一是提高发展的平衡性、协调性、包容性。要加快完善社会主义市场经济体制，推动发展更平衡、更协调、更包容。要增强区域发展的平衡性，实施区域重大战略和区域协调发展战略，健全转移支付制度，缩小区域人均财政支出差异，加大对欠发达地区的支持力度。要强化行业发展的协调性，加快垄断行业改革，推动金融、房地产同实体经济协调发

---

① 习近平：《扎实推动共同富裕》，《求是》杂志2021年第20期。

展。要支持中小企业发展，构建大中小企业相互依存、相互促进的企业发展生态。

二是着力扩大中等收入群体规模。要抓住重点、精准施策，推动更多低收入人群迈入中等收入行列。高校毕业生是有望进入中等收入群体的重要力量，要提高高等教育质量，做到学有专长、学有所用，帮助他们尽快适应社会发展需要。技术工人也是中等收入群体的重要组成部分，要加大技能人才培养力度，提高技术工人工资待遇，吸引更多高素质人才加入技术工人队伍。中小企业主和个体工商户是创业致富的重要群体，要改善营商环境，减轻税费负担，提供更多市场化的金融服务，帮助他们稳定经营、持续增收。进城农民工是中等收入群体的重要来源，要深化户籍制度改革，解决好农业转移人口随迁子女教育等问题，让他们安心进城，稳定就业。要适当提高公务员特别是基层一线公务员及国有企事业单位基层职工工资待遇。要增加城乡居民住房、农村土地、金融资产等各类财产性收入。

三是促进基本公共服务均等化。低收入群体是促进共同富裕的重点帮扶保障人群。要加大普惠性人力资本投入，有效减轻困难家庭教育负担，提高低收入群众子女受教育水平。要完善养老和医疗保障体系，逐步缩小职工与居民、城市与农村的筹资和保障待遇差距，逐步提高城乡居民基本养老金水平。要完善兜底救助体系，加快缩小社会救助的城乡标准差异，逐步提高城乡最低生活保障水平，兜住基本生活底线。要完善住房供应和保障体系，坚持房子是用来住的、不是用来炒的定位，租购并举，因城施策，完善长租房政策，扩大保障性租赁住房供给，重点解决好新市民住房问题。

四是加强对高收入的规范和调节。在依法保护合法收入的同时，要防止两极分化、消除分配不公。要合理调节过高收入，完善个人所得税制度，规范资本性所得管理。要积极稳妥推进房地产税立法和改革，做好试点工作。要加大消费环节税收调节力度，研究扩大消费税征收范围。要加强公益慈善事业规范管理，完善税收优惠政策，鼓励高收入人群和企业更多回报社会。要清理规范不合理收入，加大对垄断行业和国有企业的收入分配管理，整顿收入分配秩序，清理借改革之名变相增加高管收入等分配乱象。要坚决取缔非法收入，坚决遏制权钱交易，坚决打击内幕交易、操纵股市、财务造假、偷税漏税等获取非法收入行为。经过多年探索，我们对解决贫困问题有了完整的办法但在如何致富问题上还要探索积累经验。要保护产权和知识产权，保护合法致富。要坚决反对资本无序扩张，对敏感领域准入划出负面清单，加强反垄断监管。同时，也要调动企业家积极性，促进各类资本规范健康发展。

五是促进人民精神生活共同富裕。促进共同富裕与促进人的全面发展是高度统一的。要强化社会主义核心价值观引领，加强爱国主义、集体主义、社会主义教育，发展公共文化事业，完善公共文化服务体系，不断满足人民群众多样化、多层次、多方面的精神文化需求。要加强促进共同富裕舆论引导，澄清各种模糊认识，防止急于求成和畏难情绪，为促进共同富裕提供良好舆论环境。

六是促进农民农村共同富裕。促进共同富裕，最艰巨最繁重的任务仍然在农村。农村共同富裕工作要抓紧，但不宜像脱贫攻坚那样提出统一的量化指标。要巩固拓展脱贫攻坚成果，对易返贫致贫人口要加强监测、及早干预，对脱贫县要扶上马送一程，确保不发生规模性返贫和新的致贫。要全面推进乡村振兴，加快农业产业化，盘活农村资产，增加农民财产性收入，使更多农村居民勤劳致富。要加强农村基础设施和公共服务体系建设，改善农村人居环境。

习近平指出，"像全面建成小康社会一样，全体人民共同富裕是一个总体概念，是对全社会而言的，不要分成城市一块、农村一块，或者东部、中部、西部地区各一块，各提各的指标，要从全局上来看"[①]。我们要实现 14 亿人共同富裕，必须脚踏实地、久久为功，不是所有人都同时富裕，也不是所有地区同时达到一个富裕水准，不同人群不仅实现富裕的程度有高有低，时间上也会有先有后，不同地区富裕程度还会存在一定差异，不可能齐头并进。这是一个在动态中向前发展的过程，要持续推动，不断取得成效。

思考题

1. 怎样理解"共同富裕是社会主义的本质要求"对社会主义本质理论的新阐释？

2. 为什么说共同富裕是社会主义的本质要求，是社会主要矛盾在新发展阶段作用的必然结果，是对新发展阶段根本目标的深刻把握？

3. 怎样全面理解习近平对扎实推动共同富裕整体过程提出的主要原则的重要指导意义？

---

① 习近平：《扎实推动共同富裕》，《求是》杂志 2021 年第 20 期。

第十一章

党的创新理论核心要义与习近平经济思想的拓新

学习要点：

- 习近平新时代中国特色社会主义思想的时代课题、核心要义、基本方略和伟大成就，升华了习近平经济思想的对象特征、理论内涵及科学体系的理论境界；
- "十个明确"提出的战略思想和创新理念是中国共产党对中国特色社会主义建设规律认识的深化，是中国共产党理论创新和理论创造新成就的集中体现；
- "十四个坚持"的基本方略是实现"两个一百年"奋斗目标、实现中华民族伟大复兴的"路线图"和"施工图"；
- "十三个方面"的伟大成就是党的创新理论实践功效的集中体现。

习近平经济思想是习近平新时代中国特色社会主义思想的重要组成部分。2021 年 11 月，党的十九届六中全会审议通过的《中共中央关于党的百年奋斗重大成就和历史经验的决议》（以下简称《决议》），在总结党的百年奋斗的重大成就和理论创新、历史意义和历史经验时，对习近平新时代中国特色社会主义思想作出新的阐释。其中，关于习近平新时代中国特色社会主义思想"三大时代课题"和"十个明确"核心要义的阐释，不仅深化了这一思想的科学体系和理论内涵，而且拓新了习近平经济思想的研究视域和理论境界。

一、 习近平经济思想对象特征及时代课题的拓新

在马克思主义创立时，青年马克思就提出，"任何真正的哲学都是自己时代的精神上的精华……同自己时代的现实世界接触并相互作用……变成当代世界的哲学……变成文化的活的灵魂"①。马克思主义中国化的理论创新和理论创造，就是在对重大时代课题的回答中铸就的时代精神的精华和先进文化的灵魂。习近平新时代中国特色社会主义思想是在对新的时代课题的探索中形成和发展的，展现了 21 世纪马克思主义时代精神的精华和先进文化的灵魂。

改革开放新时期，中国特色社会主义理论体系对马克思主义中国化时代新的飞跃，就是以对这一时期一系列重大时代课题的回答为前提、为根据的，铸就了中国化马克思主义的理论创新和理论创造。

党的十一届三中全会以后，以邓小平同志为主要代表的中国共产党人，围绕什么是社会主义、怎样建设社会主义这一重大时代课题，借鉴世界社会主义历史经验，创立了邓小平理论。邓小平提出，"问题是什么是社会主义，如何建设社会主义。我们的经验教训有许多条，最重要的一条，就是要搞清楚这个问题"②。邓小平理论紧紧抓住这一基本问题，把马克思主义基本原理同中国具体实际相结合，坚持"走自己的道路，建设有中国

---

① 《马克思恩格斯全集》第一卷，人民出版社 1995 年版，第 220 页。
② 《邓小平文选》第三卷，人民出版社 1993 年版，第 116 页。

特色的社会主义"①的总体思路,解放思想、锐意进取,科学回答了建设中国特色社会主义的一系列基本思想,制定了到21世纪中叶分三步走、基本实现社会主义现代化的发展战略,成功开创了中国特色社会主义。

党的十三届四中全会以后,以江泽民同志为主要代表的中国共产党人,加深了对什么是社会主义、怎样建设社会主义和建设什么样的党、怎样建设党的重大时代课题的探讨,形成了"三个代表"重要思想。"三个代表"重要思想紧紧抓住发展这个执政兴国的第一要务,承担起推动中国社会进步的历史责任,把坚持党的先进性和发挥社会主义制度的优越性落实到发展生产力、发展先进文化、实现最广大人民的根本利益上来。"三个代表"重要思想开创全面改革开放新局面,推进党的建设新的伟大工程,成功把中国特色社会主义推向21世纪。

党的十六大以后,以胡锦涛同志为主要代表的中国共产党人,深刻认识和回答了新形势下实现什么样的发展、怎样发展等重大时代课题,形成了科学发展观。科学发展观坚持把社会主义初级阶段的基本国情作为推进改革、谋划发展的根本依据,面对经济全球化的新机遇新挑战,全面认识工业化、信息化、城镇化、市场化、国际化深入发展的新形势;在全面建设小康社会的进程中,把握我国发展面临的新课题新矛盾,更加自觉地走科学发展的道路,在新形势下成功地坚持和发展了中国特色社会主义。

党的十七大从总体上作出的对"中国特色社会主义理论体系"的概括,就是以新时期邓小平理论、"三个代表"重要思想和科学发展观对这三个重大时代课题的回答为前提、为根据的。中国特色社会主义理论体系在对新时期重大时代课题的探索中,实现了马克思主义中国化新的飞跃。

党的十九大在首次提出习近平新时代中国特色社会主义思想时就提出,"十八大以来,国内外形势变化和我国各项事业发展都给我们提出了一个重大时代课题,这就是必须从理论和实践结合上系统回答新时代坚持和发展什么样的中国特色社会主义、怎样坚持和发展中国特色社会主义"②。"坚持和发展什么样的中国特色社会主义、怎样坚持和发展中国特色社会主义"是习近平新时代中国特色社会主义思想面对的重大时代课题。

实践没有止境,理论创新也没有止境。中国和世界每时每刻都在发生变化,理论要跟上时代,就要在对时代课题变化的深刻把握中,不断推进理论创新和理论创造。党的十九大以后,以习近平同志为主要代表的中国共产党人,从统筹把握中华民族伟大复兴战略全局和世界百年未有之大变局的高度,在对社会主要矛盾转化的新特点和新要求的深入分析中,深刻把握错综复杂的国际环境带来的新矛盾新挑战。2020年4月,习近平在对"国家中长期经济社会发展战略若干重大问题"的阐释中提出,当今世界正经历百年未有之大变局,2020年初突如其来的疫情也是百年不遇,"我们要举一反三,进行更有长远性的思考,完善战略布局,做到化危为机,实现高质量发展"③;要办好我们自己的事情,必须"着重从发展战略角度",解决好我们经济社会发展的主要"战略"问题,如坚定实施扩

① 《邓小平文选》第三卷,人民出版社1993年版,第3页。
② 《习近平著作选读》第二卷,人民出版社2023年版,第15页。
③ 《十九大以来重要文献选编》中,中央文献出版社2021年版,第495页。

大内需战略，优化和稳定产业链、供应链，完善城市化战略，调整优化科技投入和产出结构，实现人与自然和谐共生，加强公共卫生体系建设等问题。这些"战略"问题"涉及国家中长期经济社会发展战略若干重大问题"。这些"战略"问题，在根本上就是围绕"建设什么样的社会主义现代化强国、怎样建设社会主义现代化强国"这一重大时代课题展开的。

同时，在实现第二个百年奋斗目标的历史进程中，中国共产党作为长期执政的马克思主义政党，面临着一系列深层次的矛盾和问题、风险和考验。党的十九大召开后不久，习近平就从党的自我革命问题入手，提出了中国共产党社会革命和自我革命的理论。在庆祝中国共产党成立100周年大会的讲话中，习近平指出，"勇于自我革命是中国共产党区别于其他政党的显著标志""确保我们党在世界形势深刻变化的历史进程中始终走在时代前列，在应对国内外各种风险挑战的历史进程中始终成为全国人民的主心骨""确保党不变质、不变色、不变味""确保党在新时代坚持和发展中国特色社会主义的历史进程中始终成为坚强领导核心"①。实质上，这就是对"建设什么样的长期执政的马克思主义政党、怎样建设长期执政的马克思主义政党"重大时代课题的探索。

《决议》把习近平新时代中国特色社会主义思想面对的一个重大时代课题，拓展为"坚持和发展什么样的中国特色社会主义、怎样坚持和发展中国特色社会主义，建设什么样的社会主义现代化强国、怎样建设社会主义现代化强国，建设什么样的长期执政的马克思主义政党、怎样建设长期执政的马克思主义政党"三个重大时代课题，升华了习近平新时代中国特色社会主义思想的科学内涵和理论境界，也升华了习近平经济思想的对象特征及时代课题的理论境界。

二、 核心要义和基本方略开拓了习近平经济思想的新境界

党的十九大对习近平新时代中国特色社会主义思想从核心要义和基本方略两个主要方面作出阐释。核心要义是战略思想，基本方略是战役实施；战略思想对战役实施有着发展方向和发展目标上的指导意义，战役实施积累的经验和取得的成就通过理性思维丰富和升华了战略思想。

党的十九大，紧紧围绕重大时代课题，对习近平新时代中国特色社会主义思想的核心要义和战略思想，从"八个明确"上作出初步阐释。"八个明确"重于理论层面的高度概括和凝练，每一个"明确"都是具有创新性的新思想新观点，集中体现了科学社会主义在当今时代的理论思考和理论贡献。

一是明确坚持和发展中国特色社会主义，总任务是实现社会主义现代化和中华民族伟大复兴，在全面建成小康社会的基础上，分两步走在本世纪中叶建成富强民主文明和谐美丽的社会主义现代化强国。社会主义现代化是中华民族伟大复兴的核心内容，中华民族伟大复兴是社会主义现代化的形象表达，两者在本质上是一致的，根本目的是实现国家富

---

① 《习近平著作选读》第二卷，人民出版社2023年版，第561页。

强、民族振兴、人民幸福。从全面建成小康社会到基本实现现代化，再到全面建成社会主义现代化强国，是新时代中国特色社会主义发展的战略安排。

二是明确新时代我国社会主要矛盾是人民日益增长的美好生活需要和不平衡不充分的发展之间的矛盾，必须坚持以人民为中心的发展思想，不断促进人的全面发展、全体人民共同富裕。必须在继续推动发展的基础上，着力解决好发展不平衡不充分问题，大力提升发展质量和效益，更好满足人民在经济、政治、文化、社会、生态等方面日益增长的需要。

三是明确中国特色社会主义事业总体布局是"五位一体"、战略布局是"四个全面"，强调坚定道路自信、理论自信、制度自信、文化自信。坚持和发展中国特色社会主义，必须统筹推进"五位一体"总体布局和协调推进"四个全面"战略布局，坚定"四个自信"，坚持实干兴邦，始终坚持和发展中国特色社会主义。

四是明确全面深化改革总目标是完善和发展中国特色社会主义制度、推进国家治理体系和治理能力现代化。推进国家治理体系和治理能力现代化，就是要使各方面制度更加科学、更加完善，实现党、国家、社会各项事务治理制度化、规范化、程序化，善于运用制度和法律治理国家，提高党科学执政、民主执政、依法执政水平。

五是明确全面推进依法治国总目标是建设中国特色社会主义法治体系、建设社会主义法治国家。全面依法治国，必须把党的领导贯彻落实到依法治国全过程和各方面，坚定不移走中国特色社会主义法治道路。

六是明确党在新时代的强军目标是建设一支听党指挥、能打胜仗、作风优良的人民军队，把人民军队建设成为世界一流军队。要坚持政治建军、改革强军、科技兴军、依法治军，坚持走中国特色强军之路，全面推进国防和军队现代化，到本世纪中叶把人民军队全面建成世界一流军队。

七是明确中国特色大国外交要推动构建新型国际关系，推动构建人类命运共同体。世界正处于大发展大变革大调整时期，和平和发展仍然是时代主题。中国始终不渝走和平发展道路、奉行互利共赢的开放战略，坚持正确义利观，推动建设相互尊重、公平正义、合作共赢的新型国际关系，愿与各国人民同心协力构建人类命运共同体，建设持久和平、普遍安全、共同繁荣、开放包容、清洁美丽的世界。

八是明确中国特色社会主义最本质的特征是中国共产党领导，中国特色社会主义制度的最大优势是中国共产党领导，党是最高政治领导力量，提出新时代党的建设总要求，突出政治建设在党的建设中的重要地位。中国共产党是中国特色社会主义事业的坚强领导核心。坚持党的领导是党和国家的根本所在、命脉所在，是全国各族人民的利益所系、幸福所系。

党的十九届六中全会通过的《决议》，依据党的十九大以来习近平新时代中国特色社会主义思想的新发展，对"八个明确"作出进一步阐述，提出了"十个明确"的新概括。这一新概括的新的理论特征在于：

第一，凸显了中国特色社会主义最本质的特征是中国共产党领导的思想。在"十个明确"中，列入第一个"明确"的是："明确中国特色社会主义最本质的特征是中国共产党领导，中国特色社会主义制度的最大优势是中国共产党领导，中国共产党是最高政治领导力量，全党必须增强'四个意识'、坚定'四个自信'、做到'两个维护'。"① 把"全党必须增强'四个意识'、坚定'四个自信'、做到'两个维护'"，看作是"八个明确"中提出的"新时代党的建设总要求，突出政治建设在党的建设中的重要地位"的要求明确下来、落到实处。

第二，凸显了"中国式现代化"在建成富强民主文明和谐美丽的社会主义现代化强国和推进中华民族伟大复兴中的重要意义。"十个明确"的第二个"明确"中提出，赋予"中国式现代化"以社会主义现代化以更加鲜亮的中国特色。在对"中国式现代化"基本特征概述时，习近平指出："我国现代化是人口规模巨大的现代化，是全体人民共同富裕的现代化，是物质文明和精神文明相协调的现代化，是人与自然和谐共生的现代化，是走和平发展道路的现代化。"② 这一概述，既指明了中国式现代化道路的基本特征，也提出了人类文明新形态的内在规定，开辟了全面建成社会主义现代化强国的新的道路和新的方向。

第三，凸显了全体人民共同富裕作为社会主义本质要求的理论要义。在"十个明确"的第三个"明确"中提出，"必须坚持以人民为中心的发展思想，发展全过程人民民主，推动人的全面发展、全体人民共同富裕取得更为明显的实质性进展"③。共同富裕是社会主义的本质要求，彰显了不忘初心、牢记使命，以史为鉴、开创未来的精神境界和思想智慧。党的十八大以来，以习近平同志为核心的党中央把逐步实现全体人民共同富裕摆在更加重要的位置上，把促进全体人民共同富裕作为不断满足人民日益增长的美好生活需要的聚焦点，进一步明确为人民谋幸福的着力点，对于凝聚人心、推进中华民族伟大复兴，对于团结奋进、夯实党长期执政基础，都有着重大的现实意义和历史意义。

第四，强调了坚持和发展社会主义基本经济制度的重要意义。"十个明确"强调："必须坚持和完善社会主义基本经济制度，使市场在资源配置中起决定性作用，更好发挥政府作用，把握新发展阶段，贯彻创新、协调、绿色、开放、共享的新发展理念，加快构建以国内大循环为主体、国内国际双循环相互促进的新发展格局，推动高质量发展，统筹发展和安全。"④

第五，凸显了党的自我革命的重要意义。"十个明确"的最后一个"明确"提出："全面从严治党的战略方针，提出新时代党的建设总要求，全面推进党的政治建设、思想建设、组织建设、作风建设、纪律建设，把制度建设贯穿其中，深入推进反腐败斗争，落实管党治党政治责任，以伟大自我革命引领伟大社会革命。"⑤

从"八个明确"到"十个明确"，集中体现了习近平新时代中国特色社会主义思想具有的与时俱进、守正创新的理论品质；这些发展着的战略思想和创新理念，是中国共产党对中国特色社会主义建设规律认识的深化，也是中国共产党理论创新和理论创造新成就的集中体现。

① 《十九大以来重要文献选编》下，中央文献出版社 2023 年版，第 503—504 页。
② 《习近平著作选读》第二卷，人民出版社 2023 年版，第 401 页。
③ 《十九大以来重要文献选编》下，中央文献出版社 2023 年版，第 504 页。
④ 《十九大以来重要文献选编》下，中央文献出版社 2023 年版，第 504 页。
⑤ 《十九大以来重要文献选编》下，中央文献出版社 2023 年版，第 504 页。

　　党的十九大提出的"十四个坚持"的基本方略，是对党的治国理政重大方针、原则的最新概括，是实现"两个一百年"奋斗目标、实现中华民族伟大复兴的"路线图"和"施工图"。从结构和逻辑看，"十四个坚持"体现着坚持和加强党的全面领导这一当代中国的最高政治原则，贯穿着以自我革命引领社会革命的内在逻辑。

　　一是坚持党对一切工作的领导。党政军民学，东西南北中，党是领导一切的。必须增强政治意识、大局意识、核心意识、看齐意识，自觉维护党中央权威和集中统一领导，提高党把方向、谋大局、定政策、促改革的能力和定力，确保党始终总揽全局、协调各方。

　　二是坚持以人民为中心。人民是历史的创造者，是决定党和国家前途命运的根本力量。波澜壮阔的中华民族发展史是中国人民书写的，博大精深的中华文明是中国人民创造的，历久弥新的中华民族精神是中国人民培育的，中华民族迎来了从站起来、富起来到强起来的伟大飞跃是中国人民奋斗出来的。习近平新时代中国特色社会主义思想，坚持以人民为中心，一切为了人民、一切依靠人民，是当代中国共产党人为人民谋幸福、为民族谋复兴的"人民至上论"，是实现人民对美好生活向往的"人民幸福论"。

　　三是坚持全面深化改革。只有社会主义才能救中国，只有改革开放才能发展中国、发展社会主义、发展马克思主义。必须坚持和完善中国特色社会主义制度，不断推进国家治理体系和治理能力现代化，构建系统完备、科学规范、运行有效的制度体系，充分发挥我国社会主义制度的优越性。

　　四是坚持新发展理念。发展是解决我国一切问题的基础和关键，发展必须是科学发展。必须坚定不移贯彻创新、协调、绿色、开放、共享的新发展理念，坚持和完善我国社会主义基本经济制度和分配制度，发展更高层次的开放型经济，不断壮大我国经济实力和综合国力。

　　五是坚持人民当家作主。坚持党的领导、人民当家作主、依法治国有机统一是社会主义政治发展的必然要求。必须坚持中国特色社会主义政治发展道路，坚持和完善人民代表大会制度、中国共产党领导的多党合作和政治协商制度、民族区域自治制度、基层群众自治制度，保证人民当家作主落实到国家政治生活和社会生活之中。

　　六是坚持全面依法治国。全面依法治国是中国特色社会主义的本质要求和重要保障。必须把党的领导贯彻落实到依法治国全过程和各方面，坚定不移走中国特色社会主义法治道路，坚持依法治国、依法执政、依法行政共同推进，坚持法治国家、法治政府、法治社会一体建设，坚持依法治国和以德治国相结合，依法治国和依规治党有机统一，提高全民族法治素养和道德素质。

　　七是坚持社会主义核心价值体系。文化自信是一个国家、一个民族发展中更基本、更深沉、更持久的力量。必须坚持马克思主义，牢固树立共产主义远大理想和中国特色社会主义共同理想，推动中华优秀传统文化创造性转化、创新性发展，继承革命文化，发展社会主义先进文化，为人民提供精神指引。

　　八是坚持在发展中保障和改善民生。必须多谋民生之利、多解民生之忧，在发展中补齐民生短板、促进社会公平正义，保证全体人民在共建共享发展中有更多获得感，维护社会和谐稳定，确保国家长治久安、人民安居乐业。

　　九是坚持人与自然和谐共生。建设生态文明是中华民族永续发展的千年大计。必须树立和践行"绿水青山就是金山银山"的理念，坚持节约资源和保护环境的基本国策，建设美丽中国，为人民创造良好生产生活环境，为全球生态安全作出贡献。

十是坚持总体国家安全观。必须坚持国家利益至上，以人民安全为宗旨，以政治安全为根本，统筹外部安全和内部安全、国土安全和国民安全、传统安全和非传统安全、自身安全和共同安全，完善国家安全制度体系，加强国家安全能力建设，坚持维护和塑造国家安全，坚决维护国家主权、安全、发展利益。

十一是坚持党对人民军队的绝对领导。必须全面贯彻党领导人民军队的一系列根本原则和制度，确立习近平强军思想在国防和军队建设中的指导地位，坚持政治建军、改革强军、科技兴军、依法治军，更加注重聚焦实战，更加注重创新驱动，更加注重体系建设，更加注重集约高效，更加注重军民融合，实现党在新时代的强军目标。

十二是坚持"一国两制"和推进祖国统一。必须把维护中央对香港、澳门特别行政区全面管治权和保障特别行政区高度自治权有机结合起来，确保"一国两制"方针不会变、不动摇。必须坚持一个中国原则，坚持"九二共识"，推动两岸同胞共同反对一切分裂国家的活动，共同为实现中华民族伟大复兴而奋斗。

十三是坚持推动构建人类命运共同体。必须统筹国内国际两个大局，始终不渝走和平发展道路、奉行互利共赢的开放战略，谋求开放创新、包容互惠的发展前景，凝聚团结互信的强大力量，筑牢和平安全的共同基础，打造共同发展繁荣的强劲引擎，共同拓展国际合作的伙伴网络，始终做世界和平的建设者、全球发展的贡献者、国际秩序的维护者。

十四是坚持全面从严治党。必须以党章为根本遵循，把党的政治建设摆在首位，思想建党和制度治党同向发力，统筹推进党的各项建设，不断增强党自我净化、自我完善、自我革新、自我提高的能力，始终保持党同人民群众的血肉联系。

"十个明确"和"十四个坚持"有机融合、有机统一，凝结着我们党坚持和发展中国特色社会主义的经验总结，特别是凝结着以习近平同志为核心的党中央对中国特色社会主义规律性认识的深化、拓展、升华，体现了理论与实际相结合、战略和战术相一致、认识论和方法论相统一的理论特色。

党的十九大以来，以习近平同志为核心的党中央，坚忍不拔、接续奋进，以伟大的历史主动精神、巨大的政治勇气、强烈的责任担当，在对三个重大时代课题的探索中，出台一系列重大方针政策，推出一系列重大举措，推进一系列重大工作，战胜一系列重大风险挑战，使基本方略在对三个重大时代课题的探索中得到切实落实。《决议》以对基本方略的实施为基础，从三个重大时代课题探索的总体上，对涉及党的全面领导、"四个全面"战略布局和"五位一体"总体布局以及重要保障和条件等方面的伟大成就作出深刻概述和总结。

在坚持党的领导方面形成的伟大成就主要有：一是在坚持党的全面领导上，党中央权威和集中统一领导得到有力保证，党的领导制度体系不断完善，党的领导方式更加科学，全党思想上更加统一、政治上更加团结、行动上更加一致，党的政治领导力、思想引领力、群众组织力、社会号召力显著增强。二是在全面从严治党上，党的自我净化、自我完善、自我革新、自我提高能力显著增强，管党治党宽松软状况得到根本扭转，反腐败斗争取得压倒性胜利并全面巩固，党在革命性锻造中更加坚强。

在推进"四个全面"战略布局和"五位一体"总体布局方面形成的伟大成就主要有：一是在经济建设上，我国经济发展平衡性、协调性、可持续性明显增强，国家经济实力、科技实力、综合国力跃上新台阶，我国经济迈上更高质量、更有效率、更加公平、更可持续、更为安全的发展之路。二是在全面深化改革开放上，党不断推动全面深化改革向广度和深度进军，中国特色社会主义制度更加成熟更加定型，国家治理体系和治理能力现代化水平不断提高，党和国家事业焕发出新的生机活力。三是在政治建设上，积极发展全过程人民民主，我国社会主义民主政治制度化、规范化、程序化全面推进，中国特色社会主义政治制度优越性得到更好发挥，生动活泼、安定团结的政治局面得到巩固和发展。四是在全面依法治国上，中国特色社会主义法治体系不断健全，法治中国建设迈出坚实步伐，党运用法治方式领导和治理国家的能力显著增强。五是在文化建设上，我国意识形态领域形势发生全局性、根本性转变，全党全国各族人民文化自信明显增强，全社会凝聚力和向心力极大提升，为新时代开创党和国家事业新局面提供了坚强思想保证和强大精神力量。六是在社会建设上，人民生活全方位改善，社会治理社会化、法治化、智能化、专业化水平大幅度提升，发展了人民安居乐业、社会安定有序的良好局面，续写了社会长期稳定奇迹。七是在生态文明建设上，党中央以前所未有的力度抓生态文明建设，美丽中国建设迈出重大步伐，我国生态环境保护发生历史性、转折性、全局性变化。

在夯实保障条件和维护国家安全方面形成的伟大成就主要有：一是在国防和军队建设上，人民军队实现整体性革命性重塑、重整行装再出发，国防实力和经济实力同步提升，人民军队坚决履行新时代使命任务，以顽强斗争精神和实际行动捍卫了国家主权、安全、发展利益。二是在维护国家安全上，国家安全得到全面加强，经受住了来自政治、经济、意识形态、自然界等方面的风险挑战考验，为党和国家兴旺发达、长治久安提供了有力保证。三是在坚持"一国两制"和推进祖国统一上，党中央采取一系列标本兼治的举措，坚定落实"爱国者治港""爱国者治澳"，推动香港局势实现由乱到治的重大转折，为推进依法治港治澳、促进"一国两制"实践行稳致远打下了坚实基础；坚持一个中国原则和"九二共识"，坚决反对"台独"分裂行径，坚决反对外部势力干涉，牢牢把握两岸关系主导权和主动权。四是在外交工作上，中国特色大国外交全面推进，构建人类命运共同体成为引领时代潮流和人类前进方向的鲜明旗帜，我国外交在世界大变局中开创新局、在世界乱局中化危为机，我国国际影响力、感召力、塑造力显著提升。

三、　中国式现代化"明确"了习近平经济思想的主题及发展目标

党的十九届六中全会通过的《决议》，在"建设什么样的社会主义现代化强国、怎样建设社会主义现代化强国"重大时代课题的探索上，凸显了"十个明确"中"中国式现代化"具有的核心要义的理论地位。

党的十八大以来，以习近平同志为核心的党中央坚持和发展中国特色社会主义，在决胜全面建成小康社会中砥砺奋进，实现了第一个百年奋斗目标。在接续推进第二个百年奋斗目标中，提出实现全面建成社会主义现代化强国的奋斗目标，以中国式现代化为新时代

的发展目标，谱写中华民族伟大复兴的历史新篇章。

中国式现代化赋予社会主义现代化以更加鲜亮的中国特色，赋予社会主义现代化强国以更加显著的中国底蕴。习近平认为，中国式现代化的基本特征，一是人口规模巨大的现代化，二是全体人民共同富裕的现代化，三是物质文明和精神文明相协调的现代化，四是人与自然和谐共生的现代化，五是走和平发展道路的现代化。[①] "'中国式现代化'既切合中国实际，体现了社会主义建设规律，也体现了人类社会发展规律。"[②] 独特的文化传统、历史命运和基本国情，注定了我们必然要走适合自己特点的现代化道路。《决议》对中国式现代化作为习近平新时代中国特色社会主义思想"核心要义"的"明确"，指明了中国式现代化道路的基本特征，也提出了人类文明新形态的内在规定，夯实了全面建成社会主义现代化强国的新的道路和新的方向。

中国式现代化在目标内涵上，拓展为建设富强、民主、文明、和谐、美丽的社会主义现代化强国；在总体发展中，提出了国家治理体系和治理能力现代化的新课题；在战略规划中，升华了社会全面文明发展"新形态"的境界。在庆祝中国共产党成立 100 周年大会的讲话中，习近平指出："我们坚持和发展中国特色社会主义，推动物质文明、政治文明、精神文明、社会文明、生态文明协调发展，创造了中国式现代化新道路，创造了人类文明新形态。"[③]

中国式现代化与中华民族伟大复兴更为紧密地结合在一起，深化了中国共产党对中华民族伟大复兴"主题"认识的境界。新时代的中国式现代化，升华了中华民族伟大复兴的使命和担当。百年砥砺奋进，社会主义现代化已经成为中华民族伟大复兴的核心内容，中华民族伟大复兴则集中体现于社会主义现代化历史进程中。为实现这一伟大梦想，中国共产党领导全国人民，在中国这个世界上最大的发展中国家创造了人类社会发展史上惊天动地的发展奇迹，习近平指出："中国共产党和中国人民以英勇顽强的奋斗向世界庄严宣告，中华民族迎来了从站起来、富起来到强起来的伟大飞跃，实现中华民族伟大复兴进入了不可逆转的历史进程！"[④] 这一"历史进程"，就是马克思主义中国化史的思想精粹和理论主题。

四、 共同富裕"明确"了习近平经济思想的根本特征

习近平提出共同富裕是社会主义的本质要求，是对社会主义本质理论的新的阐释。2012 年 12 月，党的十八大召开后不久，习近平就提出，"消除贫困、改善民生、实现共同富裕，是社会主义的本质要求"[⑤]。提出共同富裕是社会主义的本质要求，一是从社会主义本质的整体上，凸显共同富裕所具有的"归根结底"意义的"本质要求"。习近平在

① 《习近平著作选读》第二卷，人民出版社 2023 年版，第 367—368 页。
② 《习近平著作选读》第二卷，人民出版社 2023 年版，第 368 页。
③ 《习近平著作选读》第二卷，人民出版社 2023 年版，第 483 页。
④ 《习近平著作选读》第二卷，人民出版社 2023 年版，第 479—480 页。
⑤ 《习近平著作选读》第一卷，人民出版社 2023 年版，第 72 页。

制定"十四五"规划时指出："共同富裕是社会主义的本质要求，是人民群众的共同期盼。我们推动经济社会发展，归根结底是要实现全体人民共同富裕。"① 从整体上，要以解放生产力、发展生产力为根本手段，以消灭剥削、消除两极分化为根本前提，凸显最终达到共同富裕的"本质要求"。二是从社会主义本质和从坚持以人民为中心的发展思想的双重意义上，凸显共同富裕所具有的"奋斗目标"意义上的"本质要求"。习近平指出："让广大人民群众共享改革发展成果，是社会主义的本质要求，是社会主义制度优越性的集中体现，是我们党坚持全心全意为人民服务根本宗旨的重要体现。"② 在提出第二个百年奋斗目标时，习近平再次提出"共同富裕是社会主义的本质要求"③，强调的是共同富裕的社会主义制度的根本性质，紧扣的是实现共同富裕要求具有的制度性、体制性的"本质要求"，从"本质要求"上对共同富裕的战略性和方略性问题作出新的阐释和新的部署。

共同富裕是社会主义的本质要求，是以全体人民共同富裕作为重要特征的，强调的是全体人民的整体富裕，是人民群众物质生活和精神生活各方面的全面富裕，是以共建共治共享为过程的、要分阶段推进和实施的共同富裕。新中国成立以来特别是改革开放以来，我们党团结带领人民向着实现共同富裕的目标不懈努力，人民生活水平不断提高；党的十八大以来，我们党把脱贫攻坚作为重中之重，使现行标准下农村贫困人口全部脱贫，成为促进全体人民共同富裕的一项重大举措。进入"十四五"时期，在我国经济社会发展中，发展不平衡不充分问题仍然突出，城乡区域发展和收入分配差距较大，促进全体人民共同富裕还将是一项长期而艰巨的任务；在开启全面建设社会主义现代化国家新征程中，要坚持不懈、坚定不移，更加积极、更有作为地朝着这个目标阶段性地发展。

党的十九届五中全会在确定到 2035 年基本实现社会主义现代化远景目标中，鲜明地提出"全体人民共同富裕取得更为明显的实质性进展"④；在改善人民生活品质部分强调"扎实推动共同富裕"⑤，提出了一些重要要求和重大举措。突出促进全体人民共同富裕，是社会主义本质的要求，它既指明了前进方向和奋斗目标，也符合发展要求和发展规律，使得"十四五"规划能保证沿着促进全体人民共同富裕道路坚实迈进。

共同富裕作为社会主义的本质要求，与社会主义基本经济制度相生相行，不仅是社会主义分配关系的要求，也是社会主义经济关系总体上的根本要求。在对社会主义生产关系和分配关系的阐释中，习近平指出：马克思主义政治经济学既坚持认为"生产资料所有制是生产关系的核心，决定着社会的基本性质和发展方向"；又强调指出"分配决定于生产，又反作用于生产，'而最能促进生产的是能使一切社会成员尽可能全面地发展、保持和施展自己能力的那种分配方式'"。⑥ 在中国特色社会主义基本经济制度中，社会对生产条件的分配，根本的就是对生产资料的"分配"，这决定了人们在分配中的地位和方式；而

① 《十九大以来重要文献选编》中，中央文献出版社 2021 年版，第 784 页。
② 《十八大以来重要文献选编》中，中央文献出版社 2016 年版，第 827 页。
③ 《习近平著作选读》第二卷，人民出版社 2023 年版，第 501 页。
④ 《十九大以来重要文献选编》中，中央文献出版社 2021 年版，第 790 页。
⑤ 《十九大以来重要文献选编》中，中央文献出版社 2021 年版，第 809 页。
⑥ 《十八大以来重要文献选编》下，中央文献出版社 2018 年版，第 5 页。

社会既定的分配方式，又反作用于生产，决定社会成员在生产中的地位。习近平由此提出中国特色社会主义经济关系中分配的"制度安排"问题："我们必须坚持发展为了人民、发展依靠人民、发展成果由人民共享，作出更有效的制度安排，使全体人民朝着共同富裕方向稳步前进，绝不能出现'富者累巨万，而贫者食糟糠'的现象"①。共同富裕是中国特色社会主义经济制度总体上的根本要求。

《决议》在对"十个明确"概括中提出："必须坚持以人民为中心的发展思想，发展全过程人民民主，推动人的全面发展、全体人民共同富裕取得更为明显的实质性进展。"②在对三个重大时代课题的探索中，以习近平同志为核心的党中央把逐步实现全体人民共同富裕摆在更加重要的位置上，把促进全体人民共同富裕作为不断满足人民日益增长的美好生活需要的聚焦点，"共同富裕是社会主义的本质要求"丰富了社会主义本质理论，对于夯实党长期执政基础、推进中华民族伟大复兴，都有着重大的现实意义和历史意义。

五、 基本经济制度"明确"了习近平经济思想的基本特征

党的十九届四中全会对社会主义初级阶段基本经济制度的主要规定作出新的阐释，提出"公有制为主体、多种所有制经济共同发展，按劳分配为主体、多种分配方式并存，社会主义市场经济体制等社会主义基本经济制度"；肯定这一基本经济制度，"既体现了社会主义制度优越性，又同我国社会主义初级阶段社会生产力发展水平相适应，是党和人民的伟大创造"。③

《决议》从三个重大时代课题的结合上，在"十个明确"的概括中，把"必须坚持和完善社会主义基本经济制度"作为"十个明确"之一单独提出来。这一"明确"的要义在于，"使市场在配置中起决定性作用，更好发挥政府作用，把握新发展阶段，贯彻创新、协调、绿色、开放、共享的新发展理念，加快构建以国内大循环为主体、国内国际双循环相互促进的新发展格局，推动高质量发展，统筹发展和安全"④。这一"明确"深化了习近平经济思想的基本特征和根本立场、基本内涵和科学体系。

与党的十九届四中全会对社会主义基本经济制度的阐释相比较，《决议》从核心要义上作出的新的概括主要在于：

一是对新发展阶段及其战略地位特征的概括。我国经济正处在转变发展方式、优化经济结构、转换增长动力的攻关期，经济发展前景总体向好；在大力推进现代化经济体系建设中，在经济结构、发展质量、效益提升和动力变革等方面，已经取得显著成效和明显进展。但是，在经济社会发展中，由于国内外经济环境、条件等方面的变化，也存在诸多发展中的困难和挑战，甚至危机。习近平指出："今后一个时期，我们将面对更多逆风逆水

---

① 《十八大以来重要文献选编》中，中央文献出版社 2016 年版，第 827 页。
② 《中共中央关于党的百年奋斗重大成就和历史经验的决议》，人民出版社 2021 年版，第 24 页。
③ 《十九大以来重要文献选编》中，中央文献出版社 2021 年版，第 280—281 页。
④ 《中共中央关于党的百年奋斗重大成就和历史经验的决议》，人民出版社 2021 年版，第 25 页。

的外部环境，必须做好应对一系列新的风险挑战的准备。"① 立足新发展阶段，要从科技创新、产业发展、国内市场、深化改革、乡村振兴、区域发展，到文化建设、绿色发展、对外开放、社会建设、安全发展、国防建设等重点领域，作出整体的谋篇布局。

二是对新发展理念主导作用的概括。党的十九大以来，新发展理念一直是以习近平同志为核心的党中央国是衡论的中心议题。新发展阶段在根本上就是"发展"的新阶段，就是以新发展理念为主导的"新阶段"。面对三个重大时代课题，"全党必须完整、准确、全面贯彻新发展理念"②。党的十九届五中全会后，习近平对新发展理念思想精粹作出的新的阐释在于：其一，"从根本宗旨把握新发展理念"，为人民谋幸福、为民族谋复兴，这既是我们党领导现代化建设的出发点和落脚点，也是新发展理念的"根"和"魂"。在新发展理念提出之初，习近平就强调："我们必须坚持发展为了人民、发展依靠人民、发展成果由人民共享，作出更有效的制度安排，使全体人民朝着共同富裕方向稳步前进，绝不能出现'富者累巨万，而贫者食糟糠'的现象。"③ 从"根本宗旨"上贯彻落实新发展理念，才能始终坚持只有坚持以人民为中心的发展思想，才能树立正确的发展观、现代化观。其二，"从问题导向把握新发展理念"，坚持问题导向，更加精准地贯彻新发展理念，是新发展理念的基本观点和根本方法，也是新发展阶段贯彻落实新发展理念的内在需要和根本要求。我国发展已经站在新的历史起点上，要根据新发展阶段的新要求，举措要更加精准务实，切实解决好发展不平衡不充分的问题，真正实现高质量发展。在畅通国民经济循环为主的发展过程中，坚持扩大内需这个战略基点，发挥好改革的突破和先导作用，依靠改革破除发展瓶颈、汇聚发展优势、增强发展动力。其三，"从忧患意识把握新发展理念"，坚持统筹发展和安全，增强机遇意识和风险意识，树立底线思维，也是新发展理念的基本观点和根本方法。习近平对新发展理念的新阐释，包含了对三大时代课题中发展的主导作用的深刻阐释。

三是对新发展格局整体要求的概括。新发展格局是"在危机中育新机、于变局中开新局"战略思想的体现。无论是"育新机"还是"开新局"，都有一个如何处理好经济关系和经济运行总体及其和环节之间关系的问题。在发展格局的战略思维上，要着力打通生产、分配、流通、消费各个环节，在总体上形成更多新的增长点、增长极，逐步形成以畅通国民经济循环为主构建新发展格局。要使生产、分配、流通、消费更多地依托国内市场，全面开拓新发展阶段中"育新机"和"开新局"的新优势和新路向。要"坚持系统观念"的原则，强调"加强前瞻性思考、全局性谋划、战略性布局、整体性推进，统筹国内国际两个大局，办好发展安全两件大事，坚持全国一盘棋，更好发挥中央、地方和各方面积极性，着力固根基、扬优势、补短板、强弱项，注重防范化解重大风险挑战，实现发展质量、结构、规模、速度、效益、安全相统一"④。

四是对高质量发展意义的概括。高质量发展是建成社会主义现代化强国、确定发展思路、制定经济政策、实施宏观调控的根本要求；我国发展中的矛盾和问题集中体现在发展

---

① 《十九大以来重要文献选编》中，中央文献出版社 2021 年版，第 663 页。
② 《习近平著作选读》第二卷，人民出版社 2023 年版，第 406—407 页。
③ 《十八大以来重要文献选编》中，中央文献出版社 2016 年版，第 827 页。
④ 《十九大以来重要文献选编》中，中央文献出版社 2021 年版，第 791 页。

质量上，要把发展质量摆在更为突出的位置，着力提升发展质量和效益，防范化解各类风险隐患，积极应对外部环境变化带来的冲击挑战。习近平指出："以推动高质量发展为主题，必须坚定不移贯彻新发展理念，以深化供给侧结构性改革为主线，坚持质量第一、效益优先，切实转变发展方式，推动质量变革、效率变革、动力变革，使发展成果更好惠及全体人民，不断实现人民对美好生活的向往。"①

五是对统筹发展和安全关系的概括。安全是发展的前提、发展是安全的保障，已经成为推进中国特色社会主义建设和发展的战略问题。"十四五"及其之后的一个很长时期是我国各类矛盾和风险易发期，各种可以预见和难以预见的风险因素明显增多。我们必须坚持统筹发展和安全，增强机遇意识和风险意识，树立底线思维，把困难估计得更充分一些，把风险思考得更深入一些，注重堵漏洞、强弱项，下好先手棋、打好主动仗，有效防范化解各类风险挑战，确保社会主义现代化事业顺利推进。党的十九届五中全会对统筹发展和安全、加快国防和军队现代化等作出新的战略部署，强调要坚持总体国家安全观，加强国家安全体系和能力建设，筑牢国家安全屏障。

六、 党对经济工作的全面领导"明确"了习近平经济思想的本质特征

"中国特色社会主义最本质的特征是中国共产党领导的思想"，在《决议》概括的"十个明确"中，第一个"明确"就是"明确中国特色社会主义最本质的特征是中国共产党领导，中国特色社会主义制度的最大优势是中国共产党领导，中国共产党是最高政治领导力量，全党必须增强'四个意识'、坚定'四个自信'、做到'两个维护'"②。同时，"十个明确"也凸显了党的自我革命的重要意义，提出"明确全面从严治党的战略方针，提出新时代党的建设总要求，全面推进党的政治建设、思想建设、组织建设、作风建设、纪律建设，把制度建设贯穿其中，深入推进反腐败斗争，落实管党治党政治责任，以伟大自我革命引领伟大社会革命"③。

坚持党对经济工作的全面领导，是习近平经济思想的本质特征和核心立场。在习近平经济思想中，党对经济工作全面领导的"最本质的特征"，就在于"经济工作是党治国理政的中心工作，党中央必须对经济工作负总责、实施全面领导"④。党的十九大后，习近平指出："这些年，面对严峻复杂的国内外形势，面对各种风险挑战，我们都能够笃定前行，从根本上讲就是牢牢把住了党的领导这一条，就是因为党中央有权威。"⑤2018年4月，习近平以海南建省办经济特区30年的实践为例，提出海南等经济特区的发展"充分证明了无论改什么、改到哪一步，都要坚持党的领导，确保党把方向、谋大局、定政策，确保

① 《十九大以来重要文献选编》中，中央文献出版社2021年版，第782页。
② 《中共中央关于党的百年奋斗重大成就和历史经验的决议》，人民出版社2021年版，第24页。
③ 《中共中央关于党的百年奋斗重大成就和历史经验的决议》，人民出版社2021年版，第25页。
④ 《十九大以来重要文献选编》上，中央文献出版社2019年版，第134页。
⑤ 《中共中央政治局常务委员会召开会议》，《人民日报》2020年1月8日。

党始终总揽全局、协调各方"①。党对经济工作全面领导，主要在于"把方向、谋大局、定政策"上。经济特区健康发展就是"要坚持和加强党的全面领导，确保全面深化改革开放正确方向。坚持党的领导，全面从严治党，是改革开放取得成功的关键和根本"②。习近平指出："经济特区处于改革开放前沿，对全面加强党的领导和党的建设有着更高要求。广大党员、干部要坚定维护党中央权威和集中统一领导，自觉在思想上政治上行动上同党中央保持高度一致，自觉站在党和国家大局上想问题、办事情，在践行'四个意识'和'四个自信'上勇当先锋，在讲政治、顾大局、守规矩上做好表率。"③

坚持党对经济工作全面领导，要坚持不断改善党的领导，不断适应经济发展、改革的实践和人民的要求，加强党的全面领导的组织体系、制度体系和工作机制等各个方面和各个环节的建设。习近平提出："我们完善党中央领导经济工作的体制机制，加强党中央对发展大局大势的分析和把握，及时制定重大方针、重大战略，作出重大决策，部署重大工作，确保党对经济工作的领导落到实处，保证我国经济沿着正确方向发展。"④ 面对经济改革和发展的新情况和新任务，必须改进领导经济工作的方式和方法，"切实把党领导经济工作的制度优势转化为治理效能"⑤。

党对经济工作全面领导，突出体现在党对国有企业的全面领导。国有企业是壮大国家综合实力、保障人民共同利益的重要力量，必须理直气壮地做强做优做大，不断增强活力、影响力、抗风险能力，实现国有资产保值增值。习近平指出，"任何怀疑、唱衰国有企业的思想和言论都是错误的"⑥，应该始终"坚持党对国有企业的领导是重大政治原则，必须一以贯之；建立现代企业制度是国有企业改革的方向，也必须一以贯之"⑦。加强国有企业党的领导和党的建设，要推动国有企业完善现代企业制度，健全公司法人治理结构。加快国有经济布局优化、结构调整、战略性重组，促进国有资产保值增值，推动国有资本做强做优做大，有效防止国有资产流失。要切实加强党对国有企业的全面领导，从组织上、制度上、机制上确保国有企业党组织的领导地位，充分发挥企业党委（党组）把方向、管大局、保落实的领导作用。要坚持中国特色现代企业制度改革方向，把加强党的领导和完善公司治理统一起来，把党的领导融入公司治理各环节，把企业党组织内嵌到公司治理结构之中，明确和落实党组织在公司法人治理结构中的法定地位，确保国有企业党委（党组）领导作用发挥组织化、制度化、具体化。

《决议》中"十个明确"对三个重大时代课题的新判断和深入探索，丰富和创新了习近平经济思想，升华了中国特色"系统化的经济学说"的新境界。

---

① 习近平：《在庆祝海南建省办经济特区 30 周年大会上的讲话》，人民出版社 2018 年版，第 5 页。
② 习近平：《在庆祝海南建省办经济特区 30 周年大会上的讲话》，人民出版社 2018 年版，第 20 页。
③ 习近平：《在庆祝海南建省办经济特区 30 周年大会上的讲话》，人民出版社 2018 年版，第 20 页。
④ 《十九大以来重要文献选编》上，中央文献出版社 2019 年版，第 134—135 页。
⑤ 《中共中央政治局召开会议》，《人民日报》2019 年 12 月 7 日。
⑥ 杜尚泽：《奋力书写东北振兴的时代新篇——习近平总书记调研东北三省并主持召开深入推进东北振兴座谈会纪实》，《人民日报》2018 年 9 月 30 日。
⑦ 《习近平谈治国理政》第二卷，外文出版社 2017 年版，第 176 页。

思考题

1. 怎样理解中国式现代化明确了习近平经济思想的主题及发展目标？
2. 怎样理解共同富裕明确了习近平经济思想的根本特征？
3. 怎样理解社会主义基本经济制度深化了习近平经济思想的基本特征？
4. 怎样理解党对经济工作的全面领导明确了习近平经济思想的根本特征？

第十二章
中国式现代化的战略擘画和理论体系升华

学习要点：

- 以中国式现代化全面推进中华民族伟大复兴是中国共产党的时代担当和崇高理想的宣示；
- 中国式现代化的本质要求是坚持中国共产党领导，坚持中国特色社会主义，实现高质量发展，发展全过程人民民主，丰富人民精神世界，实现全体人民共同富裕，促进人与自然和谐共生，推动构建人类命运共同体，创造人类文明新形态；
- 推进中国式现代化的原则是坚持和加强党的全面领导、坚持中国特色社会主义道路、坚持以人民为中心的发展思想、坚持深化改革开放、坚持发扬斗争精神。

2023 年 2 月 7 日，习近平在学习贯彻党的二十大精神研讨班开班式重要讲话中，作出"初步构建中国式现代化的理论体系"的论断，从党的百年奋斗历程回溯中，展现了中国式现代化作为马克思主义中国化时代化重大理论创新的历史根据，在"理论体系"上丰富了中国式现代化理论的时代意蕴和世界意义；从进军第二个百年奋斗目标的战略擘画中，彰显了中国式现代化的内涵、特征和特色，以及本质和要求等的集成性创新，在"理论体系"上凸显了中国式现代化的理论力量和思想智慧；从对三个重大时代课题的新的回答中，昭示了中国式现代化的理论创新和理论创造，在"理论体系"上升华了当代中国马克思主义、21 世纪马克思主义的新境界；从对世界观和方法论以及系统过程的重大关系探索中，揭示了中国式现代化的学理和哲理所在，在"理论体系"上提升了中国式现代化科学性、全面性和系统性的意境。

一、 中国式现代化探索中的历史主动和理论自信

"初步构建中国式现代化的理论体系"这一论断，不仅是对中国式现代化的"理论体系"作出的精辟概括，也是从中国共产党百年奋斗的大历史观和中华民族伟大复兴的时代主题上，对中国式现代化作出的理论体系上的深透概述。

习近平的这一深透概述，先从历史、理论和现实相结合的高度，以中国式现代化的社会条件、历史背景、经济和政治基础等为主线，对中国式现代化形成和发展的主要进程及其系统过程作出全面阐释。

一是在新民主主义革命时期，我们党团结带领人民，浴血奋战、百折不挠，建立了人民当家作主的中华人民共和国，实现了民族独立、人民解放，为实现现代化创造了"根本社会条件"[①]。这一时期一开始，即在中国共产党成立之际，中国思想界关于"以农立国"和"以工立国"的论争再度展开。"以农立国"论以章士钊为主要代表，他在对当时西欧国家工业化状况实地"政治考察"后提出"工国运命，已濒厄境。若尚趋赴，何异自蹈

---

① 《习近平关于中国式现代化论述摘编》，中央文献出版社 2023 年版，第 28 页。

陷阱中乎",中国继续"以农立国"则可以避免西方工业化国家生产过剩等诸多"弊疾"。① 中国共产党创立初期的理论家们,自觉地从中国国情出发,以唯物史观为基本立场。在资本主义工业化弊端和工业化道路问题的探索中,杨明斋提出,欧洲各工业国中"劳资两阶级相对如寇仇","并不是工业生产的病,而是分配和财产权制度的病"。② 在中国工业化道路选择问题上,瞿秋白在对中国国情分析的基础上提出:"中国的经济没有一个独立的前途,而只是在变成帝国主义的完完全全的附庸。只有工农革命的胜利,方才能够解放中国,使他在无产阶级的统治之下,用极快的速度,实行社会主义的工业化。"③恽代英提出:"国家握大工业之权,自能吸收小工业而完成共产,用交通及其他如电化之类,则可联络各种独立事业,使成为互相倚赖,而同时使工人集中,且加增其经济地位上的重要。"④

到 20 世纪 30 年代,在 1933 年《申报月刊》关于"中国现代化问题"的专辑中,中国共产党关于中国工业化和现代化的基本主张得到思想界的广泛认同,成为这一专辑讨论中的主流观点。这一专辑提出:"中国现代化的困难和障碍,并不如一般人所说的是缺乏资本与新式技术,而很明显的是国际帝国主义者,帝国主义的依生者,封建势力的余孽以及那些'佛乘飞机'之西学为用的中西文化融和论者。"⑤ 这一专辑还提出,"中国现代化的方式应当采取社会主义的……推进社会主义式的'中国现代化'"⑥;在选择"社会主义式"现代化方式和道路上,"真正使中国的经济结构成为社会主义的,那它的先决条件也就不得不是:(一)排斥帝国主义在华一切势力,取消一切不平等条约;(二)消灭帝国主义在华的工具";在这两个条件未能达到之前,谈中国现代化问题只能是"纸上谈兵了"。⑦

1949 年 3 月,在党的七届二中全会上,毛泽东在对新民主主义革命胜利后工业化向现代化进展的条件与基础问题的分析中认为,在"中国已经有大约百分之十左右的现代性的工业经济"的基础上,是能够"取得使我们的农业和手工业逐步地向着现代化发展的可能性"。⑧ 中国共产党始终坚信,新民主主义革命的胜利、社会主义制度的建立,将为中国的工业化和现代化开辟广阔的道路。

二是新中国成立后,我们党团结带领人民进行社会主义革命,确立社会主义基本制度,建立起独立的比较完整的工业体系和国民经济体系,社会主义革命和建设取得了独创性理论成果和巨大成就,为现代化建设奠定"根本政治前提和宝贵经验、理论准备、物质基础"⑨。1954 年 9 月,在第一届全国人民代表大会第一次会议的开幕词中,毛泽东就提出把我国"建设成为一个工业化的具有高度现代文化程度的伟大的国家"⑩ 的奋斗目标;

———————————

① 罗荣渠:《从"西化"到现代化》下,黄山书社 2008 年版,第 769 页。
② 杨明斋:《评中西文化观》,上海三联书店 2014 年版,第 197 页。
③ 《瞿秋白文集:政治理论编》第六卷,人民出版社 2013 年版,第 764 页。
④ 《恽代英全集》第五卷,人民出版社 2014 年版,第 84 页。
⑤ 《申报月刊》第二部第七号(1933 年 7 月 15 日),第 3—4 页。
⑥ 《申报月刊》第二部第七号(1933 年 7 月 15 日),第 6—7 页。
⑦ 《申报月刊》第二部第七号(1933 年 7 月 15 日),第 10 页。
⑧ 《毛泽东选集》第四卷,人民出版社 1991 年版,第 1430 页。
⑨ 《习近平关于中国式现代化论述摘编》,中央文献出版社 2023 年版,第 29 页。
⑩ 《毛泽东文集》第六卷,人民出版社 1999 年版,第 350 页。

周恩来则提出："如果我们不建设起强大的现代化的工业、现代化的农业、现代化的交通运输业和现代化的国防，我们就不能摆脱落后和贫困，我们的革命就不能达到目的。"①实现中国的现代化，不仅是中国共产党肩负的历史使命，也是中国共产党历史自觉的集中体现。

1957年2月，毛泽东在最高国务会议上进一步提出"将我国建设成为一个具有现代工业、现代农业和现代科学文化的社会主义国家"②的发展目标。1964年12月，在第三届全国人民代表大会第一次会议的《政府工作报告》中，周恩来正式宣告，"在不太长的历史时期内，把我国建设成为一个具有现代农业、现代工业、现代国防和现代科学技术的社会主义强国，赶上和超过世界先进水平"③。"四个现代化"的宏伟目标，表达了全国各族人民的共同愿望，使之成为中国共产党矢志不移的奋斗目标。

三是改革开放新时期，我们党作出以经济建设为中心、实行改革开放的历史性决策，实现了人民生活从温饱不足到总体小康、奔向全面小康的历史性跨越，为中国式现代化提供了"充满新的活力的体制保证和快速发展的物质条件"。在这一时期，我国从中华民族复兴和社会主义前途命运的高度，确立了新时期社会主义现代化建设的战略思想。1979年3月，邓小平在会见外国客人时提出："我们定的目标是在本世纪末实现四个现代化。我们的概念与西方不同，我姑且用个新说法，叫做中国式的四个现代化。"④"走出一条中国式的现代化道路"⑤的提出，集中体现了邓小平在新时期对中国共产党秉持的历史主动和理论自觉的创造性应用。"中国式的现代化道路"与"小康社会"发展相结合，形成了中国现代化建设的战略规划、发展步骤和阶段目标，集中体现了中国共产党领导中国现代化进程的理论境界和思想智慧。

以江泽民同志为主要代表的中国共产党人，在新的社会历史时期，继续坚定不移地推进社会主义中国的现代化建设。江泽民指出："建设富强民主文明的社会主义现代化国家，是毛泽东同志、他的战友们和千百万革命先烈的伟大理想，是一百多年来中国社会发展的必然结论和中华民族的共同愿望。"⑥他强调，当代中国共产党人的庄严使命，就是坚持党的基本路线，团结和带领全国各族人民，沿着建设有中国特色的社会主义道路，自力更生，艰苦创业，把我国建设成为富强、民主、文明的社会主义现代化国家。江泽民还把现代化建设与中华民族的振兴联系起来，从回溯民族历史的角度，提出了"实现民族振兴、国家富强和人民幸福"的要求。在庆祝北京大学建校100周年大会上，他号召广大青年和全国人民一道，"向着现代化的光辉目标前进，向着中华民族的伟大复兴前进"。在2000年9月召开的党的十五届五中全会上，江泽民根据邓小平当年提出的关于20世纪80年代三大任务的构想，进一步提出了进入新世纪后的三大任务，其中第一位就是"继续推进现

---

① 《周恩来选集》下卷，人民出版社1984年版，第132页。

② 《毛泽东文集》第七卷，人民出版社1999年版，第207页

③ 《周恩来选集》下卷，人民出版社1984年版，第439页。

④ 《邓小平年谱（1975—1997）》上，中央文献出版社2004年版，第496页。

⑤ 《邓小平文选》第二卷，人民出版社1994年版，第163页。

⑥ 《江泽民文选》第一卷，人民出版社2006年版，第360页。

代化建设",并且强调,"在这三大任务中,现代化建设是核心"。①明确把继续推进现代化建设放在新世纪三大任务的首位,表明了我们坚定不移为现代化建设而奋斗的决心。

以胡锦涛同志为主要代表的中国共产党人,在党的十七大上,从高举中国特色社会主义伟大旗帜、夺取全面建设小康社会新胜利的战略高度,提出了全面建设小康社会新的更高的要求。全面建设小康社会新的更高的要求,是改革发展的新思路新举措,体现了我们党实事求是、与时俱进的精神。党的十七大报告提出的转变发展方式取得重大进展;社会主义市场经济体制更加完善;自主创新能力显著提高,科技进步对经济增长的贡献率大幅度上升,进入创新型国家行列;形成消费、投资、出口协调拉动的增长格局;依法治国基本方略深入落实;法治政府建设取得新成效;社会主义核心价值体系深入人心,良好思想道德风尚进一步弘扬;文化产业占国民经济比重明显提高、国际竞争力显著增强;社会管理体系更加健全,基本形成节约能源资源和保护生态环境的产业结构、增长方式、消费模式,这既是实现全面建设小康社会奋斗目标的新要求,又是实现经济社会又好又快发展的新思路新举措。

从"根本社会条件"的创立到"根本政治前提和宝贵经验、理论准备、物质基础"的建立,再到"充满新的活力的体制保证和快速发展的物质条件"的确立,都是党领导全国各族人民不懈奋斗、顽强斗争得来的。砥砺前行、踔厉奋发,中国共产党承担着探索中国式现代化的历史重任,落实了中国式现代化发展的坚实基础和充分条件。

习近平集中阐释了党的十八大以来中国式现代化所实现的集成性的理论创新上的贡献。

首先,从与时俱进、守正创新的理论品质上,党的十八大以来,我们党"不断实现理论和实践上的创新突破,成功推进和拓展了中国式现代化"②。新时代以来的十年间,我们党领导全国人民锐意创新、不断奋进,在一系列变革性实践中,实现一系列突破性进展,创立一系列标志性成果,党和国家事业取得历史性成就、发生历史性变革,为中国式现代化提供了更为完善的制度保证、更为坚实的物质基础、更为主动的精神力量。

其次,从马克思主义中国化时代化的理论创新和理论创造上,习近平新时代中国特色社会主义思想的创立,实现了马克思主义中国化时代化新的飞跃,为中国式现代化提供了根本遵循。习近平新时代中国特色社会主义思想,在全面建设社会主义现代化国家的新的历史征程中不断丰富和发展,成为中国式现代化最可靠的理论指导和行动指南。

再次,从新时代新思想的重大战略课题上,我们党进一步深化了对中国式现代化的主要内涵和本质特征的认识,概括形成中国式现代化的中国特色、本质要求和重大原则,初步构建中国式现代化理论体系,"使中国式现代化更加清晰、更加科学、更加可感可行"③。十年砥砺前行,十年与时偕行。中国式现代化理论体系在党的十八大以来党和国家事业的不断发展中得以"初步构建"。

最后,从战略部署和基本方略上,我们党在战略上不断完善,深入实施科教兴国战

---

① 《改革开放三十年重要文献选编》下,中央文献出版社 2008 年版,第 1116 页。
② 《习近平关于中国式现代化论述摘编》,中央文献出版社 2023 年版,第 30 页。
③ 《习近平关于中国式现代化论述摘编》,中央文献出版社 2023 年版,第 30 页。

略、人才强国战略、乡村振兴战略等一系列重大战略，"为中国式现代化提供坚实战略支撑"①。战略上的系统的整体谋划和方略上的统筹安排，稳中求进、锲而不舍，成就了中国式现代化理论体系上的底气和底蕴。

只有坚守历史主动和理论自信，中国式现代化才能在"理论体系"上昭示"既有各国现代化的共同特征，更有基于自己国情的鲜明特色"；才能清晰地揭示其中的主要内涵和基本特征；也才能在党的二十大上实现"理论体系"上的创新。

二、 中国式现代化理论体系的初步构成和多方面拓新

党的十八大召开后不久，习近平就对中国现代化的新时代意蕴作出阐释，提出"中国特色社会主义道路，是实现我国社会主义现代化的必由之路，是创造人民美好生活的必由之路"②。2020 年 10 月，在党的十九届五中全会第二次全体会议的讲话中，习近平第一次对中国式现代化的主要内涵作出阐释。一是人口规模巨大的现代化，14 亿人口整体迈入现代化社会，将彻底改写现代化的世界版图，这在人类历史上是一件有深远影响的大事；二是全体人民共同富裕的现代化，共同富裕是社会主义的本质要求，是中国共产党以人民为中心的发展思想的必然要求；三是物质文明和精神文明相协调的现代化，坚持社会主义核心价值观，加强理想信念教育，弘扬中华优秀传统文化，增强人民精神力量，不断促进物的全面丰富和人的全面发展；四是人与自然和谐共生的现代化，注重同步推进物质文明建设和生态文明建设；五是走和平发展道路的现代化，同世界各国互利互赢，推动构建人类命运共同体，努力为人类和平与发展作出贡献。

习近平还第一次对中国式现代化的基本特征和特色作出阐释，提出"我们所推进的现代化，既有各国现代化的共同特征，更有基于国情的中国特色"；强调"中国式现代化既切合中国实际，体现了社会主义建设规律，也体现了人类社会发展规律。我国要坚定不移推进中国式现代化，以中国式现代化推进中华民族伟大复兴，不断为人类作出新的更大贡献"③。对中国式现代化的主要内涵和基本特征、特色的深刻阐释，形成了中国式现代化理论体系的核心要义。

在党的二十大报告中，习近平对中国式现代化作出更为系统的阐释，特别是在以下六个方面作出了显著的集成性的理论创新，拓展了中国化时代化马克思主义的新境界。

第一，阐明中国式现代化在"中心任务"和"奋斗目标"中的作用和地位。习近平强调："从现在起，中国共产党的中心任务就是团结带领全国各族人民全面建成社会主义现代化强国、实现第二个百年奋斗目标，以中国式现代化全面推进中华民族伟大复兴。"④"以中国式现代化全面推进中华民族伟大复兴"，是中国共产党的历史自觉、历史主动和历史自信的宣示，是中国共产党的时代担当和崇高理想的宣示。

---

① 《习近平关于中国式现代化论述摘编》，中央文献出版社 2023 年版，第 30 页。
② 《十八大以来重要文献选编》上，中央文献出版社 2014 年版，第 75 页。
③ 《十九大以来重要文献选编》中，中央文献出版社 2021 年版，第 825 页。
④ 《习近平著作选读》第一卷，人民出版社 2023 年版，第 18 页。

第二，对中国式现代化的主要内涵作出新的阐释。习近平把之前提出的中国式现代化的主要内涵同其特征和特色的阐释融为一体，凸显了保持历史耐心、顺应历史潮流、传承中华文化、坚持永续发展、维护世界和平等创新性观点和创造性理念。

在五个主要内涵上，一是在"人口规模巨大的现代化"上，凸显"始终从国情出发想问题、作决策、办事情，既不好高骛远，也不因循守旧，保持历史耐心，坚持稳中求进、循序渐进、持续推进"[1] 的特征；二是在"全体人民共同富裕的现代化"上，凸显"坚持把实现人民对美好生活的向往作为现代化建设的出发点和落脚点，着力维护和促进社会公平正义，着力促进全体人民共同富裕，坚决防止两极分化"[2] 的特征；三是在"物质文明和精神文明相协调的现代化"上，凸显"不断厚植现代化的物质基础，不断夯实人民幸福生活的物质条件，同时大力发展社会主义先进文化，加强理想信念教育，传承中华文明，促进物的全面丰富和人的全面发展"[3] 的特征；四是在"人与自然和谐共生的现代化"上，凸显"坚定不移走生产发展、生活富裕、生态良好的文明发展道路，实现中华民族永续发展"[4] 的特征；五是在"走和平发展道路的现代化"上，凸显中国现代化"坚定站在历史正确的一边、站在人类文明进步的一边，高举和平、发展、合作、共赢旗帜，在坚定维护世界和平与发展中谋求自身发展，又以自身发展更好维护世界和平与发展"[5] 的特征。

第三，对中国式现代化的本质要求作出科学阐释。习近平提出，"坚持中国共产党领导，坚持中国特色社会主义，实现高质量发展，发展全过程人民民主，丰富人民精神世界，实现全体人民共同富裕，促进人与自然和谐共生，推动构建人类命运共同体，创造人类文明新形态"[6] 等本质要求，既揭示了中国式现代化与其本质特征的本质联系，又彰显了中国式现代化具有的人类社会新形态的理论境界和思想智慧。

第四，对中国式现代化的目标作出全面阐释。在党的二十大上，习近平对2035年中国式现代化要达到的发展总体目标作出八个方面的战略擘画：一是经济实力、科技实力、综合国力大幅跃升，人均国内生产总值迈上新的大台阶，达到中等发达国家水平；二是实现高水平科技自立自强，进入创新型国家前列；三是建成现代化经济体系，形成新发展格局，基本实现新型工业化、信息化、城镇化、农业现代化；四是基本实现国家治理体系和治理能力现代化，全过程人民民主制度更加健全；五是建成教育强国、科技强国、人才强国、文化强国、体育强国、健康中国，国家文化软实力显著增强；六是人民生活更加幸福美好，居民人均可支配收入再上新台阶，社会保持长期稳定，人的全面发展、全体人民共同富裕取得更为明显的实质性进展；七是广泛形成绿色生产生活方式，美丽中国目标基本实现；八是国家安全体系和能力全面加强，基本实现国防和军队现代化。习近平指出："从全面建成小康社会到基本实现现代化，再到全面建成社会主义现代化强国，是新时代

---

[1] 《习近平著作选读》第一卷，人民出版社2023年版，第18页。
[2] 《习近平著作选读》第一卷，人民出版社2023年版，第19页。
[3] 《习近平著作选读》第一卷，人民出版社2023年版，第19页。
[4] 《习近平著作选读》第一卷，人民出版社2023年版，第19页。
[5] 《习近平著作选读》第一卷，人民出版社2023年版，第19页。
[6] 《习近平著作选读》第一卷，人民出版社2023年版，第20页。

中国特色社会主义发展的战略安排。我们要坚忍不拔、锲而不舍，奋力谱写社会主义现代化新征程的壮丽篇章！"①

第五，对中国特色现代化的重大原则作出全面阐释。"十四五"规划这五年，是全面建设社会主义现代化国家开局起步的关键时期。习近平指出："我们必须增强忧患意识，坚持底线思维，做到居安思危、未雨绸缪，准备经受风高浪急甚至惊涛骇浪的重大考验。"② 在这一过程，必须牢牢把握坚持和加强党的全面领导、坚持中国特色社会主义道路、坚持以人民为中心的发展思想、坚持深化改革开放、坚持发扬斗争精神五项重大原则。

第六，对中国式现代化的中华文化底蕴作出深刻阐释。中国式现代化，深深植根于中华优秀传统文化。中国式现代化凸显了对中华优秀传统文化的创造性转化和创新性发展。中华传统文化中显现的诸如"民惟邦本""天人合一""和而不同""大道之行也，天下为公""天下兴亡，匹夫有责""德不孤，必有邻""己所不欲，勿施于人""出入相友，守望相助""扶贫济困"等思想和理念，在中国现代化选择和发展中有着永不消退的作用，具有无比广阔的舞台，具有无比深厚的历史底蕴，具有无比强大的前进定力。

概括提出并深入阐述中国式现代化理论，是党的二十大的一个重大理论创新，是科学社会主义的最新重大成果。习近平在对中国式现代化"理论体系"作出的进一步开创性探索中深刻指出，"党的领导决定中国式现代化的根本性质，只有毫不动摇坚持党的领导，中国式现代化才能前景光明、繁荣兴盛"③；深入揭示中国式现代化的主要内涵"既是理论概括，也是实践要求，为全面建成社会主义现代化强国、实现中华民族伟大复兴指明了一条康庄大道"④；深透阐明新中国成立特别是改革开放以来的实践证明，"中国式现代化走得通、行得稳，是强国建设、民族复兴的唯一正确道路"⑤，拓展了中国化时代化马克思主义的新境界。

三、 对重大时代课题探索的理论升华

习近平在重要讲话中，着眼于"理论体系"，对中国式现代化与习近平新时代中国特色社会主义思想三个重大时代课题关系的旨向和意蕴作出阐释，以此拓新了三个重大时代课题的视野和境界，丰富了习近平新时代中国特色社会主义思想的核心要义和科学内涵。

首先，中国式现代化深刻融入新时代坚持和发展什么样的中国特色社会主义、怎样坚持和发展中国特色社会主义这一重大时代课题探索的历史进程，从"理论体系"上，集中体现这一历史进程所实现的实践创新和理论创新。党的十八大以来，新时代中国特色社会主义在十年发展历程中，在对重大时代课题的探索中，牢牢把握中国现代化发展的方向，

---

① 《习近平著作选读》第二卷，人民出版社 2023 年版，第 24 页。
② 《习近平著作选读》第一卷，人民出版社 2023 年版，第 22 页。
③ 《习近平在学习贯彻党的二十大精神研讨班开班式上发表重要讲话》，《人民日报》2023 年 2 月 8 日。
④ 《习近平关于中国式现代化论述摘编》，中央文献出版社 2023 年版，第 70 页。
⑤ 《习近平关于中国式现代化论述摘编》，中央文献出版社 2023 年版，第 31 页。

顽强斗争、矢志不移，经受住来自政治、经济、意识形态、自然界等方面的风险挑战考验。在这一历史进程中，中国式现代化在道路、制度、理论和文化上的特征日臻成型；中国式现代化的道路自信、理论自信、制度自信和文化自信油然而生；现代化的中国特色在各个方面日臻完善，发生着举世瞩目的新变化。

习近平在重要讲话中指出："中国式现代化是我们党领导全国各族人民在长期探索和实践中历经千辛万苦、付出巨大代价取得的重大成果，我们必须倍加珍惜、始终坚持、不断拓展和深化。"① 历史已经并将继续证明，只有坚持和发展中国特色社会主义才能坚持中国式现代化的道路、理论、制度和文化，才能实现中华民族伟大复兴；同样，只有坚持中国式现代化，才能坚持好发展好中国特色社会主义，才能使中国特色社会主义尽显科学社会主义的鲜亮底色。

其次，在对建设什么样的社会主义现代化强国、怎样建设社会主义现代化强国这一重大时代课题的回答中，中国式现代化从"理论体系"上，着力于对全面建成社会主义现代化强国作出战略部署，提出从 2020 年到 2035 年基本实现社会主义现代化，再从 2035 年到本世纪中叶把我国建成富强民主文明和谐美丽的社会主义现代化强国的战略擘画。

党的十九大以后，习近平从统筹把握中华民族伟大复兴战略全局和世界百年未有之大变局的高度，在对我国社会主要矛盾转化新特点和新要求的分析中，深刻透析错综复杂的国际环境带来的新矛盾、新挑战，准确把握新发展阶段的新特点、新要求，围绕建设社会主义现代化国家等重大时代课题，对全面建成社会主义现代化强国新的战略擘画和方略落实作出深入探索。中国式现代化赋予社会主义现代化以更加鲜亮的中国特色，赋予社会主义现代化强国以更加显著的中国底蕴。

在重要讲话中，习近平从社会主义现代化强国建设的战略目标上，阐明中国式现代化"理论体系"上的重要意义，提出"要守好中国式现代化的本和源、根和魂，毫不动摇坚持中国式现代化的中国特色、本质要求和重大原则，……确保中国式现代化的正确方向"②。同时，要进一步显现中华优秀传统文化滋养的特征和作用，习近平指出，"中国式现代化，深深植根于中华优秀传统文化，体现科学社会主义的先进本质，借鉴吸收一切人类优秀文明成果，代表人类文明进步的发展方向，展现了不同于西方现代化模式的新图景，是一种全新的人类文明形态"；"中国式现代化，打破了'现代化＝西方化'的迷思，展现了现代化的另一幅图景，拓展了发展中国家走向现代化的路径选择，为人类对更好社会制度的探索提供了中国方案"。③ 中国式现代化是在对建设什么样的社会主义现代化强国、怎样建设社会主义现代化强国这一重大时代课题探索中成型为"理论体系"的；同时，对中国式现代化"理论体系"的创新性阐释，也成为这一重大时代课题探索中最辉煌的崭新的理论成果。

中国式现代化在对建设什么样的社会主义现代化强国、怎样建设社会主义现代化强国这一重大时代课题的探索中，创造了人类文明新形态。习近平在庆祝中国共产党成立 100周年大会讲话中提出："我们坚持和发展中国特色社会主义，推动物质文明、政治文明、

---

① 《习近平关于中国式现代化论述摘编》，中央文献出版社 2023 年版，第 31 页。
② 习近平：《推进中国式现代化需要处理的若干重大关系》，《求是》2023 年第 19 期。
③ 《习近平关于中国式现代化论述摘编》，中央文献出版社 2023 年版，第 293—294 页。

精神文明、社会文明、生态文明协调发展，创造了中国式现代化新道路，创造了人类文明新形态。"① 人类文明新形态以坚持和发展中国特色社会主义为根本前提，以"五大文明"进步为主体内容，以中国式现代化为基本过程和目标。同时，人类文明新形态不只是基于中国社会发展形态的特殊性的概括，也是对人类文明发展的一切有价值的思想资源的借鉴和吸收，是对人类共同价值观和社会发展普遍性规律的新形态的概括，体现了在人类文明形态探索中的中国智慧。

最后，在对建设什么样的长期执政的马克思主义政党、怎样建设长期执政的马克思主义政党这一重大时代课题的探索中，中国式现代化从"理论体系"上升华了这一时代课题中蕴含的党的坚定信仰和根本宗旨与党在实现中华民族伟大复兴中的崇高信念和坚定信心。

我们推进的现代化是社会主义现代化，是中国共产党领导的社会主义现代化；中国共产党的领导决定中国式现代化的根本性质和发展方向。在重要讲话中，习近平强调："必须坚持以中国式现代化推进中华民族伟大复兴，既不走封闭僵化的老路，也不走改旗易帜的邪路，坚持把国家和民族发展放在自己力量的基点上、把中国发展进步的命运牢牢掌握在自己手中。"② 习近平充分表达了中国共产党人在新时代中国式现代化新征程中的历史主动和历史担当、理论自觉和理论自信。

中国共产党领导是中国特色社会主义最本质的特征，是中国特色社会主义制度的最大优势，是党和国家的根本所在、命脉所在，是全国各族人民的利益所系、命运所系。在重要讲话中，习近平强调："全面建设社会主义现代化国家，实现新时代新征程各项目标任务，关键在党。我们党是世界上最大的马克思主义执政党，要巩固长期执政地位、始终赢得人民衷心拥护，必须永葆'赶考'的清醒和坚定。"③ 中国式现代化是全面建设社会主义现代化国家的"中心任务"，是全面加强党的领导的关键之"关键"；中国式现代化成功与否，将成为我们党能否"赢得人民衷心拥护"的重要的衡量尺度，也将成为是否"永葆'赶考'的清醒和坚定"的根本的检验标准。

在重要讲话中，习近平强调："党的领导直接关系中国式现代化的根本方向、前途命运、最终成败。"④ 党的领导决定中国式现代化的根本性质，只有毫不动摇坚持党对中国式现代化方向和进程的全面领导，中国式现代化才能前景光明、繁荣兴盛；党的领导确保中国式现代化锚定奋斗目标行稳致远，只有坚定不移地锚定党所确定的建成社会主义现代化强国的航道和航向，中国式现代化才能一以贯之，一代一代地接力推进，取得举世瞩目、彪炳史册的辉煌业绩。习近平向世界宣示："党的领导激发建设中国式现代化的强劲动力，我们党勇于改革创新，不断破除各方面体制机制弊端，为中国式现代化注入不竭动力。"⑤

———————————

① 《习近平著作选读》第二卷，人民出版社 2023 年版，第 483 页。
② 《习近平关于中国式现代化论述摘编》，中央文献出版社 2023 年版，第 55 页。
③ 《高举中国特色社会主义伟大旗帜 奋力谱写全面建设社会主义现代化国家崭新篇章》，《人民日报》2022 年 7 月 28 日。
④ 《习近平关于中国式现代化论述摘编》，中央文献出版社 2023 年版，第 58 页。
⑤ 《习近平关于中国式现代化论述摘编》，中央文献出版社 2023 年版，第 60 页。

四、 中国式现代化的世界观方法论及在"系统过程"中需要处理好的重大关系

在党的二十大上，习近平指出："继续推进实践基础上的理论创新，首先要把握好新时代中国特色社会主义思想的世界观和方法论，坚持好、运用好贯穿其中的立场观点方法。"[1] 世界观和方法论能使我们达到知其言更知其义、知其然更知其所以然，能使我们透彻理解和把握中国式现代化的学理和哲理。

习近平在中国式现代化"理论体系"上作出的六个"观"的概述，是中国式现代化学理和哲理的核心要义。六个"观"是指："中国式现代化蕴含的独特世界观、价值观、历史观、文明观、民主观、生态观等及其伟大实践，是对世界现代化理论和实践的重大创新。"[2] 推进中国式现代化作为一个"系统工程"，在"统筹兼顾、系统谋划、整体推进"[3] 过程，需要处理好的六个关系是指：顶层设计与实践探索、战略与策略、守正与创新、效率与公平、活力与秩序、自立自强与对外开放。六个"观"和六个关系是对中国式现代化理论体系方法论的阐释，也是习近平经济思想关于经济运行中理论和实践相结合过程的方法论要义的深入探索。

六个"观"与六个关系密切相连，体现了习近平经济思想在重大理论问题探索中的方法论遵循。

一是在世界观上，习近平经济思想深刻洞察人类发展进步潮流，系统把握新时代中国和世界经济关系变化根本趋势和本质特征。习近平提出："世界之变、时代之变、历史之变正以前所未有的方式展开。中国正在以中国式现代化全面推进强国建设、民族复兴伟业。我们追求的不是中国独善其身的现代化，而是期待同广大发展中国家在内的各国一道，共同实现现代化。"[4] 习近平经济思想从世界文明进步和发展的高度，积极回应各国人民普遍关切，借鉴吸收人类一切优秀文明成果，为解决中国的、也为探索世界的发展问题作出重要的理论贡献。习近平经济思想中对发展道路、发展方式和发展理念的系列阐释，既立足中国国情又展示世界眼光，形成了富有习近平经济思想特色的"人类是相互依存的命运共同体。世界好，中国才会好；中国好，世界会更好"[5] 的世界观。

二是在价值观上，习近平经济思想深刻蕴含着让人民获得解放是根本价值追求的观念、立场和方法。"国以民为本，社稷亦为民而立"，凸显了习近平经济思想把为人民谋幸福作为根本使命，坚持全心全意为人民服务的根本宗旨。

① 《习近平著作选读》第一卷，人民出版社 2023 年版，第 16 页。
② 《习近平关于中国式现代化论述摘编》，中央文献出版社 2023 年版，第 294 页。
③ 《习近平关于中国式现代化论述摘编》，中央文献出版社 2023 年版，第 294 页。
④ 习近平：《建设开放包容、互联互通、共同发展的世界——在第三届"一带一路"国际合作高峰论坛开幕式上的主旨演讲》，《人民日报》2023 年 10 月 19 日。
⑤ 习近平：《建设开放包容、互联互通、共同发展的世界——在第三届"一带一路"国际合作高峰论坛开幕式上的主旨演讲》，《人民日报》2023 年 10 月 19 日。

三是在历史观上，习近平经济思想坚持历史主体、把握历史主题、坚守历史自信、保持历史耐心，始终从国情出发，始终以人民至上的根本立场和观点想问题、作决策、办事情，牢牢把握历史进步的趋势和潮流，不断推进人类社会从必然王国向自由王国进展。

四是在文明观上，习近平经济思想站在世界文明发展的高度，在与当代中国和世界经济现实的结合中，坚持与中华优秀传统文化相结合。"万物并育而不相害，道并行而不相悖。"习近平经济思想在融入中华民族文明观的精粹和精华的同时，也不断吸收人类历史上的一切优秀思想文化成果，以中国式现代化的文明观，给世界上那些既希望加快发展又希望保持自身独立性的国家和民族提供了全新选择。

五是在民主观上，习近平经济思想着力于不断发展和完善人民当家作主的制度保障，充分调动人民的积极性、主动性、创造性，更加切实、更有成效地实施全过程人民民主。民主是民生的政治保证，民生是民主的重要体现。要不断保障和改善民生，促进社会公平正义，在更高水平上，让发展成果更多更公平惠及全体人民，朝着实现全体人民共同富裕不断迈进。

六是在生态观上，习近平经济思想与生态文明思想相联系，坚守敬畏自然、尊重自然、顺应自然、保护自然理念。人与自然是生命共同体，要坚持人与自然和谐共生。"绿水青山就是金山银山"，让人民群众在绿水青山中共享自然之美、生命之美、生活之美。

习近平经济思想是社会主义现代化强国建设这一"系统过程"的理论指导和实践指南。在这一"系统过程"中，需要正确处理好理论和实践相结合过程中的一系列重大关系问题。

一是顶层设计与实践探索的关系。处理好这一关系，要着力使制定的规划和政策体系体现时代性、依循规律性、富于创造性，做到远近结合、上下贯通、内容协调。无论是推进中国式现代化还是全面建设社会主义现代化国家，都要在实践中大胆探索，通过改革创新推动事业的新发展，决不能刻舟求剑、守株待兔。

二是战略与策略的关系。处理好这一关系，要着力增强战略的前瞻性、全局性、稳定性；要着力把战略的原则性和策略的灵活性有机结合起来，在因地制宜、因势而动、顺势而为中实现战略有度、策略有效。

三是守正与创新的关系。处理好这一关系，要着力把创新摆在国家发展全局的突出位置，顺应时代发展要求，着眼于解决重大理论和实践问题，大力推进改革创新，充分激发创造活力，不断塑造发展新动能新优势。守正才能不迷失方向、不犯颠覆性错误，创新才能把握时代、引领时代。

四是效率与公平的关系。处理好这一关系，既要创造比资本主义更高的效率，又要更有效地维护社会公平；妥善处理公平与效率关系，从根本上把激发全社会创造活力和实现各方面利益有机结合起来。

五是活力与秩序的关系。处理好这一关系，要统筹发展和安全，贯彻总体国家安全观，健全国家安全体系，增强维护国家安全的能力，坚定维护国家政权安全、制度安全、意识形态安全和重点领域安全。

六是自立自强与对外开放的关系。处理好这一关系，要坚持独立自主、自立自强，坚持把国家和民族发展放在自己力量的基点上，坚持把我国发展进步的命运牢牢掌握在自己手中；要不断扩大高水平对外开放，深度参与全球产业分工和合作，用好国内国际两种资源，拓展中国式现代化和社会主义现代化强国建设的发展空间。

六个"观"和六个关系的集成，构成习近平经济思想在理论和实践结合中的方法论的特点，充分显示了习近平经济思想在方法论上的辩证唯物主义和历史唯物主义的鲜亮底色。

思考题

1. 为什么说中国式现代化既有各国现代化的共同特征，更有基于国情的中国特色？

2. 怎样理解中国式现代化是我们党领导全国各族人民在长期探索和实践中历经千辛万苦、付出巨大代价取得的重大成果，我们必须倍加珍惜、始终坚持、不断拓展和深化？

3. 如何把握中国式现代化蕴含的独特世界观、价值观、历史观、文明观、民主观、生态观及其实践意义？

第十三章

马克思资本理论和新时代资本理论的开创性探索

学习要点：

- 马克思对资本理论体系结构作出开创性探索，奠定了马克思政治经济学体系结构的理论基础和学理依循；
- 习近平关于正确认识和把握资本的特性和行为规律问题的阐释，把现阶段社会主义市场经济条件下的资本理论分为资本"特性"和资本"行为规律"两个主要课题，赋予马克思提出的"资本一般"和"许多资本"理论以新的时代内涵；
- 现阶段，我国存在国有资本、集体资本、民营资本、外国资本、混合资本等各种形态资本，呈现出规模显著增加、主体更加多元、运行速度加快、国际资本大量进入等明显特征；
- 在现阶段社会主义市场经济体制下，资本是带动各类生产要素集聚配置的重要纽带，是促进社会生产力发展的重要力量，要发挥资本促进社会生产力发展的积极作用；同时，资本具有逐利本性，如不加以规范和约束，就会给经济社会发展带来不可估量的危害。

资本理论作为马克思政治经济学最重要的内容，作为马克思关于资本主义政治经济学的最基本的理论，不仅对我们正确认识和理解当代资本主义问题，而且对我们"深化社会主义市场经济条件下资本理论研究"①，都有着重要的理论的和方法论的意义。

马克思对资本理论的探索，是以他的《1857—1858 年经济学手稿》（以下简称《手稿》）"资本章"为思想历史逻辑和理论叙述逻辑起点的。在"资本章"中，马克思对资本问题的开创性探索的最突出的理论建树可以概括为三个"第一次"：第一次对资本理论体系结构作出开创性探索，奠定了马克思政治经济学体系结构的理论基础和学理依循；第一次以"资本一般"和"许多资本"为线索，形成了资本特性和资本行为规律研究的理论主题；第一次对资本"总体"问题作出创造性探索，确定了资本理论历史性、社会性、阶级性的基本规定。这三个"第一次"意义上的创造性的理论探索，不仅为马克思十年之后正式出版的《资本论》第一卷奠定了重要的理论基础，而且也为当代中国"加强新的时代条件下资本理论研究"② 提供了深厚的思想资源。

一、 对资本理论体系结构的开创性探索

《手稿》写于 1857 年 8 月至 1858 年 5 月，是马克思以"五篇结构计划"为基础撰写的《政治经济学批判》手稿。在《手稿》的《导言》中，马克思首次提出《政治经济学批判》的"五篇结构计划"，即第一篇"一般的抽象的规定，因此它们或多或少属于一切社会形式，不过是在上面所阐述的意义上。"；第二篇"形成资产阶级社会内部结构并且成为基本阶级

---

① 《习近平谈治国理政》第四卷，外文出版社 2022 年版，第 219 页。
② 《习近平谈治国理政》第四卷，外文出版社 2022 年版，第 219 页。

的依据的范畴。资本、雇佣劳动、土地所有制。它们的相互关系。城市和乡村。三大社会
阶级。它们之间的交换。流通。信用事业（私人的）。"；第三篇"资产阶级社会在国家形
式上的概括。就它本身来考察。'非生产'阶级。税。国债。公共信用。人口。殖民地。
向国外移民。"；第四篇"生产的国际关系。国际分工。国际交换。输出和输入。汇率。"；
第五篇"世界市场和危机"。① 大约在 1857 年 11 月下旬至 1858 年年初，马克思在《手稿》
"货币章"之后的"资本章"中，对"五篇结构计划"第二篇的资本理论展开论述，先后
提出了把资本范畴和理论阐释分作六个部分的"六分结构"和分作三个部分的"三分结
构"。② 从"六分结构"到"三分结构"的变化，间隔的时间尽管很短，但这一变化对资
本理论的认识理解却发生了深刻的变化。这两个结构可作如下比较：

资本理论的"六分结构"	资本理论的"三分结构"
Ⅰ. （1）资本的一般概念。 （2）资本的特殊性：流动资本，固定资本。（资本作为生活资料,作为原料,作为劳动工具。） （3）资本作为货币。	Ⅰ. 一般性： （1）（a）由货币变成资本。 （b）资本和劳动（以他人劳动为中介）。 （c）按照同劳动的关系而分解成的资本各要素（产品。原料。劳动工具）。 （2）资本的特殊性：（a）流动资本，固定资本。资本流通。 （3）资本的个别性：资本和利润。资本和利息。资本作为价值同作为利息和利润的自身相区别。
Ⅱ. （1）资本的量。积累。 （2）用自身计量的资本。利润。利息。资本的价值。 （3）诸资本的流通。 　（α）资本和资本相交换。资本和收入相交换。资本和价格。 　（β）诸资本的竞争。 　（γ）诸资本的积聚。	Ⅱ. 特殊性： （1）诸资本的积累。 （2）诸资本的竞争。 （3）诸资本的积聚（资本的量的差别同时就是质的差别，就是资本的大小和作用的尺度）。
Ⅲ. 资本作为信用。 Ⅳ. 资本作为股份资本。 Ⅴ. 资本作为货币市场。 Ⅵ. 资本作为财富的源泉。资本家。	Ⅲ. 个别性： （1）资本作为信用。 （2）资本作为股份资本。 （3）资本作为货币市场。

　　对资本理论的"六分结构"和"三分结构"的比较，可以得出以下结论。
　　首先，对资本"一般概念"或者"一般性"的研究，是资本理论探索的出发点，是
资本逻辑叙述的起点。马克思在"六分结构"形成后就指出：资本主义经济关系的"第

---

① 《马克思恩格斯全集》第三十卷，人民出版社 1995 年版，第 50 页。
② 《马克思恩格斯全集》第三十卷，人民出版社 1995 年版，第 220—221 页、第 233—234 页。

一个前提是：一方是资本，另一方是劳动，两者作为独立的形态互相对立；因而两者也是作为异己的东西互相对立"①。因此，在资本逻辑中，"先分析在资本和劳动的关系中包含的各种简单规定，以便找出这些规定的内在联系，以及这些规定的进一步发展同先前的规定之间的内在联系"②。在之后提出的"三分结构"中，马克思已经清晰地指出，对资本的"一般性"最先应该阐明的是"由货币变成资本"和"资本和劳动"这两个基本问题。

其次，要从资本构成特性和资本行为过程上理解资本作为生产要素的规定性。在"六分结构"中，马克思从资本周转的价值转移方式上对资本生产要素的内在规定作出分析，这时资本生产要素要么是"生活资料"和"原料"形式上的流动资本，要么是以"劳动工具"形式为主的固定资本。在接着的"三分结构"中，马克思从资本生产过程的价值增殖意义上，对资本生产要素的内在规定作出分析，这时资本生产要素一方面是体现"劳动的关系"的可变资本，另一方面是同"劳动的关系"相对立的不变资本"各要素"。显然，对资本作为生产要素的理解，既不能脱离资本的本质规定性，也不能脱离资本的生产过程和流通过程。在马克思看来，"资本决不是简单的关系，而是一种过程，资本在这个过程的各种不同的要素上始终是资本"③。

再次，对资本发展形态的探索。在"六分结构"和"三分结构"中，马克思对资本的发展形态作出两个方面的展开：一是在资本一般性阐释的基础上，对资本特殊性问题，即不同资本之间的行为过程和规律问题作出阐释，其中主要如资本积累、利润和利息、资本流通、资本周转、固定资本和流动资本、资本和资本相交换、资本竞争等问题；二是在资本一般性、特殊性的基础上，对资本个别性问题，主要对信用资本、股份资本、资本作为货币市场等作出阐释。

最后，值得一提的是，"六分结构"终结于"资本家"问题，即资本的人格化问题。在马克思看来，"人格化，是由社会生产过程加在个人身上的一定的社会性质，是这些一定的社会生产关系的产物"④。资本的人格化凸显了"一定的阶级关系和利益的承担者"⑤，资本的人格化是资本主义经济制度的必然结果。在"资本章"中，马克思在对资本人格化问题的探索中指出："在资本的概念中包含着这样一点：劳动的客观条件（而这种客观条件是劳动本身的产物）对劳动来说人格化了，或者同样可以说，客观条件表现为对工人来说是异己的人格的财产。资本的概念中包含着资本家。"⑥ 正是在这一意义上，"资本实质上就是资本家；但是，它同时又是作为一种与资本家不同的资本家存在要素，或者说生产本身就是资本"⑦。

社会主义基本经济制度虽然从根本上改变了资本人格化的经济基础，但并没有完全消除"资本拜物教"的思想基础，特别是在民营资本和外国资本作用过程中，资本人格化的

---

① 《马克思恩格斯全集》第三十卷，人民出版社 1995 年版，第 223 页。
② 《马克思恩格斯全集》第三十卷，人民出版社 1995 年版，第 223 页。
③ 《马克思恩格斯全集》第三十卷，人民出版社 1995 年版，第 214 页。
④ 《马克思恩格斯文集》第七卷，人民出版社 2009 年版，第 996 页。
⑤ 《马克思恩格斯文集》第五卷，人民出版社 2009 年版，第 10 页。
⑥ 《马克思恩格斯全集》第三十卷，人民出版社 1995 年版，第 508 页。
⑦ 《马克思恩格斯全集》第三十卷，人民出版社 1995 年版，第 509 页。

经济基础依然存在。习近平提出的"促进非公有制经济健康发展和非公有制经济人士健康成长"[①] 的要求，就在于引导民营资本所有者能在社会主义市场经济条件下，生成与社会主义基本经济制度相适应的"人格化"的因素，在以公有资本为主体的社会主义市场经济的资本结构影响下，逐步摆脱资本人格化的窠臼。

1858 年 1—2 月，马克思对《政治经济学批判》著作的结构计划作出调整，提出了《政治经济学批判》著作的"六册结构计划"。1858 年 2 月，马克思在给拉萨尔的信中提出，《政治经济学批判》的"全部著作分成六个分册：1. 资本（包括一些绪论性的章节）；2. 土地所有制；3. 雇佣劳动；4. 国家；5. 国际贸易；6. 世界市场"[②]。与原来的"五篇结构计划"相比较，"六册结构计划"作了两个方面的调整：一是"五篇结构计划"中第一篇"一般的抽象规定"调整为"六册结构计划"第一册《资本》中的"绪论性的章节"；二是对"五篇结构计划"中第二篇"形成资产阶级社会内部结构并且成为基本阶级的依据的范畴。资本、雇佣劳动、土地所有制"等作出扩展，成为"六册结构计划"前三册的主题。"五篇结构计划"后三篇与"六册结构计划"后三册的主题基本一致。

1858 年 4 月，马克思在给恩格斯的信中对"六册结构计划"第一册《资本》的结构作出进一步说明，把第一册《资本》分成四篇，形成资本理论的"四篇结构"："（a）资本一般（这是第一分册的材料）；（b）竞争或许多资本的相互作用；（c）信用，在这里，整个资本对单个的资本来说，表现为一般的因素；（d）股份资本，作为最完善的形式（导向共产主义的），及其一切矛盾。"[③] 1858 年下半年，马克思开始以"六册结构计划"为主线重新写作《政治经济学批判》手稿。1859 年 6 月出版的《政治经济学批判。第一分册》，就是"六册结构计划"中第一册《资本》第一篇"资本一般"中第一章"商品"和第二章"货币或简单流通"，第三章"资本一般"是马克思计划中的《政治经济学批判》第二分册的主题，《1861—1863 经济学手稿》就是为"资本一般"这一章写的手稿。

与之前的资本理论"三分结构"相比，《资本》册的"四篇结构"对资本理论作出新的探讨，二者可作如下比较：

资本理论的"三分结构"	《资本》册的"四篇结构"
Ⅰ. 一般性： （1）（a）由货币变成资本。 （b）资本和劳动（以他人劳动为中介）。 （c）按照同劳动的关系而分解成的资本各要素（产品。原料。劳动工具）。 （2）资本的特殊性：（a）流动资本，固定资本。资本流通。 （3）资本的个别性：资本和利润。资本和利息。资本作为价值同作为利息和利润的自身相区别。	（Ⅰ）资本一般。 （1）价值。 （2）货币。 （3）资本。

① 《习近平著作选读》第二卷，人民出版社 2023 年版，第 577 页。

② 《马克思恩格斯文集》第十卷，人民出版社 2009 年版，第 150 页。

③ 《马克思恩格斯文集》第十卷，人民出版社 2009 年版，第 157—158 页。

续表

资本理论的"三分结构"	《资本》册的"四篇结构"
Ⅱ. 特殊性： （1）诸资本的积累。 （2）诸资本的竞争。 （3）诸资本的积聚（资本的量的差别就是质的差别，就是资本的大小和作用的尺度）。	（Ⅱ）竞争或许多资本的相互作用。
Ⅲ. 个别性： （1）资本作为信用。 （2）资本作为股份资本。 （3）资本作为货币市场。	（Ⅲ）信用。 （Ⅳ）股份资本，作为最完善的形式（导向共产主义的），及其一切矛盾。

第一，"四篇结构"承续了"三分结构"的主要内容，形成了"资本一般"和"许多资本"的"二分结构"。"资本一般"探讨的是资本的一般性质，即撇开了不同资本之间差异性和特殊性的资本的规定性；"许多资本"增加了资本竞争的规定性，形成了以竞争为特征的不同资本之间关系以及不同资本各自独特的规定性。信用资本和股份资本是"许多资本"的具体形态，其中信用资本作为资本能够"取得的最高成就……表现为积聚的新要素，即各个资本被实行集中的单个资本消灭的新要素"①；而股份资本则是"资本达到了它的最后形式，在这里资本不仅按它的实体来说自在地存在着，而且在它的形式上也表现为社会力量和社会产物"②。

第二，"四篇结构"中的"（Ⅰ）资本一般"对"三分结构"中的资本的"Ⅰ. 一般性"作了两个方面的重要扩展：一是"价值""货币"作为"四篇结构"中"资本一般"的导论性内容，成为整个《资本》册的开头部分；二是"三分结构"中资本"Ⅱ. 特殊性"的"诸资本的积累"，成为"四篇结构"中"（Ⅰ）资本一般"的对象，"诸资本积累"成为"资本的生产过程"的内容。

"资本章"提出的资本理论分作"资本一般"与"许多资本"的"二分结构"，是理解"三分结构"到"四篇结构"的实际变化以及"四篇结构"内在逻辑和资本理论拓新的关键所在，对中国社会主义市场经济条件下资本理论的探讨也有重要的启示。

二、 对资本特性和行为规律主要课题的开创性探索

在"资本章"中，"资本一般"和"许多资本"作为资本理论的"二分结构"，最重要的意义在于对资本的本质特征、展开形式和行为规律探索提出了新的思路，把资本理论

---

① 《马克思恩格斯全集》第三十一卷，人民出版社 1998 年版，第 52 页。

② 《马克思恩格斯全集》第三十卷，人民出版社 1995 年版，第 528 页。

分列为资本特性和资本行为规律这两个主要课题，展示了资本的历史性、社会性和阶级性的根本属性。

在"资本章"中，马克思在最初提出"资本一般"范畴时就认为："在这里作为必须同价值和货币相区别的关系来考察的资本，是资本一般，也就是把作为资本的价值同单纯作为价值或货币的价值区别开来的那些规定的总和。价值、货币、流通等等，价格等等，还有劳动等等也一样，都是前提。但是我们研究的既不是资本的某一特殊形式，也不是与其他各单个资本相区别的某一单个资本，等等。我们研究的是资本的产生过程。这种辩证的产生过程不过是产生资本的实际运动在观念上的表现。以后的关系应当看作是这一萌芽的发展。"①

这里的"资本一般"范畴，不是资本理论"三分结构"中同"特殊性"和"个别性"相对应的"一般性"范畴，而是同"许多资本"相对应的范畴。"资本一般"和"许多资本"来源于黑格尔《逻辑学》的"一"和"多"的辩证思想。在黑格尔看来，"一"作为过程的起点，蕴含着"多"的最抽象的规定性；"多"作为过程的展开形态，既具有与"一"相区别的规定性，又存在与"一"有着内在联系的规定性。"资本章"提出的"资本一般"和"许多资本"及其转化关系的思想，是对黑格尔"一"和"多"的辩证思想的创新性运用。

"资本章"在对"许多资本"内涵的最初阐释中指出："从概念来说，竞争不过是资本的内在本性，是作为许多资本彼此间的相互作用而表现出来并得到实现的资本的本质规定，不过是作为外在必然性表现出来的内在趋势。"② 在这种情况下，"资本是而且只能是作为许多资本而存在，因而它的自我规定表现为许多资本彼此间的相互作用"③。因此，"许多资本"是以多个资本之间的竞争为运动特征的资本形态，是"资本一般"内在规定性在众多资本运动中的展开形态。

"资本章"在对"资本一般"和"许多资本"辩证关系的阐释中提出："按照资本的一般概念考察资本时，资本的一切要素是包含在资本中的，这些要素只有当资本实在地表现为许多资本时，才能获得独立的现实性，才能显示出来。那个在竞争范围内并且通过竞争而存在的内在的活的组织，只有这时候才更广泛地展开。"④ 在这一辩证关系中，"许多资本"是"资本一般"的更为具体的、现实的资本形态，一方面使资本的内在规定性获得了外部的独立的形态，展示出各别资本自身的复杂的、具体的规定性；另一方面也使得竞争机制和机能在多个资本行为过程中得以实现，在竞争过程中获得外在化形态。竞争在"许多资本"中的作用形式，既有助于对资本"独立的现实性"的理解，也有助于对资本"内在的活的组织"行为和过程的理解。

"资本章"作出的"资本一般"和"许多资本"的"二分结构"，直接成为马克思对资本理论的本质特性和行为规律两大主题探讨的思想特征和学理依循。《资本论》的资本理论结构，对"资本一般"和"许多资本"的思想特征和学理依循作出创新性的运用。

---

① 《马克思恩格斯全集》第三十卷，人民出版社 1995 年版，第 269—270 页。
② 《马克思恩格斯全集》第三十卷，人民出版社 1995 年版，第 394 页。
③ 《马克思恩格斯全集》第三十卷，人民出版社 1995 年版，第 394 页。
④ 《马克思恩格斯全集》第三十卷，人民出版社 1995 年版，第 517 页。

《资本论》第一卷以"资本一般"为主题，对资本特性作出系统阐释。马克思一开始提出的"资本总公式"，是对各种特殊形态资本的根本特性的概括，以资本主义生产方式得以确立的产业资本为典型形态。《资本论》第一卷对资本的本质特征和绝对规律、绝对剩余价值和相对剩余价值生产方式、资本积累和资本再生产，以及资本主义积累一般规律的阐释，都是以产业资本形态为根据的，是从"资本一般"意义上对资本特性的阐释。《资本论》第二卷继续以"资本一般"为主题，对资本流通过程的特性作出系统阐释。无论是产业资本循环中的货币资本、生产资本、商品资本形态，还是在时间上继起和空间上并存的货币资本循环、生产资本循环和商品资本循环及其关系，都是从"资本一般"上对资本流通过程的资本特性作出的系统阐释。《资本论》第二卷最后探讨社会资本再生产的实现问题，同样是以"资本一般"为主题的，是从资本直接生产过程上对资本特性的阐释，这里依然抽象了商业资本、信用资本、借贷资本等"许多资本"进一步的发展形态。

在《资本论》第三卷对"总过程的各种形式"的阐释中，马克思对资本理论的叙述实现了从"资本一般"到"许多资本"的转化。《资本论》第三卷开宗明义，指出这一卷"要揭示和说明资本运动过程作为整体考察时所产生的各种具体形式。资本在其现实运动中就是以这些具体形式互相对立的，对这些具体形式来说，资本在直接生产过程中采取的形态和在流通过程中采取的形态，只是表现为特殊的要素"①。因此，在这一卷中，"将阐明的资本的各种形态，同资本在社会表面上，在各种资本的互相作用中，在竞争中，以及在生产当事人自己的通常意识中所表现出来的形式，是一步一步地接近了"②。

在《资本论》第三卷对"资本一般"到"许多资本"转化过程的阐释中，马克思以竞争机制和机能在部门内部和部门之间的不同作用为根据，作出"竞争显示出生产和消费的社会性质"③ 的判断；对剩余价值转化为利润和平均利润、价值转化为生产价格过程作出深入研究，揭示这一转化过程也是价值规律向生产价值规律转化的过程，使得生产价格对市场生产价格的调节功能成为"一般的规律……支配各种变动的规律"④。正是在对"等量资本获得等量利润"这一资本行为规律的阐释中，马克思对"许多资本"的具体形态，其中主要如商业资本、银行资本、借贷资本和农业资本等资本形态作出分析，对资本运行过程和行为规律问题作出一系列创新性探讨。

生产价格理论是马克思对资本理论作出的独创性的贡献。"等量资本获得等量利润"这一资本的行为规律，不仅揭示了资本主义经济中资本行为规律的基本内涵，而且也对社会主义市场经济条件下资本行为规律的探讨提供了一般性前提和基础性条件。

在"资本章"中，资本理论的"三分结构"和"二分结构"都把资本竞争和资本积累问题作为资本生产过程中"诸资本"或"许多资本"问题对待。在《资本论》第一卷对"诸资本"竞争问题的阐释中，马克思认为，资本竞争以外部压力的方式作用于资本运动过程，使得竞争的"内在规律"通过资本所有者"互相施加的压力来实现，正是通过这

---

① 《马克思恩格斯文集》第七卷，人民出版社 2009 年版，第 29—30 页。
② 《马克思恩格斯文集》第七卷，人民出版社 2009 年版，第 30 页。
③ 《马克思恩格斯文集》第七卷，人民出版社 2009 年版，第 215 页。
④ 《马克思恩格斯文集》第七卷，人民出版社 2009 年版，第 201 页。

种竞争和压力，各种偏离得以互相抵消"①；通过对资本行为的外部的强制性约束，"使资本主义生产的内在规律作为外在的强制规律对每个资本家起作用"②。正是在这一意义上，马克思强调，"只有了解了资本的内在本性，才能对竞争进行科学的分析"③。

"诸资本"的竞争和积累关系，是"资本章"资本理论的重要内容。在《资本论》中，马克思对此作出进一步论述。首先，资本竞争和积累的互动是资本行为规律的突出征象。马克思指出，"竞争使资本主义生产方式的内在规律作为外在的强制规律支配着每一个资本家。竞争迫使他不断扩大自己的资本来维持自己的资本，而他扩大资本只能靠累进的积累"④。其次，资本积累是剩余价值资本化的过程，是资本行为能力扩张的重要特征。马克思认为："积累是对社会财富世界的征服……扩大了资本家直接和间接的统治"⑤，而"科学和技术使执行职能的资本具有一种不以它的一定量为转移的扩张能力"⑥。再次，资本竞争的外部压力和资本积累及其无限扩张的内在动力，使得"特殊的资本主义的生产方式随着资本积累而发展，资本积累又随着特殊的资本主义的生产方式而发展"⑦。在资本竞争和资本积累的驱使下，资本的积聚和集中成为必然的过程；在资本追逐剩余价值绝对规律的作用下，资本的无序扩张和极度膨胀也成为必然的结果。最后，在《资本论》第一卷的终篇"资本的积累过程"中，马克思把剩余价值绝对规律支配下的竞争和积累的行为过程，概括为以资本的财富积累和工人的贫困积累的"两极分化"为主要特征的"资本主义积累的绝对的、一般的规律"⑧。

习近平提出的"正确认识和把握资本的特性和行为规律"问题，把社会主义市场经济条件下的资本理论明确地分为资本"特性"和资本"行为规律"两个主要课题，赋予马克思提出的"资本一般"和"许多资本"理论以新的时代内涵。一方面是资本"特性"课题，突出对资本属性和本质规定的认识。在社会主义经济关系作用下，"诸资本"中包括民营资本在内的多种资本形态，不仅在可能性上而且也在国民经济现实中，同生产资料公有制"主体"经济关系具有相兼容、相结合、相协同的关系；同时，包括民营资本在内的"诸资本"形态的属性并没有完全改变，如习近平所指出的，"资本主义社会的资本和社会主义社会的资本固然有很多不同，但资本都是要追逐利润的。'合天下之众者财，理天下之财者法。'我们要探索如何在社会主义市场经济条件下发挥资本的积极作用，同时有效控制资本的消极作用"⑨。另一方面是资本"行为"课题，突出对资本在具体经济运行和过程中"行为"的认识，对"诸资本"的"行为"分析表明，"各类资本都不能横冲直撞。要防止有些资本野蛮生长。要反垄断、反暴利、反天价、反恶意炒作、反不正当竞

① 《马克思恩格斯文集》第七卷，人民出版社 2009 年版，第 996 页。
② 《马克思恩格斯文集》第五卷，人民出版社 2009 年版，第 312 页。
③ 《马克思恩格斯文集》第五卷，人民出版社 2009 年版，第 368 页。
④ 《马克思恩格斯文集》第五卷，人民出版社 2009 年版，第 683 页。
⑤ 《马克思恩格斯文集》第五卷，人民出版社 2009 年版，第 684 页。
⑥ 《马克思恩格斯文集》第五卷，人民出版社 2009 年版，第 699 页。
⑦ 《马克思恩格斯文集》第五卷，人民出版社 2009 年版，第 721 页。
⑧ 《马克思恩格斯文集》第五卷，人民出版社 2009 年版，第 742 页。
⑨ 《习近平著作选读》第二卷，人民出版社 2023 年版，第 576 页。

争"①。对"行为规律"的探讨，着力于"遏制资本无序扩张"，绝不是消除资本的有序竞争和积累的能动力，"不是不要资本，而是要资本有序发展"。② 习近平对社会主义市场经济条件下资本"特性"和"行为"关系、本质规定和运行过程关系等课题作出开创性的探讨。

三、 对资本理论的总体特征及过程的开创性探索

"资本章"对资本理论的阐释，突出了对资本本质和特性以及资本行为规律的总体关系和整体过程的探讨，凸显了马克思资本理论中"总体"的学理特色和方法要义。

在"资本章"提出资本理论"三分结构"时，马克思对"总体"的学理特色作过如下说明："必须考虑到，新的生产力和生产关系不是从无中发展起来的，也不是从空中，也不是从自己设定自己的那种观念的母胎中发展起来的，而是在现有的生产发展过程内部和流传下来的、传统的所有制关系内部，并且与它们相对立而发展起来的。如果说，在完成的资产阶级体制中，每一种经济关系都以具有资产阶级经济形式的另一种经济关系为前提，从而每一种设定的东西同时就是前提，那么，任何有机体制的情况都是这样。这种有机体制本身作为一个总体有自己的各种前提，而它向总体的发展过程就在于：使社会的一切要素从属于自己，或者把自己还缺乏的器官从社会中创造出来。有机体制在历史上就是这样生成为总体的。生成为这种总体是它的过程即它的发展的一个要素。"③

资本理论"总体"的学理特色主要在于：第一，既定社会占统治地位的所有制关系，都是现实的生产力和生产关系矛盾运动的产物和结果，也都同旧有的所有制关系保持着一定的联系，是在同旧有的所有制关系相对立的斗争中发展起来的；第二，在每一种"完成"的经济关系如在"完成的资产阶级体制"中，尽管已经"具有资产阶级经济形式"的性质，但仍然存有其他一些经济关系的"前提"，也就是说，每一种新的经济关系与旧有的经济关系之间存有多个方面的联系和关系；第三，在由互为前提和互相联系的多种经济关系构成的"总体"中，占统治地位的所有制关系使这一"总体"中的各种关系和一切要素"从属于自己"，或者不断地把自己还缺乏的器官"从社会中创造出来"。马克思的结论就是：一方面"有机体制在历史上就是这样生成为总体的"；另一方面"生成为这种总体是它的过程即它的发展的一个要素"。④

资本理论"总体"的这些学理特色，在"资本章"之前撰写的《手稿》的《导言》中已经涉及。在《导言》中，马克思在对资本运行和行为过程"总体"的阐释中提出："在一切社会形式中都有一种一定的生产决定其他一切生产的地位和影响，因而它的关系也决定其他一切关系的地位和影响。这是一种普照的光，它掩盖了一切其他色彩，改变着它们的特

---

① 《习近平著作选读》第二卷，人民出版社 2023 年版，第 576—577 页。
② 《习近平著作选读》第二卷，人民出版社 2023 年版，第 577 页。
③ 《马克思恩格斯全集》第三十卷，人民出版社 1995 年版，第 236—237 页。
④ 《马克思恩格斯全集》第三十卷，人民出版社 1995 年版，第 237 页。

点。这是一种特殊的以太，它决定着它里面显露出来的一切存在的比重。"① 在资本主义经济关系"总体"中，资本就是"普照的光""特殊的以太"，就是资产阶级社会"有机体制"中"支配一切的经济权力"。②

资本作为"普照的光"，不仅决定着而且改变着存在于资本主义经济关系"总体"中其他一切经济关系和经济范畴的"色彩"和"比重"，即对"总体"中存在的各种非资本主义经济关系成分或因素，发生着性质上的部分变化或本质上的局部改变。这是因为，"总体"的根本性质是由占据主体地位的经济关系的性质决定的；存在于这一"总体"中的各经济范畴，所反映的只是经济关系总体的个别侧面或局部规定，这些范畴"只能作为一个具体的、生动的既定整体的抽象的单方面的关系而存在"③。甚至总体内存在的各范畴的先后次序的排列，也不取决于它们在历史上起决定作用的先后次序，而是由"普照的光"来测定和评价它们各自在这一"总体"中的地位和作用，决定它们在这一"总体"中的相互关系。

通过将资本主义经济关系中存在的地租关系和范畴同资本主义经济关系之前居于主体地位的地租关系和范畴相比较，马克思认为："不论是按照资本的本性还是从历史上来看，资本都是现代土地所有权的创造者，地租的创造者；因而它的作用同样也表现为旧的土地所有权形式的解体。新形式的产生是由于资本对旧形式发生了作用。资本是现代土地所有权的创造者，从某一方面来看，它表现为现代农业的创造者。"④ 因此，"现代土地所有权的经济关系中，包含着现代社会的内在结构，或者说包含着处在资本的各种关系的总体上的资本"⑤。资本的"普照的光"，不仅重塑了资本主义土地所有制形式的"色彩"，而且从根本改变了留存下来的旧的土地所有制形式的"比重"。

对社会主义市场经济条件下资本理论"总体"的探讨，起始于党的十四大确立社会主义市场经济为我国经济体制目标模式之后。1993 年，党的十四届三中全会通过的《中共中央关于建立社会主义市场经济体制若干问题的决定》，第一次使用"资本"范畴，从金融市场意义上提出"资本市场要积极稳妥地发展债券、股票融资"⑥。党的十五大在确立公有制为主体、多种所有制经济共同发展为社会主义初级阶段基本经济制度时，提出"股份制是现代企业的一种资本组织形式，有利于所有权和经营权的分离，有利于提高企业和资本的运作效率，资本主义可以用，社会主义也可以用"，特别提到"劳动者的劳动联合和劳动者的资本联合为主的集体经济，尤其要提倡和鼓励"。⑦ 2003 年 10 月，党的第十六届三中全会通过的《中共中央关于完善社会主义市场经济体制若干问题的决定》在提出"大力发展资本和其他要素市场"时强调："积极推进资本市场的改革开放和稳定发展，扩大直接融资。建立多层次资本市场体系，完善资本市场结构，丰富资本市场产品。"⑧ 2005

---

① 《马克思恩格斯选集》第二卷，人民出版社 2012 年版，第 707 页。
② 《马克思恩格斯选集》第二卷，人民出版社 2012 年版，第 707 页。
③ 《马克思恩格斯选集》第二卷，人民出版社 2012 年版，第 701 页。
④ 《马克思恩格斯全集》第三十卷，人民出版社 1995 年版，第 234 页。
⑤ 《马克思恩格斯全集》第三十卷，人民出版社 1995 年版，第 234 页。
⑥ 《十四大以来重要文献选编》上，人民出版社 1996 年版，第 528 页。
⑦ 《十五大以来重要文献选编》上，人民出版社 2000 年版，第 22 页。
⑧ 《改革开放以来历届三中全会文件汇编》，人民出版社 2013 年版，第 126 页。

年 2 月《国务院关于鼓励支持和引导个体私营等非公有制经济发展的若干意见》提出："大力发展国有资本、集体资本和非公有资本等参股的混合所有制经济。"①

党的十八大以来，习近平在对社会主义市场经济条件下资本理论的探讨中，创造性地运用了马克思资本理论"总体"的学理和方法。2013 年，党的十八届三中全会通过的《中共中央关于全面深化改革若干重大问题的决定》，在提出"积极发展混合所有制经济"问题时指出，混合所有制经济是"基本经济制度的重要实现形式，有利于国有资本放大功能、保值增值、提高竞争力，有利于各种所有制资本取长补短、相互促进、共同发展"②。在这一阐释中首次提出"所有制资本"的概念，对于确立社会主义市场经济条件下资本的多种形态及其基本特征有着重要的意义。"所有制资本"，一是突出所有制形式及其本质特征同资本形态及其性质的内在的本质联系；二是对社会主义初级阶段多种所有制结构中资本形态多样性必然性的确定；三是对公有制为主体前提下资本整体结构中公有资本主体地位的确定。在对"所有制资本"概念认识的基础上，党的十八届三中全会相应地提出了涵盖"国有资本""集体资本"的"公有资本"概念，也提出了与"公有资本"相对应的"非公有资本"概念。

站在新发展阶段社会主义市场经济历史与现实发展的高度，习近平指出，"我国改革开放 40 多年来，资本同土地、劳动力、技术、数据等生产要素共同为社会主义市场经济繁荣发展作出了贡献，各类资本的积极作用必须充分肯定。现阶段，我国存在国有资本、集体资本、民营资本、外国资本、混合资本等各种形态资本，并呈现出规模显著增加、主体更加多元、运行速度加快、国际资本大量进入等明显特征"③。以"所有制资本"为思想要义，习近平在此第一次提出了涵盖"国有资本、集体资本、民营资本、外国资本、混合资本等各种形态资本"在内的"资本结构"概念。社会主义市场经济条件下的"资本结构"，在"总体"关系上与社会主义初级阶段所有制的"总体"关系和结构相对应。在"资本结构"的"总体"关系中，与生产资料公有制相联系的国有资本和集体资本是这一资本形态结构的"普照的光"，在对其他各种资本形态作用的过程中，使得其他各种资本形态发生着性质上的部分变化或本质上的局部改变。在社会主义初级阶段经济关系总体中，非公有资本改变着自身的"色彩"和"比重"，如习近平指出的，"包括非公有资本在内的各类资本活力，发挥其促进科技进步、繁荣市场经济、便利人民生活、参与国际竞争的积极作用，使之始终服从和服务于人民和国家利益，为全面建设社会主义现代化国家、实现中华民族伟大复兴贡献力量"④。由此形成了非公有资本在社会主义经济关系总体作用下的"积极作用"。这些"积极作用"是社会主义公有制经济"普照的光"作用的结果，也是非公有资本在这一总体中才呈现的"色彩"，才显露的"比重"。

但同时，非公有资本，主要如民营资本，由于其自身固有的资本属性和本质规定性依旧发生着作用，特别是"资本具有逐利本性"以及"以权力为依托的资本逐利行为"等还在不同程度上发生作用，因此其与社会主义经济关系"总体"的属性是相矛盾的。随着

① 《十六大以来重要文献选编》中，中央文献出版社 2006 年版，第 686 页。
② 《中共中央关于全面深化改革若干重大问题的决定》，人民出版社 2013 年版，第 8—9 页。
③ 《习近平谈治国理政》第四卷，外文出版社 2022 年版，第 218 页。
④ 《习近平谈治国理政》第四卷，外文出版社 2022 年版，第 219 页。

社会主义公有制经济形态主体作用的增强，这一矛盾的对抗性质虽然可能逐渐减弱，但不可能完全消除，在许多场合甚至还会发生一定的冲突。这一过程中产生的各种经济行为，就是民营资本依然存在的"消极作用"。

习近平在提到正确理解和处理资本的"积极"和"消极"这两个方面作用时指出："要历史地、发展地、辩证地认识和把握我国社会存在的各类资本及其作用。在社会主义市场经济体制下，资本是带动各类生产要素集聚配置的重要纽带，是促进社会生产力发展的重要力量，要发挥资本促进社会生产力发展的积极作用。同时，必须认识到，资本具有逐利本性，如不加以规范和约束，就会给经济社会发展带来不可估量的危害。"① 立足新发展阶段、贯彻新发展理念、构建新发展格局、推动高质量发展的新的实践，将形成中国特色的"正确处理不同形态资本之间的关系，在性质上要区分，在定位上要明确，规范和引导各类资本健康发展"② 的新的思想和新的道路。

四、 资本的历史趋势以及资本治理的可能性

在"资本章"中，马克思在阐释资本带来社会生产力巨大进步的同时，也深刻揭示了资本主义生产方式对生产力发展的极大限制。在一定的历史条件下，资本私有制有其"伟大的文明作用"，它破坏以前社会中存在的一切地方性的发展和对自然的崇拜，"摧毁一切阻碍发展生产力、扩大需要、使生产多样化、利用和交换自然力量和精神力量的限制"③。资本逻辑是资本辩证历史的逻辑，马克思认为，资本虽然具有克服以往社会阻碍生产力发展限制的意向，但并不等于它"实际上"就能克服这些限制；相反，资本在克服旧有限制的同时也在不断地产生新的限制，最后"资本不可遏止地追求的普遍性，在资本本身的性质上遇到了限制，这些限制在资本发展到一定阶段时，会使人们认识到资本本身就是这种趋势的最大限制，因而驱使人们利用资本本身来消灭资本"④。

社会主义市场经济条件下的资本特性和行为规律，已经在根本上摆脱了资本主义经济关系中资本特性和行为规律的羁绊；但是，在新发展阶段五种资本并存的资本格局下，在公有资本和非公有资本之间、国内资本和国际资本之间的关系上，还可能出现社会主义市场经济条件下特有的"限制"，特别是在社会主义资本总体关系还不成熟的情况下，防止这些"限制"，着力于资本治理还是十分重要的课题。显然，对资本主义经济关系中各种"限制"和"界限"的研究就成为重要的课题，这对在社会主义市场经济条件下形成有效的资本治理结构有重要的借鉴意义。

在"资本章"中，马克思揭示的资本主义生产方式对社会生产力发展的四个方面的"限制"和"界限"，是资本特性作用的必然结果，也是资本行为规律"失效"和"失败"的基本根由。对这些"限制"和"界限"的深刻理解和把握，对于社会主义市场经

---

① 《习近平谈治国理政》第四卷，外文出版社 2022 年版，第 219 页。
② 《习近平谈治国理政》第四卷，外文出版社 2022 年版，第 219 页。
③ 《马克思恩格斯全集》第三十卷，人民出版社 1995 年版，第 390 页。
④ 《马克思恩格斯全集》第三十卷，人民出版社 1995 年版，第 390—391 页。

济条件下的资本治理有着极为重要的意义。

第一，"必要劳动是活劳动能力的交换价值的界限，或产业人口的工资的界限"①。在资本主义生产方式中，在资本价值增殖的内在冲动的驱使下，劳动者工资的增长必然受到限制，迫使劳动主体在相对萎缩的状态下生存。资本生产方式的局限性表现为：资本无限度地提高劳动生产力，只是为了满足资本对剩余价值的无限追求；而劳动主体本身的片面化发展，必然从根本上限制活劳动在必要劳动之外创造剩余劳动因而增值剩余价值的能力和活力。在资本主义生产方式中，这一"限制"和"界限"，直接表现为资本的剩余价值占有份额和劳动者工资所得份额之间的对立和冲突。

在社会主义市场经济条件下，这一"限制"和"界限"直接表现为资本利润占有和工人工资所得之间的关系，因此要调整和合理化资本利润和劳动报酬在国民收入中的比例。

第二，"剩余价值是剩余劳动时间的界限；就相对剩余劳动时间来说，是生产力发展的界限"②。在资本主义生产方式中，资本攫取剩余价值这一绝对规律，成为衡量社会生产力发展的唯一准则；当生产力的发展不能直接创造剩余价值时，即使这是一种高度发展的生产力，也不可能转化为现实的、直接的生产力，资本不可避免地成为生产力发展的桎梏。

马克思认为："作为资本的资本的生产率，并不是增加使用价值的生产力，而是资本创造价值的能力，是资本生产价值的程度。"③ 只有在增强资本价值增殖能力的限度内，生产力才成为资本特性所要求的生产力。因此，在本质上，"资本既不是生产力发展的绝对形式，也不是与生产力发展绝对一致的财富形式"④。当社会生产力的解放和发展不能给资本带来价值增殖时，就会被资本扼杀或湮灭，资本不可避免地成为社会生产力发展的反噬力量。

科学技术在资本主义经济关系中的运用也是这样。科学在资本主义经济中的运用，对劳动主体来说，"科学通过机器的构造驱使那些没有生命的机器肢体有目的地作为自动机来运转，这种科学并不存在于工人的意识中，而是作为异己的力量，作为机器本身的力量，通过机器对工人发生作用"⑤。在资本主义经济中，资本在对科学的利用中，必然出现以客体的智能化弥补主体异化的发展趋势，对客体改造的关注甚于对主体素质提高的关注。科学在劳动主体和劳动客体作用上的这种反差，不仅是科学的力量转化为资本的力量的必然结果，而且也是科学在资本主义条件下进一步发展的最大障碍。

资本对生产力发展的以上两个"限制"表明：资本本身总是力图取消必要劳动时间，但是剩余劳动时间总是作为对立物，只是同必要劳动时间对立地存在着。因此，资本把必要劳动时间作为它的再生产和价值增殖的必要条件，物质生产力的发展到一定时候就会扬弃资本本身。

---

① 《马克思恩格斯全集》第三十卷，人民出版社 1995 年版，第 396 页。
② 《马克思恩格斯全集》第三十卷，人民出版社 1995 年版，第 396 页。
③ 《马克思恩格斯全集》第三十一卷，人民出版社 1998 年版，第 18 页。
④ 《马克思恩格斯全集》第三十卷，人民出版社 1995 年版，第 396 页。
⑤ 《马克思恩格斯全集》第三十一卷，人民出版社 1998 年版，第 91 页。

第三，"向货币的转化，交换价值本身，是生产的界限；换句话说，以价值为基础的交换，或以交换为基础的价值是生产的界限"①。

第四，"使用价值的生产受交换价值的限制，换句话说，现实的财富必须采取一定的、与自身不同的形式，即不是绝对和自身同一的形式，才能成为生产的对象"②。

以上两个"限制"表明，资本在其特性上，必然把财富、交换价值的生产，从而把现有劳动过程的不断变革，当作整个社会生产方式发展的前提；同时，这一生产方式的高度发展，必然内在地产生难以克服的自我限制，因为"这一切发展都是对立地进行的，生产力，一般财富等等，知识等等的创造，表现为从事劳动的个人本身的外化；他不是把他自己创造出来的东西当作他自己的财富的条件，而是当作他人财富和自身贫穷的条件。但是这种对立的形式本身是暂时的，它产生出消灭它自身的现实条件"③。

当商品生产和商品交换采取资本形式时，交换价值生产就成了社会生产的基础，用于满足社会需要的使用价值则受交换价值的限制，从而导致了生产的无限扩大趋势和有支付能力的需求相对萎缩之间的矛盾。这一矛盾的发展，就可能导致为获取交换价值而进行的生产过程本身，成为普遍的价值丧失过程。"因此很明显，资本的发展程度越高，它就越是成为生产的界限，从而也越是成为消费的界限，至于使资本成为生产和交往的棘手的界限的其他矛盾就不用谈了。"④

总之，资本主义生产方式对生产力的种种"限制"表明，这一生产方式只是人类社会生产力世代发展的"一个必然的过渡点"。这就是说，资本的本质规定"已经自在地、但还只是以歪曲的头脚倒置的形式，包含着一切狭隘的生产前提的解体，而且它还创造和建立无条件的生产前提，从而为个人生产力的全面的、普遍的发展创造和建立充分的物质条件"⑤。

资本治理的"有序化"就在于"历史地、发展地、辩证地认识和把握我国社会存在的各类资本及其作用"；就在于清醒认识"资本具有逐利本性，如不加以规范和约束，就会给经济社会发展带来不可估量的危害"；就在于为资本设置"红绿灯"，疏堵结合、分类施策，"防止资本无序扩张，有效防范风险，维护市场公平竞争"。⑥

思考题

1. 怎样理解马克思以"资本一般"和"许多资本"为线索，形成了资本特性和资本行为规律研究的理论主题？

2. 如何历史地、发展地、辩证地认识和把握我国社会存在的各类资本及其作用？

3. 如何理解资本治理的"有序化"就在于为资本设置"红绿灯"，疏堵结合、分类施策，防止资本无序扩张，有效防范风险，维护市场公平竞争？

---

① 《马克思恩格斯全集》第三十卷，人民出版社 1995 年版，第 396 页。
② 《马克思恩格斯全集》第三十卷，人民出版社 1995 年版，第 396 页。
③ 《马克思恩格斯全集》第三十卷，人民出版社 1995 年版，第 540—541 页。
④ 《马克思恩格斯全集》第三十卷，人民出版社 1995 年版，第 397 页。
⑤ 《马克思恩格斯全集》第三十卷，人民出版社 1995 年版，第 512 页。
⑥ 《习近平谈治国理政》第四卷，外文出版社 2022 年版，第 218 页。

第十四章

新质生产力与中国经济学自主知识体系的拓新

学习要点：

• "社会生产力水平总体跃升"和"最大限度解放和激发科技作为第一生产力所蕴藏的巨大潜能"的论断，阐明了生产力新的质态变化的经济根由和科学技术变革的内在规定、相互关联和根本势能，丰富了对新质生产力本质和特征认识的视野；

• 新质生产力是党的十八大以来新发展理念、新发展阶段和新发展格局等中国经济学自主知识体系集成的精粹；

• 新质生产力是我国实现高质量发展这些要求的前提和保障，高质量发展要求通过新质生产力来推动和支撑；

• 新质生产力不仅体现了中国式现代化对劳动主体和劳动客体的发展要求，而且体现了在劳动过程中对生产要素在结合方式上创新发展的要求。

习近平关于"社会生产力水平总体跃升"[①] 和"最大限度解放和激发科技作为第一生产力所蕴藏的巨大潜能"[②] 的论断，阐明了经济新常态中生产力新的质态变化的经济根由和科学技术变革的内在规定；以新发展理念、新发展阶段和新发展格局集成的中国经济学自主知识体系，凝练了新质生产力精粹，形成了中国特色"系统化的经济学说"的逻辑起点。新质生产力适应现代化经济体系建设和高质量发展的新要求，也为现代化经济体系建设和高质量发展提供最根本的势能；新质生产力是中国式现代化发展的根本动力，也是中国式现代化全面推进的标格。作为习近平经济思想在实践创新和理论创新中实现的"术语的革命"，新质生产力彰显了中国特色社会主义政治经济学"术语的革命"的中国智慧和中国力量。

习近平关于新质生产力的实践和理论探索，既以党的十八大以来中国经济发展实际和中国经济学创新为基础，又为新发展阶段新的实践和经济学自主知识体系创新提供"可靠的根据"，实现了中国经济学的"术语的革命"，成就了习近平经济思想的理论境界和实践旨向的升华。

一、 新质生产力发展的理论根据和实践依据

习近平在新质生产力上的理论创新，起于党的十八大之后对经济新常态理论和实践的探索。在这一探索中，习近平提出的"实现我国社会生产力水平总体跃升"和"最大限度解放和激发科技作为第一生产力所蕴藏的巨大潜能"的两个论断，赋予解放生产力和发展生产力以政治经济学的新时代意蕴，成为认识和理解新质生产力本质特征和基本内涵的两个基本观点，成为新质生产力"中国话语"表达的两个学理依循。

---

① 《中共中央召开党外人士座谈会》，《人民日报》2014 年 7 月 30 日。
② 《习近平谈治国理政》，外文出版社 2014 年版，第 121 页。

　　2014 年 7 月，习近平在主持召开党外人士座谈会时提出"正确认识我国经济发展的阶段性特征，进一步增强信心，适应新常态，共同推动经济持续健康发展"的理念；强调实现经济新常态就是"要把转方式、调结构放在更加突出的位置，针对突出问题，主动作为，勇闯难关，努力提高创新驱动发展能力、提高产业竞争力、提高经济增长质量和效益，实现我国社会生产力水平总体跃升"。①这里标明的"转方式、调结构"的改革目标、"创新驱动发展能力、提高产业竞争能力"的战略导向、"提高增长和效益"的发展要求，是对经济新常态本质特征的深刻把握，也是对与经济新常态相适应的生产力发展要求的深刻把握。"实现我国社会生产力水平总体跃升"，是推进经济新常态的目标锚定，也是探索社会生产力样态变化及质态"跃升"的根本动力。党的十八大后，经济新常态的理论和实践，同新质生产力的探索密切相关。

　　从"实现我国社会生产力水平总体跃升"的视角，把握中国经济发展的"大逻辑"，是习近平对社会生产力样态变化和质态"跃升"接续探索的集中体现，也是新质生产力理论和实践探索的重要基点。在 2014 年 12 月召开的中央经济工作会议上，习近平在对经济新常态中生产能力和产业组织方式、生产要素相对优势、市场竞争特点和资源环境约束、经济风险积累和化解、资源配置模式和宏观调控方式等方面变化的分析中指出："这些趋势性变化说明，我国经济正在向形态更高级、分工更复杂、结构更合理的阶段演化，经济发展进入新常态，正从高速增长转向中高速增长，经济发展方式正从规模速度型粗放增长转向质量效率型集约增长，经济结构正从增量扩能为主转向调整存量、做优增量并存的深度调整，经济发展动力正从传统增长点转向新的增长点。"② 据此，习近平提出了"认识新常态，适应新常态，引领新常态，是当前和今后一个时期我国经济发展的大逻辑"③ 的观点。"经济发展的大逻辑"这一观点，是对"实现我国社会生产力水平总体跃升"论断的延伸，是党的十八大以后，习近平关于我国生产力质态变化理论探索的集中体现和深刻凝练，也是习近平经济思想对新质生产力理论和实践探索的逻辑起点。

　　解放生产力和发展生产力是坚持和发展中国特色社会主义的本质内涵，也是习近平经济思想的基本原则。党的十八大以后，在对 21 世纪初中国和世界经济社会和科学技术发展新态势的分析中，习近平在 2014 年 6 月 3 日召开的国际工程科技大会上发表了题为"让工程科技造福人类、创造未来"的主旨演讲，着重对工程科技在推进科学技术进步中的作用作出阐释，提出"工程科技的每一次重大突破，都会催发社会生产力的深刻变革，都会推动人类文明迈向新的更高的台阶"④ 的重要观点。在劳动过程中，科学结合于技术的过程，突出地表现为人的器官以工具的形式得以延长。在科学结合于技术的过程中，"人的器官的延长"发生了由单一的工具"延长"向工程科技过程变革的转化。这种转化的实质就在于，"人的器官的延长"开始以工程科技形式嵌入劳动者运用劳动资料、作用劳动对象的环节和过程之中，劳动者固有的劳动本身逐渐地被工程科技所取代，劳动者的

　　① 《中共中央召开党外人士座谈会》，《人民日报》2014 年 7 月 30 日。
　　② 《中央经济工作会议在北京举行》，《人民日报》2014 年 12 月 12 日。
　　③ 《中央经济工作会议在北京举行》，《人民日报》2014 年 12 月 12 日。
　　④ 习近平：《让工程科技造福人类、创造未来——在 2014 年国际工程科技大会上的主旨演讲》，《人民日报》2014 年 6 月 4 日。

直接劳动被工程科技环节或者过程部分地甚至是全部地取代，劳动者的劳动也被部分地甚至是全部地游离出劳动过程本身。19 世纪 50 年代末，马克思对劳动过程中工程科技发展的前景作过这样的描述：科学作为生产的独立因素一旦形成，劳动过程实际上成了科学的应用过程，科学成了生产过程的职能，"这样一来，科学作为应用于生产的科学同时就和直接劳动相分离"，这种"分离"同时也成为"发展科学和知识的潜力的条件"；① 在工程科技作用下，"劳动表现为不再像以前那样被包括在生产过程中，相反地，表现为人以生产过程的监督者和调节者的身分同生产过程本身发生关系"②。工程技术在劳动过程中的巨大势能，潜藏着社会生产力发生的新的质态变化。20 世纪下半叶，在由信息技术快速进步引致的新工业革命中，工程科技成为推动社会生产方式从工业化向自动化、智能化方向迅速转变的根本力量，社会生产力由此发生着深刻的革命性变革。

工程科技作为科学技术向现实生产力直接转化的根本力量和主要驱动力，使科学技术转化和产业化应用直接结合起来，使科学技术作为作为第一生产力的作用与产业创新驱动发展战略的互动关系发生着深刻变化。对此，习近平作出"人类生存与社会生产力发展水平密切相关，而社会生产力发展的一个重要源头就是工程科技"的重要论断，提出"要发展就必须充分发挥科学技术第一生产力的作用。我们把创新驱动发展战略作为国家重大战略，着力推动工程科技创新，实现从以要素驱动、投资规模驱动发展为主转向以创新驱动发展为主"③。在工程科技作用下，社会生产力也相应地发生着由数量增速向质态型变的新趋势。

在当月 9 日召开的"两院"院士大会上，习近平对 21 世纪以来新一轮科技革命和产业变革中全球科技创新问题，特别对其中呈现的新的科技发展态势和特征作出深刻阐释，提出"学科交叉融合加速，新兴学科不断涌现，前沿领域不断延伸，物质结构、宇宙演化、生命起源、意识本质等基础科学领域正在或有望取得重大突破性进展。信息技术、生物技术、新材料技术、新能源技术广泛渗透，带动几乎所有领域发生了以绿色、智能、泛在为特征的群体性技术革命"④。站在时代发展的新的高度，应该更加深刻地理解："我们比以往任何时候都更加需要强大的科技创新力量。党的十八大作出了实施创新驱动发展战略的重大部署，强调科技创新是提高社会生产力和综合国力的战略支撑，必须摆在国家发展全局的核心位置。"⑤ 在实施创新驱动发展战略过程中，习近平认为："最根本的是要增强自主创新能力，最紧迫的是要破除体制机制障碍，最大限度解放和激发科技作为第一生产力所蕴藏的巨大潜能。"⑥ 显然，"最大限度解放和激发科技作为第一生产力所蕴藏的巨大潜能"的新论断，同科学技术是第一生产力理论融为一体，成为创新驱动发展战略全速发动的新引擎。对新科学技术革命中生产力变革的新认识，是生产力理论"中国话语"的新表达，成为新质生产力实践探索和理论创新的基石。

① 《马克思恩格斯全集》第三十七卷，人民出版社 2019 年版，第 203 页、第 231 页。
② 《马克思恩格斯全集》第三十一卷，人民出版社 1998 年版，第 100 页。
③ 习近平：《让工程科技造福人类、创造未来——在 2014 年国际工程科技大会上的主旨演讲》，《人民日报》2014 年 6 月 4 日。
④ 《十八大以来重要文献选编》中，中央文献出版社 2016 年版，第 19 页。
⑤ 《十八大以来重要文献选编》中，中央文献出版社 2016 年版，第 19 页。
⑥ 《十八大以来重要文献选编》中，中央文献出版社 2016 年版，第 21 页。

马克思认为，"劳动生产力是随着科学和技术的不断进步而不断发展的"①。改革开放新时期，邓小平作出"马克思讲过科学技术是生产力，这是非常正确的，现在看来这样说可能不够，恐怕是第一生产力"②的论断，开阔了马克思主义生产力理论的视界。新时代，习近平以"社会生产力水平总体跃升"和"最大限度解放和激发科技作为第一生产力所蕴藏的巨大潜能"的论断，阐明了生产力新的质态变化的经济根由和科学技术变革的内在规定，揭示了生产力中"总体跃升"和"巨大潜能"的相互关联和根本势能，丰富了对新质生产力本质和特征认识的视野。

二、 新质生产力是对三个"进一步解放"社会生产力整体论的拓新

"进一步解放思想、进一步解放和发展社会生产力、进一步解放和增强社会活力"③，这三个"进一步解放"的战略构想，是习近平在党的十八届三中全会对全面深化改革若干重大问题的阐释中提出的。这一战略构想，既是全面深化改革的目的和条件，是全面深化改革的基础和要求，也是深刻理解习近平经济思想中社会生产力理论特别是新质生产力理论发展的辩证思维和根本原则。

在三个"进一步解放"中，习近平认为："解放思想是前提，是解放和发展社会生产力、解放和增强社会活力的总开关。"④没有解放思想，就不可能在实践中不断推进理论创新和实践创新；在直面具有许多新的历史特点的伟大斗争中，坚持解放和发展生产力的本质要求，才能把改革开放伟大事业不断推向前进。同时，习近平强调："解放思想，解放和增强社会活力，是为了更好解放和发展社会生产力。"⑤正是在"总开关"的意义上，"解放和发展社会生产力、解放和增强社会活力，是解放思想的必然结果，也是解放思想的重要基础"⑥。三个"进一步解放"所阐明的社会生产力整体论，是习近平经济思想从全面深化改革的整体布局和根本目标上对新时代社会生产力理论的创新。

社会生产力整体论凸显的是，解放和发展生产力要同解放思想与解放和增强社会活力的有机结合协同并进。习近平指出："我们要通过深化改革，让一切劳动、知识、技术、管理、资本等要素的活力竞相迸发，让一切创造社会财富的源泉充分涌流。"⑦从这一整体论上看，"我们讲要坚定道路自信、理论自信、制度自信，要有坚如磐石的精神和信仰力量，也要有支撑这种精神和信仰的强大物质力量"⑧。只有在不断的改革创新中，解放和发展社会生产力的本质特征，才能与解放和增强社会活力、促进人的全面发展相结合，

---

① 《马克思恩格斯文集》第五卷，人民出版社 2009 年版，第 698 页。
② 《邓小平文选》第三卷，人民出版社 1993 年版，第 275 页。
③ 《习近平著作选读》第一卷，人民出版社 2023 年版，第 180 页。
④ 《习近平著作选读》第一卷，人民出版社 2023 年版，第 180 页。
⑤ 《习近平著作选读》第一卷，人民出版社 2023 年版，第 180—181 页。
⑥ 《习近平著作选读》第一卷，人民出版社 2023 年版，第 180—181 页。
⑦ 《习近平著作选读》第一卷，人民出版社 2023 年版，第 181 页。
⑧ 《习近平著作选读》第一卷，人民出版社 2023 年版，第 181 页。

才能"比资本主义制度更有效率，更能激发全体人民的积极性、主动性、创造性，更能为社会发展提供有利条件，更能在竞争中赢得比较优势，把中国特色社会主义制度的优越性充分体现出来"①。

社会生产力整体论凸显的是，解放和发展生产力同社会整体结构变化和发展中的辩证关系。在对社会生产力整体论的理解中，习近平强调："只有紧紧围绕发展这个第一要务来部署各方面改革，以解放和发展社会生产力为改革提供强大牵引，才能更好推动生产关系与生产力、上层建筑与经济基础相适应。"② 2018 年 12 月，在总结改革开放 40 年的实践启示中，习近平指出，"解放和发展社会生产力，增强社会主义国家的综合国力，是社会主义的本质要求和根本任务。只有牢牢扭住经济建设这个中心，毫不动摇坚持发展才是硬道理，发展应该是科学发展和高质量发展的战略思想，推动经济社会持续健康发展，才能全面增强我国经济实力、科技实力、国防实力、综合国力"③ 就是最根本的启示。

依据马克思在《〈政治经济学批判〉序言》中对唯物史观的经典表述，密切结合中国经济社会发展的实际，习近平提出："只有把生产力和生产关系的矛盾运动同经济基础和上层建筑的矛盾运动结合起来观察，把社会基本矛盾作为一个整体来观察，才能全面把握整个社会的基本面貌和发展方向。"④ 从这一"整体"上来看，"坚持和发展中国特色社会主义，必须不断适应社会生产力发展调整生产关系，不断适应经济基础发展完善上层建筑"⑤。只有把生产力和生产关系的矛盾运动同经济基础和上层建筑的矛盾运动结合起来观察，把社会基本矛盾作为一个整体来观察，才能全面把握整个社会变化的内在趋势和发展方向，才能把握中国社会主义初级阶段经济关系的本质规定及其发展规律。

注重从社会经济运动整体上把握社会生产力的内涵、把握生产力和生产关系的矛盾运动，深化解放生产力和发展生产力理论在中国特色社会主义经济关系新发展中的基本动因和矛盾节点，是习近平对生产力理论探索的基本立场和根本方法。在对新质生产力的阐释中，习近平提出："生产关系必须与生产力发展要求相适应。发展新质生产力，必须进一步全面深化改革，形成与之相适应的新型生产关系。"⑥ 从社会生产力整体论上，"要深化经济体制、科技体制等改革，着力打通束缚新质生产力发展的堵点卡点……让各类先进优质生产要素向发展新质生产力顺畅流动"⑦。社会生产力整体论揭示了新质生产力的内在规定和本质要求。

三、 新质生产力是中国经济学自主知识体系集成的精粹

无论是中国自主知识体系还是中国经济学自主知识体系，都不是对现成的各种感悟和

---

① 《习近平著作选读》第一卷，人民出版社 2023 年版，第 181 页。
② 《习近平关于全面深化改革论述摘编》，中央文献出版社 2014 年版，第 48 页。
③ 《习近平著作选读》第二卷，人民出版社 2023 年版，第 227 页。
④ 习近平：《论党的宣传思想工作》，中央文献出版社 2020 年版，第 34 页。
⑤ 习近平：《论党的宣传思想工作》，中央文献出版社 2020 年版，第 34 页。
⑥ 习近平：《发展新质生产力是推动高质量发展的内在要求和重要着力点》，《求是》2024 年第 11 期。
⑦ 习近平：《发展新质生产力是推动高质量发展的内在要求和重要着力点》，《求是》2024 年第 11 期。

感知的简单归纳，也不是对现时的各种信息的直接摹写；而是对哲学社会科学各学科学术和学理中长期形成、发展和积累的知识及知识体系的提炼，是对各学科知识的思想内涵和理论精粹的理性反思和文化积淀，也是对各学科思想史发展过程中知识的汇聚和集成。

党的十八大以来，中国经济学自主知识体系有着显著变化。这一变化，既是新时代中国经济改革和发展的新的实践的结果，是对经济实践理性思维的知识丰富和积累的结果，同时也是新时代"系统化的经济学说"在自主知识体系上的发展和拓新。中国经济学自主知识体系的丰富和创新，是以相应的新发展理念、新发展阶段和新发展格局等自主知识体系集成为过程及过程特征的。新质生产力是党的十八大以来新发展理念、新发展阶段和新发展格局等中国经济学自主知识体系集成的精粹。

2015 年 11 月，在我国经济社会"十三五"规划制定的重要节点，习近平对新发展理念首次作出系统阐释。习近平指出："党的十八大以来我们对经济社会发展提出了许多重大理论和理念，其中新发展理念是最重要、最主要的。"① 新发展理念作为中国经济学自主知识体系的主导性理论，凸显了这一理念具有的"发展行动的先导，是管全局、管根本、管方向、管长远的东西，是发展思路、发展方向、发展着力点的集中体现"② 等规定。在新发展理念中，创新是引领发展的"第一动力"，协调是持续健康发展的"内在要求"，绿色是永续发展的"必要条件"和人民对美好生活追求的"重要体现"，开放是国家繁荣发展的"必由之路"，共享是中国特色社会主义的"本质要求"，由"崇尚创新、注重协调、倡导绿色、厚植开放、推进共享"③ 构成的知识体系集成，成为新质生产力的思想精粹。新发展理念作为系统的理论体系，阐明了"我们党关于发展的政治立场、价值导向、发展模式、发展道路等重大政治问题"，阐明了包括新质生产力在内的"关于发展的目的、动力、方式、路径等一系列理论和实践问题"。④ 新发展理念蕴含的中国自主知识体系，开阔了经济研究的视野，拓新了经济思维的眼界，铸就了新质生产力的主要内涵和基本特征。

对新发展阶段和新发展格局的中国经济学自主知识体系的把握，彰显了新质生产力在生产力快速量变中寻求部分质变新样态的内在趋势。新发展阶段是以开启全面建设社会主义现代化国家新征程为显著标志的。习近平以新时代社会主要矛盾变化为依据，对新发展阶段要求着力改变社会主要矛盾指出的不平衡不充分发展的现状，对实现依靠创新驱动的内涵型增长，对全面提高对外开放水平、形成国际合作和竞争新优势等内在要求和发展趋势作出系统阐释。这一战略性判断的根据就在于，新发展阶段是我们党带领人民迎来从站起来、富起来到强起来历史性跨越的新阶段；在这一新阶段，我们已经拥有实现新的更高目标的雄厚物质基础，已经拥有推进这一雄厚物质基础不断壮大的先进生产力，即新质生产力。新发展阶段要坚持解放生产力和发展生产力，在我国发展的方针政策、战略战术、政策举措、工作部署中，全面发挥生产力中蕴藏的全部潜能和势能，引发社会生产力的总体跃升。

---

① 《习近平著作选读》第二卷，人民出版社 2023 年版，第 406 页。
② 《十八大以来重要文献选编》中，中央文献出版社 2016 年版，第 774 页。
③ 《十八大以来重要文献选编》下，中央文献出版社 2018 年版，第 351 页。
④ 《习近平著作选读》第二卷，人民出版社 2023 年版，第 406 页。

构建新发展格局要求把满足国内需求作为发展的出发点和落脚点，以加快形成国内大循环为主体、国内国际双循环相互促进为主题；其中的要义就在于，加快构建完整的内需体系，大力推进科技创新及其他各方面创新，加快推进数字经济、智能制造、生命健康、新材料等战略性新兴产业，形成更多新的增长点、增长极，把对经济发展格局的新谋划与经济过程变化的实际相契合。构建新发展格局要坚持推动高质量发展，把实施扩大内需战略同深化供给侧结构性改革有机结合起来，着力提高全要素生产率，着力提升产业链供应链韧性和安全水平，着力推进城乡融合和区域协调发展，推动经济实现质的有效提升和量的合理增长的结合。要构建新发展格局，重要的是推进新形势下国内经济过程和环节之间的持续性、整体性发展关系，进一步培育我国参与国际合作和竞争新优势，使发展新格局促进和推动中国全面开放大格局的跃升。对新发展格局的理论探索和现实部署，是"把握未来发展主动权的战略性布局和先手棋，是新发展阶段要着力推动完成的重大历史任务，也是贯彻新发展理念的重大举措"[1]。对新发展格局内涵的中国经济学自主知识体系的阐释，凝聚了新质生产力具有的生产力快速量变中发生部分质态跃升的思想精粹。

新发展理念、新发展阶段和新发展格局集成的中国经济学自主知识体系，在成为新质生产力的理论内涵、学术资源和学理遵循的丰富来源的同时，也使得新质生产力作为中国经济学自主知识体系集成的精粹，昭示了新发展理念、新发展阶段和新发展格局得以形成和发展的内在根据和本质要求。如列宁指出的，"只有把社会关系归结于生产关系，把生产关系归结于生产力的水平，才能有可靠的根据把社会形态的发展看做自然历史过程"[2]。在新质生产力确立的"可靠的根据"上，无论是新发展理念、新发展阶段还是新发展格局都有了发展和变化的道理学理哲理；新质生产力由此构成由新发展理念、新发展阶段和新发展格局集成的中国经济学自主知识体系的"可靠的根据"。

2024年1月，习近平在中共中央政治局第十一次集体学习的讲话中指出："新质生产力是创新起主导作用，摆脱传统经济增长方式、生产力发展路径，具有高科技、高效能、高质量特征，符合新发展理念的先进生产力质态。它由技术革命性突破、生产要素创新性配置、产业深度转型升级而催生，以劳动者、劳动资料、劳动对象及其优化组合的跃升为基本内涵，以全要素生产率大幅提升为核心标志，特点是创新，关键在质优，本质是先进生产力。"[3] 习近平对新质生产力这一阐释，是对党的十八大以来，我国生产力在量的增长中实现的部分质变态势的科学概括；特别是从学理上，结合中国新发展理念、新发展阶段和新发展格局的实际，揭示了新质生产力的内涵和特征、标志和特点、核心和本质等意蕴，提炼了党的十八大以来中国经济学自主知识体系的精粹和要义，为我们准确把握新质生产力的理论意义和实践意义提供了学术和学理遵循。

同时，新质生产力所形成的"可靠的根据"，不仅集中体现了中国经济学自主知识体系集成的精粹，而且赋予马克思主义生产力理论作为新时代的"可靠的根据"新的内涵，创立了中国特色"系统化的经济学说"的逻辑起点。2015年11月，习近平在十八届中央政治局第二十八次集体学习时，在"不断开拓当代中国马克思主义政治经济学新境界"的

---

① 《习近平著作选读》第二卷，人民出版社2023年版，第410页。

② 《列宁专题文集 论辩证唯物主义和历史唯物主义》，人民出版社2009年版，第161页。

③ 习近平：《发展新质生产力是推动高质量发展的内在要求和重要着力点》，《求是》2024年第11期。

讲话中指出："当前，世界经济和我国经济都面临许多新的重大课题，需要作出科学的理论回答。我们要立足我国国情和我们的发展实践，深入研究世界经济和我国经济面临的新情况新问题，揭示新特点新规律，提炼和总结我国经济发展实践的规律性成果，把实践经验上升为系统化的经济学说，不断开拓当代中国马克思主义政治经济学新境界，为马克思主义政治经济学创新发展贡献中国智慧。"① 新质生产力就是"提炼和总结我国经济发展实践的规律性成果"，就是"把实践经验上升为系统化的经济学说"的创新性成果。以新质生产力为中国特色"系统化的经济学说"的逻辑起点，必将拓新中国经济学自主知识体系的新发展。

四、 新质生产力是现代化经济体系和高质量发展的根本动能

马克思认为："每个原理都有其出现的世纪"，政治经济学需要探究的是："为什么该原理出现在 11 世纪或者 18 世纪，而不出现在其他某一世纪，我们就必然要仔细研究一下：11 世纪的人们是怎样的，18 世纪的人们是怎样的，他们各自的需要、他们的生产力、生产方式以及生产中使用的原料是怎样的；最后，由这一切生存条件所产生的人与人之间的关系是怎样的"。② 这就要求把握不同世纪和时代人们的"需要""生产力""生产方式"等首要的和基本的问题。在 21 世纪的中国新时代，"需要"作为生产力的先导，既有作为主体的人民群众的"美好生活"的需要，也有作为客体的生产资料生产的需要。习近平指出：经济社会发展的"最终目的是满足需求，就是要深入研究市场变化，理解现实需求和潜在需求，在解放和发展社会生产力中更好满足人民日益增长的物质文化需要"③。在全面建设社会主义现代化强国的新进程中，"需要"的内在动力引发社会生产力的新的发展，成为新质生产力形成和发展的根据；新质生产力作为推进社会全面发展和进步的革命力量，最大限度解放和激发新质生产力的"巨大潜能"，实现新质生产力水平的"总体跃升"。

建设现代化经济体系是实现我国社会主义现代化国家的战略目标，是推动高质量发展、全面提高经济整体竞争力的必然要求。习近平在党的十九大首次提出现代化经济体系时，站在解放生产力和发展生产力的高度，从社会经济活动各个环节、各个层面、各个领域的相互关系和内在联系的整体结构上，以大力推进科技创新和体制创新为基本过程，阐明了新时代社会主义现代化强国建设的新道路和新形式。现代化经济体系建设，以供给侧结构性改革为主线，着力推进经济发展的质量变革、效率变革、动力变革，从满足人民群众对"美好生活"的需要上、从社会生产力全面进步上，提高全要素生产率，加快建设实体经济、科技创新、现代金融、人力资源协同发展的产业体系；以加快创新型国家建设为战略支撑，在先进生产力基础上，着力瞄准世界科技前沿，强化基础研究，实现前瞻性基础研究、引领性原创成果重大突破，加强国家创新体系建设，强化战略科技力量；还要以

① 《十八大以来重要文献选编》下，中央文献出版社 2018 年版，第 7 页。
② 《马克思恩格斯文集》第一卷，人民出版社 2009 年版，第 607—608 页。
③ 《习近平关于社会主义经济建设论述摘编》，中央文献出版社 2017 年版，第 115 页。

实施乡村振兴战略、区域协调发展战略为根本途径，以加快完善社会主义市场经济体制为重要基础，以推动形成全面开放新格局为必由之路。

党的十九大召开之后不久，2018 年 1 月，习近平在主持中共中央政治局第三次集体学习时，对加快建设现代化经济体系问题作出进一步阐释。习近平指出："建设现代化经济体系是我国发展的战略目标，也是转变经济发展方式、优化经济结构、转换经济增长动力的迫切要求。"① 现代化经济体系的内在结构，集中于六个"体系"和一个"体制"：一是建设创新引领、协同发展的产业体系；二是建设统一开放、竞争有序的市场体系；三是建设体现效率、促进公平的收入分配体系；四是建设彰显优势、协调联动的城乡区域发展体系；五是建设资源节约、环境友好的绿色发展体系；六是建设多元平衡、安全高效的全面开放体系；以及建设充分发挥市场作用、更好发挥政府作用的经济体制。这里概括的六个"体系"和一个"体制"，需要以先进生产力为坚实基础，以适应实施创新驱动发展战略的高度发展的新型生产力为战略支撑，增强科学技术特别是工程技术发展的国际竞争力，还要在深化经济体制改革中，在生产力和生产关系辩证关系上，完善现代化经济体系的制度保障。现代化经济体系建设，极大地改变着传统生产力的基本要素和组织结构，引发生产力作用要素和组织结构上发生量的剧增上的质态新变化。加快形成新质生产力，就是要在生产力发展中取得领先地位，在新领域新赛道上占据发展先机，在激烈的国际竞争中赢得发展主动权。新质生产力在社会生产力革命性变革中产生的"巨大潜能"，必然引发社会生产力的"总体跃升"。

习近平对建设现代化经济体系理论和实践问题的探讨，对新质生产力这一"可靠的根据"作出创新性探索。习近平在提到"以科技创新引领现代化产业体系建设"问题时指出，"要以科技创新推动产业创新，特别是以颠覆性技术和前沿技术催生新产业、新模式、新动能，发展新质生产力"②。新质生产力是生产力发展和科技进步的产物，是人类改造自然能力的革命性提升，这种提升是整体性的、根本性的，作为其构成要素的劳动者、劳动资料、劳动对象内涵也得到丰富和发展，引致新的内涵、形成新的特质。

现代化经济体系建设要以推动高质量发展、全面提高经济整体竞争力为根本要求；实现高质量发展成为现代化经济体系建设的关键所在、根本所在。首先，高质量发展要不断满足人民群众美好生活中个性化、多样化、不断升级的需要，这种需要引领供给体系和结构的变化，在优化供给侧结构的变革中不断催生新的需要。其次，高质量发展要不断提高劳动效率、资本效率、土地效率、资源效率、环境效率，不断提升科技进步贡献率，不断提高全要素生产率。再次，高质量发展要求产业体系比较完整，生产组织方式网络化、智能化，创新力、需求捕捉力、品牌影响力、核心竞争力强，产品和服务质量高。最后，高质量发展，要塑造有利于新技术快速大规模应用和迭代升级的生产力发展动能，加速科学技术成果向现实生产力转化的发展势能。在根本上，就是要推动社会生产力自身实现量的合理增长和质的有效提高，更要求发挥工程技术进步中潜藏的科技创新的巨大潜能，实现社会生产力质态上的有效提高，彰显社会生产力的根本跃升。新质生产力是我国实现高质

① 习近平：《论把握新发展阶段、贯彻新发展理念、构建新发展格局》，中央文献出版社 2021 年版，第 237 页。
② 《中央经济工作会议在北京举行》，《人民日报》2023 年 12 月 13 日。

量发展这些要求的前提和保障；高质量发展要求通过新质生产力来推动和支撑。习近平提出："发展新质生产力是推动高质量发展的内在要求和重要着力点，必须继续做好创新这篇大文章，推动新质生产力加快发展。"①

习近平在最初提出现代化经济体系问题时就认为："建设现代化经济体系是一篇大文章，既是一个重大理论命题，更是一个重大实践课题，需要从理论和实践的结合上进行深入探讨。"② 现代化经济体系建设和高质量发展的理论和实践，对新质生产力的发展提出了新要求，是对解放生产力和发展生产力理论的拓新。习近平指出："高质量发展需要新的生产力理论来指导，而新质生产力已经在实践中形成并展示出对高质量发展的强劲推动力、支撑力，需要我们从理论上进行总结、概括，用以指导新的发展实践。"③ 发展新质生产力是推动高质量发展的内在要求和着力点。同时，新质生产力也对现代化经济体系建设和高质量发展作出创新性探索，习近平提出"发展新质生产力，必须进一步全面深化改革，形成与之相适应的新型生产关系。要深化经济体制、科技体制等改革，着力打通束缚新质生产力发展的堵点卡点，建立高标准市场体系，创新生产要素配置方式，让各类先进优质生产要素向发展新质生产力顺畅流动。同时，要扩大高水平对外开放，为发展新质生产力营造良好国际环境"④。新质生产力升华了新时代马克思主义生产力理论的新境界。

五、 新质生产力是全面推进中国式现代化的根本力量

党的二十大上，习近平在对"新时代新征程中国共产党的使命任务"问题的阐释时指出："现在，我们正意气风发迈上全面建设社会主义现代化国家新征程、向第二个百年奋斗目标进军，以中国式现代化全面推进中华民族伟大复兴。"⑤ 2024 年 1 月，在"国家工程师奖"首次评选表彰之际，习近平对工程师和工程科技在推进中国式现代化进程中的作用作出阐释，提出"希望全国广大工程技术人员坚定科技报国、为民造福理想，勇于突破关键核心技术，锻造精品工程，推动发展新质生产力，加快实现高水平科技自立自强，服务高质量发展，为以中国式现代化全面推进强国建设、民族复兴伟业作出更大贡献"⑥。习近平从突破关键核心技术、锻造精品工程、加快实现高水平科技自立自强等方面，对发展新质生产力与推进中国式现代化的关系作出深刻阐释。

新发展阶段是"一个阶梯式递进、不断发展进步、日益接近质的飞跃的量的积累和发展变化的过程"⑦；中国式现代化的全面推进，也是一个动态、积极有为、始终洋溢着新质生产力生机活力的过程。党的二十大报告对 2035 年中国式现代化要达到的总体目标进

① 习近平：《发展新质生产力是推动高质量发展的内在要求和重要着力点》，《求是》2024 年第 11 期。
② 习近平：《论把握新发展阶段、贯彻新发展理念、构建新发展格局》，中央文献出版社 2021 年版，第 237 页。
③ 习近平：《发展新质生产力是推动高质量发展的内在要求和重要着力点》，《求是》2024 年第 11 期。
④ 习近平：《发展新质生产力是推动高质量发展的内在要求和重要着力点》，《求是》2024 年第 11 期。
⑤ 《习近平著作选读》第二卷，人民出版社 2023 年版，第 611 页。
⑥ 《坚定科技报国为民造福理想　加快实现高水平科技自立自强服务高质量发展》，《人民日报》2024 年 1 月 20 日。
⑦ 《习近平著作选读》第二卷，人民出版社 2023 年版，第 402 页。

行阐释，包括：经济实力、科技实力、综合国力大幅跃升；实现高水平科技自立自强、进入创新型国家前列；建成现代化经济体系，形成新发展格局，基本实现新型工业化、信息化、城镇化、农业现代化；人民生活更加幸福美好，居民人均可支配收入再上新台阶，中等收入群体比重明显提高，基本公共服务实现均等化，农村基本具备现代生活条件，社会保持长期稳定，人的全面发展、全体人民共同富裕取得更为明显的实质性进展；广泛形成绿色生产生活方式，碳排放达峰后稳中有降，生态环境根本好转，美丽中国目标基本实现等，这些都与解放和发展社会生产力有着直接的联系，在根本上与新质生产力的发展有着紧密的联系。

中国式现代化是以新质生产力的发展为基础和动力的，新质生产力的发展和跃升也是中国式现代化全面推进的标格。在生产力发展中，"主体是人、客体是自然"，这是最简单的规定性，同时也是显现生产力发展水平的基本标志。全面推进中国式现代化，首先就在于劳动者主体能力的发展，在生产力要素上就是劳动者的劳动能力在科技创新的驱动下提升到新的高度，成长为掌握先进技术、知识和劳动技能并能够从事科技创新，适应数字化、智能化需要的劳动者。中国式现代化最根本的是人的现代化，使劳动者在社会生产力整个作用过程中焕发革命性力量。2024年1月，习近平在对"加快发展新质生产力 扎实推进高质量发展"问题阐释时指出："要按照发展新质生产力要求，畅通教育、科技、人才的良性循环，完善人才培养、引进、使用、合理流动的工作机制。要根据科技发展新趋势，优化高等学校学科设置、人才培养模式，为发展新质生产力、推动高质量发展培养急需人才。"[①] 要从劳动主体自身的现代化发展趋势上，深刻理解习近平对新质生产力与中国式现代化关系的阐释。

其次，在劳动客体上，一方面，中国式现代化集中体现为劳动资料通过新技术、新产业、新动能的作用发生了新的变革、引致质态上的新变化。人工智能、虚拟现实和增强现实设备、自动化制造设备等全新的物质技术手段，日益成为推动生产力发展的重要力量；要加强科技创新，特别是原创性、颠覆性科技创新，加快实现高水平科技自立自强，打好关键核心技术攻坚战，使原创性、颠覆性科技创新成果竞相涌现，培育发展新质生产力的新动能。另一方面，作为客体的劳动对象，在中国式现代化中同样发生着质态上的变化，出现了数智化、新材料、新能源等新的劳动对象，其中不仅包括物质形态上的高端智能设备，也包括非实体形态的数据等新型生产要素，劳动对象的变化释放出巨大的生产效能，日益成为生产力发展的驱动力量。

新质生产力不仅体现在中国式现代化对劳动主体和劳动客体的发展的要求上，还体现在劳动过程中生产要素结合方式对创新发展的要求上。社会生产力的结合方式即马克思认为的"生产方式"是社会经济关系的基础，马克思提出："不论生产的社会的形式如何，劳动者和生产资料始终是生产的因素。但是，二者在彼此分离的情况下只在可能性上是生产因素。凡要进行生产，它们就必须结合起来。实行这种结合的特殊方式和方法，使社会结构区分为各个不同的经济时期。"[②] 中国式现代化作为中国新发展阶段"经济时期"的

---

① 习近平：《发展新质生产力是推动高质量发展的内在要求和重要着力点》，《求是》2024年第11期。

② 《马克思恩格斯文集》第六卷，人民出版社2009年版，第44页。

标志，对劳动者和生产资料要素的结合方法和方式，同样提出了要与新质生产力发展相适应的新要求。

在新质生产力中，劳动者、劳动资料、劳动对象的结合方法和方式发展发生显著变化，三者的优化组合的革命性变化，引致新产业、新业态、新模式的产生，形成驱动经济发展的新动能新优势。生产力决定生产关系，生产关系反作用于生产力。新质生产力的作用过程，必然引起生产关系的革命性变化。马克思认为，"各个人借以进行生产的社会关系，即社会生产关系，是随着物质生产资料，生产力的变化和发展而变化和改变的"①。不断改革和完善生产关系，形成新的体制机制、新的管理模式，成为促进新质生产力不断发展的重要保障。

从劳动过程中生产要素的结合方式上看，中国式现代化过程中劳动者和生产资料"结合的特殊方式和方法"这一特征，就如习近平所指出的，"新质生产力是创新起主导作用，摆脱传统经济增长方式、生产力发展路径，具有高科技、高效能、高质量特征，符合新发展理念的先进生产力质态。它由技术革命性突破、生产要素创新性配置、产业深度转型升级而催生，以劳动者、劳动资料、劳动对象及其优化组合的跃升为基本内涵，以全要素生产率大幅提升为核心标志，特点是创新，关键在质优，本质是先进生产力"②，新质生产力，代表着科技革命和产业变革的新方向、新趋势，代表着先进生产力的发展标格和发展方向。

新质生产力是新时代先进生产力发展水平的跃升。这种"跃升"的显著特征，不是概念上的假设，而是现实的经济社会发展过程中的最基本的经济事实，特别是新发展阶段中国式现代化全部过程的基本事实。新质生产力的"跃升"突出地呈现于以劳动者、劳动资料、劳动对象及其优化组合的全部过程之中，以及以创新性科学技术特别是工程技术和前沿技术为内核的新产业、新模式、新动能的过程之中。新质生产力也不是对遥远的发展幻境的憧憬，而是对新发展阶段全面推进中国式现代化中勃然兴起的科学技术革命和经济社会革命的深刻把握。

恩格斯在论及马克思《资本论》的理论创新和科学精神时提出："一门科学提出的每一种新见解都包含这门科学的术语的革命。"③ 在一定意义上，"科学的革命"就突出地表现在"某些科学术语发生意义变革的事件"④ 上。新质生产力所实现的"术语的革命"，是党的十八大以来，从经济新常态、供给侧结构性改革，到新发展理念、新发展阶段、新发展格局，再到现代化经济体系、高质量发展以及全面推进中国式现代化的经济发展和实践过程的结晶。新质生产力作为习近平经济思想在实践创新和理论创新中实现的"术语的革命"，也成为中国经济学自主知识体系创新的精粹，成为中国特色社会主义政治经济学实现的科学革命的中国智慧和中国力量。

① 《马克思恩格斯文集》第一卷，人民出版社 2009 年版，第 724 页。
② 习近平：《发展新质生产力是推动高质量发展的内在要求和重要着力点》，《求是》2024 年第 11 期。
③ 《马克思恩格斯文集》第五卷，人民出版社 2009 年版，第 32 页。
④ 托马斯·S 库恩 .：《必要的张力》，纪树立、范岱年、罗慧生译，福建人民出版社 1981 年版，第 xiv 页。

思考题

1. 如何从社会生产力整体论上，理解新质生产力的内在规定和本质要求？

2. 如何理解中国式现代化是以新质生产力的发展为基础和动力的，同时新质生产力的发展和跃升也是中国式现代化全面推进的标格？

3. 如何理解新质生产力的"术语的革命"对构建中国经济学自主知识体系的意义？

第十五章

人类命运共同体的政治经济学初探

学习要点：

• 当今世界历史进程中不同的经济关系态势的变化、格局的演进、交往方式的拓新及其面临发展问题的共识，成为人类命运共同体政治经济学形成的主要依据和基本条件；

• 人类命运共同体政治经济学在理论内涵、体系结构上对马克思主义政治经济学的赓续和拓新，是当代马克思主义政治经济学的重大创新；

• 习近平对共同推动全球发展迈向平衡协调包容新阶段问题的阐释，拓展了人类命运共同体政治经济学的理论主题；

• 人类命运共同体政治经济学，同中国特色社会主义政治经济学、当代资本主义政治经济学一起，共同构成中国马克思主义政治经济学的体系结构，增强了习近平经济思想的系统性和整体性。

习近平经济思想不只是"习近平新时代中国特色社会主义经济思想"的简称，还显现了当代马克思主义政治经济学由狭义政治经济学向广义政治经济学的拓展。习近平经济思想涵盖中国特色社会主义政治经济学的研究，以及当代资本主义政治经济学和人类命运共同体政治经济学的开创性研究。

一、 人类命运共同体政治经济学的思想渊源

在纪念马克思诞辰 200 周年大会上，习近平把"人类命运共同体"思想看作是马克思世界历史理论在当代的赓续。习近平提出："马克思、恩格斯说：'各民族的原始封闭状态由于日益完善的生产方式、交往以及因交往而自然形成的不同民族之间的分工消灭得越是彻底，历史也就越是成为世界历史。'马克思、恩格斯当年的这个预言，现在已经成为现实，历史和现实日益证明这个预言的科学价值。"[①]

马克思世界历史理论同马克思和恩格斯创立唯物史观是同步的。19 世纪 40 年代中期，马克思和恩格斯撰写的《德意志意识形态》手稿，提出了唯物史观的基本理论，同时也形成了世界历史的主要观点。世界历史理论同科学社会主义理论发展是同行的，19 世纪 40 年代后期，马克思和恩格斯共同创作的《共产党宣言》，在对科学社会主义作出开创研究的同时，也对世界历史理论作出新的探索。19 世纪 70 年代中后期，马克思对世界历史理论的新的拓展，是在对东方社会经济关系发展问题的广义政治经济学的探索中实现的。在这一持续近 40 年的思想过程中，马克思关于世界历史的系列论述，成为人类命运共同体政治经济学的思想渊源。

在《德意志意识形态》手稿中，马克思和恩格斯认为：由于资本主义生产方式在世界范围的蔓延，世界性的殖民活动和商业贸易，已经打破传统的民族国家的界限，使得跨越民

---

① 《十九大以来重要文献选编》上，中央文献出版社 2019 年版，第 432 页。

族和国家界限的世界性交往成为普遍现象，由此而"首次开创了世界历史，因为它使每个文明国家以及这些国家中的每一个人的需要的满足都依赖于整个世界，因为它消灭了各国以往自然形成的闭关自守的状态"；这时，"人们的世界历史性的而不是地域性的存在同时已经是经验的存在了"。①

过后不久，在 1848 年初发表的《共产党宣言》中，马克思和恩格斯更为清晰地描述了世界历史演进的内在趋势，即"不断扩大产品销路的需要，驱使资产阶级奔走于全球各地。它必须到处落户，到处开发，到处建立联系。资产阶级，由于开拓了世界市场，使一切国家的生产和消费都成为世界性的了……资产阶级，由于一切生产工具的迅速改进，由于交通的极其便利，把一切民族甚至最野蛮的民族都卷到文明中来了"②。同时，马克思和恩格斯也认为，这种世界历史的发展趋势，必将导致资本主义生产方式向着人类社会更高阶段发展，即向着马克思和恩格斯预言的共产主义发展。

19 世纪 70 年代中后期之后，马克思对世界历史的认识进一步深化，他在肯定世界历史发展统一性和一般性趋势的同时，也根据当时东方社会发展的新特点和新趋向，对世界历史发展的多样性和特殊性问题作出新的探讨。到 1881 年，马克思已经意识到，由于经济、社会、民族、文化等历史条件的差异，世界各国必然产生各自独特的发展道路。在对俄国这样的东方国家的经济社会发展道路的思考中，马克思提出："在俄国，由于各种独特情况的结合，至今还在全国范围内存在着的农村公社能够逐渐摆脱其原始特征，并直接作为集体生产的因素在全国范围内发展起来。正因为它和资本主义生产是同时存在的东西，所以它能够不经受资本主义生产的可怕的波折而占有它的一切积极的成果。"③ 在世界历史进程中，由于发达和不发达"同时存在"，不发达国家或非资本主义国家都有可能走出一条同资本主义社会发展空间并存但形式不同的道路。这就是说，在世界历史的演进中，不仅存在着循序渐进的发展道路，而且也存在着跨越式发展道路的可能性。这就产生了世界历史过程的多样性和特殊性，也必然形成社会发展道路的一般性和特殊性的路径选择问题。马克思对当时俄国问题的分析中得出的结论是："如果资本主义制度的俄国崇拜者要否认这种进化的理论上的可能性，那我要向他们提出这样的问题：俄国为了采用机器、轮船、铁路等等，是不是一定要像西方那样先经过一段很长的机器工业的孕育期呢？"④不同的经济社会制度的同时并存，成为世界历史发展的必然现象。

这一时期，马克思特别注重从政治经济学视界对世界历史作出新的探索。1867 年《资本论》第一卷德文第一版出版后，俄国的社会主义革命者把《资本论》当作一种类似"历史哲学"的教科书来阅读。他们片面地认为，马克思在《资本论》中提出的资本原始积累理论对俄国是完全适用的。马克思不赞成这样的观点，认为资本原始积累讲的是西欧资本主义"形成史"中的理论和道路问题，如果"一定要把我关于西欧资本主义起源的历史概述彻底变成一般发展道路的历史哲学理论，一切民族，不管它们所处的历史环境如何，都

---

①　《马克思恩格斯文集》第一卷，人民出版社 2009 年版，第 566 页、第 538 页。
②　《马克思恩格斯文集》第二卷，人民出版社 2009 年版，第 35 页。
③　《马克思恩格斯文集》第三卷，人民出版社 2009 年版，第 571 页。
④　《马克思恩格斯文集》第三卷，人民出版社 2009 年版，第 571 页。

注定要走这条道路"，那么，结果就可能是在"给我过多的荣誉，同时也会给我过多的侮辱"。① 马克思有针对性地指出，这种"历史哲学"观点的错误在于，"极为相似的事变发生在不同的历史环境中就引起了完全不同的结果。如果把这些演变中的每一个都分别加以研究，然后再把它们加以比较，我们就会很容易地找到理解这种现象的钥匙；但是，使用一般历史哲学理论这一把万能钥匙，那是永远达不到这种目的的，这种历史哲学理论的最大长处就在于它是超历史的"②。

从马克思对世界历史理解的整体过程来看，资本主义生产方式开创了世界历史的一般进程，但并没有消除世界历史的特殊进程；世界历史理论深刻地包含着世界发展的统一性和多样性的整体关系，以及时间上继起性的不同的经济社会制度转化为空间上并存的共同体的见解。在世界历史的空间并存上，既有不同经济社会制度之间的矛盾和冲突的一面，同样也有这些不同经济社会制度之间合作和交流的另一面。

面对21世纪世界历史的新的进程，习近平对马克思世界历史理论作出新的探索。习近平指出："今天，人类交往的世界性比过去任何时候都更深入、更广泛，各国相互联系和彼此依存比过去任何时候都更频繁、更紧密。"③ 当今世界历史的"问题意识"的聚焦点就在于："我们要站在世界历史的高度审视当今世界发展趋势和面临的重大问题，坚持和平发展道路，坚持独立自主的和平外交政策，坚持互利共赢的开放战略，不断拓展同世界各国的合作，积极参与全球治理，在更多领域、更高层面上实现合作共赢、共同发展，不依附别人、更不掠夺别人，同各国人民一道努力构建人类命运共同体，把世界建设得更加美好。"④

在这一聚焦点上，2013年3月，习近平在提出人类命运共同体政治经济学问题时，对其中最为显著的四个方面的变化作出分析：

第一，世界历史趋势发生的新走向。习近平指出："和平、发展、合作、共赢成为时代潮流，旧的殖民体系土崩瓦解，冷战时期的集团对抗不复存在，任何国家或国家集团都再也无法单独主宰世界事务。"⑤ 这里的"问题意识"就在于，要站在世界历史的高度，审视当今世界发展趋势和面临的重大问题。

第二，世界历史格局的新变化。习近平认为，"一大批新兴市场国家和发展中国家走上发展的快车道，十几亿、几十亿人口正在加速走向现代化，多个发展中心在世界各地区逐渐形成，国际力量对比继续朝着有利于世界和平与发展的方向发展"⑥。马克思对世界历史的分析是以资本主义生产方式的历史趋势为主题的，是以资本主义生产方式的历史演进为主线的；当今世界历史的格局不再是单一的资本主义生产方式的世界历史，而是以多样性和并存性为特征的世界历史格局，不仅同时并存多种生产方式，而且多种生产方式及其相联系的经济制度、政治制度和文化制度将长期并存。特别是一大批新兴市场经济国家

---

① 《马克思恩格斯文集》第三卷，人民出版社2009年版，第466页。
② 《马克思恩格斯文集》第三卷，人民出版社2009年版，第466—467页。
③ 《十九大以来重要文献选编》上，中央文献出版社2019年版，第432页。
④ 《十九大以来重要文献选编》上，中央文献出版社2019年版，第432页。
⑤ 习近平：《论坚持推动构建人类命运共同体》，中央文献出版社2018年版，第5页。
⑥ 习近平：《论坚持推动构建人类命运共同体》，中央文献出版社2018年版，第5页。

和发展中国家的兴起，使得世界历史的丰富性、并存性和多样性的特征更为显著。坚持互利共赢的开放战略，不断拓展同世界各国的合作，已经成为人类社会发展的基本特征和总体趋势，也成为推动构建人类命运共同体的内在动能。

第三，世界历史交往方式的新特征。习近平指出："各国相互联系、相互依存的程度空前加深，人类生活在同一个地球村里，生活在历史和现实交汇的同一个时空里，越来越成为你中有我、我中有你的命运共同体。"① 世界历史发展中交往方式的新变化，使得在更广泛的领域、更多层面上实现合作共赢、共同发展成为可能和必要；在同一"共同体"中处理和解决事关人类命运的重大问题，推进全球治理，构建人类命运共同体成为必然的选择。

第四，世界历史发展面临的新问题。习近平指出："这个世界，人类依然面临诸多难题和挑战，国际金融危机深层次影响继续显现，形形色色的保护主义明显升温，地区热点此起彼伏，霸权主义、强权政治和新干涉主义有所上升，军备竞争、恐怖主义、网络安全等传统安全威胁和非传统安全威胁相互交织，维护世界和平、促进共同发展依然任重道远。"② 这些难题和挑战，不仅构成了人类命运共同体政治经济学的"问题意识"，而且也擘画了"人类命运共同体"政治经济学研究和分析的界域。

习近平指出："马克思主义政治经济学认为，人类社会最终将从各民族的历史走向世界历史。"③ 这一世界历史过程中的不同的经济关系态势的变化、格局的演进、交往方式的拓新及其面临发展问题的共识，成为人类命运共同体政治经济学形成的主要依据和基本条件。

二、　人类命运共同体政治经济学的体系结构分析

人类命运共同体政治经济学，在体系结构上是对马克思关于政治经济学结构体系的赓续和拓新，是当代马克思主义政治经济学形态的创新。

马克思在建立资本主义政治经济学体系结构时，提出了政治经济学体系的"六册结构计划"，这就是马克思在 1859 年发表的《〈政治经济学批判〉序言》中公开提出的："我考察资产阶级经济制度是按照以下的顺序：资本、土地所有制、雇佣劳动；国家、对外贸易、世界市场。在前三项下，我研究现代资产阶级社会分成的三大阶级的经济生活条件；其他三项的相互联系是一目了然的。"④ 马克思后来并没有按照这一体系结构完成自己的政治经济学著作，1862 年底马克思提出了《资本论》的结构计划。但是，"六册结构计划"对马克思政治经济学的研究和叙述仍然发生着重要的影响。

在"六册结构计划"中，前四册是对一国内资本主义生产方式和经济关系的探讨；后两册是对国家对外的经济关系和作为整体的世界市场经济关系的探讨。马克思曾经把其中

① 习近平：《论坚持推动构建人类命运共同体》，中央文献出版社 2018 年版，第 5 页。
② 习近平：《论坚持推动构建人类命运共同体》，中央文献出版社 2018 年版，第 5—6 页。
③ 《十八大以来重要文献选编》下，中央文献出版社 2018 年版，第 6 页。
④ 《马克思恩格斯选集》第二卷，人民出版社 2012 年版，第 1 页。

第五册《对外贸易》（或称作《生产的国际关系》）的主题概括为："国际分工。国际交换。输出和输入。汇率""货币作为国际铸币"① 等；把第六册《世界市场》的主题概括为："世界市场。资产阶级社会越出国家的界限。危机。以交换价值为基础的生产方式和社会形式的解体。个人劳动实际成为社会劳动以及相反的情况"② 等。

人类命运共同体政治经济学类同于"六册结构计划"中后两册的内容，但同时也呈现三个不同方面的理论指向。正是这三个不同方面的理论指向，使得人类命运共同体政治经济学形成独特的对象和体系结构，形成 21 世纪马克思主义政治经济学的独特形态。

第一，政治经济学对象"主体"上的理论指向。马克思在《〈政治经济学批判〉导言》中提出，"应当时刻把握住：无论在现实中或在头脑中，主体——这里是现代资产阶级社会——都是既定的"③。恩格斯把马克思这种以"现代资产阶级社会"为对象的政治经济学，称作狭义政治经济学。从历史逻辑和理论逻辑的统一性来看，这一狭义政治经济学主要包括三个方面的内容：一是"从批判封建的生产形式和交换形式的残余开始，证明它们必然要被资本主义形式所代替"；二是"把资本主义生产方式和相应的交换形式的规律从肯定方面，即从促进一般的社会目的的方面来加以阐述"；三是"对资本主义的生产方式进行社会主义的批判，就是说，从否定方面来表述它的规律，证明这种生产方式由于它本身的发展，正在接近它使自己不可能再存在下去的境地"。④

马克思关于狭义政治经济学的"主体"特征表明，"六册结构计划"后两册同前四册，都是以同质的资本主义生产方式的"现代史"为对象特征的。后两册探讨的尽管是世界市场范围内的国际经济关系，但在经济关系"主体"上，还是单一的资本主义生产方式，即如马克思在《资本论》第一卷德文第一版中就强调的："我要在本书研究的，是资本主义生产方式以及和它相适应的生产关系和交换关系。"⑤ 不过，第五册《对外贸易》，是在同质的资本主义国家之间的生产关系和交换关系上，对国际经济关系的探讨；第六册《世界市场》，是在由同质的资本主义国家构成的世界市场总体上，对资本主义生产关系和交换关系总体矛盾及其向未来社会经济关系过渡必然性的探讨。

人类命运共同体政治经济学，并不以同质的而是以异质的生产方式和经济关系的"共同体"为对象特征的。这种"共同体"，是指当今世界存在的不同的经济制度和经济体制、不同的政治制度和政治体制，以及不同的历史和文化背景的国家和地区的综合体。"共同体"在经济关系上的异质性，不仅是"共同体"本身的显著特征，而且也是人类命运共同体政治经济学的显著特征。

恩格斯把居于"主体"地位的社会经济关系，看作是狭义政治经济学的对象。在当代中国，社会主义政治经济学就是狭义政治经济学。自改革开放以来，中国特色社会主义经济关系发展进入新的历史进程，中国狭义政治经济学也呈现为中国特色社会主义政治经济学新形态。党的十八大以来，习近平新时代中国特色社会主义经济思想，是 21 世纪中国

① 《马克思恩格斯全集》第三十卷，人民出版社 1995 年版，第 50 页、第 221 页。
② 《马克思恩格斯全集》第三十卷，人民出版社 1995 年版，第 221 页。
③ 《马克思恩格斯文集》第八卷，人民出版社 2009 年版，第 30 页。
④ 《马克思恩格斯文集》第九卷，人民出版社 2009 年版，第 156—157 页。
⑤ 《马克思恩格斯文集》第五卷，人民出版社 2009 年版，第 8 页。

特色社会主义政治经济学的新发展，也是中国狭义政治经济学的最新发展。

第二，政治经济学形态上的理论意向。"六册结构计划"以狭义政治经济学为对象，人类命运共同体政治经济学从理论样态上则是广义政治经济学。

在《反杜林论》中，恩格斯除了提出以资本主义经济关系为对象的狭义政治经济学之外，还提出了广义政治经济学的两种基本样态：一是以资本主义经济关系"之前的"的经济关系为对象的政治经济学样态；二是以"在不太发达的国家内和这些形式同时并存的"① 不同的经济关系为对象的政治经济学样态。

政治经济学对象的变化是以作为对象的经济社会关系的变化为基本前提的。在马克思主义政治经济学史上，19 世纪 40 年代至 90 年代是马克思主义政治经济学的创立和发展时期，这一时期资本主义经济关系变化的实际，决定这一时期首先形成的就是以资本主义经济关系以及资本主义经济关系必然向未来社会经济关系过渡的政治经济学意向，马克思主义狭义政治经济学应运而生。20 世纪上半期，随着社会主义经济关系现实的发展，马克思主义政治经济学史进一步发展为社会主义经济关系如何取代资本主义经济关系，以及进一步发展为社会主义经济关系的政治经济学意向。20 世纪 50 年代中期以来，资本主义经济关系与社会主义经济关系并存的现实，使得两种并行的政治经济学体系，即资本主义政治经济学和社会主义政治经济学并存；同时，社会主义社会在与资本主义社会并存中，在交流、合作和对抗、冲突中，使社会主义经济关系发展和完善自己的理论意向，开始进入马克思主义政治经济学史。在马克思主义政治经济学史上，第一时期和第二时期发展的理论意向，基本上是人类社会经济关系时间继起性的问题，主要探讨的是一种社会经济关系向另一种新的社会经济关系过渡的问题；第三时期基本上是空间并存性的问题，即社会主义经济关系如何在与资本主义经济关系的并存中求得自身的发展和完善的理论意向。这一理论意向，随着经济全球化过程的推进而日渐明显，在 20 世纪的最后 20 年凸显而出，在党的十八大以后逐渐演进为人类命运共同体政治经济学。

当代马克思主义政治经济学，不只涉及时间继起性的问题，而且涉及时间继起性基础上的空间并存性的问题。这两者之间，时间继起性是空间并存性的前提，只有在科学地、全面地认识社会主义经济关系必然取代资本主义经济关系，而且必然能够取代资本主义经济关系的基础上，才能正确地理解和处理社会主义经济关系和资本主义经济关系的并存关系；空间并存性也是时间继起性的过程形式，因为社会主义经济关系和资本主义经济关系并存，并没有也不可能改变资本主义经济关系的历史命运，以及资本主义必然向社会主义过渡的历史趋势。在这一意义上，人类命运共同体政治经济学基本上属于广义政治经济学范畴，同时也对恩格斯关于广义政治经济学作出新的拓展。

第三，政治经济学方法上的变化。"六册结构计划"是以"现代史"的资本主义生产方式为背景的，人类命运共同体的政治经济学是以世界历史新形态的"形成史"为基础的。

关于政治经济学对象中"现代史"和"形成史"问题，马克思在《1857—1858 年经济学手稿》中首次作了阐释。马克思认为，资本"生成"和"产生"的"条件和前提"，显

① 《马克思恩格斯文集》第九卷，人民出版社 2009 年版，第 157 页。

然"属于资本的历史前提，这些前提作为这样的历史前提已经成为过去，因而属于资本的形成史，但决不属于资本的现代史，也就是说，不属于受资本统治的生产方式的实际体系"①。在马克思看来，作为他的狭义政治经济学对象的，是资本主义生产方式的"现代史"而不是它的"形成史"。

资本主义生产方式的"现代史"作为《资本论》对象，是"在其纯粹状态下进行研究"②的，因而是一种"纯粹的"资本主义生产方式。在方法论上，占统治地位的资本主义生产方式之外的各种"中间形式"或者"过渡形式"，或多或少是"形成史"中留下的经济形式或经济关系，在理论逻辑上是被"抽象"的成分，不再是"现代史"的叙述对象。

人类命运共同体政治经济学，是以正在形成中的"共同体"意义上的政治经济学为对象的，是对正在现实中不断发展的具体的"共同体"中社会经济关系的研究，是以"形成史"为对象特征的政治经济学。人类命运共同体以"形成史"为对象特征，体现了21世纪马克思主义政治经济学中国化的"问题意识"的方法指向。

以"形成史"为对象特征，必然要求增强对经济关系实践逻辑的探索，这实际上是对马克思政治经济学研究一开始就提出的"从当前的国民经济的事实出发"③方法的赓续。这里的"当前的国民经济的事实"，指的是"共同体"中正在发展的社会经济关系的"事实"。人类命运共同体政治经济学，始终从正在形成和发展中的"事实"为出发点，运用的是与"形成史"对象特征相联系的"问题意识"方法论。

三、 人类命运共同体政治经济学的形成背景及基本意向

党的十八大以来，在坚持和发展中国特色社会主义的新的进程中，如何顺应我国经济深度融入世界经济的趋势，发展更高层次的开放型经济；如何积极参与全球经济治理，促进国际经济秩序朝着平等公正、合作共赢的方向发展；如何维护我国发展利益、防范各种经济风险、确保国家经济安全等问题，成为习近平经济思想发展的重要课题。

面对国际经济关系重大变化的这些问题，习近平以"问题意识"为基本方法，提出"要有强烈的问题意识，以重大问题为导向，抓住关键问题进一步研究思考，着力推动解决我国发展面临的一系列突出矛盾和问题"④。要在对世界经济和中国经济面临的新情况和新问题的研究中，"不断开拓当代中国马克思主义政治经济学新境界，为马克思主义政治经济学创新发展贡献中国智慧"⑤。这一"问题意识"，就是人类命运共同体政治经济学形成的方法导向和理论意向。

对世界历史在我们所处时代变化和"新型国际关系"特征的新判断，是人类命运共同体政治经济学形成的理论前提。

---

① 《马克思恩格斯全集》第三十卷，人民出版社1995年版，第451页。
② 《马克思恩格斯文集》第七卷，人民出版社2009年版，第120页。
③ 《马克思恩格斯文集》第一卷，人民出版社2009年版，第156页。
④ 《十八大以来重要文献选编》上，中央文献出版社2014年版，第497页。
⑤ 《十八大以来重要文献选编》下，中央文献出版社2018年版，第6页、第7页。

　　人类命运共同体政治经济学，是以当今世界正在经历的新一轮科学技术和经济政治格局的大发展大变革大调整、人类面临的众多不稳定不确定经济政治社会因素为背景的。2013 年 3 月，在莫斯科国际关系学院发表的题为"顺应时代前进潮流，促进世界和平发展"的演讲中，习近平作出的"我们所处的是一个风云变幻的时代，面对的是一个日新月异的世界"① 论断，阐释了人类命运共同体政治经济学"问题意识"的缘由所在。

　　世界历史的进程不断证明，无论前行的道路多么艰难曲折，人类社会总会按照自己的规律向前发展。面对国际形势的深刻变化和时代发展的客观要求，各国应该共同推动建立"以合作共赢为核心的新型国际关系"。这一"新型国际关系"就是人类命运共同体形成的直接根据。习近平在对这种"新型国际关系"的分析中，凸显了人类命运共同体的三个基本特征：一是各国和各国人民共同享受尊严。"要坚持国家不分大小、强弱、贫富一律平等，尊重各国人民自主选择发展道路的权利，反对干涉别国内政，维护国际公平正义。"② 二是各国和各国人民应该共同享受发展成果。每个国家在谋求自身发展的同时，要积极促进其他各国共同发展。"世界长期发展不可能建立在一批国家越来越富裕而另一批国家却长期贫穷落后的基础之上。只有各国共同发展了，世界才能更好发展。那种以邻为壑、转嫁危机、损人利己的做法既不道德，也难以持久。"③ 三是各国和各国人民应该共同享受安全保障。针对各种问题和挑战，各个国家要同心协力，妥善应对。"越是面临全球性挑战，越要合作应对，共同变压力为动力、化危机为生机。面对错综复杂的国际安全威胁，单打独斗不行，迷信武力更不行，合作安全、集体安全、共同安全才是解决问题的正确选择。"④

　　以上三个方面，是"新型国际关系"的基本特征，也是人类命运共同体的共同追求、发展目标和根本保障。习近平指出："随着世界多极化、经济全球化深入发展和文化多样化、社会信息化持续推进，今天的人类比以往任何时候都更有条件朝和平与发展的目标迈进，而合作共赢就是实现这一目标的现实途径。"⑤

　　人类命运共同体彰显的"合作共赢"的发展理念和目标追求，体现了"新型国际关系"的本质内涵，推进了世界历史理论在 21 世纪发展的主要趋向和基本意向。2015 年 9 月，习近平在联合国总部举行的第七十届联合国大会一般性辩论时的讲话，以"携手构建合作共赢新伙伴，同心打造人类命运共同体"为主题，对人类命运共同体的主要趋向和基本意向作出新的阐释。习近平指出："世界多极化进一步发展，新兴市场国家和发展中国家崛起已经成为不可阻挡的历史潮流。经济全球化、社会信息化极大解放和发展了社会生产力，既创造了前所未有的发展机遇，也带来了需要认真对待的新威胁新挑战。"⑥ 在构建"以合作共赢为核心的新型国际关系"的主要趋向上，习近平对人类命运共同体的基本意向作出五个方面的概括：

---

　　① 习近平：《论坚持推动构建人类命运共同体》，中央文献出版社 2018 年版，第 5 页。
　　② 习近平：《论坚持推动构建人类命运共同体》，中央文献出版社 2018 年版，第 6 页。
　　③ 习近平：《论坚持推动构建人类命运共同体》，中央文献出版社 2018 年版，第 7 页。
　　④ 习近平：《论坚持推动构建人类命运共同体》，中央文献出版社 2018 年版，第 7 页。
　　⑤ 习近平：《论坚持推动构建人类命运共同体》，中央文献出版社 2018 年版，第 7 页。
　　⑥ 习近平：《论坚持推动构建人类命运共同体》，中央文献出版社 2018 年版，第 253 页。

第一，在建立平等相待、互商互谅的伙伴关系问题上，世界的前途命运必须由世界各国共同掌握，习近平从政治经济学视界上提出，"各国自主选择社会制度和发展道路的权利应当得到维护，体现在各国推动经济社会发展、改善人民生活的实践应当受到尊重"①。在对待这一问题上，习近平提出："要坚持多边主义，不搞单边主义；要奉行双赢、多赢、共赢的新理念，扔掉我赢你输、赢者通吃的旧思维。"② 在国际和区域层面建设全球伙伴关系，要走出的是一条"对话而不对抗，结伴而不结盟"的国与国"交往新路"：一方面"大国之间相处，要不冲突、不对抗、相互尊重、合作共赢"；另一方面"大国与小国相处，要平等相待，践行正确义利观，义利相兼，义重于利"。③

第二，在营造公道正义、共建共享的安全格局问题上，习近平从政治经济学意义上指出："在经济全球化时代，各国安全相互关联、彼此影响。没有一个国家能凭一己之力谋求自身绝对安全，也没有一个国家可以从别国的动荡中收获稳定。弱肉强食是丛林法则，不是国与国相处之道。穷兵黩武是霸道做法，只能搬起石头砸自己的脚。"④ 要摒弃冷战思维，树立共同、综合、合作、可持续安全的新观念，"要推动经济和社会领域的国际合作齐头并进，统筹应对传统和非传统安全威胁，防战争祸患于未然"⑤。

第三，在谋求开放创新、包容互惠的发展前景问题上，习近平基于政治经济学的基本立场，对 2008 年爆发的国际金融危机作了分析，提出"放任资本逐利，其结果将是引发新一轮危机。缺乏道德的市场，难以撑起世界繁荣发展的大厦。富者愈富、穷者愈穷的局面不仅难以持续，也有违公平正义。要用好'看不见的手'和'看得见的手'，努力形成市场作用和政府作用有机统一、相互促进，打造兼顾效率和公平的规范格局"⑥。

第四，在促进和而不同、兼收并蓄的文明交流问题上，习近平强调："人类文明多样性赋予这个世界姹紫嫣红的色彩，多样带来交流，交流孕育融合，融合产生进步。文明相处需要和而不同的精神。"⑦ 从世界历史发展的新特点上，习近平指出："人类历史就是一幅不同文明相互交流、互鉴、融合的宏伟画卷。要尊重各种文明，平等相待，互学互鉴，兼收并蓄，推动人类文明实现创造性发展。"⑧

第五，在构筑尊崇自然、绿色发展的生态体系问题上，习近平提出了"要解决好工业文明带来的矛盾，以人与自然和谐相处为目标，实现世界的可持续发展和人的全面发展"⑨ 的重大课题。"建设生态文明关乎人类未来。国际社会应该携手同行，共谋全球生态文明建设之路，牢固树立尊重自然、顺应自然、保护自然的意识，坚持走绿色、低碳、循环、可持续发展之路。"⑩

① 习近平：《论坚持推动构建人类命运共同体》，中央文献出版社 2018 年版，第 254 页。
② 习近平：《论坚持推动构建人类命运共同体》，中央文献出版社 2018 年版，第 254 页。
③ 习近平：《论坚持推动构建人类命运共同体》，中央文献出版社 2018 年版，第 254 页。
④ 习近平：《论坚持推动构建人类命运共同体》，中央文献出版社 2018 年版，第 254—255 页。
⑤ 习近平：《论坚持推动构建人类命运共同体》，中央文献出版社 2018 年版，第 255 页。
⑥ 习近平：《论坚持推动构建人类命运共同体》，中央文献出版社 2018 年版，第 255 页。
⑦ 习近平：《论坚持推动构建人类命运共同体》，中央文献出版社 2018 年版，第 256 页。
⑧ 习近平：《论坚持推动构建人类命运共同体》，中央文献出版社 2018 年版，第 256 页。
⑨ 习近平：《论坚持推动构建人类命运共同体》，中央文献出版社 2018 年版，第 256 页。
⑩ 习近平：《论坚持推动构建人类命运共同体》，中央文献出版社 2018 年版，第 256 页。

2017 年 1 月，习近平在联合国日内瓦总部的演讲中，提出"国际社会要从伙伴关系、安全格局、经济发展、文明交流、生态建设等方面作出努力"① 新构想，提出了人类命运共同体要坚守"共同构建"的"行动"意向。"大道至简，实干为要"，习近平提出了人类命运共同体具有的"世界"大道的五个方面内涵，即坚持对话协商，建设一个持久和平的世界；坚持共建共享，建设一个普遍安全的世界；坚持合作共赢，建设一个共同繁荣的世界；坚持交流互鉴，建设一个开放包容的世界；坚持绿色低碳，建设一个清洁美丽的世界。

在这五个方面，习近平提出了人类命运共同体政治经济学的主要课题和基本理论：一是"各国特别是主要经济体要加强宏观政策协调，兼顾当前和长远，着力解决深层次问题。"② 二是"要抓住新一轮科技革命和产业变革的历史性机遇，转变经济发展方式，坚持创新驱动，进一步发展社会生产力、释放社会创造力。"③ 三是"经济全球化是历史大势，促成了贸易大繁荣、投资大便利、人员大流动、技术大发展。"④ 20 世纪初以来，在联合国主导下，借助经济全球化，国际社会制定和实施了千年发展目标和 2030 年可持续发展议程，推动 11 亿人口脱贫，19 亿人口获得安全饮用水，35 亿人口用上互联网等，还将在 2030 年实现零贫困。⑤ 这充分说明，经济全球化的大方向是正确的。当然，发展失衡、治理困境、数字鸿沟、公平赤字等问题也客观存在。这些是前进中的问题，我们要正视并设法解决，但不能因噎废食。经济全球化仍然是当今世界经济发展的主导性趋势，国际经济联通和交往仍然是当今世界经济发展的主要特征，各国分工合作、互利共赢仍然是人类休戚与共的命运共同体的内在要求。四是全球经济协调和治理问题。"2008 年爆发的国际金融危机启示我们，引导经济全球化健康发展，需要加强协调、完善治理，推动建设一个开放、包容、普惠、平衡、共赢的经济全球化，既要做大蛋糕，更要分好蛋糕，着力解决公平公正问题。"⑥ 五是人与自然的和谐发展问题。"人与自然共生共存，伤害自然最终将伤及人类。空气、水、土壤、蓝天等自然资源用之不觉、失之难续。工业化创造了前所未有的物质财富，也产生了难以弥补的生态创伤。我们不能吃祖宗饭、断子孙路，用破坏性方式搞发展。绿水青山就是金山银山。我们应该遵循天人合一、道法自然的理念，寻求永续发展之路。"⑦

这五个方面的问题，是人类命运共同体政治经济学的基本意向，对这些问题的回答是习近平经济思想对 21 世纪马克思主义政治经济学贡献的中国智慧和中国方案。

四、 人类命运共同体政治经济学的理论主题

人类命运共同体政治经济学，将马克思的世界历史理论运用于认识当代世界现实，而

① 习近平：《论坚持推动构建人类命运共同体》，中央文献出版社 2018 年版，第 418 页。
② 习近平：《论坚持推动构建人类命运共同体》，中央文献出版社 2018 年版，第 420 页。
③ 习近平：《论坚持推动构建人类命运共同体》，中央文献出版社 2018 年版，第 420 页。
④ 习近平：《论坚持推动构建人类命运共同体》，中央文献出版社 2018 年版，第 420 页。
⑤ 刘同舫：《人类命运共同体的历史唯物主义沉思》，人民出版社 2023 年版，第 189 页。
⑥ 习近平：《论坚持推动构建人类命运共同体》，中央文献出版社 2018 年版，第 421 页。
⑦ 习近平：《论坚持推动构建人类命运共同体》，中央文献出版社 2018 年版，第 421—422 页。

且把蕴含其中的社会观历史观落实到当代世界的国际交往实践中，探索出一条不同文明、不同模式之间并存的发展之道，书写了马克思世界历史理论的新的篇章。

党的十九大将"坚持推动构建人类命运共同体"列为新时代坚持和发展中国特色社会主义的基本方略之一，提出"中国人民的梦想同各国人民的梦想息息相通，实现中国梦离不开和平的国际环境和稳定的国际秩序。必须统筹国内国际两个大局，始终不渝走和平发展道路、奉行互利共赢的开放战略，坚持正确义利观，树立共同、综合、合作、可持续的新安全观，谋求开放创新、包容互惠的发展前景，促进和而不同、兼收并蓄的文明交流，构筑尊崇自然、绿色发展的生态体系，始终做世界和平的建设者、全球发展的贡献者、国际秩序的维护者"①。党的十九大以来，在构建人类命运共同体的实践过程和理论创新中，人类命运共同体政治经济学也得到进一步的发展和完善，丰富了习近平经济思想体系，成就了中国化马克思主义政治经济学的理论创新和理论创造。

党的十九大以后，国际经济体系出现了一系列新的变化，特别是经济全球化遭遇波折和困境，保护主义、单边主义持续蔓延，逆全球化思潮正在发酵，世界经济增长缺乏动力，不确定性因素显著增加，世界经济再次走到十字路口。2019 年 3 月，习近平在中法全球治理论坛闭幕式的讲话中指出："经济全球化是推动世界经济增长的引擎……要坚持创新驱动，打造富有活力的增长模式；坚持协同联动，打造开放共赢的合作模式；坚持公平包容，打造平衡普惠的发展模式，让世界各国人民共享经济全球化发展成果。"② 世界各国要把握发展大势，以更加开放包容的姿态抓住发展机遇，谋求互利互惠、合作共赢，积极引导经济全球化朝正确方向发展。

作为世界和平的建设者、全球发展的贡献者、国际秩序的维护者，中国坚定践行多边主义，维护以国际法为基础的国际秩序，积极维护国际关系基本准则，全面推进全球治理完善。2019 年 5 月，习近平在亚洲文明对话大会开幕式上的主旨演讲中指出："亚洲近几十年快速发展，一条十分重要的经验就是敞开大门，主动融入世界经济发展潮流。如果各国重新回到一个个自我封闭的孤岛，人类文明就将因老死不相往来而丧失生机活力。亚洲各国人民希望远离封闭、融会通达，希望各国秉持开放精神，推进政策沟通、设施联通、贸易畅通、资金融通、民心相通，共同构建亚洲命运共同体、人类命运共同体。"③ 发展是解决一切问题的总钥匙。只有坚持开放共赢、分享发展机遇，才能为共同发展注入持久强大动能。

当年 6 月，习近平在亚洲相互协作与信任措施会议第五次峰会上的讲话中提出："中方愿同各国一道，秉持共商共建共享的全球治理观，坚定维护以联合国为核心的国际体系，坚定维护以世界贸易组织为核心的多边贸易体制。对于经贸往来中出现的问题，各方都应该本着相互尊重的精神，通过平等对话协商，按照国际关系准则和多边贸易规则妥善处理，而不是动辄诉诸保护主义、单边主义。"④ 中国的这一立场和主张，不仅是在维护各国的正当发展权利，也是在维护国际公平正义，推动国际政治经济秩序朝着更加公正合

---

① 《十九大以来重要文献选编》上，中央文献出版社 2019 年版，第 18 页。
② 习近平：《为建设更加美好的地球家园贡献智慧和力量》，《人民日报》2019 年 3 月 27 日。
③ 《十九大以来重要文献选编》中，中央文献出版社 2021 年版，第 80—81 页。
④ 习近平：《携手开创亚洲安全和发展新局面》，《人民日报》2019 年 6 月 16 日。

理的方向发展，丰富了人类命运共同体政治经济学的基本理论。

承继党的十八大后提出的"新型国际关系"特征的基本判断，习近平对新冠疫情全球大流行中世界交往关系的新变化，特别是结合中华民族伟大复兴战略全局和世界百年未有之大变局相互作用的现实，对构建人类命运共同体问题作出了新的探讨，特别是对构建人类命运共同体中政治经济学新课题作出了新的阐释。

2020 年 9 月，在第七十五届联合国大会一般性辩论的讲话中，习近平指出："人类社会发展史，就是一部不断战胜各种挑战和困难的历史。新冠疫情全球大流行和世界百年未有之大变局相互影响，但和平与发展的时代主题没有变，各国人民和平发展合作共赢的期待更加强烈。"[1] 顺应时代潮流，要做好携手迎接更多全球性挑战的准备，推动构建人类命运共同体更成为重要的课题。

从坚持构建人类命运共同体的指向上，习近平作出了政治经济学意义上的深入分析：

一是确立互联互通、休戚与共的地球村的意向。习近平指出："各国紧密相连，人类命运与共。任何国家都不能从别国的困难中谋取利益，从他国的动荡中收获稳定。如果以邻为壑、隔岸观火，别国的威胁迟早会变成自己的挑战。我们要树立你中有我、我中有你的命运共同体意识，跳出小圈子和零和博弈思维，树立大家庭和合作共赢理念，摒弃意识形态争论，跨越文明冲突陷阱，相互尊重各国自主选择的发展道路和模式，让世界多样性成为人类社会进步的不竭动力、人类文明多姿多彩的天然形态。"[2]

二是确立经济全球化是客观现实和历史潮流理念。习近平提出："面对经济全球化大势，像鸵鸟一样把头埋在沙里假装视而不见，或像堂吉诃德一样挥舞长矛加以抵制，都违背了历史规律。世界退不回彼此封闭孤立的状态，更不可能被人为割裂。我们不能回避经济全球化带来的挑战，必须直面贫富差距、发展鸿沟等重大问题。我们要处理好政府和市场、公平和效率、增长和分配、技术和就业的关系，使发展既平衡又充分，发展成果公平惠及不同国家不同阶层不同人群。我们要秉持开放包容理念，坚定不移构建开放型世界经济，维护以世界贸易组织为基石的多边贸易体制，旗帜鲜明反对单边主义、保护主义，维护全球产业链供应链稳定畅通。"[3]

三是确立人类需要一场自我革命，加快形成绿色发展方式和生活方式，建设生态文明和美丽地球的指向。习近平指出："人类不能再忽视大自然一次又一次的警告，沿着只讲索取不讲投入、只讲发展不讲保护、只讲利用不讲修复的老路走下去。应对气候变化《巴黎协定》代表了全球绿色低碳转型的大方向，是保护地球家园需要采取的最低限度行动，各国必须迈出决定性步伐。"[4] 各国要树立创新、协调、绿色、开放、共享的新发展理念，抓住新一轮科技革命和产业变革的历史性机遇，汇聚起可持续发展的强大合力。

四是确立亟待改革和完善全球治理体系的指向。习近平指出："我们要坚持走多边主义道路，维护以联合国为核心的国际体系。全球治理应该秉持共商共建共享原则，推动各国权利平等、机会平等、规则平等，使全球治理体系符合变化了的世界政治经济，满足应

① 《十九大以来重要文献选编》中，中央文献出版社 2021 年版，第 711 页。
② 《十九大以来重要文献选编》中，中央文献出版社 2021 年版，第 711—712 页。
③ 《十九大以来重要文献选编》中，中央文献出版社 2021 年版，第 712 页。
④ 《十九大以来重要文献选编》中，中央文献出版社 2021 年版，第 712 页。

对全球性挑战的现实需要，顺应和平发展合作共赢的历史趋势。国家之间有分歧是正常的，应该通过对话协商妥善化解。国家之间可以有竞争，但必须是积极和良性的，要守住道德底线和国际规范。大国更应该有大的样子，要提供更多全球公共产品，承担大国责任，展现大国担当。"[1]

习近平强调："中国是世界上最大的发展中国家，走的是和平发展、开放发展、合作发展、共同发展的道路。我们永远不称霸，不扩张，不谋求势力范围，无意跟任何国家打冷战热战，坚持以对话弥合分歧，以谈判化解争端。我们不追求一枝独秀，不搞你输我赢，也不会关起门来封闭运行，将逐步形成以国内大循环为主体、国内国际双循环相互促进的新发展格局，为中国经济发展开辟空间，为世界经济复苏和增长增添动力。"[2]

世界进入新的动荡变革时期，人类社会正发生着新的深刻的变化，构建人类命运共同体也面临着新的课题。2021年9月，在第七十六届联合国大会一般性辩论的讲话中，习近平以《坚定信心，共克时艰，共建更加美好的世界》为题，对人类如何以信心、勇气、担当，回答时代课题，作出历史抉择，提出了四个方面的重要观点：一是必须战胜疫情，赢得这场事关人类前途命运的重大斗争；二是必须复苏经济，推动实现更加强劲、绿色、健康的全球发展；三是必须加强团结，践行相互尊重、合作共赢的国际关系理念；四是必须完善全球治理，践行真正的多边主义。[3] 基于以上四个主要观点，习近平对共同推动全球发展迈向平衡协调包容新阶段问题作出阐释，拓展了人类命运共同体政治经济学的六个基本的论题。

一是坚持发展优先。将发展置于全球宏观政策框架的突出位置，加强主要经济体政策协调，保持连续性、稳定性、可持续性，构建更加平等均衡的全球发展伙伴关系，推动多边发展合作进程协同增效，加快落实联合国2030年可持续发展议程。

二是坚持以人民为中心。在发展中保障和改善民生，保护和促进人权，做到发展为了人民、发展依靠人民、发展成果由人民共享，不断增强民众的幸福感、获得感、安全感，实现人的全面发展。

三是坚持普惠包容。关注发展中国家特殊需求，通过缓债、发展援助等方式支持发展中国家尤其是困难特别大的脆弱国家，着力解决国家间和各国内部发展的不平衡、不充分问题。

四是坚持创新驱动。抓住新一轮科技革命和产业变革的历史性机遇，加速科技成果向现实生产力转化，打造开放、公平、公正、非歧视的科技发展环境，挖掘疫后经济增长新动能，携手实现跨越发展。

五是坚持人与自然和谐共生。完善全球环境治理，积极应对气候变化，构建人与自然生命共同体。加快绿色低碳转型，实现绿色复苏发展。

六是坚持行动导向。加大发展资源投入，重点推进减贫、粮食安全、抗疫和疫苗、发展筹资、气候变化和绿色发展、工业化、数字经济、互联互通等领域合作，加快落实联合国2030年可持续发展议程，构建全球发展命运共同体。

---

① 《十九大以来重要文献选编》中，中央文献出版社2021年版，第713页。

② 《十九大以来重要文献选编》中，中央文献出版社2021年版，第713页。

③ 习近平：《坚定信心　共克时艰　共建更加美好的世界》，人民出版社2021年版，第2—6页。

习近平对人类命运共同体政治经济学的探索，同中国特色社会主义政治经济学、当代资本主义政治经济学一起，共同构成习近平经济思想的体系结构，构成中国特色"系统化的经济学说"的有机组成部分。

思考题

1. 怎样全面理解马克思世界历史的命题及其当代意义？

2. 如何以当今世界经济关系形成和发展中的"事实"为出发点，理解人类命运共同体政治经济学的对象规定和方法特征？

3. 如何基于我们所处时代的变化和对"新型国际关系"特征的理解，把握人类命运共同体政治经济学形成的理论根据和世界意义？

第十六章 习近平经济思想与 21 世纪马克思主义政治经济学

学习要点：

● 中国特色社会主义政治经济学是 20 世纪下半期形成并在 21 世纪接续发展的当代中国马克思主义狭义政治经济学；党的十八大以来，习近平经济思想成为 21 世纪马克思主义狭义政治经济学发展的最新形态；

● 党的十九大以来，习近平经济思想进一步丰富和发展构建人类命运共同体思想，进一步明确人类命运体政治经济学理论课题的要义；

● 习近平经济思想的理论特征、理论品质、历史承续、时代课题、思想精粹和基本立场是 21 世纪马克思主义政治经济学发展和创新的重要标志。

从 21 世纪马克思主义政治经济学整体上看，习近平经济思想的理论创新和理论创造，一是体现在中国特色社会主义政治经济学上，这是 21 世纪马克思主义狭义政治经济学的发展和创新；二是体现在当代资本主义广义政治经济学的拓新，特别是体现在人类命运共同体广义政治经济学的创造性探索上。

在对马克思主义狭义政治经济学的发展和创新中，习近平经济思想形成了以新发展理念为主要内容、涵盖七个"坚持"的理论体系；擘画了与建设社会主义现代化强国相适应的建设现代化经济体系的战略思想；把握了新发展阶段社会主要矛盾这一枢纽，推进了中国特色社会主义政治经济学的理论创新和理论创造。

在广义政治经济学上，习近平经济思想高度重视当代资本主义经济关系新情况和新问题的研究，深化当代资本主义经济关系的本质特征和规律性理论探索；以当今世界正在经历的新一轮科学技术和经济政治格局的大发展大变革大调整、人类面临的众多不稳定不确定经济政治社会因素为背景，创立了人类命运共同体政治经济学。

在理论特征、理论品质、历史承续、时代课题、思想精粹和基本立场等方面的深透理解和深湛把握中，习近平经济思想升华了中国特色"系统化的经济学说"的学理和知识体系，升华了 21 世纪马克思主义政治经济学的理论魅力和思想智慧。

一、 21 世纪马克思主义政治经济学的视界

19 世纪中期，马克思致力于政治经济学的科学革命，创立了资本主义政治经济学、创新了马克思主义政治经济学的基本理论。对马克思的贡献，恩格斯在《反杜林论》中从狭义政治经济学和广义政治经济学两个方面作过概述。

"政治经济学本质上是一门历史的科学"①，这是恩格斯在《反杜林论》中对狭义和广义政治经济学划分的立论基础。狭义政治经济学，是以特定社会的经济关系为对象的，它"首先研究生产和交换的每个个别发展阶段的特殊规律"，旨在揭示这一特定社会的经济关

---

① 《马克思恩格斯文集》第九卷，人民出版社 2009 年版，第 153 页。

系中存在的"生产方式和交换形式的规律"，这些"规律"对于具有"这种生产方式和交换形式的一切历史时期也是适用的"。① 狭义政治经济学对象由居于"主体"地位的特定社会的经济关系决定，即如马克思所指出的，"应当时刻把握住：无论在现实中或在头脑中，主体——这里是现代资产阶级社会——都是既定的"②，马克思面对的就是以资本主义经济关系为对象的狭义政治经济学。

广义政治经济学以"研究人类各种社会进行生产和交换并相应地进行产品分配的条件和形式的科学"为对象，它具有双重内涵：一是以"各种社会"中"生产和交换并相应地进行产品分配的条件和形式"为对象，是基于"普遍"意义的政治经济学研究；二是"对于发生在这些形式之前的或者在不太发达的国家内和这些形式同时并存的那些形式"的政治经济学，这是以占据"主体"地位之外的其他各种社会经济关系为对象的政治经济学研究，在资本主义政治经济学为狭义政治经济学的背景下，广义政治经济学既有资本主义经济关系"之前的"各种经济关系的研究，也有"同时并存"的"不太发达"国家的经济关系的研究。③

对马克思在狭义政治经济学上的贡献，恩格斯在《反杜林论》中作过三个方面的概括：一是从批判封建的生产形式和交换形式的"残余"开始，证明它们"必然要被资本主义形式所代替"；二是把资本主义生产方式和相应的交换形式的规律"从肯定方面"，即"从促进一般的社会目的的方面"加以阐述；三是对资本主义的生产方式进行"社会主义的批判"，即"从否定方面"表述它的规律，证明资本主义生产方式"由于它本身的发展，正在接近它使自己不可能再存在下去的境地"。④ 这三个方面涉及资本主义经济关系发展全部过程的历史逻辑和理论逻辑。

马克思在对资本主义狭义政治经济学作出巨大贡献的同时，也对广义政治经济学研究作出重要贡献，如对前资本主义生产方式政治经济学的研究、对与西方发达国家同时并存的经济文化相对落后国家的政治经济学的研究，以及对未来社会政治经济学的研究等。恩格斯认为："到目前为止，总的说来，只有马克思进行过这种研究和比较，所以，到现在为止在资产阶级以前的理论经济学方面所确立的一切，我们也差不多完全应当归功于他的研究。"⑤

马克思主义狭义和广义政治经济学，在 20 世纪得到多方面的发展。一是资本主义狭义政治经济学的发展，面对 19 世纪末和 20 世纪初资本主义时代的变迁，列宁对垄断资本主义政治经济学的创新性研究，成为 20 世纪马克思主义政治经济学发展的重要标识；从私人垄断到国家垄断、再到国际垄断的资本主义狭义政治经济学的研究，成为 20 世纪马克思主义政治经济学最显著的理论特征。二是随着社会主义经济关系"主体"地位的确立，社会主义国家关于社会主义狭义政治经济学的研究得到长足发展，成为 20 世纪马克思主义政治经济学创新的显著标志。无论是苏联的社会主义政治经济学或东欧国家经

① 《马克思恩格斯文集》第九卷，人民出版社 2009 年版，第 154 页。
② 《马克思恩格斯文集》第八卷，人民出版社 2009 年版，第 30 页。
③ 《马克思恩格斯文集》第九卷，人民出版社 2009 年版，第 156—157 页。
④ 《马克思恩格斯文集》第九卷，人民出版社 2009 年版，第 156—157 页。
⑤ 《马克思恩格斯文集》第九卷，人民出版社 2009 年版，第 157 页。

济学派，还是新中国成立后特别是改革开放新时期中国社会主义政治经济学的发展，都成就了 20 世纪马克思主义政治经济学的新篇章。三是不发达政治经济学在广义政治经济学形式上得到接续发展，特别是第二次世界大战之后出现的"增长的政治经济学""不发达的发展""依附的发展""不平等交换""外围资本主义"等理论，勾画了不发达广义政治经济学发展的轨迹，开拓了 20 世纪马克思主义政治经济学的新视域。

在 20 世纪马克思主义政治经济学的发展中，中国共产党直面中国经济社会发展的现实，在理论和实践上取得了马克思主义政治经济学中国化的伟大成就。2015 年 11 月，习近平在以"不断开拓当代中国马克思主义政治经济学新境界"为主题的讲话中提出："我们党历来重视对马克思主义政治经济学的学习、研究、运用"；新时代"研究政治经济学问题，有很大的理论意义和现实意义"。① 习近平对马克思主义狭义政治经济学在中国的演进历程和理论成就作出深刻阐释。

一是在新民主主义革命时期，以毛泽东同志为主要代表的中国共产党人，对中国半殖民地半封建社会的经济形态性质、新民主主义的经济制度和体制以及经济结构等理论作出系统阐释，习近平对此作出的概括是，"毛泽东同志在新民主主义时期创造性地提出了新民主主义经济纲领"②。

二是在实现新民主主义向社会主义过渡以及全面推进社会主义建设时期，先是形成了具有中国特点的社会主义过渡时期政治经济学理论，取得了社会基本经济制度转型、主导型经济体制转轨、社会生产力持续增长和人民生活水平显著提高四个方面同步推进的伟大成就；而后在探索中国社会主义经济建设道路中，马克思主义政治经济学中国化的发展尽管多有波折，但还是取得了一系列独创性的理论成果，如习近平所概括的，这一时期"在探索社会主义建设道路过程中对发展我国经济提出了独创性的观点，如提出社会主义社会的基本矛盾理论，提出统筹兼顾、注意综合平衡，以农业为基础、工业为主导、农轻重协调发展等重要观点。这些都是我们党对马克思主义政治经济学的创造性发展"③。

三是党的十一届三中全会以来，在新时期改革开放和社会主义现代化建设中，中国共产党始终把马克思主义政治经济学基本原理同改革开放新的实践结合起来，不断丰富和发展马克思主义政治经济学。回溯 1978 年党的十一届三中全会之后社会主义政治经济学在中国的发展历程，习近平指出："随着改革开放不断深入，我们形成了当代中国马克思主义政治经济学的许多重要理论成果"，其中在新时期形成的理论要义在于：关于社会主义本质的理论，关于社会主义初级阶段基本经济制度的理论，关于发展社会主义市场经济的理论，关于推动新型工业化、信息化、城镇化、农业现代化相互协调的理论，关于农民承包的土地具有所有权、承包权、经营权属性的理论，关于用好国际国内两个市场、两种资源的理论，逐步实现全体人民共同富裕的理论等等。④ "这些理论成果，马克思主义经典作家没有讲过，改革开放前我们也没有这方面的实践和认识，是适应当代中国国情和时代特点的政治经济学，不仅有力指导了我国经济发展实践，而且开拓了马克思主义政治经济

---

① 《十八大以来重要文献选编》下，中央文献出版社 2018 年版，第 2 页。
② 《十八大以来重要文献选编》下，中央文献出版社 2018 年版，第 2 页。
③ 《十八大以来重要文献选编》下，中央文献出版社 2018 年版，第 2 页。
④ 《十八大以来重要文献选编》下，中央文献出版社 2018 年版，第 3 页。

学新境界。"①

回溯历史，增强了新世纪的历史自觉；凝练思想，跃升了新时代的理论自觉。在这次讲话中，习近平提出了新时代坚持和发展马克思主义政治经济学的新观点，拓展了 21 世纪马克思主义政治经济学的新视界：一是提出"马克思主义政治经济学是马克思主义的重要组成部分，也是我们坚持和发展马克思主义的必修课"，强调要赋予 21 世纪马克思主义政治经济学以新的时代内涵；二是提出"在风云变幻的世界经济大潮中，能不能驾驭好我国经济这艘大船，是对我们党的重大考验"的严峻课题，昭彰 21 世纪马克思主义政治经济学理论创新和理论创造的新路向；三是提出学习马克思主义政治经济学基本原理和方法论，要"有利于我们掌握科学的经济分析方法，认识经济运动过程，把握社会经济发展规律，提高驾驭社会主义市场经济能力，更好回答我国经济发展的理论和实践问题"，凸显 21 世纪马克思主义政治经济学发展的新要求。②

二、 狭义政治经济学的主题转换与习近平经济思想的创新

20 世纪是马克思主义政治经济学发展的第一个完整的世纪，社会主义政治经济学的形成和发展是其显著的标志和最突出的建树。特别是在当代中国，社会主义经济关系已经占据"主体"地位，中国特色社会主义政治经济学成为 20 世纪下半期形成并在 21 世纪接续发展的当代中国马克思主义狭义政治经济学，党的十八大以来，习近平经济思想成为 21 世纪马克思主义狭义政治经济学发展的最新形态。

2017 年 10 月，党的十九大提出习近平新时代中国特色社会主义思想为党的指导思想；12 月，党的十九大之后召开的第一次中央经济工作会议，对习近平新时代中国特色社会主义经济思想第一次作出科学概括。

这一概括，以坚定不移贯彻新发展理念为主要内容。理念是行动的先导，一定的发展实践都是由一定的发展理念来引领的。党的十八大以来，中国共产党对经济关系演进和经济形势变化作出科学判断，对发展理念和思路作出及时调整，形成推进我国经济持续健康发展的一套制度体制框架。在这一过程中形成的新发展理念作为系统的理论体系，"回答了关于发展的目的、动力、方式、路径等一系列理论和实践问题，阐明了我们党关于发展的政治立场、价值导向、发展模式、发展道路等重大政治问题"③。

这一概括，以七个"坚持"为理论要义。

第一，坚持党对经济工作领导和坚持以人民为中心发展这两个"坚持"，是习近平经济思想本质特征和核心立场的集中体现。坚持党对经济工作领导的理论，突出的是党在治国理政中坚持对经济工作的集中统一领导的本质特征和根本要求，保证中国特色社会主义经济沿着正确的方向发展。人民是党执政的最深厚基础和最大底气，只有坚持以人民为中

① 《十八大以来重要文献选编》下，中央文献出版社 2018 年版，第 3 页。
② 《十八大以来重要文献选编》下，中央文献出版社 2018 年版，第 1 页、第 3 页。
③ 习近平：《论把握新发展阶段、贯彻新发展理念、构建新发展格局》，中央文献出版社 2021 年版，第 479 页。

心的发展思想，坚持发展为了人民、发展依靠人民、发展成果由人民共享，才会有正确的发展观、现代化观。坚持以人民为中心发展的理论，在根本上就是把为人民谋幸福、把实现人民对美好生活的期盼，作为新发展理念的"根"和"魂"，作为中国特色社会主义经济发展的出发点和落脚点。

第二，坚持经济发展新常态、坚持社会主义市场经济体制改革和坚持供给侧结构性改革这三个"坚持"，是习近平经济思想的三大理论支柱。2013 年 7 月，在中共中央政治局常委会召开的会议上，习近平指出，我国经济正处于增长速度换挡期、结构调整阵痛期、前期刺激政策消化期"三期叠加"的阶段，加上世界经济也在深度调整，发展环境十分复杂，要准确认识我国经济发展新常态的发展阶段性特征，在根本上"走出一条质量更高、效益更好、结构更优、优势充分释放的发展新路，推动我国经济向形态更高级、分工更优化、结构更合理的阶段演进"①。从认识到适应、再到引领新常态，成为一个时期我国经济发展的"大逻辑"。

坚持深化社会主义市场经济体制改革理论，其要旨在于强调市场配置资源是最有效率的形式，市场决定资源配置是市场经济的一般规律，要使市场在资源配置中起决定性作用，对市场作用作出全新定位。在社会主义经济制度与市场经济体制结合问题上，既要使"看不见的手"对资源配置起到决定性作用，又要更好地发挥政府的"看得见的手"的作用。

坚持供给侧结构性改革理论，强调适应新时代我国社会主要矛盾的变化，坚持完善宏观调控，把推进供给侧结构性改革作为经济工作的主线。供给侧结构性改革的关键是抓好"去产能、去库存、去杠杆、降成本、补短板"；深化供给侧结构性改革、推动经济高质量发展，总的要求是切实贯彻好"巩固、增强、提升、畅通"的八字方针。

第三，坚持问题导向和坚持正确工作策略这两个"坚持"，是习近平经济思想的根本方法和战略思维。坚持问题导向，聚焦突出问题和明显短板，回应人民群众诉求和期盼，是习近平经济思想的基本方法。坚持正确工作策略和方法，在根本上就要坚持稳中求进的工作总基调，坚持以提高发展质量和效益为中心，加强预期引导，深化创新驱动，促进经济平稳健康发展和社会和谐稳定，这是习近平经济思想的战略谋划。

党的十九大之后，习近平擘画了与建设社会主义现代化强国相适应的建设现代化经济体系的战略思想。这一战略思想的要点，一是以不断深化供给侧结构性改革为发展主线，把经济发展的着力点放在实体经济上，把提高供给体系质量作为主攻方向，显著增强我国经济发展的质量优势；二是以加快实施创新驱动发展战略，加快创新型国家建设为战略支撑；三是以实施乡村振兴战略、区域协调发展战略为根本途径；四是以深化经济体制改革为发展的制度保障，要坚决破除各方面体制机制弊端，激发全社会创新创业活力；五是以推动形成全面开放新格局，主动参与和推动经济全球化进程为必由之路，提高国际竞争力，更好利用全球资源和市场，推进贸易强国建设。

分析和判断社会主要矛盾，是中国共产党治国理政的重要方法；处理和解决好新时代的社会主要矛盾，成为习近平经济思想面对的最基本也是最重要的课题。习近平提出，

---

① 《习近平关于社会主义经济建设论述摘编》，中央文献出版社 2017 年版，第 85 页。

"明确新时代我国社会主要矛盾是人民日益增长的美好生活需要和不平衡不充分的发展之间的矛盾，必须坚持以人民为中心的发展思想，不断促进人的全面发展、全体人民共同富裕"①。在制定"十四五"规划中，习近平提出，"要辩证认识和把握国内外大势，统筹中华民族伟大复兴战略全局和世界百年未有之大变局，深刻认识我国社会主要矛盾变化带来的新特征新要求，深刻认识错综复杂的国际环境带来的新矛盾新挑战"②。把握时代特征，面对"全局""变局"，砥砺前行、与时俱进，拓展了习近平经济思想作为 21 世纪马克思主义政治经济学的新境界。

习近平经济思想牢牢把握新发展阶段社会主要矛盾这一枢纽，升华了 21 世纪马克思主义政治经济学的理论力量和思想智慧。

一是提出中国式现代化道路新思想。中国式现代化道路凸显人口规模巨大、全体人民共同富裕、物质文明和精神文明相协调、人与自然和谐共生和走和平发展道路五个方面的内在规定，全面协调地推进物质文明、政治文明、精神文明、社会文明、生态文明的发展。中国式现代化道路对 21 世纪人类文明新形态的发展有重要的启示意义。

二是强化促进全体人民共同富裕的本质要求。共同富裕是社会主义的本质要求，中国特色社会主义的发展根本上就是要实现全体人民共同富裕。在开启全面建设社会主义现代化国家新征程中，要把促进全体人民共同富裕摆在更加重要的位置，坚持不懈、坚定不移，向着这个目标更加积极、更有作为地不断努力，开创 21 世纪人类社会更加美好的前景。

三是形成新发展格局新战略。随着外部环境和我国发展所具有的要素禀赋的变化，我国内需潜力正随着"美好生活"满足程度的逐步提高而不断释放，发展的平衡性和充分性要求为增强经济高质量发展提供强劲的内在动力，着力打通经济运行过程中生产、分配、流通、消费各个环节及其联系，引发更多新的增长点、增长极，因此形成国内大循环为主体、国内国际双循环相互促进的新发展格局成为必然趋势。

四是提出统筹发展和安全新谋略。树立安全是发展的前提、发展是安全的保障的意识，成为推进中国特色社会主义建设和发展的重大战略问题。习近平在 2022 年中央经济工作会议上关于"正确认识和把握我国发展重大理论和实践问题"的讲话，对当前统筹发展和安全问题作出分析和判断，要求从"不容回避的重大政治和经济问题"和"对经济发展和社会稳定造成冲击"③ 的高度，在正确认识和把握实现共同富裕的战略目标和实践途径、资本的特性和行为规律、初级产品供给保障、防范化解重大风险和碳达峰碳中和等重大问题上，坚持统筹发展和安全，增强机遇意识和风险意识，树立底线思维，有效防范化解各类风险挑战，确保社会主义现代化事业顺利推进。

五是提出发展新质生产力是推动高质量发展的内在要求和重要着力点的新理念。2024年 1 月，习近平在中央政治局第十一次集体学习的讲话中指出："概括地说，新质生产力是创新起主导作用，摆脱传统经济增长方式、生产力发展路径，具有高科技、高效能、高质量特征，符合新发展理念的先进生产力质态。它由技术革命性突破、生产要素创新性配

① 《十九大以来重要文献选编》上，中央文献出版社 2019 年版，第 14 页。
② 习近平：《论把握新发展阶段、贯彻新发展理念、构建新发展格局》，中央文献出版社 2021 年版，第 372 页。
③ 《习近平著作选读》第二卷，人民出版社 2023 年版，第 576 页、第 580 页。

置、产业深度转型升级而催生，以劳动者、劳动资料、劳动对象及其优化组合的跃升为基本内涵，以全要素生产率大幅提升为核心标志，特点是创新，关键在质优，本质是先进生产力。"① 习近平对新质生产力的这一阐释，结合中国新发展理念、新发展阶段和新发展格局的实际，从学理上揭示了新质生产力的基本特征和重要标识，提炼了十八大以来中国经济学自主知识体系的精粹和要义，为准确把握新质生产力的理论内涵提供了学术和学理遵循。新质生产力所形成的"可靠依据"，不仅集中体现了中国经济学自主知识体系集成的精粹，而且赋予马克思主义生产力理论作为新时代的"可靠依据"新内涵，创立了中国特色"系统化的经济学说"的逻辑起点。

习近平经济思想，不仅是面对中国特色社会主义发展最新实际的理论创新和理论创造，是马克思主义狭义政治经济学在当代中国发展的最新形式；而且也是对当今世界经济发展的内在要求和发展趋势的深刻把握，彰显了 21 世纪马克思主义政治经济学时代课题的深厚意蕴。

三、 当代资本主义政治经济学的拓新与习近平经济思想的创新

习近平经济思想中涵盖的对当代资本主义政治经济学的研究，是 21 世纪马克思主义广义政治经济学发展的显著标志。

进入 21 世纪以来，以美国为首的国际垄断资本主义在全球的霸权地位持续衰退；美国帝国主义霸权地位赖以支撑的经济、政治、文化和军事等因素，因受到多方面的冲击而陷于困境。2008 年以来，受国际金融危机的持续影响，世界主要工业化国家经济低迷，国际金融市场跌宕起伏，国际经济交往特别是国际贸易和国际投资命运多舛。2017 年以来，经济全球化逆流泛起，一些国家保护主义和单边主义盛行，地缘政治风险和冲突愈加显露。当代资本主义政治经济学研究的根本问题，不再是国际垄断资本霸权地位是否正在衰落的问题，而是在这一不可避免的衰落过程中国际垄断资本主义的新变化及其本质特征和历史趋势的新课题。

第一，要从 21 世纪时代发展的新变化中，深刻理解当代资本主义政治经济学研究的重要性。2017 年 9 月，习近平在谈到继续推进马克思主义中国化时代化大众化问题时指出，"发展二十一世纪马克思主义、当代中国马克思主义，必须立足中国、放眼世界，保持与时俱进的理论品格，深刻认识马克思主义的时代意义和现实意义"②。对于 21 世纪马克思主义政治经济学的发展，要"立足中国"，深化中国特色社会主义政治经济学研究；同样要"放眼世界"，拓新当代资本主义政治经济学研究。对于当代资本主义政治经济学的研究，习近平指出："世界格局正处在加快演变的历史进程之中，产生了大量深刻复杂的现实问题，提出了大量亟待回答的理论课题。这就需要我们加强对当代资本主义的研究，分析把握其出现的各种变化及其本质，深化对资本主义和国际政治经济关系深刻复杂

---

① 习近平：《发展新质生产力是推动高质量发展的内在要求和重要着力点》，《求是》2024 年第 11 期。

② 习近平：《论党的宣传思想工作》，中央文献出版社 2020 年版，第 285 页。

变化的规律性认识。"① 推进 21 世纪马克思主义广义政治经济学的发展，是习近平经济思想研究的重大课题和根本要求。

第二，在当代资本主义政治经学研究中，《资本论》仍然有着重要的指导意义。2016年 5 月，习近平在哲学社会科学工作座谈会的讲话中指出："有人说，马克思主义政治经济学过时了，《资本论》过时了。这个说法是武断的。远的不说，就从国际金融危机看，许多西方国家经济持续低迷、两极分化加剧、社会矛盾加深，说明资本主义固有的生产社会化和生产资料私人占有之间的矛盾依然存在，但表现形式、存在特点有所不同。"② 一个不争的事实就是："国际金融危机发生后，不少西方学者也在重新研究马克思主义政治经济学、研究《资本论》，借以反思资本主义的弊端。"③

在对当代资本主义政治经济学的研究中，要坚持《资本论》科学原理和科学精神相统一的原则。在对法国学者托马斯·皮凯蒂撰写的《21 世纪资本论》一书评价时，习近平对该书"用翔实的数据证明，美国等西方国家的不平等程度已经达到或超过了历史最高水平，认为不加制约的资本主义加剧了财富不平等现象，而且将继续恶化下去"的观点表示赞赏，但对该书的"分析主要是从分配领域进行的，没有过多涉及更根本的所有制问题"的倾向提出质疑，强调"马克思主义政治经济学认为，生产资料所有制是生产关系的核心，决定着社会的基本性质和发展方向"。④脱离资本主义生产资料所有制关系及其经济关系"总体"，只从分配上来谈资本主义经济关系的矛盾及其发展取向，在理论上显然是有偏颇的。

第三，要从"大历史观"上，树立历史辩证法的科学理念，深刻理解资本主义政治经济学在 21 世纪发展主题的特征。习近平提出："世界上的事物总是有着这样那样的联系，不能孤立地静止地看待事物发展，否则往往会出现盲人摸象、以偏概全的问题。正所谓'有无相生，难易相成，长短相形，高下相倾，音声相和，前后相随'。在观察社会发展时，一定要注意这种决定和被决定、作用和反作用的有机联系。"⑤ 在对当代资本主义政治经济学的研究中，要深刻领悟马克思恩格斯关于"两个必然"和"两个决不会"历史辩证法的观念。

习近平指出："马克思、恩格斯运用社会基本矛盾推动社会发展的规律，对未来社会发展作出了科学预见。《共产党宣言》提出：'资产阶级的灭亡和无产阶级的胜利是同样不可避免的。'这就是'两个必然'，是就人类历史总的发展趋势而言的，是历史规律的必然指向。这里还要说到马克思提出的'两个决不会'，马克思说：'无论哪一个社会形态，在它所能容纳的全部生产力发挥出来以前，是决不会灭亡的；而新的更高的生产关系，在它的物质存在条件在旧社会的胎胞里成熟以前，是决不会出现的。'"⑥"两个必然"揭示的是社会主义取代资本主义趋势的历史必然性，"两个决不会"探索的是社会主义取代资

①　习近平：《论党的宣传思想工作》，中央文献出版社 2020 年版，第 287 页。
②　习近平：《论党的宣传思想工作》，中央文献出版社 2020 年版，第 225 页。
③　习近平：《论党的宣传思想工作》，中央文献出版社 2020 年版，第 225 页。
④　《十八大以来重要文献选编》下，中央文献出版社 2018 年版，第 2 页。
⑤　习近平：《论党的宣传思想工作》，中央文献出版社 2020 年版，第 35—36 页。
⑥　习近平：《论党的宣传思想工作》，中央文献出版社 2020 年版，第 37 页。

本主义过程的内在规定。显然，"两个决不会"不是对"两个必然"的否定，而是从过程演进中对"两个必然"的完善。习近平认为："马克思的这一重要论点，可以帮助我们理解为什么资本主义至今没有完全消亡，为什么社会主义还会出现苏联解体、东欧剧变那样的曲折，为什么马克思主义预见的共产主义还需要经过很长的历史发展才能实现。"①

第四，坚持马克思主义政治经济学基本原理和方法论，并不排斥国外各种经济理论的合理成分。习近平认为："我们要坚持去粗取精、去伪存真，坚持以我为主、为我所用，对其中反映资本主义制度属性、价值观念的内容，对其中具有西方意识形态色彩的内容，不能照抄照搬。经济学虽然是研究经济问题，但不可能脱离社会政治，纯而又纯。在我们的经济学教学中，不能食洋不化，还是要讲马克思主义政治经济学，当代中国社会主义政治经济学要大讲特讲，不能被边缘化。"②

第五，要高度重视对当代资本主义经济关系新情况和新问题的研究，重视对当代资本主义经济关系的本质特征和规律性问题的研究。习近平指出："当代世界马克思主义思潮，一个很重要的特点就是他们中很多人对资本主义结构性矛盾以及生产方式矛盾、阶级矛盾、社会矛盾等进行了批判性揭示，对资本主义危机、资本主义演进过程、资本主义新形态及本质进行了深入分析。"③ 在对这些方面问题的深入分析中形成新理论和新观点，"有助于我们正确认识资本主义发展趋势和命运，准确把握当代资本主义新变化新特征，加深对当代资本主义变化趋势的理解"④。

正是在马克思主义政治经济学科学精神和科学方法的结合中，习近平对当代资本主义政治经济学的基本问题作出深入探索和研究，其中涉及以下方面：一是当代资本主义基本矛盾的变化及其特征问题；二是新工业革命和科学技术进步与当代资本主义发展问题；三是资本主义经济演进过程及"新形态"问题；四是资本主义国家经济发展长期"低迷"趋势及其根源问题；五是国际金融市场关系的作用及其变化问题；六是资本主义经济关系中阶层分化和就业、失业问题；七是资本主义经济关系中的贫困化和两极分化问题；八是新兴工业国发展及其与当代资本主义关系问题；九是当代资本主义经济危机的变化及其性质问题；十是资本主义结构性矛盾以及生产方式矛盾、阶级矛盾、社会矛盾问题。

"马克思主义政治经济学要有生命力，就必须与时俱进。"⑤ 无论是在对资本主义还是对社会主义政治经济学的研究中，"我们既要立足本国实际，又要开门搞研究。对人类创造的有益的理论观点和学术成果，我们应该吸收借鉴，但不能把一种理论观点和学术成果当成'唯一准则'，不能企图用一种模式来改造整个世界，否则就容易滑入机械论的泥坑"⑥。在总体上，习近平指出："哲学社会科学要有批判精神，这是马克思主义最可贵的精神品质。"⑦

---

① 习近平：《论党的宣传思想工作》，中央文献出版社 2020 年版，第 37 页。
② 《十八大以来重要文献选编》下，中央文献出版社 2018 年版，第 6—7 页。
③ 习近平：《论党的宣传思想工作》，中央文献出版社 2020 年版，第 287 页。
④ 习近平：《论党的宣传思想工作》，中央文献出版社 2020 年版，第 287 页。
⑤ 《十八大以来重要文献选编》下，中央文献出版社 2018 年版，第 7 页。
⑥ 习近平：《论党的宣传思想工作》，中央文献出版社 2020 年版，第 229 页。
⑦ 习近平：《论党的宣传思想工作》，中央文献出版社 2020 年版，第 229 页。

四、　人类命运共同体政治经济学与习近平经济思想的创造

2018 年 5 月，在纪念马克思诞辰 200 周年大会的讲话上，习近平把"人类命运共同体"思想看作是马克思恩格斯世界历史理论在当代的赓续。对世界历史在当今时代变化所作的"新型国际关系"的判断，是人类命运共同体政治经济学的理论前提。党的十八大以来，在坚持和发展中国特色社会主义的新的进程中，如何顺应我国经济深度融入世界经济的趋势，发展更高层次的开放型经济；如何积极参与全球经济治理，促进国际经济秩序朝着平等公正、合作共赢的方向发展；如何维护我国发展利益、防范各种经济风险、确保国家经济安全等问题，成为习近平经济思想发展的重要课题，也成为 21 世纪马克思主义观以政治经济学升华的显著标识。

人类命运共同体政治经济学，提出了适合于 21 世纪国际经济关系发展新特点的重大理论和实践课题。党的十九大以来，习近平进一步丰富和发展构建人类命运共同体思想，进一步明确人类命运共同体政治经济学的理论课题的要义：

一是"坚持发展优先"。发展是人类社会永恒的主题。秉持人类命运共同体理念，就要恪守互利共赢的合作观，拒绝以邻为壑、自私自利的狭隘政策，抛弃垄断发展优势的片面做法，保障各国平等发展权利，促进共同发展繁荣。各国特别是主要经济体要加强宏观政策协调，树立共同体意识，强化系统观念，加强政策信息透明和共享；主要发达国家要采取负责任的经济政策，把控好政策外溢效应，避免给发展中国家造成严重冲击，"构建更加平等均衡的全球发展伙伴关系，推动多边发展合作进程协同增效"[①]。

二是"坚持以人民为中心"。为了人民而发展，发展才有意义；依靠人民而发展，发展才有动力。目前，全球发展进程正在遭受严重冲击，南北差距、复苏分化、发展断层、技术鸿沟等问题更加突出，粮食安全、教育、就业、医药卫生等民生领域面临更多困难。不论遇到什么困难，都要坚持以人民为中心的发展思想，把促进发展、保障民生置于全球宏观政策的突出位置，"不断增强民众的幸福感、获得感、安全感，实现人的全面发展"[②]。

三是"坚持普惠包容"。关注发展中国家特殊需求，通过缓债、发展援助等方式支持发展中国家尤其是困难特别大的脆弱国家，着力解决国家间和各国内部发展不平衡、不充分问题。只有克服发达国家和发展中国家的发展鸿沟，坚持共同发展，促进公平普惠，解决好发展不平衡问题，共同推动各国发展繁荣，才能为人类共同发展开辟更加广阔的前景。

四是"坚持创新驱动"。科技创新是人类社会发展的重要引擎，是应对许多全球性挑战的有力武器。科技成果应该造福全人类，而不应该成为限制、遏制其他国家发展的手段。当前，新一轮科技革命和产业变革深入发展，信息技术、生物技术、制造技术方兴未

---

① 习近平：《坚定信心　共克时艰　共建更加美好的世界》，人民出版社 2021 年版，第 4 页。
② 习近平：《坚定信心　共克时艰　共建更加美好的世界》，人民出版社 2021 年版，第 4 页。

艾，为促进经济增长，应对重大疫病、气候变化、自然灾害等挑战提供了保障。习近平提出："抓住新一轮科技革命和产业变革的历史性机遇，加速科技成果向现实生产力转化，打造开放、公平、公正、非歧视的科技发展环境，挖掘疫后经济增长新动能，携手实现跨越发展。"①

五是"坚持人与自然和谐共生"。面对气候变化给人类生存和发展带来的严峻挑战，我们要勇于担当、同心协力，共谋人与自然和谐共生之道；世界各国应该采取实际行动为自然守住安全边界，鼓励绿色复苏、绿色生产、绿色消费，推动形成文明健康生活方式，"构建人与自然生命共同体"②。

六是"坚持行动导向"。面对严峻的全球性挑战，面对人类发展在十字路口何去何从的抉择，各国应该有以天下为己任的担当精神，积极做行动派、不做观望者，共同努力把人类前途命运掌握在自己手中。当前，特别要加大发展资源投入，重点推进减贫、粮食安全、抗疫和疫苗、发展筹资、气候变化和绿色发展、工业化、数字经济、互联互通等领域合作，"构建全球发展命运共同体"③。

党的十九届六中全会通过的《中共中央关于党的百年奋斗重大成就和历史经验的决议》（以下简称《决议》），在"中国共产党百年奋斗的历史意义"上，对"党的百年奋斗深刻影响了世界历史进程"意义的阐释时指出："党推动构建人类命运共同体，为解决人类重大问题，建设持久和平、普遍安全、共同繁荣、开放包容、清洁美丽的世界贡献了中国智慧、中国方案、中国力量，成为推动人类发展进步的重要力量。"④ 从这一"历史意义"来看，习近平经济思想中人类命运共同体政治经济学，就是 21 世纪马克思主义政治经济学的重大理论创新。

五、 习近平经济思想与 21 世纪马克思主义政治经济学新境界

《决议》对党的百年奋斗的"历史意义"和"历史经验"作出总结，对习近平新时代中国特色社会主义思想作为 21 世纪马克思主义的内涵作出深刻阐释，彰显了 21 世纪马克思主义的理论主题和思想主旨，也对深刻理解习近平经济思想作为 21 世纪马克思主义政治经济学的理论特征、理论品质、历史承续、时代课题、思想精粹和基本立场等问题有着重要启迪。

第一，在理论特征上，习近平经济思想作为 21 世纪马克思主义政治经济学，突出表现为："坚持用马克思主义观察时代、解读时代、引领时代，用鲜活丰富的当代中国实践来推动马克思主义发展，用宽广视野吸收人类创造的一切优秀文明成果，坚持在改革中守正出新、不断超越自己，在开放中博采众长、不断完善自己，不断深化对共产党执政规律、社会主义建设规律、人类社会发展规律的认识，不断开辟当代中国马克思主义、

---

① 习近平：《坚定信心 共克时艰 共建更加美好的世界》，人民出版社 2021 年版，第 4 页。
② 习近平：《坚定信心 共克时艰 共建更加美好的世界》，人民出版社 2021 年版，第 4 页。
③ 习近平：《坚定信心 共克时艰 共建更加美好的世界》，人民出版社 2021 年版，第 5 页。
④ 《中共中央关于党的百年奋斗重大成就和历史经验的决议》，人民出版社 2021 年版，第 64 页。

二十一世纪马克思主义新境界！"①

　　21 世纪马克思主义政治经济学的内涵和境界，凸显了"观察时代、解读时代、引领时代"的思维方法，用鲜活而丰富的当代中国实践和世界发展现实来推动马克思主义政治经济学的理论创新和理论创造。习近平经济思想，无论是在狭义政治经济学还是在广义政治经济学上，都集中体现了"立足我国国情和我们的发展实践，深入研究世界经济和我国经济面临的新情况新问题，揭示新特点新规律，提炼和总结我国经济发展实践的规律性成果"② 的理论特征。

　　第二，在理论品质上，习近平经济思想作为 21 世纪马克思主义政治经济学，坚持守正创新、与时俱进，凸显了"问题意识"的方法论指向。2013 年 11 月，习近平在对党的十八届三中全会通过的《关于全面深化改革若干问题的决定》作出说明时提出，"要有强烈的问题意识，以重大问题为导向，抓住关键问题进一步研究思考，着力推动解决我国发展面临的一系列突出矛盾和问题"③。党的十九大召开后不久，习近平在对新时代中国特色社会主义经济思想的阐释时，再次强调"坚持问题导向部署经济发展新战略"的问题，强调这是"推动我国经济发展实践的理论结晶，是运用马克思主义基本原理对中国特色社会主义政治经济学的理性概括"④，开辟 21 世纪马克思主义政治经济学新境界的方法论要义。

　　第三，在历史传承上，习近平经济思想是中国共产党近百年来对马克思主义政治经济学中国化在新时代的继承和弘扬，《决议》作出的"一百年来，党坚持把马克思主义写在自己的旗帜上，不断推进马克思主义中国化时代化，用博大胸怀吸收人类创造的一切优秀文明成果，用马克思主义中国化的科学理论引领伟大实践"⑤ 的理论总结，也是对 21 世纪马克思主义政治经济学历史传承蕴意的精辟概括。习近平经济思想是中国共产党在社会主义现代化建设的历史进程中不懈探索、勇于创新的理论结晶，是中国共产党对 21 世纪马克思主义政治经济学的思想凝练。在这一历史传承上，习近平经济思想特别注重同中华优秀传统文化相结合，彰显着 21 世纪中国马克思主义政治经济学的理论魅力和思想智慧，写就了富有中国特色的 21 世纪马克思主义政治经济学的新篇章。

　　2021 年 12 月，习近平在中央经济工作会议上谈到正确认识和把握我国发展重大理论和实践问题时提出，正确认识和把握实现共同富裕的战略目标和实践途径，要深知"国之称富者，在乎丰民"的道理，理解"财富的创造和分配是各国都面对的重大问题"；在正确认识和把握资本的特性和行为规律时提到"合天下之众者财，理天下之财者法"，探索"如何在社会主义市场经济条件下发挥资本的积极作用，同时有效控制资本的消极作用"的道理；在正确认识和把握初级产品供给保障问题时，提到"取之有制、用之有节则裕，取之无制、用之不节则乏"的观点，强化"要实施全面节约战略，推进各领域节约行动"的理念；在正确认识和把握防范化解重大风险时，提出"祸几始作，当杜其萌；疾证方形，当绝其根"的古训，理解"见微知著，抓早抓小，着力避免发生重大风险或危机"

①　《十九大以来重要文献选编》上，中央文献出版社 2019 年版，第 434—435 页。
②　《十八大以来重要文献选编》下，中央文献出版社 2018 年版，第 7 页。
③　《十八大以来重要文献选编》上，中央文献出版社 2014 年版，第 497 页。
④　《十九大以来重要文献选编》上，中央文献出版社 2019 年版，第 136 页、第 137 页。
⑤　《中共中央关于党的百年奋斗重大成就和历史经验的决议》，人民出版社 2021 年版，第 63 页。

的道理。① 这里谈到的散见于魏晋至明清历朝历代的传统思想文化观点，有涉及思想方法和理念的、有直接论及治国理财经济思想的，体现了习近平经济思想对中华优秀传统文化的创造性转化和创新性发展，体现了21世纪马克思主义政治经济学的思想特征。

第四，在时代课题上，习近平经济思想即如《决议》在论述当代中国马克思主义面临的重大时代课题一样："马克思主义中国化时代化不断取得成功，使马克思主义以崭新形象展现在世界上，使世界范围内社会主义和资本主义两种意识形态、两种社会制度的历史演进及其较量发生了有利于社会主义的重大转变。"② 习近平经济思想对中国特色社会主义经济制度、经济体制和经济运行阐释的重要思想，对当代资本主义经济制度和经济体制的本质特征和发展趋势的论述，对人类命运共同体政治经济学所作的开创性研究，无不映现着马克思主义政治经济学的"崭新形象"，无不闪耀着社会主义经济制度和经济关系对世界历史进程的深刻影响，无不展现着21世纪马克思主义政治经济学时代课题的真谛。

第五，在思想精粹上，习近平经济思想作为21世纪马克思主义政治经济学，体现了在认识世界和改造世界的实践中，对当代马克思主义政治经济学的理论创新和理论创造的高度凝练和结晶。如中国式现代化道路的政治经济学理论，对21世纪发展路向和演进形态问题作出新的探索，赋予人类社会现代化道路的选择以更加鲜亮的新型样式和更加显著的中国底蕴，给世界上那些既希望加快发展又希望保持自身独立性的国家和民族提供了全新选择；如构建人类命运共同体的广义政治经济学思想，是基于马克思恩格斯世界历史理论的现实的科学判断，是对社会主义和资本主义"并存"格局的基本态势和内在趋向所作的历史判断，彰显了21世纪马克思主义世界历史观和政治经济学的全新意蕴。

第六，在基本立场上，习近平经济思想作为21世纪马克思主义政治经济学，以"坚持胸怀天下"为历史自觉和历史担当，始终以世界眼光关注人类前途命运，"从人类发展大潮流、世界变化大格局、中国发展大历史正确认识和处理同外部世界的关系，坚持开放、不搞封闭，坚持互利共赢、不搞零和博弈，坚持主持公道、伸张正义，站在历史正确的一边，站在人类进步的一边"③。要勇于结合21世纪中国和世界经济发展的新的实践，开拓创新、砥砺奋进，使马克思主义政治经济学不仅在中国大地而且在世界范围焕发出更具时代性和开放性的理论力量和思想智慧。立足新时代，在对我国经济和世界经济发展现实的深刻理解中，探索具有许多新的历史特点的新变化和具有许多新的时代特征的新情况，"不断开拓当代中国马克思主义政治经济学新境界，为马克思主义政治经济学创新发展贡献中国智慧"④，成为21世纪马克思主义政治经济学发展和创新的基本立场。

---

① 《习近平著作选读》第二卷，人民出版社2023年版，第574页。
② 《中共中央关于党的百年奋斗重大成就和历史经验的决议》，人民出版社2021年版，第63—64页。
③ 《中共中央关于党的百年奋斗重大成就和历史经验的决议》，人民出版社2021年版，第68页。
④ 《十八大以来重要文献选编》下，中央文献出版社2018年版，第7页。

思考题

1. 如何理解习近平经济思想是新时代中国共产党对马克思主义政治经济学中国化的继承和弘扬?

2. 怎样把握习近平经济思想对当代资本主义政治经济学基本问题作出的深入探索和研究?

3. 如何从理论品质上,把握习近平经济思想坚持守正创新、与时俱进,凸显了"问题意识"的方法论指向?

第十七章

马克思『世界历史』命题与新时代的理论创新

学习要点：

• 马克思晚年对"跨越卡夫丁峡谷"问题的新的阐释，是对"世界历史"命题的完善和拓展；

• 我国 14 亿人口整体迈入现代化社会，将彻底改写现代化的世界版图；我国全体人民实现共同富裕，在全世界高扬起以人民为中心的发展思想的伟大旗帜；

•"三大倡议"立足世界百年变局的现实、顺应时代发展的潮流、谋求世界发展的朝向、展望人类进步的未来，丰富了习近平关于人类命运共同体的思想意蕴、现实路向和价值共识，蕴含着新时代"世界历史"命题的思想智慧、理论魅力和崇高理想；

• 人类文明新形态与中国式现代化相结合，开辟了人类文明发展的新的道路和新的方向，深化了新时代"世界历史"命题的内涵和样式的意境。

马克思 19 世纪 40 年代中期提出的"世界历史"命题，在 19 世纪 70 年代"跨越卡夫丁峡谷"问题中得到重要补充。"跨越卡夫丁峡谷"的可能性和现实性问题，在 20 世纪俄国和中国这样一些经济文化相对落后国家的社会主义发展过程中得到验证，提升了"世界历史"命题的思想内涵。20 世纪和 21 世纪之交，苏联东欧国家社会主义改革的失败和中国特色社会主义道路的成功实践，凸显了中国共产党对"跨越卡夫丁峡谷"问题作出的突破性回答，对马克思"世界历史"命题作出创新性探索。

进入 21 世纪，新时代中国特色社会主义的成功实践，不仅对"跨越卡夫丁峡谷"问题作出新的回答，而且赋予马克思"世界历史"命题以新时代内涵。习近平新时代中国特色社会主义思想中以中华民族伟大复兴、社会主义"大历史"观、新发展理念、人类命运共同体、中国式现代化、人类文明新形态等为要义的创新性理论，构成新时代"世界历史"新命题，成为马克思主义中国化时代化新的飞跃的显著标志。

一、 马克思"世界历史"命题与"跨越卡夫丁峡谷"问题

"世界历史"是马克思在与恩格斯共同创立唯物史观时提出的重要命题。在《德意志意识形态》手稿中，马克思恩格斯提出，随着社会生产力的巨大增长和高度发展，"日益完善的生产方式、交往以及因交往而自然形成的不同民族之间的分工消灭得越是彻底，历史也就越是成为世界历史"[①]。他们设想，在这一背景下，"人们的世界历史性的而不是地域性的存在"已经是一种"经验的存在"[②]，资本主义的发展成为一种世界性现象。

第一，"世界历史"的开创及其显著特征。资本主义"首次开创了世界历史"，马克思恩格斯认为，这种"世界历史"发展的显著特征在于：一是在交往关系上，"每个文明国

[①] 《马克思恩格斯文集》第一卷，人民出版社 2009 年版，第 541 页。

[②] 《马克思恩格斯文集》第一卷，人民出版社 2009 年版，第 538 页。

家以及这些国家中的每一个人的需要的满足都依赖于整个世界，因为它消灭了各国以往自然形成的闭关自守的状态"，在这种关系上，自然科学从属于资本，在"把自然形成的性质一概消灭掉……还把所有自然形成的关系变成货币的关系"；二是在城乡关系上，现代的大工业城市"代替自然形成的城市……破坏手工业和工业的一切旧阶段。它使城市最终战胜了乡村"；三是在私有制和生产力发展关系上，工业"自动体系"造成生产力急速增长，也成为生产力发展的"桎梏"，"在私有制的统治下，这些生产力只获得了片面的发展，对大多数人来说成了破坏的力量"；四是在阶级关系上，"大工业不仅使工人对资本家的关系，而且使劳动本身都成为工人不堪忍受的东西"。① 资本主义社会的内在矛盾特别是阶级矛盾的激化，成为这一社会向未来共产主义社会演进的"世界历史性的力量"②。

"世界历史"这一独特命题，同唯物史观和共产主义学说密切相关，并有机地结合在一起：一方面，这一命题以唯物史观为基础，同时又对唯物史观作出证明，马克思恩格斯认为，"历史向世界历史的转变，不是'自我意识'、世界精神或者某个形而上学幽灵的某种纯粹的抽象行动，而是完全物质的、可以通过经验证明的行动，每一个过着实际生活的、需要吃、喝、穿的个人都可以证明这种行动"③；另一方面，这一命题揭示了资本主义必然被未来共产主义取代的历史必然性，马克思恩格斯认为，"世界历史"进程将达成"各个人的世界历史性的存在，也就是与世界历史直接相联系的各个人的存在"④，由此必然向人的全面发展的共产主义演进。马克思"世界历史"命题以资本主义历史存在的必然性和历史发展的过渡性为理论基础和思想特征。这是理解马克思"世界历史"命题的根本立场和核心要义。

第二，马克思"世界历史"命题的拓展。马克思一直把"世界历史"命题作为自己理论研究的重要内容。19世纪70年代中期，在唯物史观和共产主义学说创立30年之际，马克思对"世界历史"命题作出新的阐释，特别是对"世界历史"进程的统一性和普遍性问题作出新的探索。

19世纪70年代之前，马克思的"世界历史"命题，集中于对世界范围内资本主义发展道路及其必然向未来共产主义过渡的统一性和普遍性的探索。在1848年发表的《共产党宣言》中，马克思和恩格斯提出："资产阶级，由于开拓了世界市场，使一切国家的生产和消费都成为世界性的了"，同样"资产阶级，由于一切生产工具的迅速改进，由于交通的极其便利，把一切民族甚至最野蛮的民族都卷到文明中来了。"⑤ 1867年出版的《资本论》第一卷以英国资本主义经济关系典型形态为对象，对资本主义生产方式及其相应的生产关系和交换关系作出科学论证，马克思有针对性地提出"工业较发达的国家向工业较不发达的国家所显示的，只是后者未来的景象"⑥。这就是说，发达国家的历史就是不发达国家的现实，工业较发达的国家向较不发达的国家展示了后者未来发展的景象，不发达国家要

① 《马克思恩格斯文集》第一卷，人民出版社2009年版，第566—567页。
② 《马克思恩格斯文集》第一卷，人民出版社2009年版，第182页。
③ 《马克思恩格斯文集》第一卷，人民出版社2009年版，第541页。
④ 《马克思恩格斯文集》第一卷，人民出版社2009年版，第539页。
⑤ 《马克思恩格斯文集》第二卷，人民出版社2009年版，第35页。
⑥ 《马克思恩格斯文集》第五卷，人民出版社2009年版，序言第8页。

经历发达国家历史上曾经走过的道路。

19 世纪 70 年代初之后，通过对东方社会其中主要是俄国经济社会关系的深入研究，马克思在肯定"世界历史"统一性和普遍性的同时，更多地关注"世界历史"的差异性和多样性问题。1872 年 9 月，在阿姆斯特丹群众大会的演讲中，马克思在提到"工人总有一天必须夺取政权，以便建立一个新的劳动组织"问题时指出："我们从来没有断言，为了达到这一目的，到处都应该采取同样的手段"；相反的是，"必须考虑到各国的制度、习俗和传统"，可能用和平的或者暴力的不同手段，"最终地建立劳动的统治"。① 19 世纪 70 年代中期，马克思进一步意识到，各个国家由于经济社会和历史文化条件上的差异，在"世界历史"进程中将出现与各个国家实际相适应的多样性、独特性的发展道路。

1877 年 10 月至 11 月，马克思在给《祖国纪事》杂志编辑部的信中指出，"极为相似的事变发生在不同的历史环境中就引起了完全不同的结果。如果把这些演变中的每一个都分别加以研究，然后再把它们加以比较，我们就会很容易地找到理解这种现象的钥匙；但是，使用一般历史哲学理论这一把万能钥匙，那是永远达不到这种目的的，这种历史哲学理论的最大长处就在于它是超历史的"②。在"世界历史"进程中，由于发达国家和不发达国家空间上的并存性，不发达国家或者非资本主义国家，完全可能走出一条同发达国家发展并存的道路，不发达国家完全可能实现自身的跨越式发展，形成"世界历史"进程的多样性，出现社会发展道路的一般规律性和跨越式发展多样化路径选择的问题。

1881 年 2 月至 3 月，马克思在给查苏利奇的复信中再次提到，"世界历史"发展中必将出现社会形态演进道路的多样性问题，比如，对原始公社形态的历史研究就表明，"把所有的原始公社混为一谈是错误的；正像在地质的层系构造中一样，在历史的形态中，也有原生类型、次生类型、再次生类型等一系列的类型"③。在"世界历史"进程中，必将出现社会发展道路多样性和差异性问题；即使在同一种社会形态中，也可能由于"原生类型""次生类型""再次生类型"上的多样性，出现具有各自特色的具体的社会发展样式。

第三，马克思"世界历史"命题中"跨越卡夫丁峡谷"问题的提出。在对俄国农村公社性质及其所处历史条件的探索中，马克思提出了"世界历史"命题中"跨越卡夫丁峡谷"问题。马克思认为：一方面"俄国是在全国范围内把'农业公社'保存到今天的欧洲唯一的国家"，但又"不像东印度那样，是外国征服者的猎获物"；另一方面俄国不是脱离现代世界孤立生存的，它和"控制着世界市场的西方生产同时存在"。④ 马克思提出的问题就是："俄国为了采用机器、轮船、铁路等等，是不是一定要像西方那样先经过一段很长的机器工业的孕育期呢？"⑤ 马克思的回答是，"俄国可以不通过资本主义制度的卡夫丁峡谷，而把资本主义制度所创造的一切积极的成果用到公社中来"⑥。在"世界历史"进程中，像俄国这样的国家可以走出一条不经受资本主义生产的"可怕的波折"而

① 《马克思恩格斯全集》第十八卷，人民出版社 1964 年版，第 179 页。
② 《马克思恩格斯文集》第三卷，人民出版社 2009 年版，第 466—467 页。
③ 《马克思恩格斯文集》第三卷，人民出版社 2009 年版，第 581 页。
④ 《马克思恩格斯文集》第三卷，人民出版社 2009 年版，第 574—575 页。
⑤ 《马克思恩格斯文集》第三卷，人民出版社 2009 年版，第 571 页。
⑥ 《马克思恩格斯文集》第三卷，人民出版社 2009 年版，第 575 页。

又占有它的"一切积极的成果"的道路，即走出一条"能够不经受资本主义生产的可怕的波折而占有它的一切积极的成果"① 的道路，这就是马克思认为的"跨越卡夫丁峡谷"问题的实质所在。

当然，马克思这里提出的只是"跨越卡夫丁峡谷"问题的理论上的可能性，要使这种可能性转化为现实性，还必须具备一些内部的和外部的条件：内部条件主要是，俄国自身必须发生社会革命，"如果革命在适当的时刻发生，如果它能把自己的一切力量集中起来以保证农村公社的自由发展，那么，农村公社就会很快地变为俄国社会新生的因素，变为优于其他还处在资本主义制度奴役下的国家的因素"②；外部条件主要是，俄国要实现"跨越"，必须取得西方无产阶级革命的支援，"假如俄国革命将成为西方工人革命的信号而双方互相补充的话，那么现今的俄国公有制便能成为共产主义发展的起点"③。

马克思晚年对"跨越卡夫丁峡谷"问题的新的阐释，是对"世界历史"命题的完善和拓展。"跨越卡夫丁峡谷"问题揭示了 20 世纪马克思主义时代课题发展的核心问题，对 20 世纪马克思主义社会革命和社会发展道路的探索，产生着重大的理论影响力和思想感召力。

二、 20 世纪"世界历史"命题中"跨越卡夫丁峡谷"问题的突破

20 世纪是马克思主义历史发展中第一个完整的世纪。在这一个世纪中，科学社会主义的发展以马克思"跨越卡夫丁峡谷"问题为主题，也以"跨越卡夫丁峡谷"问题探索上的重大突破为特征。

第一，列宁对"跨越卡夫丁峡谷"问题的开创性探索。20 世纪初，列宁直面俄国经济社会发展的实际，深刻理解世界资本主义历史发展的新变化和新特征，牢牢把握"世界历史"变化中"资本主义的自由竞争为资本主义的垄断所代替"的"经济上的基本事实"④，创立了马克思主义的帝国主义理论。列宁揭示了"经济和政治发展的不平衡是资本主义的绝对规律"，形成了"社会主义可能首先在少数甚至在单独一个资本主义国家内获得胜利"⑤ 的新的理论判断，把马克思提出的"跨越卡夫丁峡谷"问题导向俄国革命战略和策略及其实践之中。列宁对"跨越卡夫丁峡谷"问题的探索，集中于三个方面：

一是经济文化相对落后国家实现"跨越"，要经历一个以"过渡"为特征的"特殊时期"和"特殊阶段"。十月革命后的开初半年，列宁坚持认为，新生的苏维埃政权要经历一个"一系列渐进的改变"的、需要"比较慎重地向新制度过渡"⑥ 的过程；提出"国家

① 《马克思恩格斯文集》第三卷，人民出版社 2009 年版，第 571 页。
② 《马克思恩格斯文集》第三卷，人民出版社 2009 年版，第 582 页。
③ 《马克思恩格斯文集》第二卷，人民出版社 2009 年版，第 18 页。
④ 《列宁专题文集 论资本主义》人民出版社 2009 年版，第 175 页。
⑤ 《列宁专题文集 论社会主义》人民出版社 2009 年版，第 4 页。
⑥ 《列宁专题文集 论社会主义》，人民出版社 2009 年版，第 279 页。

资本主义"作为"社会主义的前阶，是社会主义取得可靠的胜利的条件"① 的思想。列宁提出的"过渡"构想，是对"跨越卡夫丁峡谷"道路和方式的具体探索。1918 年 5 月之后，苏维埃政权面临国际帝国主义军事威胁的严峻局势，列宁不得不转向以战时统制经济为特征的"战时共产主义"，但列宁并没有放弃"比较慎重地向新制度过渡"的战略和策略思想。

二是实现"跨越"需要对"过渡"中"哪些中间的途径、方法、手段和辅助办法"② 作出制度设计和体制安排。1920 年末，列宁已经意识到，"用最简单、迅速、直接的办法来实行社会主义的生产和分配原则的尝试已告失败……必须退到国家资本主义的阵地上去"③，新经济政策成为列宁对"跨越"问题探索的"间接过渡"的制度设计和体制安排。列宁认为，无论是在"直接过渡"还是在"间接过渡"中，"我们还没有超出从资本主义向社会主义过渡的最初几个阶段，俄国的特点使这一过渡更加复杂"④。在这一过程中，"我们无产阶级政党，如果不去向资本主义的第一流专家学习组织托拉斯式的即像托拉斯一样的大生产的本领，那便无从获得这种本领"⑤。借鉴和吸收资本主义发展中人类文明进步的一切优秀成果，成为这一"过渡"中的重要问题。

三是在对新经济政策理论和实践的探索中，提出"我们对社会主义的整个看法根本改变了"⑥ 的观点。这种"根本的改变"的核心问题在于把党的工作"重心"从以前政治斗争、革命、夺取政权等方面，转到"文化变革"方面来。列宁认为："我们的政治和社会变革成了我们目前正面临的文化变革，文化革命的先导。现在，只要实现了这个文化革命，我们的国家就能成为完全社会主义的国家了。但是这个文化革命，无论在纯粹文化方面(因为我们是文盲)或物质方面(因为要成为有文化的人，就要有相当发达的物质生产资料的生产，要有相当的物质基础)，对于我们说来，都是异常困难的。"⑦ 列宁对马克思"跨越卡夫丁峡谷"问题的回答，成为科学社会主义在俄国创新性发展的重要内容。

第二，中国革命和建设中对"跨越卡夫丁峡谷"问题的自主性探索。中国国情同俄国国情有着显著差异。20 世纪初，中国已经成为"外国征服者的猎获物"，遭受了帝国主义列强长达半个多世纪的侵略和掠夺；中国已经沦为半殖民地半封建社会，没有同"控制着世界市场的西方生产同时存在"的可能性。马克思对"跨越卡夫丁峡谷"问题的基本设想和列宁对俄国社会革命道路的探索，没有能为我们提供什么现成的答案。1943 年 5 月，在第三国际解散之际，中国共产党在对自己革命道路经验总结时指出："中国共产党在革命斗争中曾经获得共产国际许多帮助，但是，很久以来，中国共产党人即已能够完全独立地根据自己民族的具体情况和特殊条件，决定自己的政治方针、政策和行动。"⑧

1922 年 7 月，党的第二次代表大会提出了"民主主义革命"道路和主要目标任务的

---

① 《列宁专题文集　论社会主义》，人民出版社 2009 年版，第 134 页。
② 《列宁专题文集　论社会主义》，人民出版社 2009 年版，第 224 页。
③ 《列宁专题文集　论社会主义》，人民出版社 2009 年版，第 279—280 页。
④ 《列宁专题文集　论社会主义》，人民出版社 2009 年版，第 69 页。
⑤ 《列宁专题文集　论社会主义》，人民出版社 2009 年版，第 133 页。
⑥ 《列宁专题文集　论社会主义》，人民出版社 2009 年版，第 354 页。
⑦ 《列宁专题文集　论社会主义》，人民出版社 2009 年版，第 354 页、第 355 页。
⑧ 《建党以来重要文献选编(1921~1949)》第二十册，中央文献出版社 2011 年版，第 317—318 页。

思想；1925 年 1 月，党的第四次代表大会提出无产阶级在民主革命中的领导权和工农联盟问题。特别是 1925 年 12 月，毛泽东发表的《中国社会各阶级的分析》一文，运用马克思主义阶级分析方法，对中国社会各阶级的经济地位和政治态度作出科学分析，形成了新民主主义革命理论和总路线的基本设想，开辟了半殖民地半封建性质的中国革命道路的理论和实践。以毛泽东同志为主要代表的中国共产党人，坚持把马克思列宁主义与中国的具体实际相结合，不仅开创了中国独特的社会革命道路，而且形成了系统的新民主主义革命理论，阐明了"社会主义革命是民主主义革命的必然趋势"① 的道理。

新中国成立后，中国共产党带领全国各族人民，在迅速医治战争创伤、恢复国民经济的基础上，根据中国的具体国情，提出了党在过渡时期的总路线，实现了对农业、手工业、资本主义工商业的社会主义改造。中国共产党独创的具有中国特色的社会主义改造道路，是对"跨越卡夫丁峡谷"问题作出的富有中国特点的创造性回答。

在社会主义建设时期，毛泽东作出中国处在"不发达的社会主义"阶段的判断，定义了"跨越卡夫丁峡谷"问题的中国境况。1959 年 12 月，毛泽东指出："社会主义这个阶段，又可能分为两个阶段，第一个阶段是不发达的社会主义，第二个阶段是比较发达的社会主义。后一阶段可能比前一阶段需要更长的时间。"② "不发达的社会主义"是"一个长过程"，是一个发展中"一定经过不断的量变和许多的部分质变"③ 的过渡时期。

毛泽东创立的"三个世界"理论，对马克思"世界历史"命题作出重要拓展。1974 年 2 月，毛泽东在会见外国朋友时提出："我看美国、苏联是第一世界。中间派，日本、欧洲、澳大利亚、加拿大是第二世界……亚洲除了日本，都是第三世界。整个非洲都是第三世界，拉丁美洲也是第三世界。"④ "三个世界"是对当时美苏争霸格局下"世界历史"状态作出的战略和策略构想，特别对马克思"世界历史"命题作出了两个方面的自主性创新：一是对马克思"世界历史"命题中资本主义单一主体作出新的阐释，提出了"世界历史"主体中"三个世界"多样性并存的观点；二是提出"世界历史"新格局中，"世界实际上存在着互相联系又互相矛盾着的三个方面、三个世界"⑤。在"三个世界"并存的格局中，既"互相联系"，即有合作和交流，又"互相矛盾"，即有对抗和冲突，由此提出了现时代"世界历史"主体"并存"格局中两面性的辩证关系问题。

第三，新时期对"跨越卡夫丁峡谷"问题的突破性探索。改革开放新时期，中国学术界对马克思"世界历史"命题和"跨越卡夫丁峡谷"问题作出较为广泛的研究。中国共产党创造性地把"跨越卡夫丁峡谷"问题同中国特色社会主义道路探索实际相结合，在把握社会主义同资本主义"并存"格局中两面性的辩证关系中，对像中国这样经济文化相对落后国家的社会发展道路问题作出创造性的探讨。

一是对"跨越卡夫丁峡谷"问题的制度规定和本质特征作出回答。中国共产党作出我国正处于并将长期处于社会主义初级阶段的判断；提出社会主义的本质是解放生产力，发

---

① 《毛泽东选集》第二卷，人民出版社 1991 年版，第 651 页。
② 《毛泽东文集》第八卷，人民出版社 1999 年版，第 116 页。
③ 《毛泽东文集》第八卷，人民出版社 1999 年版，第 107 页。
④ 《毛泽东年谱（一九四九——九七六）》第六卷，中央文献出版社 2013 年版，第 520—521 页。
⑤ 《毛泽东年谱（一九四九——九七六）》第六卷，中央文献出版社 2013 年版，第 528 页。

展生产力，消灭剥削，消除两极分化，最终达到共同富裕的论断；形成社会主义市场经济是中国特色社会主义理论和实践发展的必然选择等新思想新观点。

二是对"跨越卡夫丁峡谷"问题的核心要义作出回答。坚持以改革和对外开放为基本国策；坚持发展为了人民、发展依靠人民、发展成果由人民共享的宗旨；依据当今时代主题、社会主义初级阶段社会主要矛盾，确立了党在社会主义初级阶段的基本路线和基本纲领，提出分"三步走"基本实现现代化的战略步骤等创新性理论和独创性实践。

三是对"跨越卡夫丁峡谷"问题的本质特征和根本要求作出回答。中国共产党把推进党的建设的新的伟大工程同推进中国特色社会主义事业紧密结合起来，围绕提高党的领导水平和执政能力与增强拒腐防变、抵御风险能力的历史性课题，坚持党要管党、从严治党，确保党在世界经济政治格局深刻变化的历史进程中始终走在时代前列，在应对国内外各种风险和考验的历史进程中始终成为全国人民的主心骨。

四是对"跨越卡夫丁峡谷"问题中社会主义和资本主义"并存"的两面性的历史辩证关系作出新的阐释。即以经济建设为中心，坚持改革开放和坚持四项基本原则，既大胆地借鉴和吸收资本主义发展中的一切文明成果，又坚定地防止和抵制资本主义发展中的一切灾难性的后果，清醒地认识到"我们同国内外各种敌对势力在渗透和反渗透、颠覆和反颠覆上的斗争将是长期的、复杂的"[1]。

五是从"时代特征"和"世界格局"把握上，丰富和完善马克思"世界历史"命题的当代意义。1985年，邓小平就提出："现在世界上真正大的问题，带全球性的战略问题，一个是和平问题，一个是经济问题或者说发展问题。"[2] 党的十四大把和平与发展的两大问题，概括为"时代主题"和"时代特征"。和平与发展两大主题相辅相成，中国是维护世界和平与发展的重要力量，"中国作为一个社会主义国家和世界上最大的发展中国家，在多极化进程中所处的地位和发挥的作用，与西方大国迥然不同"[3]。

三、 马克思"世界历史"命题在新时代的拓新

党的十八大以来，中国特色社会主义进入新时代，马克思"世界历史"命题在新时代得到显著拓新。这一拓新，以新时代中国特色社会主义取得的伟大成就为基础，"跨越卡夫丁峡谷"问题的探索回归马克思"世界历史"命题主题，对新时代"世界历史"命题作出开创性研究；随着习近平新时代中国特色社会主义思想的系统发展，新时代"世界历史"命题也逐渐向系统化学说演进。党的十八大之后到党的十九大，是新时代"世界历史"命题基本理论观点的形成时期；党的十九大之后到党的二十大，是新时代"世界历史"命题系统化学说的发展时期。

第一，中华民族伟大复兴中国梦的恢宏构思，彰显新时代"世界历史"命题探索的新基点。2012年11月，党的十八大后不久，习近平在参观《复兴之路》展览时提出，"实现

① 《改革开放三十年重要文献选编》下，中央文献出版社2008年版，第1107页。
② 《改革开放三十年重要文献选编》上，中央文献出版社2008年版，第368页。
③ 《改革开放三十年重要文献选编》下，中央文献出版社2008年版，第972页。

中华民族伟大复兴，就是中华民族近代以来最伟大的梦想。这个梦想，凝聚了几代中国人的夙愿，体现了中华民族和中国人民的整体利益，是每一个中华儿女的共同期盼"①。中国梦是对中华民族近代以来追求"国家富强、民族振兴、人民幸福"崇高理想的跃升，是对中国共产党百年来不懈奋斗的历史追求和时代担当的表达，也是对中国共产党走向世界历史舞台中历史自觉和思想境界的宣示。

中国梦表达了每一个中华儿女的共同愿景，中国梦与世界各国人民的美好梦想息息相通，习近平指出："我们要实现的中国梦，不仅造福中国人民，而且造福各国人民。"② 中国梦的深邃意境，根本改变了 19 世纪中期马克思所面对的"世界历史"主体和主题，为新时代"世界历史"命题确立了可靠的主体和可信的主题，形成了新时代"世界历史"命题的基础性理论。

鸦片战争之后的百年间，中国人民对内部战乱和外敌入侵带来的苦难有着刻骨铭心的记忆，对和平有着孜孜不倦的追求。"穷则独善其身，达则兼善天下。"实现中国梦是给世界带来机遇而不是带来威胁，是促使进步而不是造成倒退，是合作共赢而不是零和博弈，中国人民将自身发展经验和机遇同世界各国分享。中国梦是追求中国人民美好生活之梦，也是奉献和平、发展、进步、安全的世界之梦。面对中国特色社会主义的新发展，习近平指出："我们的责任，就是要团结带领全党全国各族人民，接过历史的接力棒，继续为实现中华民族伟大复兴而努力奋斗，使中华民族更加坚强有力地自立于世界民族之林，为人类作出新的更大的贡献。"③ 这是新时代中国特色社会主义发展的基本主题，也是新时代拓新马克思"世界历史"命题的重要基点。

第二，对世界社会主义 500 年"大历史"的探索，开启了新时代"世界历史"命题的新视域。历史是最好的教科书。习近平认为："只有在整个人类发展的历史长河中，才能透视出历史运动的本质和时代发展的方向。"④ 2013 年 1 月，习近平在新进党的十八届中央委员会委员、候补委员研讨班的讲话中，纵观世界社会主义 500 年"大历史"，对社会主义从空想到科学、从理论到现实、从一国实践到多国发展，以及从单一模式到多种样式的发展历程作出深入阐释，展现了社会主义"世界历史"的恢宏史诗及新时代"世界历史"命题的深湛视域。⑤

世界社会主义 500 年，以 1516 年莫尔在《乌托邦》宣扬的空想社会主义为思想源头，到马克思恩格斯创立科学社会主义理论体系，到列宁领导十月革命胜利并实践社会主义、苏联模式逐步形成及其历史剧变，再到新中国成立后中国共产党对社会主义的探索和实践，以及中国共产党作出进行改革开放的历史性决策、开创和发展中国特色社会主义，是一个波澜壮阔的历史过程。对社会主义 500 年的历史回顾，有利于深化对社会主义思想、运动和制度的艰辛探索、曲折发展，砥砺奋进、不断前行的"大历史"的理解；有利于增强对中国特色社会主义道路自信、理论自信、制度自信和文化自信的认识；有利于深化对

---

①　《习近平著作选读》第一卷，人民出版社 2023 年版，第 63 页。

②　《习近平著作选读》第一卷，人民出版社 2023 年版，第 107 页。

③　《习近平著作选读》第一卷，人民出版社 2023 年版，第 60 页。

④　《十九大以来重要文献选编》上，中央文献出版社 2019 年版，第 423 页。

⑤　韩庆祥、陈远章：《学习把握新时代中国特色社会主义的大逻辑》，《人民日报》2018 年 5 月 24 日。

共产主义的信仰、对科学社会主义的信念和对中国特色社会主义的信念；也有利于加强对人类社会发展趋势和本质的把握，拓展对新时代"世界历史"命题理解的新视界。

与 2013 年 1 月习近平的讲话相对应，2013 年 12 月习近平在党的十八届中央政治局以"坚持历史唯物主义不断开辟当代中国马克思主义发展新境界"为主题的集体学习讲话时，提出了马克思恩格斯关于"两个必然"和"两个决不会"历史辩证关系的思想。习近平认为，《共产党宣言》提出："资产阶级的灭亡和无产阶级的胜利是同样不可避免的。"① 这"两个必然"论点，是"就人类历史总的发展趋势而言的，是历史规律的必然指向"②。《〈政治经济学批判〉序言》提出"无论哪一个社会形态，在它所能容纳的全部生产力发挥出来以前，是决不会灭亡的；而新的更高的生产关系，在它的物质存在条件在旧社会的胎胞里成熟以前，是决不会出现的"③ 这"两个决不会"的论点，"可以帮助我们理解为什么资本主义至今没有完全消亡，为什么社会主义还会出现苏联解体、东欧剧变那样的曲折，为什么马克思主义预见的共产主义还需要经过很长的历史发展才能实现"④。只有从"两个必然"和"两个决不会"的历史辩证关系上，才能深入理解社会主义必然取代资本主义的"历史规律的必然指向"，才能深刻把握社会主义和资本主义并存时代三个"为什么"的历史和理论根源，才能深透探析马克思"世界历史"命题在新时代的新视域。

第三，人类命运共同体的构思奠定了新时代"世界历史"命题探索的新境界。当今世界必将以一种新型的"共同体"方式对待和处理关乎人类命运的重大问题，凸显当代国际经济政治格局变化的新特点。在这一新格局中，"世界历史"进程的新变化的特征就在于："这个世界各国相互联系、相互依存的程度空前加深，人类生活在同一个地球村里，生活在历史和现实交汇的同一个时空里，越来越成为你中有我、我中有你的命运共同体。"⑤ 面对国际形势的深刻变化和世界格局的新变化，共同推动建立"以合作共赢为核心的新型国际关系"必将成为一种时代潮流、成为"世界历史"的一种新的发展态势。

2015 年 3 月，习近平在出席博鳌亚洲论坛年会时提出了"通过迈向亚洲命运共同体，推动建设人类命运共同体"⑥ 的倡议。2015 年 9 月，习近平在第七十届联合国大会一般性辩论时的讲话中，初步系统阐述了构建人类命运共同体的科学内涵，其核心要义是："建立平等相待、互商互谅的伙伴关系""营造公道正义、共建共享的安全格局""谋求开放创新、包容互惠的发展前景""促进和而不同、兼收并蓄的文明交流""构筑尊崇自然、绿色发展的生态体系"⑦。2017 年 1 月，习近平在联合国日内瓦总部发表题为"共同构建人类命运共同体"的主旨演讲时，以"世界怎么了、我们怎么办"问题切入，详细阐释了构建人类命运共同体的动因、愿景和实施路径。"善学者尽其理，善行者究其难。"习近平指出："构建人类命运共同体是一个美好的目标，也是一个需要一代又一代人接力跑才能实

---

① 《马克思恩格斯文集》第二卷，人民出版社 2009 年版，第 43 页。
② 习近平：《论党的宣传思想工作》，中央文献出版社 2020 年版，第 37 页。
③ 《马克思恩格斯文集》第二卷，人民出版社 2009 年版，第 592 页。
④ 习近平：《论党的宣传思想工作》，中央文献出版社 2020 年版，第 37 页。
⑤ 《习近平著作选读》第一卷，人民出版社 2023 年版，第 104 页。
⑥ 习近平：《论坚持推动构建人类命运共同体》，中央文献出版社 2018 年版，第 206 页。
⑦ 《十八大以来重要文献选编》中，中央文献出版社 2016 年版，第 695—697 页。

现的目标。中国愿同广大成员国、国际组织和机构一道,推进构建人类命运共同体的伟大进程。"① 人类命运共同体的理念和构想,彰显了新时代"世界历史"命题的新境界。

第四,新发展理念创新了新时代"世界历史"命题的主导性理念。党的十八大以后,习近平从决胜全面建成小康社会的宏伟目标,从向第二个百年奋斗目标进发的高度,赋予"实现什么样的发展、怎样发展"课题以新的时代内涵。2015 年 10 月,在制定"十三五"规划时,习近平从"破解发展难题,厚植发展优势"② 上,首次提出新发展理念。新发展理念是一个"崇尚创新、注重协调、倡导绿色、厚植开放、推进共享"③ 的有机整体,内涵和指向上相辅相成、相得益彰,对经济社会发展具有"管全局、管根本、管方向、管长远"作用和意义。在制定"十四五"规划时,习近平强调,"党的十八大以来我们对经济社会发展提出了许多重大理论和理念,其中新发展理念是最重要、最主要的"④。

实现什么样的发展和如何发展,是世界各国面临的重大课题。新发展理念对这一重大课题的探讨,不仅具有中国意义而且具有深远的世界意义,是对人类社会发展规律的成功探索。新发展理念包含着对全球经济增长和社会发展经验教训的总结,是对所谓"中等收入陷阱"经济增长和社会发展中困境探究的结果。新发展理念提出的关于发展方向、发展战略、发展方略、发展目标、发展步骤、发展着力点和发展绩效等一系列理论观点和实践指导,对发展中国家跨越所谓的"中等收入陷阱"有重要启示。新发展理念作出的具有世界意义的贡献,为新时代"世界历史"命题提供了主导性理念。

四、"世界历史"命题的新时代系统化学说的阐释

党的十八大以来,习近平从中华民族伟大复兴中国梦新基点、从社会主义"大历史观"新视域、从人类命运共同体新境界和从新发展理念主导性理念等方面,对马克思"世界历史"命题在 21 世纪的发展作出的创新性探索,为党的十九大以后习近平对新时代"世界历史"命题的创新性发展和系统化学说跃升奠定了重要基础。

第一,马克思"世界历史"命题凸显为中国化时代化马克思主义新课题。党的十九大以后,马克思"世界历史"命题在中国发展和创新的最显著特征就是,马克思"世界历史"命题进入新时代马克思主义中国化时代化话语体系和学理探究之中,成为习近平新时代中国特色社会主义思想突出的理论课题和学术思想。

2018 年 5 月,在纪念马克思诞辰 200 周年大会上,习近平在回顾马克思"世界历史"命题探索的理论贡献时指出:"学习马克思,就要学习和实践马克思主义关于世界历史的思想。马克思、恩格斯说:'各民族的原始封闭状态由于日益完善的生产方式、交往以及因交往而自然形成的不同民族之间的分工消灭得越是彻底,历史也就越是成为世界历史。'马克思、恩格斯当年的这个预言,现在已经成为现实,历史和现实日益证明这个预言的科

---

① 《习近平著作选读》第一卷,人民出版社 2023 年版,第 572 页。
② 《十八大以来重要文献选编》中,中央文献出版社 2016 年版,第 792 页。
③ 《十八大以来重要文献选编》下,中央文献出版社 2018 年版,第 351 页。
④ 《习近平著作选读》第二卷,人民出版社 2023 年版,第 406 页。

学价值。"① 习近平对马克思"世界历史"命题科学价值的充分肯定，是以科学的态度对待科学、以真理的精神追求真理思想品质的集中和印证，赋予马克思这一命题以新时代内涵的思想挈要。

习近平进一步对马克思"世界历史"命题在新时代的发展及其特征的阐释中指出："今天，人类交往的世界性比过去任何时候都更深入、更广泛，各国相互联系和彼此依存比过去任何时候都更频繁、更紧密。一体化的世界就在那儿，谁拒绝这个世界，这个世界也会拒绝他。万物并育而不相害，道并行而不相悖。"② 在把马克思"世界历史"命题运用于21世纪"世界历史"的新的进程时，要深刻地观察时代、解读时代、引领时代，用鲜活丰富的当代中国实践，用宽广视野吸收人类创造的一切优秀文明成果，与时俱进、守正创新，推动马克思"世界历史"命题的发展创新。

在赋予马克思"世界历史"命题以新时代内涵时，习近平指出："我们要站在世界历史的高度审视当今世界发展趋势和面临的重大问题，坚持和平发展道路，坚持独立自主的和平外交政策，坚持互利共赢的开放战略，不断拓展同世界各国的合作，积极参与全球治理，在更多领域、更高层面上实现合作共赢、共同发展，不依附别人、更不掠夺别人，同各国人民一道努力构建人类命运共同体，把世界建设得更加美好。"③ 习近平揭示了新时代"世界历史"命题的时代背景、历史主体和理论主题等重要内容。

自马克思提出"世界历史"命题以及提出"跨越卡夫丁峡谷"问题以后，在20世纪马克思主义发展中，"跨越卡夫丁峡谷"问题成为列宁主义、毛泽东思想和中国特色社会主义理论体系对经济文化相对落后国家社会主义道路探索的主题，对马克思"世界历史"命题作出多方面的理论发展和创新。在进入21世纪中国特色社会主义和世界社会主义发展中，最为显著的变化是："马克思主义中国化时代化不断取得成功，使马克思主义以崭新形象展现在世界上，使世界范围内社会主义和资本主义两种意识形态、两种社会制度的历史演进及其较量发生了有利于社会主义的重大转变。"④ 这一显著的变化，成为习近平新时代中国特色社会主义思想具备回归马克思"世界历史"命题本身的深刻时代背景和根本理论的前提，中国化时代化马克思主义具备了创新马克思"世界历史"命题的学说要旨和学理基础。

第二，中国新时代基本特征浸润了新时代"世界历史"命题的鲜明底色。马克思"世界历史"命题在新时代的发展，是以新时代"新的历史方位"的变化为学理基础的。党的十九大上，习近平对新时代的基本特征作出五个方面的概括：一是"承前启后、继往开来、在新的历史条件下继续夺取中国特色社会主义伟大胜利的时代"；二是"决胜全面建成小康社会、进而全面建设社会主义现代化强国的时代"；三是"全国各族人民团结奋斗、不断创造美好生活、逐步实现全体人民共同富裕的时代"；四是"全体中华儿女勠力同心、奋力实现中华民族伟大复兴中国梦的时代"；五是"我国日益走近世界舞台中央，

---

① 《习近平著作选读》第二卷，人民出版社2023年版，第165—166页。
② 《习近平著作选读》第二卷，人民出版社2023年版，第166页。
③ 《习近平著作选读》第二卷，人民出版社2023年版，第166页。
④ 《中国共产党第十九届中央委员会第六次全体会议文件汇编》，人民出版社2023年版，第93页。

不断为人类作出更大贡献的时代"。① 新时代的这五个方面的特征,揭示了中国特色社会主义从新时期向新时代进发的基本特征和根本规定。其中,"我国日益走近世界舞台中央,不断为人类作出更大贡献的时代"的特征深刻阐明:当今世界是密切联系、相互影响的统一体,中国的发展和世界的发展休戚与共、中国的利益和世界的利益不可分割。改革开放以来,随着中国经济社会的不断发展,随着我国对全球经济贸易和全球治理进程的深度参与,中国与世界的关系发生了根本性变化。

在新时代,中国的发展已经成为世界发展不可分割的重要组成部分,为世界各国特别是广大发展中国家提供了重要借鉴。在新时代,面对国际格局和国际关系的深刻变化,面对更加波谲云诡的国际环境,我国必须统筹国内国际两个大局,始终高举和平、发展、合作、共赢的旗帜,恪守维护世界和平、促进共同发展的外交政策宗旨,积极发展全球伙伴关系,参与全球治理体系改革和建设,推动构建人类命运共同体,为建成一个持久和平、普遍安全、共同繁荣、开放包容、清洁美丽的新世界作出新的更大贡献。

第三,中国式现代化锚定了新时代"世界历史"命题的发展路向。2020 年 10 月,党的十九届五中全会在绘制第二个一百年发展蓝图时,习近平对中国式现代化的主要内涵和基本特征作出阐释,第一次提出"要坚定不移推进中国式现代化,以中国式现代化推进中华民族伟大复兴,不断为人类作出新的更大贡献"② 的思想。党的二十大上,习近平在对中国式现代化的阐释中进一步提出:"从现在起,中国共产党的中心任务就是团结带领全国各族人民全面建成社会主义现代化强国、实现第二个百年奋斗目标,以中国式现代化全面推进中华民族伟大复兴。"③ 2023 年 2 月,在学习贯彻党的二十大精神研讨班开班式上,习近平首次提出"初步构建中国式现代化的理论体系"④ 的论断。习近平把党的十九届五中全会和党的二十大提出的中国式现代化的主要内涵同其特征和特色的阐释融为一体,在人口规模巨大的现代化上、全体人民共同富裕的现代化上、物质文明和精神文明相协调的现代化上、人与自然和谐共生的现代化上、走和平发展道路的现代化上,凸显了保持历史主动、顺应历史潮流、传承中华文化、坚持永续发展、维护世界和平等创造性理念。特别是在"走和平发展道路的现代化"特征上,强调我国不走一些国家通过战争、殖民、掠夺等方式实现现代化的老路,凸显中国现代化"坚定站在历史正确的一边、站在人类文明进步的一边,高举和平、发展、合作、共赢旗帜,在坚定维护世界和平与发展中谋求自身发展,又以自身发展更好维护世界和平与发展"⑤。

我国十四亿多人口整体迈入现代化社会,将彻底改写现代化的世界版图;我国全体人民实现共同富裕,将在全世界高扬起以人民为中心的发展思想的伟大旗帜。特别是在"并存"的格局中,"我国现代化是走和平发展道路的现代化。一些老牌资本主义国家走的是暴力掠夺殖民地的道路,是以其他国家落后为代价的现代化。我国现代化强调同世界各国

① 《习近平著作选读》第二卷,人民出版社 2023 年版,第 9 页。
② 《习近平著作选读》第二卷,人民出版社 2023 年版,第 368 页。
③ 《习近平著作选读》第一卷,人民出版社 2023 年版,第 18 页。
④ 《习近平关于中国式现代化论述摘编》,中央文献出版社 2023 年版,第 30 页。
⑤ 《习近平著作选读》第一卷,人民出版社 2023 年版,第 19 页。

互利共赢，推动构建人类命运共同体，努力为人类和平与发展作出贡献"①。2023 年 3 月，习近平在中国共产党与世界政党高层对话会上以"携手同行现代化之路"为题的主旨讲话中提出："人类社会创造的各种文明，都闪烁着璀璨光芒，为各国现代化积蓄了厚重底蕴、赋予了鲜明特质，并跨越时空、超越国界，共同为人类社会现代化进程作出了重要贡献。中国式现代化作为人类文明新形态，与全球其他文明相互借鉴，必将极大丰富世界文明百花园。"②

第四，人类命运共同体和人类共同价值对新时代"世界历史"命题内涵的丰富。党的十九大上，习近平从政治、安全、经济、文化、生态等方面，对人类命运共同体核心内容作出阐释，提出"我们生活的世界充满希望，也充满挑战。我们不能因现实复杂而放弃梦想，不能因理想遥远而放弃追求。没有哪个国家能够独自应对人类面临的各种挑战，也没有哪个国家能够退回到自我封闭的孤岛"③。党的二十大上，习近平强调构建人类命运共同体是世界各国人民前途所在，呼吁"世界各国弘扬和平、发展、公平、正义、民主、自由的全人类共同价值，促进各国人民相知相亲，尊重世界文明多样性，以文明交流超越文明隔阂、文明互鉴超越文明冲突、文明共存超越文明优越，共同应对各种全球性挑战"④。从人类命运共同体到全人类共同价值，是对新时代"世界历史"命题内涵的拓新。

构建人类命运共同体是新时代"世界历史"命题的发展定位，是对马克思提出的"世界历史"主体和主题的创新性发展，确立了新时代"世界历史"命题的根本特征。习近平指出："人类命运共同体，顾名思义，就是每个民族、每个国家的前途命运都紧紧联系在一起，应该风雨同舟，荣辱与共，努力把我们生于斯、长于斯的这个星球建成一个和睦的大家庭，把世界各国人民对美好生活的向往变成现实。"⑤ 在世界百年未遇之大变局中，尽管经济全球化遭遇倒流逆风，一些国家保护主义和单边主义盛行；但是，从长远来看，当今世界，各国利益高度融合，人类是休戚与共的命运共同体，经济全球化仍是历史潮流，各国分工合作、互利共赢是长期趋势。构建人类命运共同体的要义在于：建设持久和平、普遍安全、共同繁荣、开放包容、清洁美丽的世界。习近平指出："为了构建人类命运共同体，我们应该锲而不舍、驰而不息进行努力，不能因现实复杂而放弃梦想，也不能因理想遥远而放弃追求。"⑥ 越是面对经济全球化逆流，越是要高举构建人类命运共同体的旗帜。

2023 年 3 月，习近平在中国共产党与世界政党高层对话会上首次提出的全球文明倡议，与 2021 年提出的全球发展倡议以及 2022 年提出的全球安全倡议相结合，成为支撑和引领构建人类命运共同体的思想基础和实践路径。这"三大倡议"立足世界百年变局的现实、顺应时代发展的潮流、谋求世界发展的朝向、展望人类进步的未来，丰富了习近平关

---

① 《习近平著作选读》第二卷，人民出版社 2023 年版，第 368 页。

② 习近平：《携手同行现代化之路——在中国共产党与世界政党高层对话会上的主旨讲话》，人民出版社 2023 年版，第 7 页。

③ 《习近平著作选读》第二卷，人民出版社 2023 年版，第 48 页。

④ 《习近平著作选读》第一卷，人民出版社 2023 年版，第 51—52 页。

⑤ 《十九大以来重要文献选编》上，中央文献出版社 2019 年版，第 110 页。

⑥ 《十九大以来重要文献选编》上，中央文献出版社 2019 年版，第 112 页。

于人类命运共同体的思想意蕴、现实路向和价值共识，充分体现了习近平在创新新时代"世界历史"命题中的问题意识、历史自觉和时代担当，蕴含着新时代"世界历史"命题的思想智慧、理论魅力和崇高理想。

第五，人类文明新形态升华了新时代"世界历史"命题的意境。在庆祝中国共产党成立 100 周年大会的讲话中，习近平在阐释人类文明新形态时提出："我们坚持和发展中国特色社会主义，推动物质文明、政治文明、精神文明、社会文明、生态文明协调发展，创造了中国式现代化新道路，创造了人类文明新形态。"① 党的二十大上，习近平在对党的十八大以来党和国家事业取得举世瞩目的伟大成就阐释时再次提到人类文明新形态，要求在全面推进中国特色社会主义各项事业中"不断丰富和发展人类文明新形态"②。人类文明新形态以中国特色社会主义道路的发展为基本前提，以中国式现代化的探索和发展为主要过程和根本目标，以"五大文明"进步为主体内容，是对人类社会发展规律的科学探索，是对新时代"世界历史"命题的创造性探索。

人类文明新形态不只是基于中国社会发展形态的特殊性的概括，也是对人类文明发展的一切有价值的思想资源的借鉴和吸收，体现了对人类文明形态探索的中国智慧。人类文明新形态是中国式现代化特色和内涵的延伸，与中国式现代化五个方面的基本特征紧密地结合在一起。党的十九届六中全会通过的《中共中央关于党的百年奋斗重大成就和历史经验的决议》指出："党领导人民成功走出中国式现代化道路，创造了人类文明新形态，拓展了发展中国家走向现代化的途径，给世界上那些既希望加快发展又希望保持自身独立性的国家和民族提供了全新选择。"③ 人类文明新形态与中国式现代化相结合，开辟了人类文明发展的新的道路和新的方向，深化了新时代"世界历史"命题的内涵和样式的意境。

人类文明新形态集中体现了科学社会主义关于社会文明形态的理论，是中国共产党在中华民族伟大复兴奋斗中，特别是在新时代坚持和发展中国特色社会主义过程中的理论结晶和思想意境，是对新时代"世界历史"命题系统化学说的升华。

思考题

1. 列宁是怎样把马克思提出的"跨越卡夫丁峡谷"问题导向俄国革命战略和策略及其实践之中的？

2. 怎样理解中国共产党创造性地把"跨越卡夫丁峡谷"问题同中国特色社会主义道路的探索实际相结合，把握社会主义同资本主义"并存"格局中的辩证关系？

3. 怎样理解党的十八大到党的十九大是新时代"世界历史"命题基本理论观点的形成时期，党的十九大到党的二十大是新时代"世界历史"命题系统化学说的发展时期？

---

① 《习近平著作选读》第二卷，人民出版社 2023 年版，第 483 页。
② 《习近平著作选读》第一卷，人民出版社 2023 年版，第 6 页。
③ 《中共中央关于党的百年奋斗重大成就和历史经验的决议》，人民出版社 2021 年版，第 64 页。

第十八章

习近平经济思想的方法论创新

学习要点：

• 马克思主义只有与本国国情相结合、与时代发展同进步、与人民群众共命运，才能焕发出强大生命力、创造力、感召力；

• 马克思主义是不断发展的理论，守正创新、与时俱进，始终站在时代发展的最前沿；

• 在党的二十大上，习近平从"归根到底是马克思主义行，是中国化时代化的马克思主义行"的新的高度，对新时代马克思主义世界观和方法论作出"六个坚持"的概括，这是对习近平经济思想的道理学理哲理作出的深刻阐释。

2022 年 10 月，在二十届中央政治局第一次集体学习的讲话中，习近平提出："科学的世界观和方法论是我们研究问题、解决问题的'总钥匙'。"① 习近平经济思想坚守与时俱进、守正创新的理论品质，注重将马克思主义政治经济学基本原理与当代中国和世界经济现实相结合，在运用好马克思主义政治经济学方法中，不断创新马克思主义政治经济学方法。在习近平经济思想方法论中，"六个必须坚持"是其根本遵循，"六个观"和六个关系"是其理论和实践结合中的基本遵循，"四个原则"是构建"系统化的经济学说"方法论的重要遵循。习近平经济思想对科学方法论的创新性运用和阐发，是理解和把握习近平经济思想的"总钥匙"，是习近平经济思想的科学内核和理论智慧。

一、 对马克思主义世界观和方法论的新的认识

习近平高度重视对马克思主义世界观和方法论在新时代丰富和发展问题上的探索。2013 年 12 月，在十八届中央政治局第十一次集体学习会上，习近平在以"坚持历史唯物主义不断开辟当代中国马克思主义发展新境界"为主题的讲话中指出，"马克思主义哲学包括辩证唯物主义和历史唯物主义，是马克思主义立场、观点、方法的集中体现，是马克思主义学说的思想基础"；要"掌握科学世界观和方法论，不断增强工作的原则性、系统性、预见性、创造性"。② 世界观和方法论是马克思主义理论及其体系的精髓和核心要义，树立科学的世界观和方法论是掌握好和运用好马克思主义科学原理的基础和立足点。在新时代，开辟当代中国马克思主义新境界，内在地包含着对马克思主义世界观方法论的新的探索。

习近平也十分强调增强马克思主义世界观方法论运用于实际的主动性和自觉性问题。2015 年 1 月，党的十八届中央政治局第二十次集体学习会上，习近平强调，"要学习掌握马克思主义哲学，努力提高探索解决新时期基本问题的本领"，"我们党要团结带领人民实

---

① 习近平：《在二十届中央政治局第一次集体学习时的讲话》，《求是》2023 年第 2 期。

② 习近平：《论党的宣传思想工作》，中央文献出版社 2020 年版，第 30 页、第 31 页。

现'两个一百年'奋斗目标、实现中华民族伟大复兴的中国梦，必须不断接受马克思主义哲学智慧的滋养，更加自觉地坚持和运用辩证唯物主义世界观和方法论"。① 我们在推进马克思主义中国化时代化过程中最深刻的感悟就是，头脑中有了辩证唯物主义和历史唯物主义的世界观，才可能以正确的立场和科学的态度理解和处理好纷繁复杂的实际问题，才可能把握事物发展的规律。辩证唯物主义和历史唯物主义世界观和方法论，是马克思主义最根本的理论特征，是马克思主义最鲜明的理论特质，也是马克思主义最重要的和最根本的"看家本领"。

1895 年，恩格斯在他生命的最后时刻，还在对《资本论》第三卷中价值转化为生产价格的理论问题作出探讨。这年 3 月，他在给威·桑巴特的信中提到，在《资本论》中，马克思虽然解决了价值转化为生产价格的"逻辑中间环节"问题，但马克思对这个问题的探讨并没有结束，"这里还有一些马克思自己在这部初稿中没有做完的工作要做"②。怎样按照马克思在《资本论》中提供的方法，使马克思提出的这一"逻辑"，达到"事实上完成的"程度，仍然需要花费"大气力"。恩格斯由此得出的结论就是："马克思的整个世界观不是教义，而是方法。它提供的不是现成的教条，而是进一步研究的出发点和供这种研究使用的方法。"③恩格斯的这一重要思想，通过在新时代马克思主义世界观和方法论的创新性发展和创造性运用，成就了习近平新时代中国特色社会主义思想发展的辉煌。

马克思主义深刻揭示了自然界、人类社会、人类思维发展的普遍规律，为人们提供了观察世界、分析问题的有力思想武器。马克思主义是随着时代的发展而不断发展的开放的理论体系，马克思主义提供的是"进一步研究的出发点和供这种研究使用的方法"，而不是万世不变、千篇一律的教条。马克思主义之所以能够永葆青春活力，不断探索时代发展提出的新课题、回应人类社会面临的新挑战，根本上就在于它是不断发展的开放的理论。可以说，"一部马克思主义发展史就是马克思、恩格斯以及他们的后继者们不断根据时代、实践、认识发展而发展的历史，是不断吸收人类历史上一切优秀思想文化成果丰富自己的历史"④。

在《反杜林论》中，恩格斯对马克思主义科学理论与方法论关系的阐释中指出："每一个时代的理论思维，包括我们这个时代的理论思维，都是一种历史的产物，它在不同的时代具有完全不同的形式，同时具有完全不同的内容。因此，关于思维的科学，也和其他各门科学一样，是一种历史的科学，是关于人的思维的历史发展的科学。这一点对于思维在经验领域中的实际运用也是重要的。"⑤ 恩格斯这一思想深刻地映现在改革开放以来马克思主义中国化时代化新的飞跃之中，贯穿于改革开放以来中国共产党对什么是马克思主义和怎样对待马克思主义问题探索的过程之中，是对什么是马克思主义和怎样对待马克思主义问题理解的核心内容。

党的十八大以来，习近平多次提到恩格斯关于"发展的"社会主义的思想，结合新时

---

① 习近平：《论党的宣传思想工作》，中央文献出版社 2020 年版，第 125 页。
② 《马克思恩格斯文集》第十卷，人民出版社 2009 年版，第 691 页。
③ 《马克思恩格斯文集》第十卷，人民出版社 2009 年版，第 691 页。
④ 《十九大以来重要文献选编》上，中央文献出版社 2019 年版，第 425 页。
⑤ 《马克思恩格斯文集》第九卷，人民出版社 2009 年版，第 436 页。

代坚持和发展中国特色社会主义的新的实际，赋予恩格斯这一思想以新时代的意蕴，使什么是马克思主义和怎样对待马克思主义问题，获得了新时代的新的思想感召力和理论影响力。

一是从中国共产党的历史和理论发展的高度，对恩格斯的这一思想作出阐释。2016 年 7 月，在中国共产党成立 95 周年之际，习近平从新的时代特点和实践要求的高度，对马克思主义面临着进一步中国化时代化大众化问题的阐释中指出："马克思主义并没有结束真理，而是开辟了通向真理的道路。恩格斯早就说过：'马克思的整个世界观不是教义，而是方法。它提供的不是现成的教条，而是进一步研究的出发点和供这种研究使用的方法。'时代是思想之母，实践是理论之源。实践发展永无止境，我们认识真理、进行理论创新就永无止境。今天，时代变化和我国发展的广度和深度远远超出了马克思主义经典作家当时的想象。同时，我国社会主义只有几十年实践、还处在初级阶段，事业越发展新情况新问题就越多，也就越需要我们在实践上大胆探索、在理论上不断突破。"①马克思主义的理论始终以客观事实为根据，而实际生活总处于深刻的变动之中，因此，马克思主义只有与本国国情相结合、与时代发展同进步、与人民群众共命运，才能焕发出强大生命力、创造力、感召力。

二是从马克思主义在中国哲学社会科学发展视域，对恩格斯这一思想作出阐释。2016 年 5 月，在哲学社会科学工作座谈会上，习近平从新形势下如何坚持马克思主义基本原理和贯穿其中的立场、观点、方法问题时指出："马克思主义是随着时代、实践、科学发展而不断发展的开放的理论体系，它并没有结束真理，而是开辟了通向真理的道路。恩格斯早就说过：'马克思的整个世界观不是教义，而是方法。它提供的不是现成的教条，而是进一步研究的出发点和供这种研究使用的方法。'把坚持马克思主义和发展马克思主义统一起来，结合新的实践不断作出新的理论创造，这是马克思主义永葆生机活力的奥妙所在。"②

三是从马克思主义在当代中国发展，特别是从 21 世纪马克思主义发展的视域，对恩格斯这一思想作出新的阐释。2018 年 5 月，在纪念马克思诞辰 200 周年大会上，习近平指出："对待科学的理论必须有科学的态度。恩格斯深刻指出：'马克思的整个世界观不是教义，而是方法。它提供的不是现成的教条，而是进一步研究的出发点和供这种研究使用的方法。'"③ 对于中国特色社会主义理论和实践来讲，科学社会主义基本原则不能丢，丢了就不是社会主义。同时，科学社会主义也绝不是一成不变的教条。"社会主义并没有定于一尊、一成不变的套路，只有把科学社会主义基本原则同本国具体实际、历史文化传统、时代要求紧密结合起来，在实践中不断探索总结，才能把蓝图变为美好现实。"④

马克思主义是不断发展的理论，守正创新、与时俱进，始终站在时代发展的最前沿；"发展的"社会主义思想揭示的科学社会主义的本质特征，在新时代中国特色社会主义发展中呈现出马克思主义世界观方法论的思想智慧和理论力量。

2018 年 1 月，党的十九大召开后不久，习近平结合新时代的新特征和新要求再次提到

---

① 《十八大以来重要文献选编》下，中央文献出版社 2018 年版，第 346 页。
② 习近平：《论党的宣传思想工作》，中央文献出版社 2020 年版，第 224 页。
③ 《十九大以来重要文献选编》上，中央文献出版社 2019 年版，第 434 页。
④ 《十九大以来重要文献选编》上，中央文献出版社 2019 年版，第 434 页。

恩格斯的这一思想，对恩格斯这一思想中社会主义社会是"经常变化和改革的社会"的要义作出新的阐释。习近平指出："决胜全面建成小康社会的艰巨任务、实现中华民族伟大复兴的历史使命，对我们党提出了前所未有的新挑战新要求，影响党的先进性、弱化党的纯洁性的各种因素具有很强的危险性和破坏性。这决定了新时代党的建设新的伟大工程，既要培元固本，也要开拓创新，既要把住关键重点，也要形成整体态势，特别是要发挥彻底的自我革命精神。"① 他特别强调："面对波谲云诡的国际形势、复杂敏感的周边环境、艰巨繁重的改革发展稳定任务，我们既要有防范风险的先手，也要有应对和化解风险挑战的高招；既要打好防范和抵御风险的有准备之战，也要打好化险为夷、转危为机的战略主动战。我们要继续进行具有许多新的历史特点的伟大斗争，准备战胜一切艰难险阻，朝着我们党确立的伟大目标奋勇前进。"②

二、 马克思主义基本原理及其新时代的创新性运用

在纪念马克思诞辰 200 周年大会的讲话中，习近平从"学习和实践"马克思主义理论的视角，对马克思主义中国化的理论要义作出概括，对马克思主义理论和理论特征的关系作出新的阐释。

一是对马克思主义理论和理论特征的内在关系作了阐释。在关于马克思主义政党建设思想中，马克思主义党的建设理论的要义在于：在无产阶级和资产阶级的斗争的各个阶段，"共产党人始终代表整个运动的利益"，他们是为绝大多数人谋利益、为建设共产主义社会而奋斗，它们"没有任何同整个无产阶级的利益不同的利益"。③ 由此而产生的理论特征就是："始终同人民在一起，为人民利益而奋斗，是马克思主义政党同其他政党的根本区别"；能"永远保持共产党人政治本色，把党建设成为始终走在时代前列、人民衷心拥护、勇于自我革命、经得起各种风浪考验、朝气蓬勃的马克思主义执政党"。④ 由此而焕发出马克思主义政党建设思想中科学性、实践性和人民性的理论特征。

二是对马克思主义中国化进程中理论特征的深化和拓新作了阐释。马克思主义关于文化建设的思想具有强烈的时代性和人民性特征，时代性在于"在不同的经济和社会环境中人们生产不同的思想和文化"，人民性则在于"先进的思想文化一旦被群众掌握，就会转化为强大的物质力量"。⑤ 文化建设要着力于"发展社会主义先进文化，加强社会主义精神文明建设，把社会主义核心价值观融入社会发展各方面……不断提高人民思想觉悟、道德水平、文明素养"⑥，由此"为人民认识世界、改造世界提供了强大精神力量"⑦ 所体现

① 人民日报社评论部：《论学习贯彻习近平总书记"1·5"重要讲话》，人民出版社 2018 年版，第 4 页。
② 人民日报社评论部：《论学习贯彻习近平总书记"1·5"重要讲话》，人民出版社 2018 年版，第 6 页。
③ 《马克思恩格斯文集》第四卷，人民出版社 2009 年版，第 324 页、第 3 页。
④ 《十九大以来重要文献选编》上，中央文献出版社 2019 年版，第 432 页。
⑤ 《十九大以来重要文献选编》上，中央文献出版社 2019 年版，第 430 页。
⑥ 《十九大以来重要文献选编》上，中央文献出版社 2019 年版，第 430 页。
⑦ 《十九大以来重要文献选编》上，中央文献出版社 2019 年版，第 424 页。

的人民性和实践性理论特征得以彰显，马克思主义理论特征的时代意蕴得以彰显。

三是对马克思主义中国化理论创新与马克思主义理论特征深化和拓新关系作了阐释。马克思主义关于人与自然关系的思想认为，"自然物构成人类生存的自然条件，人类在同自然的互动中生产、生活、发展，人类善待自然，自然也会馈赠人类"①。在中国特色社会主义生态文明建设思想中，"要坚持人与自然和谐共生，牢固树立和切实践行绿水青山就是金山银山的理念，动员全社会力量推进生态文明建设，共建美丽中国，让人民群众在绿水青山中共享自然之美、生命之美、生活之美，走出一条生产发展、生活富裕、生态良好的文明发展道路"②，科学性和时代性、实践性和人民性理论特征得到了深化和拓新。

四是对马克思主义理论特征的坚守和拓新关系作了阐释。坚守人民立场是贯穿于马克思主义历史发展始终的基本原理，其要义在于："尊重历史规律的必然选择，是共产党人不忘初心、牢记使命的自觉担当"；由此而形成的马克思主义理论特征是，"人民性是马克思主义最鲜明的品格"。③ 这一理论特征在习近平新时代中国特色社会主义思想中被进一步拓新为，"要始终把人民立场作为根本立场，把为人民谋幸福作为根本使命，坚持全心全意为人民服务的根本宗旨，贯彻群众路线，尊重人民主体地位和首创精神，始终保持同人民群众的血肉联系，凝聚起众志成城的磅礴力量，团结带领人民共同创造历史伟业"④。对人民性理论特征的坚守和拓新，清晰地呈现于新时代马克思主义中国化的发展和创新之中。

马克思主义理论特征的深化和拓新，不仅体现于习近平对马克思主义中国化理论要义的阐释之中，而且也凝聚于习近平新时代中国特色社会主义思想之中，赋予 21 马克思主义以新的时代内涵。

第一，马克思主义科学性和真理性的理论特征在马克思主义中国化历程中得到充分检验，在习近平新时代中国特色社会主义思想中得到更为集中的体现。习近平新时代中国特色社会主义思想，贯通马克思主义哲学、政治经济学、科学社会主义，贯通历史、现实和未来，贯通改革发展稳定、内政外交国防、治党治国治军等各领域，既传承了"老祖宗"的智慧，又讲了很多"新话"，使我们党对执政规律、社会主义建设规律、人类社会发展规律的科学认识提升到新高度，对马克思主义作出了许多原创性的理论贡献。

习近平从科学性和真理性理论特征上，对中国共产党推进社会革命和自我革命的"两大革命"思想作出创新性阐释。习近平新时代中国特色社会主义思想，正是在不断推进党的自我革命，实现党自我净化、自我完善、自我革新、自我提高的过程中创立并不断丰富发展的。习近平新时代中国特色社会主义思想就是中国共产党人实现"两大革命"的最新成果和理论指南，也是对恩格斯和列宁所概括的马克思主义革命性这一理论特征的新的领悟，使革命性的理论特征闪烁新的时代特征和新的思想光辉。

第二，马克思主义人民性和实践性在马克思主义中国化历程中得到充分贯彻，在习近平新时代中国特色社会主义思想中得到更为深刻的凝练。不忘初心，方得始终。为人民谋幸

---

① 《十九大以来重要文献选编》上，中央文献出版社 2019 年版，第 431 页。
② 《十九大以来重要文献选编》上，中央文献出版社 2019 年版，第 431 页。
③ 《十九大以来重要文献选编》上，中央文献出版社 2019 年版，第 429 页。
④ 《十九大以来重要文献选编》上，中央文献出版社 2019 年版，第 429 页。

福，是中国共产党人的初心。习近平新时代中国特色社会主义思想，坚持立党为公、执政为民，践行全心全意为人民服务的根本宗旨，把党的群众路线贯彻到治国理政全部活动之中；始终坚持以人民为中心，一切为了人民、一切依靠人民，依靠人民创造历史伟业，努力实现人民对美好生活的向往，为人民谋幸福、为民族谋复兴。

中国共产党作为马克思主义政党，党性和人民性从来都是一致的、统一的，除了国家、民族、人民的利益，没有任何自己的特殊利益。不谋私利才能谋根本、谋大利，才能从党的性质和根本宗旨出发，从人民根本利益出发，全心全意为人民服务。习近平新时代中国特色社会主义思想对党性和人民性相一致的理论阐释，是对马克思主义人民性理论特征的升华。

坚持实践第一的观点，掌握认识和实践辩证关系，不断推进实践基础上的理论创新等体现马克思主义理论特征的观点，在习近平新时代中国特色社会主义思想中，不仅得以遵循，而且得到进一步的丰富和发展。习近平认为，马克思主义"是为了改变人民历史命运而创立的，是在人民求解放的实践中形成的，也是在人民求解放的实践中丰富和发展的，为人民认识世界、改造世界提供了强大精神力量"①。习近平新时代中国特色社会主义思想，植根于坚持和发展中国特色社会主义新的伟大实践，坚持理论指导和实践探索相统一，在实现理论创新和实践创新良性互动中，不断丰富和发展21世纪马克思主义。

第三，马克思主义开放性和时代性在马克思主义中国化历程中得到充分彰显，在习近平新时代中国特色社会主义思想中得到更为显著的升华。习近平新时代中国特色社会主义思想秉持与时俱进的理论品质，与时俱进、守正创新，是在中华民族迎来从站起来、富起来到强起来的伟大飞跃中，是在把握世界发展大势、应对全球共同挑战、维护人类共同利益的过程中创立并不断丰富发展的。

习近平新时代中国特色社会主义思想关注和回答时代和实践提出的重大课题，坚持用马克思主义观察时代、解读时代、引领时代，用宽广视野吸收人类创造的一切优秀文明成果，用鲜活丰富的当代中国实践推动马克思主义发展。在新时代的征程上，习近平新时代中国特色社会主义思想应时代之变迁、立时代之潮头、发时代之先声，坚持以科学的态度对待科学，以真理的精神追求真理，不断赋予马克思主义以新的时代内涵，彰显21世纪马克思主义的时代精神和时代特征。

习近平新时代中国特色社会主义思想，在坚持和发展新时代中国特色社会主义中，进一步升华了马克思主义的科学性和真理性、人民性和实践性、时代性和开放性的理论特征，不断赋予马克思主义以新的时代内涵，彰显21世纪马克思主义的思想智慧、理论力量和时代意蕴。

三、"六个必须坚持"与习近平经济思想方法论的根本遵循

在党的二十大，习近平从"归根到底是马克思主义行，是中国化时代化的马克思主义

① 《十九大以来重要文献选编》上，中央文献出版社2019年版，第424页。

行"的新的高度，以强烈的历史自觉和深邃的理论自信，对新时代马克思主义世界观和方法论的道理学理哲理作出新的探索，成就了习近平新时代中国特色社会主义思想"新的飞跃"的辉煌，铸就了中国化时代化马克思主义"新的飞跃"的特质。"六个坚持"就是习近平对这一"新的飞跃"中的道理学理哲理的第一次作出的深刻阐释。

一是"坚持人民至上"，人民性是马克思主义的本质属性，"党的根基在人民、血脉在人民、力量在人民，人民是党执政兴国的最大底气"[1]。党的理论是来自人民、为了人民、造福人民的理论，人民的创造性实践是理论创新的不竭源泉。"国以民为本，社稷亦为民而立。"要站稳人民立场、把握人民愿望、尊重人民创造、集中人民智慧，形成为人民所喜爱、所认同、所拥有的理论，使之成为指导人民认识世界和改造世界的强大思想武器。"坚持人民至上"是习近平新时代中国特色社会主义思想的世界观方法论的根本价值所在。

二是"坚持自信自立"，党的百年奋斗成功道路是党领导人民独立自主探索开辟出来的，马克思主义的中国篇章是中国共产党人依靠自身力量实践出来的，贯穿其中的一个基本点就是中国的问题必须从中国基本国情出发，由中国人自己来解答，"走自己的路，是党百年奋斗得出的历史结论"[2]。"千磨万击还坚劲，任尔东西南北风。"要坚守对马克思主义的坚定信仰、对中国特色社会主义的坚定信念，坚定道路自信、理论自信、制度自信、文化自信，以更加积极的历史担当和创造精神为发展马克思主义作出新的贡献。"坚持自信自立"是习近平新时代中国特色社会主义思想的世界观方法论的根本立场所在。

三是"坚持守正创新"，要以科学的态度对待科学、以真理的精神追求真理，要坚持马克思主义基本原理不动摇、不断赋予马克思主义以新的时代内涵。"保此道者不欲盈，夫唯不盈，故能敝而新成。"在守正创新中，只有守正，才能坚守正确方向不迷失方向、不犯颠覆性错误；唯有创新，才能把握时代、引领时代，紧跟时代步伐、顺应实践发展。"坚持实践是检验真理的唯一标准，坚持一切从实际出发，及时回答时代之问、人民之问，不断推进马克思主义中国化时代化。"[3]"坚持守正创新"是习近平新时代中国特色社会主义思想的世界观方法论的理论品格所在。

四是"坚持问题导向"，问题是时代的声音，回答并指导解决问题是理论的根本任务。要有强烈的问题意识，以重大问题为导向，抓住关键问题进一步研究思考，着力推动解决我国发展面临的一系列突出矛盾和问题。"富有之谓大业，日新之谓盛德，生生之谓易。"要增强问题意识，聚焦实践遇到的新问题、改革发展稳定存在的深层次问题、人民群众急难愁盼问题、国际变局中的重大问题、党的建设面临的突出问题，不断提出真正解决问题的新理念新思路新办法。习近平指出："坚持以马克思主义为指导，必须落到研究我国发展和我们党执政面临的重大理论和实践问题上来，落到提出解决问题的正确思路和有效办法上来。"[4]

"问题导向"是一种"道理""学理"，也是一种"哲理"。习近平提出："坚持问题

---

① 《十九大以来重要文献选编》下，中央文献出版社 2023 年版，第 534 页。
② 《十九大以来重要文献选编》下，中央文献出版社 2023 年版，第 535 页。
③ 《十九大以来重要文献选编》下，中央文献出版社 2023 年版，第 534 页。
④ 习近平：《论党的宣传思想工作》，中央文献出版社 2020 年版，第 225 页。

导向是马克思主义的鲜明特点。问题是创新的起点，也是创新的动力源。只有聆听时代的声音，回应时代的呼唤，认真研究解决重大而紧迫的问题，才能真正把握住历史脉络、找到发展规律，推动理论创新。坚持以马克思主义为指导，必须落到研究我国发展和我们党执政面临的重大理论和实践问题上来，落到提出解决问题的正确思路和有效办法上来。"①党的十九大以后，在统筹和把握中华民族伟大复兴战略全局和世界百年未有之大变局的过程中，以习近平同志为核心的党中央对社会主要矛盾转化的新特点新要求作出深入探讨，对国内和国际环境变化带来的新矛盾新挑战作出深刻分析，特别是在实现全面建成小康社会的奋斗目标、接续向第二个百年奋斗目标进发的关键时刻，提出了"建设什么样的社会主义现代化强国、怎样建设社会主义现代化强国"的新的重大时代课题。

党的十九届六中全会通过的《中共中央关于党的百年奋斗重大成就和历史经验的决议》，从"观察时代、把握时代、引领时代的重大课题"的学理和哲理上，在对习近平新时代中国特色社会主义思想面对的重大时代课题的阐释中，把"坚持和发展什么样的中国特色社会主义、怎样坚持和发展中国特色社会主义，建设什么样的社会主义现代化强国、怎样建设社会主义现代化强国，建设什么样的长期执政的马克思主义政党、怎样建设长期执政的马克思主义政党"三个重大时代课题结为一体，升华了习近平新时代中国特色社会主义思想的"问题意识"的内涵和"问题导向"的意境。"坚持问题导向"是习近平新时代中国特色社会主义思想的世界观方法论的思维特质所在。

"问题导向""问题倒逼"是习近平经济思想方法论的重大创新，也是习近平对社会主义市场经济理论创新的基本方法。习近平在对社会主义市场经济问题的探索中，坚持从实际的和现实的问题出发，在对经济史、经济思想史和经济现实相结合的分析中，以问题为导向，发现问题、梳理问题，以问题"倒逼"为主导，分析问题、解决问题，倡导"要有强烈的问题意识，以重大问题为导向，抓住关键问题进一步研究思考，着力推动解决我国发展面临的一系列突出矛盾和问题"②。党的十八届三中全会在对政府和市场关系核心问题的新探讨中，习近平以强烈的问题意识，提出"改革是由问题倒逼而产生，又在不断解决问题中得以深化"，提出"经过二十多年实践，我国社会主义市场经济体制已经初步建立，但仍存在不少问题……这些问题不解决好，完善的社会主义市场经济体制是难以形成的"。③ 从"问题意识"到"问题倒逼"，是习近平实现社会主义市场经济理论创新的方法论根据。

五是"坚持系统观念"，万事万物是相互联系、相互依存的，"系统观念是具有基础性的思想和工作方法"④。只有用普遍联系的、全面系统的、发展变化的观点观察事物，才能把握事物发展规律。"天得一以清，神得一以灵。"要善于通过历史看现实、透过现象看本质，把握好全局和局部、当前和长远、宏观和微观、主要矛盾和次要矛盾、特殊和一般的关系，不断提高战略思维、历史思维、辩证思维、系统思维、创新思维、法治思维、底线思维能力，为前瞻性思考、全局性谋划、整体性推进党和国家各项事业提供科学

① 习近平：《论党的宣传思想工作》，中央文献出版社2020年版，第225页。
② 《十八大以来重要文献选编》上，中央文献出版社2014年版，第497页。
③ 《十八大以来重要文献选编》上，中央文献出版社2014年版，第497页、第498页。
④ 《十九大以来重要文献选编》中，中央文献出版社2021年版，第785页。

方法。

总体方法和系统方法是习近平经济思想的重要方法，更是习近平对社会主义市场经济理论创新的突出方法。在总体方法上，习近平赋予马克思《〈政治经济学批判〉导言》中的"总体"论以新的时代内涵。习近平在对现代化经济体系理论的阐释中提到，"现代化经济体系，是由社会经济活动各个环节、各个层面、各个领域的相互关系和内在联系构成的有机整体"①。在社会主义市场经济的生产和交换（流通）、分配、消费关系的总体关系中，现代化经济体系包含创新引领、协同发展的产业体系，统一开放、竞争有序的市场体系，体现效率、促进公平的收入分配体系，彰显优势、协调联动的城乡区域发展体系，资源节约、环境友好的绿色发展体系，多元平衡、安全高效的全面开放体系，充分发挥市场作用、更好发挥政府作用的经济体制。习近平指出："以上几个体系是统一整体，要一体建设、一体推进。我们建设的现代化经济体系，要借鉴发达国家有益做法，更要符合中国国情、具有中国特色。"②建设现代化经济体系的总体观念，是对新发展阶段社会主义市场经济发展的整体擘画和理论创新。

"系统观念是具有基础性的思想和工作方法。"③ 习近平从国家治理体系和治理能力现代化的系统方法上，从社会主义市场经济的本质特征、运行规律和发展趋势上，对加快建设现代化经济体系作出系统阐释，提出加快建设现代化经济体系，要以供给侧结构性改革为主线，以加快创新型国家建设为战略支撑，以实施乡村振兴战略、区域协调发展战略为根本途径，以加快完善社会主义市场经济体制为重要基础，以推动形成全面开放新格局及主动参与和推动经济全球化进程为必由之路。建设现代化经济体系的系统观念，是对新发展阶段社会主义市场经济理论的升华。"坚持系统观念"是习近平新时代中国特色社会主义思想的世界观方法论的思想方法所在。

六是"坚持胸怀天下"，中国共产党是为中国人民谋幸福、为中华民族谋复兴的党，也是为人类谋进步、为世界谋大同的党，始终"站在历史正确的一边，站在人类进步的一边"④。"大道之行也，天下为公。"我们要拓展世界眼光，深刻洞察人类发展进步潮流，积极回应各国人民普遍关切，为解决人类面临的共同问题作出贡献，以海纳百川的宽阔胸襟，借鉴吸收人类一切优秀文明成果，推动建设更加美好的世界。"坚持胸怀天下"是习近平新时代中国特色社会主义思想的世界观方法论的担当精神所在。"坚持推动构建人类命运共同体"被列为新时代坚持和发展中国特色社会主义的基本方略之一，洋溢其中的就是胸怀天下的世界观和方法论。

四、 习近平经济思想在理论和实践结合中的方法论遵循

2023 年 2 月，在学习贯彻党的二十大精神研讨班开班式上，习近平在中国式现代化

① 倪红福：《加快建设现代化经济体系》，《人民日报》2022 年 11 月 11 日。
② 习近平：《论把握新发展阶段、贯彻新发展理念、构建新发展格局》，中央文献出版社 2021 年版，第 238—239 页。
③ 《十九大以来重要文献选编》中，中央文献出版社 2021 年版，第 785 页。
④ 《十九大以来重要文献选编》下，中央文献出版社 2023 年版，第 536 页。

"理论体系"的阐释中提出了六个"观"和六个关系的方法论新观点，构成习近平经济思想关于理论和实践相结合的方法论的遵循。

习近平提出："中国式现代化蕴含的独特世界观、价值观、历史观、文明观、民主观、生态观等及其伟大实践，是对世界现代化理论和实践的重大创新。"①习近平从中国式现代化"理论体系"上作出的六个"观"的概述，从学理和哲理上凸显了以下几个方面要义。

首先，习近平概述的这六个"观"，集中体现了马克思主义世界观方法论的理论特质。2018年5月，在纪念马克思诞辰200周年大会的讲话中，习近平提出："我们要坚持和运用辩证唯物主义和历史唯物主义的世界观和方法论，坚持和运用马克思主义立场、观点、方法，坚持和运用马克思主义关于世界的物质性及其发展规律，关于人类社会发展的自然性、历史性及其相关规律，关于人的解放和自由全面发展的规律，关于认识的本质及其发展规律等原理"②，这里提到的四大规律，是马克思主义世界观和方法论的核心要义。习近平概述的这六个"观"，就是马克思主义世界观和方法论的核心要义在中国式现代化理论体系中的贯彻和落实。

中国式现代化是对这六个"观"的遵循。在这六个"观"中，一是在世界观上，要立足中国国情、拓展世界眼光、把握时代变迁，系统理解新时代中国特色社会主义的本质特征，深刻洞察人类发展进步潮流。"大道之行也，天下为公"，积极回应各国人民普遍关切，借鉴吸收人类一切优秀文明成果，不仅为解决中国的，而且也为探索世界的现代化问题作出贡献。二是在价值观上，要让人民获得解放是马克思主义的根本价值追求，"国以民为本，社稷亦为民而立"。中国式现代化，首先要把为人民谋幸福作为根本使命，坚持全心全意为人民服务的根本宗旨。三是在历史观上，要始终从国情出发想问题、作决策、办事情，坚持历史主题、坚定历史自信、保持历史耐心，不断推进人类社会从必然王国向自由王国发展。四是在文明观上，要站在世界文明发展的高度，审视当今世界现代化发展趋势和面临的重大问题。万物并育而不相害，道并行而不相悖。中国式现代化要与中华优秀传统文化相结合，不断吸收人类历史上的一切优秀思想文化成果，给世界上那些既希望加快发展又希望保持自身独立性的国家和民族提供全新选择。五是在民生观上，实现现代化是要"给所有的人提供健康而有益的工作，给所有的人提供充裕的物质生活和闲暇时间，给所有的人提供真正的充分的自由"③。要不断保障和改善民生，促进社会公平正义，在更高水平上，让发展成果更多更公平惠及全体人民，不断促进人的全面发展，朝着实现全体人民共同富裕不断迈进。六是在生态观上，要敬畏自然、尊重自然、顺应自然、保护自然。自然是生命之母，人与自然是生命共同体，要坚持人与自然和谐共生，让人民群众在绿水青山中共享自然之美、生命之美、生活之美。

其次，习近平概述的这六个"观"，深刻地落实于中国式现代化的主要内涵和本质特征之中，成为中国特色"系统化的经济学说"的内在的学理和哲理规定。在中国式现代化的主要内涵和本质特征中，世界观落实于中国式现代化是"中国共产党领导的社会主义现

① 学习时报编辑部编：《中国式现代化六观》，人民出版社2023年版，第37页。
② 《十九大以来重要文献选编》上，中央文献出版社2019年版，第433—434页。
③ 《马克思恩格斯全集》第二十八卷，人民出版社2018年版，第652页。

代化，既有各国现代化的共同特征，更有基于自己国情的中国特色的特征"的理论和实践之中；价值观彰显于坚持把实现人民对美好生活的向往作为现代化建设的出发点和落脚点，坚持"我国十四亿多人口整体迈进现代化社会"目标之中；历史观呈现于中国式现代化是在新中国成立特别是改革开放以来长期探索和实践基础上，经过党的十八大以来在理论和实践上的创新突破的探索之中；文明观体现于"不断厚植现代化的物质基础，不断夯实人民幸福生活的物质条件，同时大力发展社会主义先进文化，加强理想信念教育，传承中华文明，促进物的全面丰富和人的全面发展"之中；民生观凸显于着力维护和促进社会公平正义，着力促进全体人民共同富裕，坚决防止两极分化之中；生态观体现于人与自然是生命共同体理念，"坚定不移走生产发展、生活富裕、生态良好的文明发展道路，实现中华民族永续发展"之中。①

再次，习近平概述的这六个"观"，是对中国式现代化过程及其本质的科学阐释，也是对中国特色"系统化的经济学说"方法论的科学阐释。推进中国式现代化必然是一个系统工程，在这一"系统过程"中，习近平强调，"需要统筹兼顾、系统谋划、整体推进"②，需要以马克思主义世界观和方法论为指导，正确处理好一系列重大关系问题。

这一"系统过程"，可以分解为六个方面的关系：一是顶层设计与实践探索的关系。对待这一关系，需要使制定的规划和政策体系体现时代性、把握规律性、富于创造性，做到远近结合、上下贯通、内容协调。推进中国式现代化需要我们在实践中大胆探索，通过改革创新来推动事业发展，决不能刻舟求剑、守株待兔。二是战略与策略的关系。对待这一关系，要增强战略的前瞻性、全局性、稳定性；要把战略的原则性和策略的灵活性有机结合起来，在因地制宜、因势而动、顺势而为中把握战略主动。三是守正与创新的关系。对待这一关系，要把创新摆在国家发展全局的突出位置，顺应时代发展要求，着眼于解决重大理论和实践问题，大力推进改革创新，不断塑造发展新动能新优势，充分激发全社会创造活力。守正才能不迷失方向、不犯颠覆性错误；创新才能把握时代、引领时代。四是效率与公平的关系。对待这一关系，既要创造比资本主义更高的效率，又要更有效地维护社会公平，更好实现效率与公平相兼顾、相促进、相统一。五是活力与秩序的关系。对待这一关系，要统筹发展和安全，贯彻总体国家安全观，健全国家安全体系，增强维护国家安全能力，坚定维护国家政权安全、制度安全、意识形态安全和重点领域安全。六是自立自强与对外开放的关系。对待这一关系，要坚持独立自主、自立自强，坚持把国家和民族发展放在自己力量的基点上，坚持把我国发展进步的命运牢牢掌握在自己手中；要不断扩大高水平对外开放，深度参与全球产业分工和合作，用好国内国际两种资源，拓展中国式现代化的发展空间。

在处理和解决好"系统过程"中的这一系列重大关系中，必然会遇到许多历史上没有遇到过的新的伟大斗争。在重要讲话中，习近平指出："推进中国式现代化，是一项前无古人的开创性事业，必然会遇到各种可以预料和难以预料的风险挑战、艰难险阻甚至惊涛骇浪，必须增强忧患意识，坚持底线思维，居安思危、未雨绸缪，敢于斗争、善于斗争，

---

① 《习近平著作选读》第一卷，人民出版社 2023 年版，第 18—19 页。
② 《习近平关于中国式现代化论述摘编》，中央文献出版社 2023 年版，第 230 页。

通过顽强斗争打开事业发展新天地。"①

最后，习近平概述的这六个"观"，与习近平新时代中国特色社会主义思想的世界观和方法论的"六个坚持"，即"坚持人民至上""坚持自信自立""坚持守正创新""坚持问题导向""坚持系统观念""坚持胸怀天下"有着深刻的联系，要在六个"观"和"六个坚持"的结合上，深刻感悟中国式现代化的学理和哲理，深刻理解和把握中国式现代化理论体系的世界观和方法论的真谛。

五、"系统化的经济学说"构建中的方法论要义

不断开拓中国特色"系统化的经济学说"，是习近平经济思想的重要课题。2015 年 11 月，习近平在十八届中央政治局集体学习讲话中首次提出的这一问题，旨在"把实践经验上升为系统化的经济学说，不断开拓当代中国马克思主义政治经济学新境界，为马克思主义政治经济学创新发展贡献中国智慧"②。2020 年 8 月，在开启第二个百年奋斗历程的节点上，习近平对开拓什么样的中国特色"系统化的经济学说"和怎样开拓中国特色"系统化的经济学说"问题作出新的阐释，从方法论上提出四个重要的原则问题。

第一，"从国情出发，从中国实践中来、到中国实践中去，把论文写在祖国大地上，使理论和政策创新符合中国实际、具有中国特色"③。习近平经济思想立足于新时代我国国情和经济改革发展实践，是对这一发展实践中经验积累和理性认识的升华。无论从全面加强党对经济工作的领导和坚持以人民为中心的发展思想，到坚持和完善社会主义基本经济制度，再到中国式现代化；从经济新常态到供给侧结构性改革，再到现代化经济体系和高质量发展；从新发展理念到新发展阶段和新发展格局，再到社会主义现代化强国建设；从坚持"两个毫不动摇"到坚持社会主义市场经济体制发展方向，再到积极推进构建高水平社会主义市场经济体制；还是从打赢脱贫攻坚战到全面建成小康社会目标的实现，再到实施乡村振兴战略等，都是从社会主义初级阶段的中国国情出发的，都是从实践中来又经过实践检验而不断推向前进的过程，其中的理论创新都符合中国实际、富有中国特色、充满中国智慧。

第二，"深入调研，察实情、出实招，充分反映实际情况，使理论和政策创新有根有据、合情合理"④。习近平经济思想的发展历程，给我们的最深刻的启迪就是："面向未来，增强自主创新能力，最重要的就是要坚定不移走中国特色自主创新道路，坚持自主创新重点跨越、支撑发展、引领未来的方针，加快创新国家建设步伐。"⑤ 对创新及其战略问题的认识，要"深入调研，察实情、出实招"，要在"充分反映实际情况"基础上实现理论创和实践创新。习近平在党的二十大上提出的"实施科教兴国战略，强化现代化建设

---

①　《习近平关于中国式现代化论述摘编》，中央文献出版社 2023 年版，第 267 页。

②　《十八大以来重要文献选编》下，中央文献出版社 2018 年版，第 7 页。

③　《习近平著作选读》第二卷，人民出版社 2023 年版，第 334 页。

④　《习近平著作选读》第二卷，人民出版社 2023 年版，第 334 页。

⑤　《十八大以来重要文献选编》中，中央文献出版社 2016 年版，第 21 页。

人才支撑"① 的理论和政策，就是对这一方法论运用的结果。进入新时代，在对全球创新进入空前密集活跃时期实际情况的深刻反思中，习近平指出，"我们迎来了世界新一轮科技革命和产业变革同我国转变发展方式的历史性交汇期，既面临着千载难逢的历史机遇，又面临着差距拉大的严峻挑战。我们必须清醒认识到，有的历史性交汇期可能产生同频共振，有的历史性交汇期也可能擦肩而过"②。要占据这一"交汇期"的先机，归根到底靠人才、靠科技，而人才和科技要靠教育，在理论和策略上必须坚持教育、科技、人才一体部署、协同推进。由此而得出的"实招"就是："教育、科技、人才是全面建设社会主义现代化国家的基础性、战略性支撑。必须坚持科技是第一生产力、人才是第一资源、创新是第一动力，深入实施科教兴国战略、人才强国战略、创新驱动发展战略，开辟发展新领域新赛道，不断塑造发展新动能新优势。"③ 由此拓新了习近平经济思想"系统化"的新视界。

第三，"把握规律，坚持马克思主义立场、观点、方法，透过现象看本质，从短期波动中探究长期趋势，使理论和政策创新充分体现先进性和科学性"④。党的十九大，习近平在对进入新时代改革开放新变化的深刻把握和科学分析中，提出人民日益增长的美好生活需要和不平衡不充分的发展之间的矛盾是我国社会主要矛盾的新判断。一方面，社会主要矛盾的变化是关系全局的历史性变化，是对我国经济发展长期趋势的要求，"我们要在继续推动发展的基础上，着力解决好发展不平衡不充分问题，大力提升发展质量和效益，更好满足人民在经济、政治、文化、社会、生态等方面日益增长的需要"⑤；另一方面，社会主要矛盾又在以"供给"和"需求"为特征的短期波动中得到体现，在经济发展的一定时段，"供给"在阶段性发展上的不平衡和不充分，会在人民群众各个方面"需求"的短期波动中得到直接反映。正确把握和处理好社会主要矛盾，成为"从短期波动中探究长期趋势"的学理依循和内在根据。

第四，"树立国际视野，从中国和世界的联系互动中探讨人类面临的共同课题，为构建人类命运共同体贡献中国智慧、中国方案"⑥。中国改革开放 40 多年的最重要的其实就是："开放带来进步，封闭必然落后。中国的发展离不开世界，世界的繁荣也需要中国。我们统筹国内国际两个大局，坚持对外开放的基本国策，实行积极主动的开放政策，形成全方位、多层次、宽领域的全面开放新格局，为我国创造了良好国际环境、开拓了广阔发展空间。"⑦ 党的十八大以来，从推进构建人类命运共同体到共建"一带一路"，再到设立自由贸易试验区、谋划中国特色自由贸易港，再到推进高水平对外开放的历史进程，集中体现了"树立国际视野"的中国智慧和中国方案。在回顾共建"一带一路"的十年历程时，习近平指出："共建'一带一路'源自中国，成果和机遇属于世界。让我们谨记人民

---

① 习近平：《高举中国特色社会主义伟大旗帜　为全面建设社会主义现代化国家而团结奋斗——在中国共产党第二十次全国代表大会上的报告》，人民出版社 2022 年版，第 33 页。
② 《十九大以来重要文献选编》上，中央文献出版社 2019 年版，第 462 页。
③ 《中国共产党第二十次全国代表大会文件汇编》第二卷，人民出版社 2022 年版，第 28 页。
④ 《习近平著作选读》第二卷，人民出版社 2023 年版，第 334 页。
⑤ 《习近平著作选读》第二卷，人民出版社 2023 年版，第 10 页。
⑥ 《习近平著作选读》第二卷，人民出版社 2023 年版，第 334 页。
⑦ 《习近平著作选读》第二卷，人民出版社 2023 年版，第 228 页。

期盼，勇扛历史重担，把准时代脉搏，继往开来、勇毅前行，深化'一带一路'国际合作，迎接共建'一带一路'更高质量、更高水平的新发展，推动实现世界各国的现代化，建设一个开放包容、互联互通、共同发展的世界，共同推动构建人类命运共同体！"① "树立国际视野"，就要以共建"一带一路"为重点，同各方一道打造国际合作新平台，为世界共同发展增添新动力；就要在坚持从国内经济和世界经济两个相互联系的方面，拓展中国特色"系统化的经济学说"的理论视域。

思考题

1. 怎样理解习近平从"学习和实践"马克思主义理论的视角，对马克思主义中国化的理论要义作出九个方面的概括？

2. 如何把握习近平在中国式现代化"理论体系"上作出的六个"观"和六个关系在方法论上的新概括？

3. 怎样理解习近平在对开拓什么样的中国特色"系统化的经济学说"和怎样开拓中国特色"系统化的经济学说"问题阐释中从方法论上提出的四个重要的原则的内涵及其意义？

---

① 习近平：《建设开放包容、互联互通、共同发展的世界——在第三届"一带一路"国际合作高峰论坛开幕式上的主旨演讲》，《人民日报》2023 年 10 月 19 日。

重要术语索引

X

Y

Z